U0457665

2019年度教育部人文社会科学研究规划基金项目
"我国农村幼儿教师精神生活变迁及启示研究（1950—2019）"
（项目批号：19YJA880028）资助

新中国
农村幼儿园教师
精神生活变迁

李云淑 著

ZHEJIANG UNIVERSITY PRESS
浙江大学出版社
·杭州·

图书在版编目（CIP）数据

新中国农村幼儿园教师精神生活变迁 / 李云淑著
. 一杭州：浙江大学出版社，2023.5
ISBN 978-7-308-23747-5

Ⅰ . ①新… Ⅱ . ①李… Ⅲ . ①农村－幼教人员－教师
－文化生活－研究－中国 Ⅳ . ①G615

中国国家版本馆CIP数据核字（2023）第076579号

新中国农村幼儿园教师精神生活变迁

XINZHONGGUO NONGCUN YOUERYUAN JIAOSHI JINGSHEN SHENGHUO BIANQIAN

李云淑　著

策划编辑	吴伟伟
责任编辑	陈　翮
文字编辑	刘婧雯
责任校对	丁沛岚
封面设计	雷建军
出版发行	浙江大学出版社
	（杭州市天目山路148号　　邮政编码　310007）
	（网址：http://www.zjupress.com）
排　版	杭州林智广告有限公司
印　刷	广东虎彩云印刷有限公司绍兴分公司
开　本	710mm×1000mm　1/16
印　张	21.75
字　数	333千
版 印 次	2023年5月第1版　2023年5月第1次印刷
书　号	ISBN 978-7-308-23747-5
定　价	78.00元

版权所有　侵权必究　　印装差错　负责调换

浙江大学出版社市场运营中心联系方式：0571-88925591；http://zjdxcbs.tmall.com

序

　　云淑是我带的第二届硕士研究生，2002年到2005年之间，她在华东师范大学求学。

　　三年之中，她参与了华东师范大学课程与教学研究所主持的香港华夏基金会资助项目"普通高中研究性学习案例研究"课题的研究工作；她也作为课题组成员参与了我主持的教育部人文社会科学研究"十五"规划重点项目"中小学课程资源的开发与利用研究"和教育部"高中新课程实验教材与课程资源研究"课题的研究工作，并作为《创新思维的助推器——上海市大同中学研究型课程案例研究》一书的第一副主编和《高中课程资源开发和利用的实践智慧》一书的第二编著者完成了重要的研究工作。云淑学习非常勤奋，读研三年之中，她笔耕不辍，稿费成为她生活费用的主要来源。

　　云淑研究生毕业参加工作之后，申请到教育部的课题，对此我一点也不意外；她被单位聘为教授，也在我意料之中；得知她准时完成研究任务，我很乐意为该书作序。该书体现了多方面的创新性。

　　首先，观念创新。该书结合国内外学者的观点，独到地提出了农村教师核心素质的概念，并认为主要包含乡土情怀（使命感与身份认同）、乡村教学价值观或信念、"文化适切"的教学知识与能力三个方面。研究在建议部分尤其关注通过选拔、职前培养、职后培训一体化实现农村教师核心素质的培养。

　　其次，内容创新。该书以弱势群体农村幼儿园教师为研究对象，综合考虑农村教师生活世界的时间之维与空间之维，一方面，对我国农村幼儿园教师在1950—2019年的精神生活的历史变迁进行纵向探索，研究寻访到五位1976年前入职的农村幼儿园教师或她们的子女，十分不易，第一代教师往往是"热爱教育、热爱乡村、师德高尚、锐意进取"的农村幼教人，她们的故事可以成为今天教师教育的重要资源。另一方面，对东部与西部、男性与女性农村幼儿园教师的精神生活状况进行横向的比较与分析。本书研究对象涉及福建、西藏自治区、河南和江西四省区，对福建省的农村幼儿园女教师和男教师，西藏自治区的农村幼儿园女教师和男教师分别进行了研究，并对福建省和西藏自治区农村幼儿园教师精神生活进行了比较研究。

最后，方法创新。该书综合运用了具有人文主义价值取向的叙事研究、微观史研究、人类学田野研究和性别分析等，对我国农村幼儿园教师精神生活状况做个案的、历史的、整体的考察，为学前教育史、教师专业成长等学科提供兼具生动性与学术性的研究报告。其中，性别分析的视角在学前教育研究领域还少有人采用，女性是我国农村幼儿园教师队伍的绝对主力，目前部分高师院校学前教育专业又开始招男性公费师范生，性别分析视角帮助人们分别从女性和男性的角度考虑农村幼儿园教师的培养，对于提高农村幼儿园教师队伍的整体质量具有直接意义。

总之，这是农村幼儿园教师研究领域的一部力作和佳作。

于华东师范大学师大三村

2022 年 12 月 27 日

前　言

一

2010 年，《国家中长期教育改革和发展规划纲要（2010—2020 年）》和《国务院关于当前发展学前教育的若干意见》提出"重点发展农村学前教育""努力扩大农村学前教育资源""将幼儿园作为新农村公共服务设施统一规划，优先建设"。这些政策促进了农村幼儿教育的蓬勃发展，人们普遍认为农村学前教育的发展迎来了"春天"。很多乡镇中心幼儿园创立起来了，偏僻的乡镇幼儿园有了年轻女教师的身影。农村幼儿园教师近十年一直占据半壁江山，且绝对数量持续增长。2011 年，全国农村幼儿园教师为 65.5 万人，占全国幼儿园教师的 49.8%；2020 年，农村幼儿园教师增长到 148.3 万人，增幅为 126.4%，占总数的 50.9%。

《乡村教师支持计划（2015—2020 年）》指出"发展乡村教育，教师是关键，必须把乡村教师队伍建设摆在优先发展的战略地位"。但研究数据表明：师范毕业生存在不愿意去农村从教的倾向[1]，即使是农村生源，其回乡执教意愿也不强。[2] 同时，近年乡村幼儿园教师流失现象普遍。[3] 2018 年，《中共中央、国务院关于学前教育深化改革规范发展的若干意见》也指出学前教育的发展存在"教师队伍建设滞后""保教质量有待提高"等问题。农村教师的培养和在

---

① 齐梅，马林 . 师范生农村从教个体决策意向的分析 [J]. 华南师范大学学报（社会科学版），2011(5)：108-111.
② 江静 . 农村生源本科师范生回乡执教意愿调查研究 [D]. 桂林：广西师范大学，2016.
③ 万湘桂 . 县域学前教育师资配置问题与思考——基于湖南省 8 区县调查的分析 [J]. 社会科学，2015(10)：73-80.

职教师队伍的稳定性对于农村幼儿园的生存和发展就显得至关重要。我们需要思考，如何吸引年轻人对农村幼儿园教师职业的关注？如何在职前教育阶段培育未来的优秀农村幼儿园教师？如何留住在农村从教的初任教师和经验丰富的骨干教师？

2010年，我们的本科生到乡镇中心幼儿园去实习支教，笔者就开始关注农村幼儿园教师的生存状态，先后承担了两个省社科课题，2019年又继续做教育部的课题，满怀着期待展开了研究：（1）期待帮助精准决策。希望走进新生代农村幼儿园教师的精神世界，对不同地区、不同民族、不同性别农村幼儿园教师精神生活进行比较研究，了解其内在需求，获得充满个人情感与体悟的资料，为政府、教育行政部门决策提供依据，以便采取更精准的措施提升农村幼儿园教师的精神生活质量，促进农村幼教事业稳步发展。（2）期待补充培训资源。着眼于挖掘不同历史时期乡村幼儿园教师精神生活的当下意义，形成真实生动的案例，为当前农村幼儿园教师培训补充必要的资源，提供能够真正触动"心灵"的精神食粮。（3）期待实现共同成长。对于被我们"倾听"的老人来说，研究也是一种人文关怀，让他们有一个倾诉与怀旧的机会。也希望促进研究对象之间、研究者与研究对象之间的交流，促进汉族与藏族之间文化理解与认同，从而实现"我们"所有参与者生命的共同成长。这些年笔者主要走访了福建省、西藏自治区和台湾地区的30余个乡镇中心幼儿园的50余位教师。原计划还要走访课题组成员所在地——河南省和江西省的乡镇，因为疫情而没有成行。

二

为了解本课题的研究现状，笔者借助"FULink"（福州地区大学城文献信息资源共享平台），以"农村 / 乡村教师"为主题词检索与筛选中外文文献，得到相关中文文献260余篇（本）。并以农村教师核心素质之乡土情怀（使命感与身份认同）、乡村教学价值观或信念、"文化适切的教学"知识与能力、乡村教师教育等方面作为主题词进行文献搜索，先在《农村教育研究杂志》（*Journal of Research on Rural Education*）、《农村教育工作者》（*Rural*

Educator）、《教师和教学》（Teachers and Teaching）等农村教育研究刊物或影响较大的国际主流刊物进行搜索，得到文献 142 篇，阅读摘要后选出 50 余篇最切合研究主题的文献仔细研读与分析。发现已有研究有如下特点。

1. 研究对象选择不平衡，存在"三多三少"，也展示出新的研究动向

（1）国外对美国、加拿大、南非和澳大利亚等国教师的研究较多，还有少量对亚洲农村教师的研究，如对印度、巴基斯坦农村教师的研究。国内的研究以中西部农村教师为主，对东部沿海地区农村教师研究较少。（2）较多研究中小学教师，很少研究幼儿园教师。且国外的研究更多把幼儿园教师包含在所有农村教师中进行比较研究，而国内更多是对农村幼儿园教师的单独研究。对初任教师的研究多于对经验丰富教师的研究，研究的学校类型以偏远地区的小型学校为主。（3）对当前教师的研究多于对特定历史时期的教师的研究，即使是对教师精神生活变迁的研究，更多关注短时段内的精神生活变迁，较少关注长时段内的精神生活变迁。（4）研究对象的新动向。国内外研究对象的共同点还体现在对非专业的转岗教师的研究，不同点在于国外还有对农村少数民族地区双语教师的研究，国内则有对特岗教师和源于城市的农村教师的研究。

2. 研究方法体现人本化的价值取向，重视比较的视角

（1）以科学实证主义和人文主义研究为主，后者尤多，思辨研究较少。在研究的价值取向上，国内外研究方法的共同点在于实证主义和人文主义取向的研究成果都很丰富，前者主要采用问卷法，后者在概念上呈现多元化，如口述史研究、叙事研究、人类学的田野研究、个案研究等。思辨研究文献主要出现在国内，一般论述农村教师精神状态应然标准，国外几乎没有。可以说，当今教师教育研究"在内容上关注教师作为主体性存在与教师作为社会建构存在两个方面，在研究方法上更多采用质性研究"，体现出教师研究的"人文主义取向"。[①]（2）国外研究较多采用比较的视角，这在国内也有体现。国外农村教师研究的比较特色很明显，包括城乡教师的比较，中学、小学和

[①] 陈思颖，马永全 . 关注教师作为"人"的存在：论教师教育研究的人文主义取向——第二届全球教师教育峰会综述 [J]. 比较教育研究，2015(4)：106-112.

幼儿园教师的比较，男教师与女教师的比较，不同年代教师的比较（如国外的祖母与孙女教学第一年经验的比较），农村教师、家长和管理者之间的比较，可能的留教者与可能的离职者的比较，有色人种教师和白人教师的比较，等等。国内也有比较专业教师与转岗教师等研究，但相对较少。

3. 研究内容微观化，聚焦农村教师精神生活的某一方面进行研究

（1）对农村教师精神生活整体的研究较少。主要是从精神生活的某一方面进行研究，如满意度、文化生活、职业认同等，较少进行更全面的研究。（2）对农村教师心理生活的知、情、意等方面的研究丰富。国外在认知方面的研究重视教师的生活知识素养、地方性知识素养，尤以农村教师的健康知识素养为最，包括卫生知识、饮食知识、体育知识、性教育知识、当地学生容易感染的各种疾病的知识，也有多元文化知识研究。国外在情感方面的研究以对教师的工作满意度、职业认同感等的调查为主，其次是对教师的压力、孤立感、职业倦怠等的关注。国内在认知方面的研究更加重视对教师专业素养的调查，包括实践性知识、学科知识、教育理论知识、文化知识、教学能力等现状研究。情感方面的研究内容与国外类似。（3）对农村教师文化生活的研究较少。国外主要有校园文化、多元文化方面的调查。国内有更多思辨研究，包括论述建构乡村教师的文化自觉、破解乡村教师文化困境等。

综上所述，对农村幼儿园教师的精神生活进行史学视野的研究几乎没有。本书以微观史学、性别分析为方法论，采用田野调查、叙事研究的方式收集与整理个体或小群体的生活史资料。力图克服量化研究指标过于简约的不足，使人们更全面深入地了解研究对象精神生活的生动景象，能稍稍掀起历史帷幕的一角，从而对一段空白的历史有些微可感的印象。以此为学前教育史补充生动的人的精神生活史资料，对国家、社会、教师和自我都有所裨益。

三

1. 教师精神生活

当代学者对精神生活的内涵做了不同的解释。有的认为精神生活包括人的全部心理活动。[①] 有的把精神生活分为三种形式：心理生活、文化生活、心灵生活。[②] 笔者也曾参考此分类。[③] 有的把精神生活分为乡土情结、休闲生活、情感和信念生活、心理生活四个维度[④]，有的认为精神文化生活是从深入浅的三层结构，即由信仰文化、思想观念、文化娱乐活动构成的综合体。[⑤] 本书主要从教师文化生活和教师职业认同两个方面进行研究，其中职业认同融合了心理生活和心灵生活的某些方面，有的个案从心理生活、文化生活、心灵生活进行研究。

人类的文化有表层的物质文化、中层的制度文化和深层的精神文化，其中精神文化包括知识经验、价值规范和艺术三方面的内容。[⑥] 学者一般从国家所能提供给国民的教育水平、文化休闲两个领域判断人的文化生活质量。如在加拿大幸福指数中，文化指标被划分为教育和文化娱乐两个领域；在德国社会指标体系中，文化指标则被分为教育和休闲媒体消费两个方面。我国学者参照以上思想从教育水平（含生师比、文教娱乐消费、成人识字率、人均受教育年限）和文化休闲（含人均文教事业费，拥有书、报、刊的数目，互联网入户率，彩电普及率）两方面建构文化生活质量评价指标。[⑦] 前者是文化生活水平指标，后者是达成文化生活水平的资源或条件指标。除了以上客观指

① 黄楠森. 人学原理 [M]. 南宁：广西人民出版社，2000：71.

② 童世骏. 当代中国人精神生活研究 [M]. 北京：经济科学出版社，2009：3-9；姜勇，何敏，张云亮. 国家级贫困县农村幼儿园教师精神状况考察——物质的匮乏与心灵的充盈 [J]. 学前教育研究，2016(7)：31-39.

③ 李云淑. 福建省老区农村幼儿教师精神生活状况研究 [J]. 教育研究与实验，2018(1)：71-77.

④ 郑岚，邓成飞，李森. 城镇化进程中乡村小学教师精神生活现状调查研究——基于四川省 C 市的实证分析 [J]. 海南师范大学学报（社会科学版），2017(1)：9.

⑤ 鲁小亚，刘金海. 乡村振兴视野下中国农民精神文化生活的变迁与未来治理——基于"社会结构—精神方式"分析路径 [J]. 农业经济问题，2019(3)：61-69.

⑥ 郑金洲. 教育文化学 [M]. 北京：人民教育出版社，2000：7，10，12.

⑦ 邢占军，等. 公共政策导向的生活质量评价研究 [M]. 济南：山东大学出版社，2011：207，226；吴东民，谢静. 文化生活质量指标体系的构建与测试研究 [J]. 学习与实践，2012(3)：116-122.

标，国外一些学者也重视对文化生活的主观体验指标。[①] 本书借鉴国内外的分类框架，考虑教师职业的专业性和研究的便利性，从农村幼儿园教师的专业文化生活和休闲文化生活两方面考察不同历史时期的农村幼儿园教师文化生活：第一，教师的专业文化生活。它主要指教师在职前教育、职中教学和职后培训等教育场域学习、传播、传承专业文化知识的公共生活。第二，教师的休闲文化生活。它主要指教师在正规的学习和工作之余的闲暇时间和私人空间里的业余文化艺术生活。二者相辅相成，相互促进。前者是教师的工作，是教师服务于社会的文化生活，它能够促进人类社会的生产发展；后者是教师的休闲，是教师服务于自我的文化生活，它能够缓解疲劳、提高生活品位和对生活质量的主观满足感。[②]

澳大利亚学者沃克-吉布斯（Walker-Gibbs）提出了评估农村教师职业认同的三个维度，即：关于主体性——我们是谁；权力——我们能做什么；欲望——我们能成为谁。她希望通过专业生活史叙事激发农村教师在专业成长中的主体能动性。[③] 一些研究关注职业认同的结构，认为幼儿园教师职业认同的结构包括职业目标、职业承诺、职业能力、职业投入四个因子。[④] 但没有对各因子的内涵做出解释。秦奕认为职业认同指个体依据自身的生活、职业体验较好地解决其与社会需求之间的矛盾及冲突，进而在职业场域中逐渐生成自我认可、理解与悦纳的积极生存状态，她把幼儿园教师职业认同分为目标确信、情感归属、投入意愿、胜任效能、持续承诺和人际支持等六个构成要素，并对每一个要素的内涵进行了解释。[⑤] 笔者认为主动利用社会资源只是形成职业认同的手段，而非职业认同的组成部分，因此借鉴了其中的五个要素及内涵作为操作性定义，并增加了价值认同要素，同时做了通俗的解释，各要素内涵如表 0-1 所示。其中持续承诺是指愿意把幼儿园教师作为自己一辈

① Beard J G, Ragheb M G. Measuring Leisure Satisfaction[J]. Journal of Leisure Research, 1980(1): 20-33; Lloyd K M, Auld C J. The Role of Leisure in Determining Quality of Life: Issues of Content and Measurement[J]. Social Indicators Research, 2002(1): 43-71.

② 李云淑. 农村幼儿园教师文化生活历史变迁及其启示. 学前教育研究，2020(4)：21-36.

③ Walker-Gibbs B, Ludecke M, Kline J. Pedagogy of the Rural as a Lens for Understanding Beginning Teachers' Identity and Positionings in Rural Schools (Article)[J]. Pedagogy, Culture and Society, 2018(2): 301-314.

④ 张莉，叶平枝. 广东省学前教育教师职业认同的结构与特点 [J]. 高教探索，2021(12)：110-115.

⑤ 秦奕. 幼儿园教师职业认同结构要素与关键主题研究 [D]. 南京：南京师范大学，2008：5, 63.

子的职业，如果有重新选择职业的机会，仍然会选择幼儿园教师，它对农村幼儿园教师队伍的稳定性尤其重要。

表 0-1　教师职业认同要素与内涵

要素	内涵	通俗解释
价值认同	幼儿园教师明确职业角色的意义，相信农村幼儿园教师的价值	有价值
目标确信	幼儿园教师具有明确的职业目标和未来职业规划	有目标
胜任效能	具备适应专业生活环境所需要的专业能力而产生的自我掌控感	有信心
情感归属	幼儿园教师体验到享受专业生活的积极情感	能舒心
投入意愿	指幼儿园教师主动付出努力从而促进成长的自我激励愿望	愿付出
持续承诺	幼儿园教师主动留职或继续专业成长的一种长期专注的誓愿	能坚守

2. 农村教师精神生活的核心素质

本书认为上述关于精神生活的分类具有普适性，不能反映教师尤其是优秀农村教师精神生活结构的独特之处。荷兰学者科瑟根（Fred A. Korthagen）改造了他人的"洋葱模型"来类比教师核心素质结构，"洋葱"从内向外逐层分别是职业使命（mission）和承诺（commitment）、身份认同（identity）、教育信念（beliefs）、能力（competencies，包括学科知识）、教育教学行为（behaviour）、环境（environment）。[1] 这一模型中教师精神生活体现在职业使命和承诺、身份认同、教育信念及能力四个层面。有人根据这一模型把乡土情怀定位为农村教师精神素质的核心，提出理想的乡村教师除了应具备一般教师的素质，还应具备如下区别于城市教师的资质：在情感上对乡村教育及乡村社会具有认同感和使命感等，在知识结构上具备地方性知识，在能力或技能上具备开展"文化适切的教学"的能力，从文化差异而非文化缺陷的角度看待乡村社会及学生等。[2] 陶行知先生认为"教师是改造乡村生活的灵魂"，乡村教师的精神生活素养的内涵除了以教育为终身志业的理想、能够普及"活教育"，还包含了乡村办学的情怀、改造乡村生活的信念、农业科学知识、适应与改造乡村

---

① Korthagen F A .In search of the Essence of a Good Teacher: Towards a More Holistic Approach in Teacher Education[J]. Teaching and Teacher Education, 2004(1): 77-97.

② 王艳玲，陈向明 . 回归乡土：我国乡村教师队伍建设的路径选择 [J]. 教育发展研究，2019(20)：29-36.

社会的能力等。① 综合上述观点，可以认为农村教师的核心素质主要包含乡土情怀（使命感与身份认同）、乡村教学价值观或信念、"文化适切"的教学知识与能力三个方面。本书的第十二章尤其关注通过选拔、职前培养、职后培训一体化实现农村教师核心素质的培养。

四

本书主要对农村幼儿园教师的精神生活进行研究。具体研究对象为不同历史时期的农村幼儿园教师；东中西部地区的农村幼儿园教师。新中国农村幼教发展经历五个阶段，即奠基阶段（1950—1957年）、大起大落发展阶段（1958—1976年）、持续稳定发展阶段（1977—1996年）、艰难曲折发展阶段（1997—2002年），以及改革振兴与政府主导重点发展阶段（2003年至今）。② 本书把研究对象按入职时间分为三代，即第一代教师（1950—1976年入职）、第二代教师（1977—1996年入职）、第三代教师（1997年至今入职），第三代教师大多数为1980年后出生的新生代教师。第一代教师中有个别是公办教师，大部分是选拔出来的农村女青年；第二代教师大多是幼师学历多才多艺的精英，也有部分职高毕业生；第三代教师学历较高，身份多样，有编内、劳务派遣、志愿、临聘、临时等多种。本书的研究对象为编内和临时教师两种，他们是新中国乡村学前教育发展的亲历者和见证者，也是新中国乡村学前教育的开拓者和建设者。本书重点研究29名教师，其中福建省25名，西藏自治区2名，河南省和江西省各1名，基本情况见本书的第四章。

本书主要采用了以下研究方法。

第一，以微观史学作为方法论指导。卡洛·金兹堡（Carlo Ginzburg）等微观史学家认为，一个时代的文化或是历史的意义是具体而细微的，必须借助于文化人类学"深度描述"（thick description）的方法，根据不同的背景和语境有区别地加以考察，进行微观化的历史分析。③ 微观史学的最大特征是注

---

① 陶行知. 信条 [M]. 北京：中国文史出版社，2017：168.

② 庞丽娟，洪秀敏. 中国学前教育发展报告：农村学前教育 [M]. 北京：北京师范大学出版社，2013：1-20.

③ 张正明. 年鉴学派史学范式研究 [M]. 哈尔滨：黑龙江大学出版社，2011：111，114-115.

重局部、细节和强调叙述性[1]，分析性的取径或分析性叙述是微观史研究的核心[2]，即以分析来促进描述的条理性，以描述来增强分析的故事性，共同建构分析和叙事交融的历史解释。本书以小群体或个人为研究对象，挖掘不同历史时期农村幼儿园教师个体的精神生活史。同时不滞于对个案本身进行阐释，也把个案放到历史脉络中，结合各种档案材料与文献等来揭示不同历史时期农村幼儿园教师的精神生活面貌，"深层次地发现农村教师与村落、地方乃至国家之间的互动"[3]。具体以福建、西藏、河南和江西共 29 名不同历史时期的农村幼儿园教师的生活史为线索，对我国 1950 年以来的农村幼儿园教师精神生活的历史变迁进行梳理。

第二，借鉴人类学的方法进行田野调查。新生代教师是未来农村幼教队伍的主体，他们的精神生活质量也决定了今后我国农村幼教的质量。本书的田野调查主要针对新生代农村幼儿园教师，借鉴克利福德·格尔茨（Clifford Geertz）的文化人类学思想对 2003—2019 年参加工作的新生代农村幼儿园教师进行研究，深入教师们工作生活的现场，通过观察、访谈等手段获得第一手资料，并采用"深描"（thick description）来呈现研究报告，以对不同地域、不同民族（汉族与藏族）农村幼儿园教师的精神生活状态的共性与个性有所了解。主要实地调查了福建省 8 所乡镇中心幼儿园及 4 个乡村教学点小学附设幼儿班共 13 名农村幼儿园教师，西藏自治区 4 所乡镇中心幼儿园共 7 名教师，以及台湾地区 8 所乡村幼儿园的 11 名教师。限于篇幅，本书只呈现了 2 名藏族教师的生命故事，台湾教师的研究资料未在本书中呈现。

第三，采用性别分析的视角。有学者认为女性作为认识客体被历史学家、经济学家、哲学家等所有人文社科学术研究忽略了。[4] 即使有女性研究，其所处的层次，只比研究野鸭和家禽所共有的层次高一点点——的确仅仅停留在鸟类观察的水平。[5] 这个形象的比喻说明以往的研究中，关于女性的观点都

---

[1]　李福长 .20 世纪历史学科通论 [M]. 济南：齐鲁书社，2012：282.

[2]　金兹堡 . 微观史与世界史 [C]// 陈恒，王刘纯 . 新史学（第十八辑 卡罗·金兹堡的论说：微观史、细节、边缘）. 郑州：大象出版社，2017：40-55.

[3]　王莹莹 . 视野下移中的农村教师生活史研究 [J]. 四川师范大学学报（社会科学版），2013(3)：72-76.

[4]　肖巍 . 飞往自由的心灵：性别与哲学的女性主义探索 [M]. 北京：北京师范大学出版社，2014：148.

[5]　鲍伊 . 宗教人类学导论 [M]. 金泽，何其敏，译 . 北京：中国人民大学出版社，2004：109.

是"他者的观点",即男性的观点,女性及她们对世界的看法是被边缘化的。作为方法论,性别分析属于女性主义视角,具有镜的功能,它要通过"性别"的镜头把女性的思想纳入"一个前所未有的宽敞透明的空间",以创造一个女性,以及所有边缘人和被压迫者都能参与其中的,更为广阔、更为平等、更为自由的教育和发展空间。教育学领域的"性别分析"是希望"培育一种具有时代气息的教育新理念,重新解释、说明和改造世界,追求一种更符合人性、更为平等和更能体现出对于所有人关怀的教育制度,并通过它来塑造一个更为理想和幸福的人类社会"[①]。女性研究"重要的是花时间去倾听妇女的声音,而不只是记录有关她们的数据"。也有学者认为,"性别分析属于方法论,需要一个更加宽阔的胸怀。一旦进入性别研究,你的研究对象就不会再停留在'女人'这个范畴内,立场也会不断地置换"[②]。对知识女性而言,仅仅"男女平等"是不够的,"她还必须有更广阔的人文关怀,不仅关心女人的事,也要关注社会弱势群体,将整个社会的平等问题纳入女性和性别研究的视野中"。女性学者的学术关怀不仅应该是女性的,也应该是历史的。[③]因此,本书的对象主要着眼于农村幼儿园教师这个弱势群体,包括27位女性教师和2位男性教师,并从历史的视角研究三代农村幼儿园教师的精神生活变迁史。

第四,运用叙事研究。叙事研究最早运用于文学研究领域,后来分化出"采用心理学的理论和方法来研究非凡人物生命故事"的心理传记学。1910年弗洛伊德(Freud)的《列奥纳多·达·芬奇与他童年的一个记忆》是第一本心理传记学著作,2005年德国学者舒尔茨(Schultz)主编的《心理传记学手册》标志着心理传记学作为一门学科的初步形成。[④]20世纪70年代,叙事研究引入教育领域。美国和加拿大注重自传取向的课程研究,是在批判传统学校教育忽视儿童的自主性、个性化和内在需要的基础上提出的,以派纳的《存在体验课程:走向概念重建》为标志,旨在帮助儿童通过描述学校知识以达成自

---

① 肖巍.女性主义教育观及其实践[M].北京:中国人民大学出版社,2007:2.

② 刘宁,刘晓丽.从妇女研究到性别研究——李小江教授访谈录[C]//王金玲.中国妇女发展报告5:妇女/社会性别学科建设与发展.北京:社会科学文献出版社,2014:454;宝森.中国妇女与农村发展:云南禄村六十年的变迁[M].胡玉坤,译.南京:江苏人民出版社,2005:14.

③ 李小江.女性乌托邦:中国女性/性别研究二十讲[M].北京:社会科学文献出版社,2016:190,97.

④ 郑剑虹,黄希庭.国际心理传记学研究述评[J].心理科学,2013(6):1491-1497.

我转变。后来发展成三种流派：第一种是自传理论与实践，代表人物有派纳等，主要有存在体验课程理论及据此进行的实践研究，注重合作、声音、地方、经验等概念。第二种是女性主义自传，代表人物有格吕梅（Grumet）、米勒（Miller）等，注重共同体、中间通道和重建自我等概念，代表作如《苦涩的奶：女性与教学》。第三种是从传记的角度理解教师，代表人物如加拿大学者克兰蒂宁（Clandinin）、康奈利（Connelly）、范梅南（Van Manen）等，注重合作、教师的"个人实践知识"和教师生活史等概念。[①] 英国学者认为教师传记研究要和情境分析、历史分析相结合，只有"从叙事转身到情境"，生命故事才能成为生活史。如哈格里夫斯《变革的教师，变革的时代》呈现了宏大的全球变化如何影响教师的生活与工作。[②]

本书综合运用了多种流派的观点进行叙事研究，包括借鉴英国学者的生命史观点和康奈利和克兰迪宁的三维叙事探究空间模式进行传记研究，运用德国舒尔茨的叙事访谈及分析方法进行资料的收集与整理，并在研究报告中体现微观史学注重深度描述和分析性叙述等特点。具体体现如下：（1）在资料来源上以声音叙事（访谈资料）为主，同时运用文本叙事（如历史档案材料、蔡美君老师在《八闽英模录》中的传记、原始照片等）等各种不同形式的叙事材料探究不同年代农村幼儿园教师精神生活的状况，并通过分析与解释资料探讨其当下意义。（2）在研究成果的呈现方式上有教师小传和分主题的描述与分析，力图克服运用逻辑语言进行教育学写作的局限，为读者提供一种能让他们参与进来的生活语言风格的研究文本。[③]

研究对访谈原始文本内容均进行了编码处理，单个教师的访谈文本有的划分成主叙述文本（main narrative）、追问文本（examine minutely）等部分，有的划分为初次访谈文本（first interview）、二次访谈文本（second interview）、三次访谈文本（third interview）等部分，还有座谈文本（focus groups）、自述文本（read me files）和微信公众号文本（WeChat account）等。

---

① 派纳，雷诺兹，斯莱特里，等.理解课程：历史与当代课程话语研究导论 [M]. 张华，赵慧，李树培，等，译. 北京：教育科学出版社，2003：537-588.

② 古德森.教师生活与工作的质性研究 [M]. 蔡碧莲，葛丽莎，译. 北京：教育科学出版社，2013：6, 27, 38, 74-75.

③ 丁钢.教育研究的叙事转向 [J]. 现代大学教育，2008(1)：10-16.

所有文本进行了编码处理（见表0-2）。编码规则为时间－地点－姓名－文本类型，第一、第二代教师的工作地点标为省和县，第三代教师的地点为省、东西南北方位和县。例如，2018年7月23日在福建省南靖县对荷花老师的第一次访谈（first interview）文本编码为20180723-FJNJ-HH-FI；2019年11月18日在福建省连城县对CH老师的访谈文本编码为20191118-FJ-MX-LC-CH。在个案文本中引用仅标明文本类型和行数。例如，"然后从小的话就是学习，那时候就比较外向，活泼就也比较叛逆，就是比较就是那种，坏孩子的那种形象啊"（MN.31-32）。在整合的文本中引用时注明姓名、文本类型和行数。例如引用荷花老师的第一次访谈文本的第9—23行即标明HH-FI.9-23；如果只访谈了一次，则不标明次数，如引用白老师访谈文本的第312—359行即标明B，312-359。

表0-2　部分研究对象访谈文本编码举例

序号	姓名	访谈时间	访谈文本编码举例
1	XY	2015年9月25日；2016年4月13日；2016年5月20—21日；2017年1月15日	20160413-FJ-MN-ZP-XY-FI
2	娟子	2016年3月18日；2022年12月19日	20221219-FJZP-JZ-SI
3	F	2016年5月17日，后多次微信交流	20160517-FJ-MD-FN-YZ-FI
4	金秀	2018年3月16日，后多次微信交流	20180316-FJCT-JX-FI
5	春华	2018年6月22日；2018年6月25日	20180622-FJLH-G-FI
6	美珍	2018年5月11日；2018年6月6日；2018年6月22日；2018年6月25日	20180625-FJLH-XZ-TI
7	西藏教师座谈	2018年8月28日	20180828-XZ-BB-FG
8	LAZ	2018年9月6日	20180906-FJHA-LAZ
9	次仁朗吉（男）	2018年9月8日	20180908-XZBB-CRLJ
10	措姆	2018年9月13日	20180913-XZBB-CM
11	益西	2018年9月15日	20180915-XZBB-YX
12	荷花	2018年7月23日；2019年2月8日（P）	20180723-FJNJ-HH-FI
13	志红	2018年3月16日；2018年7月14日；2018年9月10日；2018年10月11日；2019年2月10日	20180714-FJCT-ZH-SI
14	XF	2019年3月16日	20190316-FJ-MX-LC-ZXF

序号	姓名	访谈时间	访谈文本编码举例
15	白玉	2019年3月25日	20190325-FJLH-BY
16	肖老师	2019年3月25日	20190325-FJLH-X
17	艾老师	2019年4月8日	20190409-FJLH-A
18	白老师	2019年4月8日	20190409-FJLH-B
19	J	2019年3月25日；2019年4月8日	20190325-FJ-MN-LH-ZJ-FI
20	金百玲（蔡老师的女儿）	2019年7月2日	20190702-FJLH-JBL
21	吴小莲	2019年8月7日；2019年8月8日	20190807-JXFC-WXL-FI
22	CH	2019年11月18日	20191118-FJ-MX-LC-CH
23	XQ	2019年11月19日	20191119-FJ-MX-LC-XQ
24	JL	2019年11月19日	20191119-FJ-MX-LC-JL
25	XC	2019年11月20日	20191120-FJ-XZ-QL-XC
26	QY	2019年12月11日	20191211-FJ-MB-NP-QY
27	YA	2019年12月11日	20191211-FJ-MD-FA-YA
28	崔秀珍	2020年4月18日	20200418-HNAY-CYQ
29	H（男）	2021年3月25日；2022年3月27日	20210325-FJ-MN-CT-H-MN

五

本书综合微观史学、人类学、叙事学、性别分析等的研究思想，以福建省、西藏自治区、河南省和江西省共29名不同历史时期的农村幼儿园教师的生活史为线索，对我国1950年以来的农村幼儿园教师精神生活的历史变迁进行了梳理，并对其精神生活形成的历史与现实原因进行分析，最后对提升当前农村幼儿园教师精神生活质量的路径做出思考。

全书分为四篇：第一章至第四章为不同历史时期农村幼儿园教师精神生活个案研究篇，包括1950—2000年入职的6位农村幼儿园教师的精神生活叙事，分别为福建省农村幼儿园首创者蔡老师、初级幼师毕业者黄老师、红儿班知青教师林老师、乡镇中心幼儿园创办者娟子老师、河南省汤阴县杨村崔老师和江西省农村民办园创办者吴老师的个案。第五章至第八章为新生代农村幼儿园教师精神生活案例研究篇，分别为福建省农村公办幼儿园新生代教师文化生活研究和教师职业认同研究、乡镇中心幼儿园新生代男教师生命故事中的职业认同研究和西藏自治区农村幼儿园新生代教师精神生活个案研究。第九章至第十章为农村幼儿园教师精神生活变迁的纵向比较篇，先对新中国三代农村幼儿园教师精神生活变迁史进行了总结，再运用性别分析的视角梳理了农村幼儿园教师精神生活变迁史。第十一章至第十二章为农村幼儿园教师精神生活质量提升篇，先是农村幼儿园教师精神生活变迁原因的分析，之后对当前农村幼儿园教师精神生活质量提升路径进行了思考。

研究发现之一：从纵向比较来看，农村幼儿园教师在文化生活方面的总体变迁趋势是学历水平持续提升，三代教师均重视艺术技能，其职前教育阶段的专业生活质量呈现逐渐上升趋势，但后期有所下降；三代教师均具有改革与创新精神，他们的课程与教学的综合性和游戏性逐渐增强；职后培训生活质量日益提升，培训机会从多到少再到多，教师参训机会落差拉大；休闲文化生活空间从与农村社区融合到日渐疏离，内容与形式日渐多元。三代教师在职业认同方面变迁体现如下特点：从社会价值认同发展到多元价值认同；职业目标从办一个幼儿园／幼儿班发展到提升幼儿园课程的质量；胜任效能方面，对园长岗位的胜任感呈现强—弱—强的变化趋势，对教师岗位的胜任感呈现弱—强—多元的趋势；情感归属体现从光荣和感恩、喜欢和动摇再到幸福和自豪的曲折变化过程；投入意愿从工作第一到工作、家庭和自我兼顾，追求"有品质"的完整精神生活；持续承诺方面都愿意一直做幼儿园教师，但"向城性"增强。

研究发现之二：从男女的横向比较来看，三代教师的精神生活出现以下变迁，在心理生活方面，女教师体验到入学机会从男女平等到男女依然不平等的变化；家庭生活地位从夫妻平等到体验多元化，同时，三代教师都认为男女社会经济地位不平等。在文化生活方面，职前教育从无性别差异的劳动教育到男女有别的艺术技能、规范和期待；教育教学生活从工作家庭冲突到工作家庭相对平衡；教育教学管理制度上乡镇男性领导从支持、忽视到管制。在心灵生活方面，职业认同从独重工作到工作、家庭、个人兼重，且第三代教师普遍以家庭为中心。

　　研究发现之三：从东西部的横向比较来看，福建省的农村幼儿园教师比西藏自治区的教师学历更高，职前教育效果更好，职后培训机会更多，两地教师的教学内容各有特点。福建省的教师学历以大专为主，本科为辅，职后培训已经常态化。西藏自治区的农村学前教育起步较晚，教师学历以中职为主，大专为辅，但中职学历的教师有一定比例没有接受过完整的义务教育，公益教师职后培训机会少。不过，西藏自治区的家长对于教育的重要性的认识日益增强，国家对西藏自治区的教育投入的力度也非常大，西藏自治区的农村学前教育和农村幼儿园教师队伍的质量正处在快速发展的进程之中。西藏自治区的教师在儿童的养成教育、艺术教育和双语教育方面比较擅长，福建省教师的教学内容涵盖五大领域，更注重游戏活动的开展。此外，两地的农村幼儿园教师职业认同感都比较强。

　　研究发现之四：农村教师精神生活的变迁是国家制度、社区空间、社交圈和自我各因素多维互动的结果。制度的历史变迁决定教师精神生活变迁的方向，我国农村教师教育政策的演变体现出政策目标由增加教师数量走向提高教师质量、促进教育均衡发展的趋势，这是三代农村幼儿园教师的文化生活质量总体逐步提升的根本原因。生活空间文化（乡村文化和校园文化等）的变迁调节着教师精神生活的内容与方式，童年经历和学校教育影响农村幼儿园教师的教学态度和信念，乡镇的经济与文化、教育管理制度制约着农村幼儿园教师的教学条件、教学内容、培训机会和休闲文化生活质量等。社交圈，尤其是父母和教师是人的精神生活质量提升的重要支持条件。自我是精神生活品质的最直接决定者，自我的主观能动性、个性倾向性包括专业性向、心理弹性等尤为重要。

　　就职业认同而言，国家制度、乡村文化、学校管理和乡村教师自身素养是四个核心影响因素，各因素相互交织着发挥作用。我国从道义要求到提供保障的政策变迁影响了教师的投入意愿，决定了职业认同的情感归属从光荣和感恩、喜欢和动摇再到幸福和自豪的曲折变迁。教师教育尤其是实习经历、合作的教师文化等促进职业认同，乡村文化是农村教师们乡土情怀、集体精神滋养的土壤。但教师收入和生活品质的相对降低以及生源质量和教师教育质量的降低等因素又阻碍着教师职业认同的形成。教师职业认同往往在个人内部因素与外部因素互动中呈现出波浪式前进和螺旋式上升的发展过程，不同层级的外部因素在职业认同中发挥着不同的功能，个人的职业兴趣与所从事的职业的匹配，是职业认同的内在源泉。

为提升农村幼儿园教师精神生活质量，本书提出了以下建议：首先，在理念上，我们需要关注提升农村幼儿园教师生活的整体幸福感，包括物质生活与精神生活的平衡，工作、家庭与个人发展的平衡，专业文化生活与休闲文化生活交融等。其次，通过选拔、职前培养、职后培训一体化，实现农村教师乡土情怀、乡村教学价值观或信念、"文化适切的教学"知识与能力等核心素质的培养。最后，关注农村优秀教师的研究和宣传。包括运用叙事研究提升研究者和教师自我成长的能力；通过农村教师研究为农村教师教育改革提供决策服务；讲好优秀农村幼儿园教师的成长故事，为当代师范生尤其是免费师范生和农村幼儿园教师提供人生榜样，促进职前教师和在职教师的职业认同。

从提升农村幼儿园女教师精神生活质量的视角来看，应在入学机会和教育过程中实现男女公平竞争，提升女教师的经济地位，关注女教师尤其是单亲女教师的双重负担问题，关注多元气质农村女教师的培养，加强两性平等教育，增强农村幼儿园和农村社区双向互动，实现学前教育质量与新农村建设的双赢。从提升男教师的精神生活质量的视角来看，应关注男教师职业兴趣研究，促进个人与环境的双向良性互动，外部环境的支持应与男教师职业兴趣相匹配，并能化解其心理危机。此外，若要提高民族地区农村幼儿园教师精神生活质量，需要在民族地区实现编内幼儿园教师和编外幼儿园教师"同工同酬"，完善职前教师教育人才培养模式及课程体系。

目　录

第一篇　不同历史时期农村幼儿园教师精神生活叙事

第一章 20 世纪 50 年代入职农村幼儿园教师精神生活叙事

——福建省农村幼儿园首创者蔡美君老师个案 [1]

索绪尔认为，作为一个符号的女性其意义取决于它存在的背景，以及它与作为其背景的其他符号之间的差异。[2] 农村幼儿园教师的精神生活也具有历史与文化性，不同时代有不同的内涵。新中国成立初期，我国女性就业率达到了史无前例的程度，其中有一定比例的女性是在农村幼儿园任职。那时提出了一些响亮的口号 [3]，如"时代不同了，男女都一样""妇女能顶半边天""男人能做的女人也能做"等，在时代精神的感召下，涌现出一大批女能人、女强人，本书中的蔡美君老师算得上是其中的一位。在"学校向工农开门"的教育方针指引下，我国农村学前教育得以快速发展，1951 年，农村幼儿园增至 1595 所，在园幼儿达 12.7 万人，分别为 1950 年的 2.7 倍和 2.4 倍。到 1954 年，蔡老师创办福建省第一所农村幼儿园的时候，全国的农村幼儿园共有 1371 所，在园幼儿 10.8 万人。[4] 一般人只看到优秀女性事业上的辉煌成就，鲜少去关心她们真实的内心状态，本书期待走进福建省第一位农村幼儿园教师蔡美君的生活，了解她真实的精神生活状态，以期为今天的农村女教师过上更美好的生活提供借鉴。

---

① 本个案在《农村幼儿园教师生存状态：历史与现状》中采用过，但未能找到第二个于 20 世纪 50 年代入职的合适的研究对象。本书在原来的基础上进一步丰富了相关的历史档案材料，并做了一定的删改。

② 肖巍 . 飞往自由的心灵：性别与哲学的女性主义探索 [M]. 北京：北京师范大学出版社，2014：20.

③ 李小江 . 女性乌托邦：中国女性 / 性别研究二十讲 [M]. 北京：社会科学文献出版社，2016：7.

④ 何晓夏 . 简明中国学前教育史 [M]. 北京：北京师范大学出版社，1990：344.

一、研究过程

一段时间以来，笔者一直在漳州市档案馆寻找历史上农村幼儿园教师的踪迹。在一些教育工作会议材料中查到了好几位教师的信息，她们是 20 世纪 60—80 年代受过表彰的"优秀教养员""三八红旗手"或"优秀保教工作者"。其中一份龙海县角美公社石美大队党支部 1982 年的"重视人才投资，抓好幼儿教育"的材料提到"园长蔡美君同志是个从事幼教工作 20 多年的老教师"[①]。另一份文献介绍"1954 年，蔡美君在当地政府的支持下，办起了福建省第一所农村幼儿园"[②]，当时是石美中心小学附属幼儿园（现名石美幼儿园）。不过，无论是龙海县志、漳州市志，还是福建省志都没有本省第一所农村幼儿园办园时间的官方记载。不管怎样，对福建农村幼儿园教师的研究，就从这个并不确切的"源头"开始吧。同时，很多历史材料表明，20 世纪六七十年代，一般的幼儿园都停办了，石美幼儿园也停办过一段时间，于 1968 年复办[③]，并于 1978 年获得了福建省首批重点幼儿园荣誉（一共 2 所，另一所是福州儿童学园）。[④] 从《中国教育年鉴（1949—1981）》来看，新中国成立以后我国幼儿园教师队伍的统计数据从 1965 年开始中断了 7 年，直到 1973 年才重新开始，福建省农村教师队伍的统计到 1975 年才重新开始。[⑤] 可以说，石美幼儿园的存在为研究 20 世纪六七十年代农村幼儿园教师的生活提供了难得的资源。经过打听，笔者很遗憾地了解到，石美幼儿园的创办者蔡美君老师已于 2015 年离世，幼儿园最初的一批元老也仅有两位老师——陈美珍老师和春华老师在世。本书主要通过查阅史料和对蔡美君老师培养的两位老师以及蔡老师的大女儿金百玲老师的访谈来间接地反映蔡美君老师的精神生活。

2018 年 6 月 25 日，笔者、陈美珍老师、春华老师三人到石美幼儿园寻

---

① 龙海县角美公社石美大队党支部. 重视人才投资，抓好幼儿教育 [A]. 漳州市档案馆，全宗号 40，目录号 2，卷宗号 258，1982.

② 林谦能. 不老的爱心——记全国先进儿童教育工作者蔡美君 [J]. 幼儿教育，1997(Z1)：50-51.

③ 复办时间说明：《八闽英模录》中写 1969 年，春华老师回忆也是 1969 年，但是县志记载为 1968 年。

④ 福建省革委会批转福建省教育局《关于办好一批重点中小学的意见的报告》[A]. 漳州市档案馆，全宗号 40，目录号 2，卷宗号 175，1978.

⑤ 福建省地方志编纂委员会. 福建省志：教育志 [M]. 北京：方志出版社，1998：96-97.

访。一下车，出现在眼前的是一栋高大的建筑，建筑侧墙上的"石美幼儿园"几个大字需要仰视才能看得见。李园长热情地找来了幼儿园的两本旧相册，说以前的荣誉证书等都没有了，只留下一些照片。她还找到了一本《八闽英模录》①，里面有蔡美君老师的事迹，并说有两本一样的，这一本笔者可以拿回家看。她还说，如果笔者早一年来还可以看到幼儿园老园的面貌。

笔者向陈美珍老师表示想与蔡美君老师的儿女聊一聊，听听他们对妈妈的回忆。陈美珍老师很快回复，蔡美君老师的大女儿金百玲老师同意与笔者见面。金百玲老师 1948 年出生，小时候曾经是文艺宣传队队员，擅长跳舞；初中时期，喜欢到图书馆阅读各类书籍；1966 年上山下乡，当了五年农民；1973 年开始担任石美小学教师；1978 年转为以工代干教师，调至溪乾；1979年参加知青考试转为干部，在溪乾是小学的全科教师，语文、数学、音乐、美术、舞蹈等都能教，还跳过独舞《蝶恋花》；1986 年调回县城的石码中心小学，曾经参加语文教师作文比赛并获得特等奖，指导学生参加省级数学比赛获得三等奖；2003 年退休，现在身材苗条，精神矍铄，常练毛笔字、做健身操。2019 年 7 月 2 日，陈美珍老师和笔者约定上午 9 点在"锦江影剧院"门口见面。笔者带着女儿从漳州出发（意在让女儿感受一下老一辈吃苦耐劳的精神），陈美珍老师从角美出发，我们都提前到达了约定地点。当我们到达金百玲老师所住的小区时，她已经在一楼等待我们，一见面两位老人就紧紧地拥抱在一起，据说她们已经 40 年没见面了。我们从上午 9 点一直聊到 12 点，笔者没有主动提问，只是顺着金百玲老师的回忆适时追问，任凭她自由地诉说。可能很多年没有与人聊过她妈妈的事情了，老人有许多的话要说。后来笔者整理录音时发现，她反复提到了两句话："我妈妈一心扑在工作上"，"我妈妈就是这样严格"。

二、蔡美君老师小传

蔡美君老师 1956 年被评为龙海县"教育先进工作者"，1973 年被评为角美公社"教育先进工作者"，1982 年被福建省人民政府授予"福建省劳动模范"

① 新华社福建分社，新华社吉林分社．八闽英模录 [M]．北京：新华出版社，1992：538.

称号。① 龙海县的县长曾对金百玲老师说："你妈妈是名人，我去省里面开会，我坐在底下，你妈妈坐在台上。"那么，作为时代名人的蔡美君老师有着怎样的一生呢？

抗日战争时期来到福建

蔡美君，1930 年 2 月出生于广东省汕头市，小时候家里比较贫苦，八九岁时当过童工。抗日战争时期，因为日军侵占了广东汕头，她的妈妈带着她逃难到福建省云霄县投靠亲戚，她在当地教堂学会了弹钢琴。金百玲老师说，她外婆带着她妈妈跑到云霄后，外婆在当地做牧师，妈妈就在教堂里帮忙弹琴。1945 年，她妈妈进入云霄简易师范学校读书，在那里认识了她爸爸。新中国刚成立时，她爸爸在角美公社的蔡店小学工作，是全县工资最高的小学教师。

立志献身农村幼儿教育

1948 年，蔡美君从云霄简易师范学校毕业后，先在龙海县蔡店小学担任钢琴教师，后于 1950 年来到石美小学任教。其间，她对学前教育产生了兴趣，开始自学学前儿童教育理论，于 1954 年创办了福建省第一所农村小学附属公立幼儿园。1962 年的当地相关文件表明，石美幼儿园是龙海县三所设备条件相对较好的幼儿园之一。② 1963 年的当地相关文件中表扬了几所坚持办学的优质幼儿园，其中就有石美幼儿园。③ 金百玲老师说，1963 年她在南门小学读书，妈妈在石美小学教书。幼儿园一度夭折，后于 1968 年复办，最初一个试点班有 40 个孩子。由于蔡美君从小有文艺才能，又能说会写，心灵手巧，试点班取得了成功。1971 年，幼儿园发展到 17 个班，每个生产队一个班，共有幼儿 500 多人，教养员 24 人，石美成为福建省最早普及幼教的村庄。1972 年，幼儿园将混合班按生产小队编为 9 个班，共有 18 名教养员。在村部旁边的班叫作中心班，就读的是第十三、第十四两个小队的孩子，中心班由蔡美君和陈美珍两位老师任教。"1977 年 4 月，把原来的混合班教学形式

---

① 关于蔡美君同志享受特殊贡献待遇的报告 [A]. 龙海市档案馆，全宗号 190，目录号 1，卷宗号 357，1987.
② 我县当前幼儿教育工作报告 [A]. 龙海市档案馆，全宗号 190，卷宗号 52，1962：43.
③ 龙海县人民委员会关于幼儿教育巩固发展的几点通知 [A]. 龙海市档案馆，全宗号 190，卷宗号 91，1963：29.

改变成按幼儿年龄分班，即建立了中心幼儿园"①，设小小班到大班共 4 个班。

担任农村幼教辅导员

当时条件极差，但蔡美君老师坚信"哪里有可爱的孩子，哪里就有她的事业"。没有教材，她自己编写；没有玩具，她自己设计制作；没有专业教师，她毛遂自荐担任辅导员，自己承担起 20 余名民办幼师的业务辅导工作，还为本县和外县培训民办幼师共 212 人。《八闽英模录》中记载，建园以来，蔡美君老师先后接待美国、菲律宾、新加坡等地侨胞和福建省内外各有关单位来园参观访问者共 1000 多人，传授经验 400 余次。

探索文艺教育与混合班教育

蔡老师善于"用文艺的形式激发幼儿学习兴趣。她编写的教育小节目，曾为来宾演出了 800 多场，传誉国内外"。联合国教科文组织成员"含泪观看了缅怀周总理、想念毛主席的幼儿歌舞表演，连声赞誉道：'中国农村幼儿教育 OK！'"② 她还擅长思考与总结自己发展农村幼儿教育的经验，并撰写了有关论文。春华老师回忆道："那时候（1969 年）刚组织起来都是混合班，1970—1972 年改叫红儿班。最初还不懂得什么混合班教学……后来蔡老师就研究混合教育，开始分年龄段教学，一般从大班的哥哥姐姐先教，比如说计算题还是什么，大家一起听，听完他们做自己的事情；中班就教他们一个画什么的，让他们去画；然后再带小班做游戏。一堂课就需要三个模式、三个内容。"大约在 1978 年，中心幼儿园正式建好后才开始分设小、中、大班，但中心园下面的那些园仍然是混合班。

在石美种下一棵"大树"

"不管是平静的岁月，还是十年动乱时期"，"她始终像一个本分的农民，希冀的只是一块属于自己的'田地'"，以便给孩子们播下智慧的种子。③ 在蔡美君老师的努力下，石美幼儿园从借用民房、孩子自带凳子的幼儿园发展成

---

① 角美公社石美大队幼儿园.普及农村幼儿教育，加速四化建设步伐 [A].龙海市档案馆，全宗号 149，卷宗号 107，1978：292.

② 新华社福建分社，新华社吉林分社.八闽英模录 [M].北京：新华出版社，1992：538.

③ 新华社福建分社，新华社吉林分社.八闽英模录 [M].北京：新华出版社，1992：538.

福建省 20 世纪 70 年代唯一的省级重点民办幼儿园。1977 年，石美幼儿园成为福建省教育系统先进单位，并被评为农村民办示范性幼儿园，还获得了一笔资金，开始兴建新的园舍，再加上蔡美君老师的多方筹措，于 1978 年落成全省农村第一座幼儿教学楼（一期工程一幢两层楼房），面积 1051.49 平方米。1980 年，蔡美君老师当选为福建省幼儿教育研究会龙溪分会第一届理事会副秘书长①，负责宣传和学术研究组的工作。蔡老师个人也荣获全国先进儿童教育工作者、全国"三八红旗手"、省劳动模范等 50 多项荣誉称号，还曾当选为福建省人大代表、福建省妇联执行委员会委员和漳州市政协委员。1987 年，蔡美君老师退休，之后仍然多年在幼儿园和幼儿教育研究会担任顾问工作。②

家庭的不幸遭遇

金百玲老师有一张全家福照片，是她妈妈过生日的时候她大哥拍摄的，照片中有祖孙四代 21 人。她妈妈一共生了四胎六个孩子。金老师讲到她妈妈一心工作，从来没有亲自带过小孩，两个男孩请她的三姨婆带，四个女孩都是雇保姆带，她由保姆带到 3 岁，之后回到奶奶身边，她的双胞胎妹妹则由两个保姆分别带，其中一个保姆喜欢小孩子，她妈妈就把妹妹送给那个保姆了，结果不久妹妹就夭折了。回忆起那个妹妹，金百玲老师还有些伤感。

此外，1961 年，金百玲老师的父亲因工作失误被开除公职。关于父亲的遭遇，金老师做了解释：她父亲本来在龙海县进修学校专门研究语文教学，1961 年前后调到龙海的初级师范学校教语文。当年发生了海啸，家里一楼全是水，她奶奶有一个棺材要搬到楼上。那天她爸爸正带着学生实习，临时跑回来搬棺材，后来涨大水了，不能回去看学生，结果因为这件事而被开除公职。直到十几年后，她爸爸才落实政策，从龙海一中退休。

家里面有一人被开除公职，全家人都受到影响。金老师说："妈妈有一段时间真的受到很大的打击……我们小孩子同样受到连累……后来有一段时间讲究'唯成分论'，石美大队把成分较高（如地主、富农）和有点'问题'的家庭的子女都从文艺宣传队开除了，包括我和我弟弟。"

---

① 福建省幼儿教育研究会龙溪分会第一届理事会名单 [A]. 龙海市档案馆，全宗号 190，卷宗号 214，1980：69.

② 关于成立"龙海市幼儿教育研究会"的通知 [A]. 龙海市档案馆，全宗号 190，卷宗号 606，1996：63.

以园为家？人生的孤独？

蔡美君老师长期以园为家，上班时间一个人住在幼儿园里面，退休后仍然在幼儿园住了五年。因而在外人眼里，她的人生是很孤独的。

三、蔡美君老师精神生活叙事

（一）心理生活

1. 满意：建成了名副其实的幼儿乐园

从已有文献来看，蔡美君老师作为公办小学教师，工作期间对学前教育产生了兴趣，主动投身幼儿教育，她"觉得自己更喜欢天使般的幼儿"，她坚信"哪里有可爱的孩子，哪里就有她的事业"。在持续努力下，她的幼教事业收获了累累硕果，她对自己的成就应该是满意的。如1997年，蔡老师是如此向采访者介绍1978年新落成的石美幼儿园的："园内设备完善，布置适宜，大小型游戏器具多种多样，树木苍翠，花卉争妍，成为名副其实的幼儿乐园，为全省村办幼儿园做出示范。当地一位老农感慨地说：'我第一次看到农家孩子在这样美的幼儿园生活。'"[1] 可以看出，蔡美君老师对新园的硬件设施是很满意的。

2. 严格：对教师的素质和儿女的成长

金百玲老师3岁前由保姆带，3岁后由奶奶带，只有当知青之后在石美生活的十几年，和妈妈相处了几年时间。那时候她很怕妈妈，最大的感受之一就是妈妈对人对事要求十分严格，追求完美。她对妈妈的严格记忆犹新。

我以前协助妈妈排宣传队的节目，一到演出我就很紧张，每个节目的要求都不一样，队列队形也不一样，有的是横着排，有的要斜着排……一个人要应付十多个节目，包括服装，包括道具，我已经很伶俐了，她却说不行，一点点失误，我妈妈就批评得很严厉……所以我感觉跟她相处很难。有一次在角美的戏台上，我看小朋友已经很好了，我妈

---

① 新华社福建分社，新华社吉林分社 . 八闽英模录 [M]. 北京：新华出版社，1992：538.

妈就说不行，一遍一遍重来，十遍八遍这样。连那个文化站的站长都看不下去。（JBL，76-81）

我以前从来没跟我妈妈在一起，只有寒暑假在一起。我妈妈对子女怎么严格的？只要我的通知书的评语里面有一两句不好，她就要骂整个暑期。跟她在一起，我不怎么敢说话，经常提心吊胆……石美那里的老师都知道，我妈妈很严格。总的来说，我妈妈这辈子实际上也蛮辛苦的，她每天都很生气，因为脾气不好，身体也不怎么好。（JBL，13-319）

陈美珍老师和春华老师也一致认为蔡美君老师很严格，她制定了严格的规章制度，且要求老师任何时候都不能"打破"，如：年段计划、班级计划、周计划、教案等都要齐全，教案不能有一个错别字；工作期间不能因任何事情请假，要提前半小时到园，上课期间（那时候一节课35分钟，课间休息15分钟）不能做任何与工作无关的事，包括喝水（下课休息时才能喝）等。如果达不到蔡老师的要求，就会被严厉批评，正如陈美珍老师说的"一个（舞蹈）动作教错了，她就给你骂了半个小时呢"。春华老师记得，1979年，新的园舍建好后，蔡美君老师因为一个年轻老师的手帕挂得歪了一点点而一直批评她，不顾及她的自尊。

（二）文化生活

1. 职前教育

蔡美君老师1950年从云霄简易师范学校毕业。关于简易师范学校的学制，不同时期要求不一，清末《奏定初级师范学堂章程》规定，简易师范学校以培养小学（初小）师资为目的，入学学历要求仅为高小，学制一年。[1]20世纪初，教会学校在福建省创办的简易师范学校至少有15所，有的师范科学生最多只有十小时来做有关教育学的各种作业。[2]1946年初，《各省市五年师范教育实施方案》颁布，计划"师范学校由省办，简易师范由县办……每县至

---

① 吴会蓉.抗战前我国的中等师范教育与初等教育之关系述评[J].西华大学学报(哲学社会科学版)，2004(4)：24-26.

② 李少明.福建历史上的基督教会学校再探[J].教育评论，2006(6)：93-95.

少设立简易师范一所，每校至少 6 班，每班 50 人"①。民国时期简易师范学校，修业年限四年，招收高小毕业生。附设简易师范科，修业年限一年，招收初中毕业生。② 新中国成立以后，根据 1952 年 7 月教育部颁发试行的《师范学校暂行规程（草案）》和《师范学院教学计划（草案）》等文件精神，我国逐步停办了简易师范（初级师范）学校。金百玲老师说，因为时局动荡，她的妈妈在简易师范学校读了两三年。根据民国的课程标准，简易师范学校设置的课程有国文、数学、地理、历史、博物、化学、物理、生理及卫生、体育、童子军、公民、美术、音乐、教育通论、教育行政、教材及教学法、教育心理、测验及统计、地方自治、农村经济及合作、实用技术、实习。③ 云霄简易师范学校当时是否按标准设置了这些课程，目前还不能明确。

2. 教师生涯

大约 1963 年，金老师到石美小学读书，那一年跟妈妈在一起；1966 年，到程溪上山下乡，一年多后转到石美插队；大约 1967—1975 年跟妈妈住在一起。笔者问她看到妈妈平时看什么书，她说好像都是幼儿教育专业的书，都是与教学相关的。笔者问她看到妈妈业余时间都做些什么，她说妈妈晚上都在备课，周末都在排文艺节目，几乎没有休闲时间。

在园专业学习：坚持阅读专业书籍

陈美珍老师大约 1979 年离开幼儿园，她回忆 20 世纪 70 年代整个幼儿园只有蔡美君老师手里有一些书，也有杂志，有"好几本，什么音乐摘要，什么教育"。20 世纪 70 年代及以前的教材主要由蔡老师自己编排。每个星期六下午大家一起教研时，蔡老师就把下周要教的内容全部教给大家，并一起准备教育教学用具。春华老师 2007 年才退休，她记得 20 世纪 80 年代幼儿园有了教师的集体备课室。幼儿园已订有更多专业杂志可以参考，按年段分配。有《幼儿教育》（1982 年创刊）、《早期教育》（1983 年创刊）等，也有教材，还有国家的《幼儿园教育纲要（试行草案）》。蔡老师"舍得买"，各种杂志都是

---

① 吴健 . 解放战争时期《申报》师范教育史料研究 (1946—1949)[J]. 海南热带海洋学院学报，2018(1)：122-128.

② 王成 . 民国时期农村教育及其经费问题 [J]. 长安大学学报 (社会科学版)，2013(1)：97-103.

③ 教育部师范学校课程标准编订委员会 . 简易师范学校课程标准 [Z]. 南京：正中书局，1944.

最早订阅的。她说当时蔡老师教学抓得很好，主动四处去收集教育资料。妇联有什么文件、资料也会给幼儿园送过来，后来杂志与教材都能够"人手一套"。蔡老师还撰写了有关农村办园途径探索、混合班教学方法、培养幼儿良好习惯、幼儿爱国主义教育等方面的论文。其中，《农村幼儿混合班教育初探》被选入全国幼教研究会第二届年会论文集。[①]

教育教学实践：自制教玩具与直观教学

20 世纪 50 年代，蔡美君老师刚办的幼儿园只有一间破房子，孩子们自带凳子入园。"没有教具、玩具，她常带孩子们上山捡松果、树叶，到河边挖泥，因地制宜地制作出许多富有农村特色的教具、玩具。"1972 年，中心班由蔡老师和陈美珍老师教，蔡老师主要负责教文化课，美珍老师主要教舞蹈和唱歌。《福建省志：教育志》中记载："1974 年，石美大队幼儿园园长蔡美君自编乡土教材，并带动民办教师利用废物制作 500 多件精美、实用的教玩具，教育方法生动形象，吸引全村幼儿，受到联合国教科文组织成员及中国妇联领导的赞扬。"[②]1975 年国家卫生部领导林佳楣到石美幼儿园观看自制玩具展。[③]

文艺节目创编：思想政治教育

蔡美君老师在 20 世纪 60 年代创立了小学文艺宣传队。1969 年，在县里举办的为期一周的"毛泽东思想文艺宣传队会演"活动中，石美小学宣传队被指定要"自始至终参加学习、观摩和进行辅导"，并且在会演期间，对石美小学等宣传队进行了重点介绍，石美小学的节目被突出介绍。[④] 石美小学毛泽东思想文艺宣传队演出的小歌舞，观众看了，都被那用毛泽东思想武装起来的英雄人物感动得流下了眼泪。

20 世纪 70 年代，蔡美君又创立了幼儿文艺宣传队，她指导老师和孩子们编排了大量有创意的歌舞节目，这些节目不仅对孩子进行爱国主义教育，同时也对农村群众及部队进行思想政治教育宣传，节目主要围绕歌颂党、歌

---

① 福建省地方志编纂委员会.福建省志：教育志 [M].北京：方志出版社，1998：102，113.

② 福建省地方志编纂委员会.福建省志：教育志 [M].北京：方志出版社，1998：105.

③ 黄剑岚.龙海县志 [M].北京：东方出版社，1993：809.

④ 关于举办毛泽东思想文艺宣传队会演的补充通知 [A].龙海市档案馆，全宗号 149，卷宗号 47，1968：33.

颂社会主义新农村建设方面的内容展开。金老师回忆：

> 石美大队的文艺宣传队在龙海市是比较有名的。我们有到龙海的黎明大队拍电影，"农业学大寨"的时候中央来拍的，我有跟他们去拍电影……有一段时间石美大队的宣传队在整个龙溪地区这边都是很有名的，每一年春节石美大队都被挑选去部队慰问演出。（JBL，24-728）

陈美珍老师记得，1975 年欢迎林佳楣表演的节目有《欢迎》《庆丰收》《解放军叔叔，你辛苦了》《红色娘子军》《各族儿童团结在一起》等。1976 年，福建省第一届农村文艺会演，龙溪地区去了两个代表队，一个是石美农民代表队，一个是龙溪机械厂的工人代表队，代表龙溪地区赴福州演出。蔡老师是文艺宣传队的主要编导。金老师讲到妈妈经常开会：

> 那个时候她的名气在外面很响，在我们龙海很响。那个幼儿的宣传队在福建省已经很有名了，有上过电视，那个时候电视还很少，她已经有上过电视了。（一九）六几年到（一九）七一年这段时间，她经常到福州去开会，可能也去过北京，我不怎么清楚，那个时候就是帮她准备东西，知道她要外出而已，她也不怎么讲，我们也不敢问。（JBL，85-789）

从 1987 年的一份档案材料[①]来看，当时角美镇幼儿教育辅导站曾组织幼师在五四青年节进行"文娱会演"，幼儿园教师"人人上台，有唱、有跳、有乐器演奏，富有儿童特色，精彩多样"。有时候文娱活动也与培训相结合。例如，1980 年，福建省幼儿教育研究会龙溪分会成立，8 月 2—13 日，举办了地区首届幼师骨干培训班，学习幼儿心理学、幼儿园各科教材教法，训练了基本功，同时组织了文艺汇报晚会，部分幼教辅导员、重点幼儿园园长、富有经验的老教养员共 80 人参与培训。[②]

担任培训者：引领农村幼儿园教师的发展

20 世纪 70 年代，石美幼儿园经常有人来参观，陈美珍老师和蔡美君老

---

① 角美镇幼儿教育辅导站 1986 年工作总结 [A]. 龙海市档案馆，全宗号 220，卷宗号 410，1987：131.

② 福建省幼儿教育研究会龙溪分会第一届理事会名单 [A]. 龙海市档案馆，全宗号 190，卷宗号 214，1980：70.

师常在礼堂里开公开课。陈美珍老师回忆说:"我和蔡美君老师还要开大课,在礼堂里。那时候哦,那个公共汽车哦,哇,像排队一样的,好几辆都来了,三明呀,什么福州呀,哪里都来了。那蔡美君老师就是教故事课《小马过河》,那我就是教唱歌课《聚宝箱》,两个就配合两节课,一场,那就是(听课)老师有100多个,都在礼堂里开课。"每个学期暑假,蔡老师都要担任培训者,整个角美公社各大队的幼儿骨干教师都集中到石美来培训。一人一捆稻草,铺在地板上,大家就睡地板。蔡老师给大家开教学示范课,唱歌、数学、语言课及幼儿舞蹈十个基本动作(打点步、碎步、跑跳步、跑马步等)都一一示范。

大约是1978年的一份档案材料中也提到办好幼儿园必须培训又红又专的教养员,并介绍了办学边教边提高的办法。以下引用几段。[①]

第一,以老带新。幼儿园负责人蔡美君同志是个有丰富幼教经验的老教师……她经常像教孩子那样,手把手地教教养员写字、备课、唱歌、跳舞、制作教具。深入每个幼儿教养员(班级)中听课,然后根据教学实践中存在的问题,热心善意地向她们提出改进意见。同时,还经常言传身教,示范备课给大家看,示范开课让大家听,还给她们上幼儿生理学、心理学和教育学等业务课,提高大家的理论和业务水平……

第二,互相学习,不断提高……我们抓了两项,一项是集体备课……另一项是互相听课。

第三,大胆信任,放手使用……我们把一些教学方法有较明显进步的幼儿教养员推到第一线,让她们先在本园内开课,经辅导后又向外开课……现在,全园有四五个教养员能独立开课,独立编写简单的童谣,设计一些幼儿歌舞表演动作。

《角美镇1986年幼儿教育工作计划》[②]要求石美幼儿园等中心园协助幼儿教育辅导站进行师资培训,帮助本据点幼儿园教师过好技能技巧关。培训的

① 角美公社石美大队幼儿园.普及农村幼儿教育,加速四化建设步伐[A].龙海市档案馆,全宗号149,卷宗号107,1978:292.

② 角美镇1986年幼儿教育工作计划[A].龙海市档案馆,全宗号220,卷宗号411,1986:27.

要求包括定期举行幼儿教育学、心理学讲座等；幼儿园教师技能技巧过关的要求包括上半年弹琴、舞蹈、写教案和朗诵过关，下半年讲课或讲故事、画画、表演和视唱过关。

幼儿园建设：成为"农村民办示范性幼儿园"

据《龙海县志》记载，1977年，石美大队中心幼儿园被福建省教育厅定为"农村民办示范性幼儿园"；是福建省首批两所重点幼儿园之一。现存的照片表明石美幼儿园曾于1977年获得全国妇联授予的"全国三八红旗集体"称号（1982年再次获此荣誉）、龙海县党委和革委会授予的"宣传工作先进单位"等称号（对象写的是"角美公社石美大队红儿班"）；1979年获龙海县党委和革委会授予的"红旗单位"称号。石美幼儿园目前是福建省为数不多的村级公办幼儿园之一。陈美珍老师说："这个重点农村幼儿园的大树，是我们蔡老师争取来的，是我们种的，是我们努力出来的。"金老师说："我妈妈为他们石美大队挣得多少荣誉，包括石美幼儿园能够建起来，也是我妈妈付出百分之百的努力，到处去求人家寄钱来建一个学校。"

《石美幼儿园工作汇报》[①]介绍了提高教育质量的四条经验，包括"提高教养员业务水平是关键""开展教研交流比武是途径""大力自制教玩具是保证""抓紧道德品质教育是首要任务"。当时蔡美君老师要求教养员在学习上做到"三定"，即定时间、定学习要求、定学习计划，每周两个晚上集中学习幼儿心理学、幼儿教育学、幼儿园各科教学法和北京幼儿园各年龄班思想品德教育大纲等。1980年，幼儿园重点开展了"各年龄班智力游戏、看图说话、手工、图画等科的教学方法"和"混合班教学方法"等研讨，先由骨干教师示范教学，然后轮流开课、互相观摩，单周个人钻研备课，双周教学比武。幼儿园还"采用集体和个人相结合的方法，制作了电动的活动性的教具和贴绒图、挂图、木偶、立体桌上扮演图片、实验用具等包括计算、语言、游戏、常识各科直观教具120件（套）"。

3. 业余文化生活

金老师说自己的爸爸妈妈、兄弟姐妹几乎人人都有文艺才能。20世纪50

---

① 石美幼儿园工作汇报 [A]. 龙海市档案馆，全宗号220，目录号1，卷宗号315，1981：32.

年代寒暑假时，他们家会有一些家庭娱乐活动，到了 20 世纪六七十年代就少有属于家庭和个人的娱乐时间了，她妈妈几乎所有的时间都在忙备课、忙培训、忙文艺活动。

20 世纪 50 年代：家庭文化娱乐活动

在金老师小时候（1961 年前），每次寒暑假他们全家人在一起时会有一些家庭娱乐活动，有的吹笛子，有的敲扬琴，有的拉二胡，有的唱歌，有的跳舞，很热闹。她说全家每人都有文艺特长：妈妈会弹钢琴、敲扬琴，识谱能力很强，会边弹边唱；爸爸会笛子、扬琴、二胡；大哥各种乐器都会，毛笔字也很漂亮；弟弟吹笛子也很厉害。她自己则学跳舞。演奏的歌曲主要是电影插曲，比如《让我们荡起双桨》（电影《祖国的花朵》插曲）、《听妈妈讲那过去的故事》、《我的祖国》（电影《上甘岭》插曲）等。邻居们也会去金老师家看表演。美珍老师还对金老师说："以前你妈妈谱曲，都是你爸爸抄的，还有歌词。"说明金老师父母都有较好的文化素养，二人琴瑟和谐。

20 世纪 60—70 年代：没有业余时间

金老师说，那时候老师经常开会，一开会就是二十几天呢。暑期都要集中学习，教育局统一布置任务，所以那时候"很多人不喜欢当老师，任务很重"，有的时候还要到生产队里抄表格，"落实上面布置的任务都派给老师去做"。直到 20 世纪 80 年代，老师才不用晚上经常办公和开会。

> 以前跟我妈妈在一起的时候……（她）晚上要备课，还要学习，写心得体会，经常学一篇文章就要写一篇心得。那如果星期六、星期天有时间她又要自己编节目，排练节目，好像没有什么空闲的时间。暑假她也要经常集中培训别的老师。（JBL，59-765）

（三）职业认同

不管是平静的岁月，还是十年动乱时期，蔡美君老师始终坚持在农村幼儿园教育的田地上耕耘。在《八闽英模录》中，蔡老师留下的人生格言是："蜻蜓点水，虽然忙得不可开交，却永远不知道海水的深浅。"这句话似乎表达了她凡事深入钻研，精益求精的人生追求。金老师在回忆妈妈时也反复讲到她妈妈为工作而忽视了对家庭的责任和对子女的关爱。

1. 投入意愿

一心扑在工作上

金老师说，石美的幼儿园当时建得那么好，是她妈妈争取到了外面的资金，大队并没有钱。当时其他大队的农民也喜欢把小孩送到蔡老师办的幼儿园。当时蔡老师负责宣传队的工作，每次宣传队一演出，整个礼堂"马上静悄悄的，大家都全神贯注地看"。但是排节目压力很大，付出心血才能换来观众的喝彩。美珍老师说表演两个小时需要排二十几个节目。

> 我妈妈就是工作非常认真，一心扑在工作上……每个文艺节目都由她自己编排。那个闪金光的毛主席像就是她自己设计，然后请小学的郑老师帮忙做的。其他很多道具都是我妈妈自己设计、自己制作的。还有那个点蜡烛的节目很好看[①]……有的时候一个节目她要想好久，包括道具怎么做。那时候没有特技、没有电脑，所以那个《毛主席像闪金光》的演出引起了全场的轰动，孩子们的表演也很到位，连军区里面的解放军都说："哇，这些小孩子太厉害了，动作到位，姿态到位，表情到位。"（JBL，30—44）

对家庭没有付出

金老师说，她妈妈虽然得到过很多荣誉，工作也很出色，为公家的事情全心全意，当时福州的记者还曾采访过她，但对子女没有帮助，对家庭没有付出，她和哥哥转正全靠自己努力。同时，她也认同妈妈给他们子女的遗传基因好，他们"兄弟姐妹几个都是很会读书的，都是接受能力比较强"。

> 我妈妈工作认真到什么程度？（一九）六六年我上山下乡是怎么去的？我自己报名、自己打包、自己单独去的，她都没有回来。包括以前我奶奶生病，我妈妈为了工作也没有回来。我小学刚毕业就照顾我奶奶

---

① 所配歌曲：天安门上红灯明亮，我在门口抬头张望。望见了首都北京城，放射出万道金光。

一年，奶奶去世以后又守孝四个半月。大概是（一九）七二年，我大哥结婚……她就出去演出了……原来我那个弟媳妇也是在幼儿园教书，我妈妈不够满意，后来把她辞退了。（JBL，8-23，84-86）

我妈妈从来没有对我有一分的帮助。我是双胞胎，是保姆带大的，从小没有吃过妈妈的奶……我3岁后跟奶奶。我妈妈虽然在幼儿园教书，但是我们没有读幼儿园……我没有感受到我妈妈的母爱。（JBL，343-366）

金老师说她妈妈一心扑在工作上，家里面大事小事她都不管。相反，"家庭是妈妈事业的支柱"。小孩由家里老人带，她爸爸去世了以后，她妈妈才学会自己做饭。小的时候她也是妈妈的小帮手，帮妈妈洗衣服、准备开会的东西等。金老师说自己长大后才能理解妈妈对工作的认真。

2. 胜任效能

崇拜她与严师出高徒

陈美珍老师最崇拜的人是蔡老师。她说："她工作很认真，一丝不苟。她很努力呢！你知道吗，我在她那里学到了很多东西哦！"笔者感觉到美珍老师对蔡老师有一种发自内心的崇敬和感恩，也为曾经与蔡老师共同努力取得的成就而欣慰。相比后来自己办幼儿园15年的压力与艰辛，在石美幼儿园那一段"风风火火"的岁月，是美珍老师心情最好的时光。当春华老师经过长期的努力终于通过转正考试时，她也深刻认同"严师出高徒"，认为"如果蔡老师没有那么严格要求，我要去参加考试，（可能）考不出什么来"。因为蔡美君老师对教师素质有非常高的要求，所以家长对幼儿园"很好评"，包括隔壁村孩子的家长。此外，春华老师也表达了蔡美君老师对老师们要求太严格，有点没有人情味的观点。金老师说妈妈是心直口快，有什么问题会马上讲出来，不会拍马屁，得罪了一大片。

事业上成功，人生不成功

陈美珍老师和春华老师一致认为蔡美君老师事业上成功，人生不成功。晚年，蔡老师曾对美珍老师说："美珍啊，我老是自己一碗饭、一碗菜，我没有享受天伦之乐，没有一家人坐在一起吃饭。"聆听金老师的回忆之后，笔者能够理解她与妈妈的互动模式了。金老师说："以前跟我妈妈在家里，我们子女，一般跟她没有随便乱讲话的习惯，如果她不满意就会发脾气。"实际上寒暑假她妈妈常常与大哥住。蔡老师一辈子培养教育别人的孩子，却没亲自抚养过自己的子女，子女们跟她在感情上还是有点隔膜的，此外子女们对她也有着敬畏之心。不过，在她生病的时候，子女对她的照顾仍然是尽心的。晚年她的小儿子跟她一起住，很辛苦地照顾她，结果自己也和妈妈一样生病了，在他的妈妈去世之后，仅隔 30 小时他也因心脏衰竭离开了人世。

四、研究结论

（一）蔡美君老师精神生活状态小结

本结论主要通过二手资料而获得，即通过关于蔡美君老师的文献和采访与她亲近的人而获得，其准确性不能和采访她本人相比，所幸这些资料中包含了她在世时别人对她的采访资料，而所访谈的三个人有她的女儿和长期相处的同事，还是可以从中窥见她真实的精神风貌。主要结论如下。

蔡老师在 1954—1992 年从事农村幼儿教育的 38 年中，其精神生活是一个矛盾的组合：存在着专业生活质量与家庭生活质量的巨大差异，即表现出事业的辉煌与人生的孤独的反差，事业上成就感的满足与亲情上归属感和自尊感匮乏的反差，她在对事业的追求过程中一直伴随着情感上的焦虑，表现出脾气"不好"。儿女认为"妈妈工作是很出色"，但"对家庭没有付出"，同事认为她"事业上成功，人生不成功"。

第一，蔡美君老师热爱幼儿事业，关心儿童的成长，在工作上取得了很大的成就，专业生活质量非常高。一是心理体验方面。喜欢学前教育，并对自己的工作成就感到满意。她对 1978 年新落成的石美幼儿园的硬件设施满意，称其为"美的幼儿园""名副其实的幼儿乐园"，她对石美幼儿园成为"农村民办示范性幼儿园"也感到欣慰。二是文化生活方面。蔡老师从简易师范学校毕业，其入职时的初始学历在 20 世纪 50 年代的农村幼儿园教师中是比较高的而且是正规的；她在几十年的教师专业生涯中一直坚持教育教学实践研究，在教玩具制作、直观教学、文艺节目创编、教师培训、示范性幼儿园建设等多个方面取得了出色的成就；她在教师生涯中一直牺牲娱乐休息时间，坚持专业学习，笔耕不辍，在从教 32 年时仍有论文入选全国幼教研究会年会论文。三是心灵生活方面。蔡老师从事农村幼儿教育共 38 年，不管是平静的岁月，还是十年动乱时期，她始终坚持在农村幼儿园教育的田地上耕耘。她的人生格言"蜻蜓点水，虽然忙得不可开交，却永远不知道海水的深浅"，似乎表达了她凡事深入钻研，精益求精的人生追求。女儿认为"妈妈一心扑在工作上"，但是"对家庭没有付出"，同事对她在事业上取得的成就表示"崇拜"和感恩。这些都反映了 20 世纪 50 年代的农村幼儿教育工作者无私的奉献精神。

第二，她的精神生活存在一些问题。一是家庭情感生活质量比较低。蔡老师长期以园为家而忽视了对家庭的责任和对子女的关爱，导致其与子女彼此隔膜。她没有很好地平衡事业与家庭的关系，没有亲自承担养育儿女的责任（虽然也出钱雇请保姆带小孩），导致孩子们没有形成对母亲正常的亲子依恋。此外，蔡老师有很强的家长专制作风，对儿女过于严厉，导致双方缺乏正常的亲子情感交流。二是蔡老师对教师过于严厉，缺乏情感上的关心。幼儿园的管理制度过于严格，在一定程度上降低了双方的精神生活质量。

第二章　20 世纪 60 年代入职农村幼儿园教师精神生活叙事

——初级幼师毕业者黄荷花老师个案

　　1951 年 10 月 1 日颁布的《政务院关于改革学制的决定》①规定，师范学校和初级师范学校均要附设幼儿师范科。1957 年，全国共有幼儿师范学校 20 所。1960 年，增加到 89 所，初级幼儿师范学校在校学生共 40249 人，呈现出以初级幼师为主的发展态势。②但自 1963 年起，全国已不再招收初级幼儿师范生。可见，我国初级幼师存在的时间只有短短的十几年。那一时期的初级幼师毕业生的精神生活状态如何尚未见相关传记研究，黄荷花老师的个案可以为大家了解初级幼师毕业生在农村从事幼教时的精神生活状态提供借鉴。

一、研究过程

（一）查询档案

　　2018 年 2 月 27 日，在漳州市档案馆的查档大厅，工作人员输入关键词"幼儿园"，跳出许多文件。笔者一眼就看到了《关于下达 1957 年公立小学及幼儿园（班）教职工编制的联合通知》，文件打开，就像一段尘封的历史打开在笔者面前。漳州市的档案都实现电子化了，只不过这份早期的文件是手写的，由于年代久远，纸张发黄。由文件可知，当时福建省共有 32930 名公立小学及幼儿园教师，其中幼儿园教师为 681 名，编制已全部配齐。而当年漳州市只有 34 名幼儿园教师，南靖县幼儿园教师毕业于幼师的比例最高，其次

---

① 中国学前教育研究会.中华人民共和国幼儿教育重要文献汇编 [M].北京：北京师范大学出版社，1999：46.
② 唐淑，何晓夏.学前教育史 [M].大连：辽宁师范大学出版社，2001：244.

是平和县，漳浦县幼儿园教师大多为普师毕业。笔者从另一份文件[①]了解到，1983 年南靖县的 21 名幼儿园教养员的学历情况为：8 名毕业于泉州幼师，毕业时间在 1967—1983 年，4 名毕业于普师（厦门师范和龙溪师范），3 名毕业于南靖初级幼师，4 名高中、3 名初中、1 名小学（大概 1968 年毕业于南靖实验小学，文件看不清）。这 21 名教师全部是女教师，其中，教龄最长的 32 年，大约 1951 年入职。从教师的任教情况来看是分科教学，每位教师负责 1—3 门课，有的教计算、美工，有的教语言、音乐，有的教图画和计算，有 2 位只教常识，1 位只教泥工，1 位只教游戏。这说明 1981 年的《幼儿园教育纲要（试行草案）》中游戏作为重要教育手段之一的精神已在南靖县得到落实。另外，高中、初中甚至小学毕业都能当幼儿园教养员的情况还比较普遍。

（二）聚焦研究对象

2018 年 5 月 9 日，笔者再次来到漳州市档案馆，查到一份南靖县教育工作会议材料，题目是《热爱党的教育事业，积极办好幼儿教育》[②]，作者是汤坑大队幼儿教养员黄荷花，落款是 1982 年 9 月 14 日。笔者一看材料，作者的工作时间是 1961 年 9 月，感到很高兴。笔者想这可能是了解 20 世纪 60 年代农村幼儿园教师生活史的难得个案。笔者把这个材料拍照给南靖县幼教教研员陆莹老师看，并请她帮笔者打听黄老师的现况。她马上回复笔者说："黄老师现在很好呀！" 6 月 11 日，笔者在成都开学前教育研究会的年会时收到陆老师的短信："上次说的要采访黄荷花老师的事，已联系好她啦，等待你随时过来哦！"笔者对访谈提纲进行了个性化修改，比如结合黄老师 1982 年的材料对学习经历、工作经历方面的问题进行了具体化。例如，请您谈谈您上南靖初级幼师时的情况；请您分别谈谈您在林场、和溪、汤坑大队等地办幼儿班的经历；请您谈谈 20 世纪 80 年代您转正以后继续从事农村幼教的情况等。访谈信息详见表 2-1。

---

① 南靖县幼儿园、南坑学区、船场学区、书洋学区各小学教育系统教职工花名册 [A]. 漳州市档案馆藏，全宗号 40，目录号 2，卷宗号 311，1983.

② 南靖县教育工作会议材料. 热爱党的教育事业，积极办好幼儿教育 [A]. 漳州市档案馆藏，全宗号 40，目录号 2，卷宗号 261，1982.

表 2-1　对黄荷花老师的访谈时间、地点

访谈时间		地点
2018年7月23日	9:05—12:00，13:23—15:15	南靖县教师进修学校
2019年2月8日	17:03—17:18	（电话访谈）
2019年2月10日	15:36—16:24	（电话访谈）

（三）进入现场

2018 年 7 月 23 日上午，笔者乘车约一个小时于 8 点半前到达了南靖县教师进修学校。8 点 40 分多，一位矮小的白发老人走进来，正是黄荷花老师。她问笔者为什么要找她访谈。笔者告诉她想把老教师过去的精神财富留给后代来看，如果可能，笔者会出一本书，到时会送她一本。黄老师表示赞同。我们先合了影，接着笔者给她看在档案馆找到的她于 1982 年写的会议发言稿。她看着看着，对笔者说："看到这些就想哭了。过去的日子太艰难了！"陆老师来后，我们去"幼儿教研室"开始了正式访谈。笔者请黄老师先说个人经历，从出生开始说起。听着她的回忆，过去仿佛历历在目。访谈中，黄老师的电话响了。她让陆老师帮她关机。笔者让她先接电话，没多久又来一个电话，她又给陆老师，陆老师先给她接了电话，然后告诉笔者："黄老师为这次访谈特地买了一个新手机，因为她怕以前那台老式的手机接不到你的电话。"笔者感谢老人这么认真地对待这次访谈，也感觉到老人很需要有人倾听。黄老师精神状态非常好，也很健谈。这些访谈问题一般两个小时能聊完，但是我们花了将近三个小时才完成三分之一，因为前面第一个问题"个人的人生经历"聊了很久。午饭后陆老师先回去了，笔者和黄老师继续回办公室聊，直到下午 3 点半左右才完成了所有预设问题。笔者感觉黄老师的精神状态好到超出笔者的想象，最让笔者惊奇的是她竟然是骑着三轮电动车来的！那是一辆有两个座位的暗红色的车，她说以前是她家老头子骑的，后来他生病了，只能坐轮椅了。笔者问她什么时候学会的，她说才几天。笔者惊讶于 70 岁的老人还能学会骑电动车，还愿意去学习骑电动车。黄老师说，她去年得过一次严重的肺病，持续发烧了十天，直到用了进口药病情才好转。

2022 年 7 月 20 日，笔者把黄荷花老师的基本情况时间节点核对表发给南靖县进修学校的陆老师，请她帮忙找黄老师个人档案材料进行核对。7 月 24 日，陆老师把核对过的文稿返还给笔者，并且给了笔者黄老师的档案卡照片件，从而使研究报告的内容更加准确和全面。11 月 15 日，笔者找黄老师当面核对研究报告，把整理好的个案研究报告逐字念给她听，她对文稿很认可，只纠正了一两处时间误差，还建议笔者补充汤坑村幼儿园曾经获得国家奖励的情况，她还说当时锦旗被某部门借去展览时弄丢了。她还顺便告诉笔者，她于去年做了切除肺部囊肿的手术，身体恢复较好。

二、黄荷花老师小传

黄荷花老师于 1962—1988 年从事农村幼教，时间长达 26 年。其间有很多坎坷，但她始终"揪住幼儿园老师不放"。

"感恩共产党"，让女孩子能上学

黄荷花，1944 年 11 月出生于一个贫农家庭，她父亲在她 6 岁时离开了家庭，她们三姐弟由她母亲抚养成人。最初他们生活非常艰难，"三餐有一碗稀饭吃，就已经好得不得了了"。新中国成立后，"生活一天一天地好起来"。她记得一个伯父曾说过："红军，这支队伍是最好的"，"那就是共产党领导的队伍"。黄老师说"非常感恩共产党"让女孩子能上学。她 10 岁上小学，和当时很多十几岁的女孩子一样。

就读初级幼师班，到县幼儿园工作

1960 年，黄老师小学毕业后，和班上一些年龄比较大的同学都被录取到南靖县一中的幼师班。县一中在招生时说学制是三年制。后来又改成了一年制。这一年，因为大炼钢铁，学生以劳动为主，正式上课较少。同学们去山城镇象溪村的山上砍柴，扛到坎仔头村的炼铁厂，有时候也去河里搬石头。1961 年 6 月，黄老师从初级幼师班毕业，被分配到南靖县幼儿园，在这里工作的一年中学到了很多。当时幼儿园的吴宝宫老园长毫无保留地对她用心指导。后因人员精简，她于 1962 年 6 月离开了县幼儿园。①

自力更生，多地创建幼儿班

不能从事幼教工作，黄老师很难受。此后十余年，黄老师一直寻找各种机会办学。但因各种原因，她的幼儿教育工作断断续续。1961 年 8 月，她到林场五板桥工区幼儿班工作，在这里教了一年。有一天，她在带孩子们做早操时，被省里检查的领导看到，当场受到表扬。1963 年，她回到县幼儿园代课一年。1964 年结婚后，她在和溪镇妇女主任、街道主任帮助下在居民街道里面办了一个幼儿班，教小朋友游戏、儿歌、律动、舞蹈等。1966 年，她来到婆家务农，户口由居民变成农民。1968 年，她到耕读小学教没有文化的青少年识字，除了教 68 个单独字，也讲一些革命故事，故事主要从幼儿园的语言课本和小人书里面来。当时正好颁发《中共中央关于半农半读教育工作的指示》②。1972 年，黄老师在和溪镇的祠堂里面办了一个幼儿班，同年 3 月，获得教育局的民办教师名额。1974 年，幼儿园因故停办，黄老师回到娘家汤坑村办幼儿园，当时正值"农业学大寨"③，"县里面通知每一个大队都要办幼儿园"；大约也办了 2 年。④

再次考取民办教师，回乡办幼儿园

1979 年，全国托幼工作会议召开，会议提出"幼儿师范要逐步地为农村社队托儿所、幼儿园代培幼教骨干"等具体要求。⑤农村幼儿园教师教育又受到重视，国家在农村再招一批民办教师，黄老师重新考取民办教师资格，并在南靖县教师进修学校培训了两个月。当时统一发放了六科的培训教材。同年 9 月，黄老师回到汤坑村创办幼儿园。这一次办学取得较大成功，幼儿园

---

① 黄老师的口述回忆与其个案档案都表示南靖县幼儿园于 1962 年后就精简了人员，但她 1982 年写的材料中说是 1964 年才精简。

② 何东昌 . 中华人民共和国重要教育文献 (1949—1975)[Z]. 海口：海南出版社，1998:1358. 当时采取"'志愿兵'的办法组织革命的教师队伍。……主要是就地取材，能者为师"。

③ 1973 年，在"工业学大庆""农业学大寨"及计划生育工作的推动下，幼儿园数增至 4.5 万所。

④ 其个人档案中，1964—1978 年均在和溪幼儿班，1978—1988 年在汤坑幼儿园，其间的一些曲折没有反映出来。并且访谈时黄老师说的是 1979 年再回汤坑办幼儿园，也有些出入。

⑤ 王鑫，刘茗 . 社会主义新农村建设中教育改革与发展研究 [M]. 北京：学苑出版社 2010：3.

很快发展到 150 多人，4 个班 4 个教养员。[①]黄老师负责辅导其他教养员，主要利用周末和寒暑假上课。

转正为公办教师，在教育工作会上发言

1981 年 7 月，南靖县教师进修学校组建幼教组。[②]同年，黄老师因其 15 年以上的农村从教经历而获得转正，成为公办教师，并于 1982 年入党。1983 年 9 月，教育部发布《关于发展农村幼儿教育的几点意见》，这是新中国第一次专门针对农村学前教育事业发展的政策文件。该文件提出："县教育部门要负责农村幼教工作的业务指导和园长、教师的培训，办好示范性幼儿园和公社中心幼儿园，加强对幼儿教育的研究，组织交流经验。"其间，黄老师所在的汤坑大队（村）幼儿园成为推广农村幼儿教育的示范点，县里其他公社（乡镇）的幼师都来参观，开了多次"现场会"[③]，每次都有上百人。黄老师记得，她接待过一次本县就读泉州幼师的学生，有一次她组织的活动"7 的组成"得到了下乡蹲点的领导的表扬。1982 年，黄老师参加了在南桥戏院举办的南靖县教育工作会议，并做了《热爱党的教育事业，积极办好幼儿教育》的发言，这就是笔者在档案馆查到的那份材料。

1984 年，黄老师兼任公社幼教辅导员，负责辅导 108 位幼师，当时每个生产队有一位幼师。由于工作成绩突出，1988 年，南靖县创办第二实验幼儿园时，她被调到县城，在娃娃班连续教了几年。教学期间，黄老师十分重视常规训练和保育工作。在该园工作十年后于 1998 年退休。

黄老师认为现在大家生活都过得很好，老人家们聚在一起的时候都对生活感到非常满意。她十分感谢党和政府。

---

① 访谈时黄老师说当时办起了 8 个班，增加了 8 个教养员。但她 1982 年的发言档案材料上写的是 4 个班 4 个教养员。此处以材料为准。

② 南靖县教师进修学校校志：学前教育教研发展历程.

③ 现场会也是其他地方农村幼儿教师资培训的重要形式。韩晓莉.从农忙托儿所到模范幼儿园——20 世纪 50 年代山西省农村的幼儿托管组织 [J]. 当代中国史研究, 2013(3)：95-102.

三、黄荷花老师精神生活叙事

（一）心理生活

1. 和孩子们在一起非常快乐

黄老师认为幼儿园工作比其他的工作更适合自己，她的脾气、性格"适合当幼儿园老师"。她很喜欢幼儿园教师的职业，喜欢在操场上跟小朋友玩，和他们一起跳"邀请舞"。她给小朋友带来了快乐，她自己也很快乐。黄老师最开心的时刻是家长和村民们，包括生产队的队长、大队的书记都来看幼儿班的汇报演出的时候。

> 那个时候小朋友跟我在一起，他们也非常快乐。在那个祠堂的前面有一大片土地，而且是铺砖的哦，就在那边跳集体舞（笑），3111432（哼歌），就这样子跳"邀请舞"……那些有空的人，还有经过的人都站在那……看几分钟。（FI.250-255）

> 我们的每一个小朋友都参加节目。非常热闹（笑）。集体演出、个人演出，还有班级演出……这个时候是最开心的，看到我的孩子们在台上表演，非常开心。（FI.996-1001）

2.1961—1979 年感到"多坎坷"

黄老师认为自己一生当中"有坎坷，也有顺境"。20 世纪 60 年代，她在南靖县幼儿园被精简①后失业，变成农民。后辗转到林场、和溪镇、汤坑村等地主动办幼儿班、耕读小学或夜校，这一段时间她感到"要当一个幼儿园老师非常的难"。

> 在前面那些时间的那个打拼啊，艰难啊，真的路上非常坎坷，你知道吗？婚姻上就一下子变成农民了。后来呢，就滚过来和溪办了一个

---

① 为了更快地度过三年困难时期，1961—1962 年，全国各地大规模地精简人员，许多妇女被精简回家或下放到农村。在这次与妇女解放密切相关的托幼组织整顿中，妇联逐渐从"大跃进"和人民公社化运动推动"妇女彻底解放"的迷梦中清醒过来，开始根据群众需要和生产力发展水平推动托幼事业的发展，初步实现了由追求数量向追求质量的转变。李乾坤. 妇联参与社会治理的历史进程及经验研究 [D]. 长春：东北师范大学，2019.

幼儿班，滚回家又办一个什么耕读小学，又滚回去，又一个什么夜校，等一下呢，和溪在戏台上办了一个幼儿班，祠堂里又办了一个幼儿班，（语速加快）滚来滚去！……你说我多坎坷啊！没有一条顺畅的路让我走！（FI.1555–1559）

3.1979 年后，感觉道路"畅通"，对工资满意

1981 年转正之后，黄老师感到"道路畅通"了。汤坑村的书记以及乡镇领导很爱才，非常支持她的工作。她的收入也稳定了，那时每天 6 个工分 6 毛钱，一个月 18 元。另外每个月还有国家给认定的民办教师发的 19.2 元。她对这个工资挺满意的。其他研究表明，在 20 世纪 50 年代的中国农村地区，妇女即使和男人干同样的农活，每天也只能拿到 4 个工分或 6 个工分，而男人只要出工就能拿到 10 个工分。[①]

（二）文化生活

1.职前教育：生产劳动为主

黄老师 1960 年小学毕业，被南靖县一中初级幼师班录取。"那个时候在大炼钢铁"，黄老师所上的初级幼师班的专业教学很少，以劳动为主。因此，教材主要是在家自学，教材与《师范学校暂行规程》规定的幼儿师范科专业课程内容大约一致，包括幼儿心理、幼儿教育、幼儿卫生及生活管理、语文及语言教学法、数学及计算教学法、认识环境教学法、体育及教学法、音乐及教学法、美工及美工教学法等。

我们一中的学生都没有上课。哎！就去象溪（村）的内山那个地方去扛柴……扛到那边去炼钢用。在读这个幼师班的一年当中，其实啊，正式上课没几周，都是劳动，一直劳动，有时候去河里搬石头。（FI.30–49）

当时大家都有这么一个思想：一直劳动，我们学不到知识，学不到东西。（SI.17–18）

---

① 金一虹.女性叙事与记忆 [M].北京：九州出版社，2007：172.

2. 教学生活：分科教学

（1）自主作息时间：重视早谈和"散游"

那时候是早上7点半入园，中午11点放学。入园后首先有一个早谈，常规训练还有思想教育，都是在早晨的早谈时间里完成。之后做早操，再上两节课，最后一个是"散游"，组织孩子，准备放学。下午冬天2点、夏天2点半上学。先是入园接待，接着两节课，包括游戏、音乐、体育等，户外活动比较多。4点半放学。当时的幼儿园教育也是围绕着六科，通过集中教育活动来进行，那时候班级组织形式以混龄班为主。

> 散游就是总结一下早上小朋友的一些活动情况，鼓励一下，排队让小朋友演讲。（FI.1061-1062）

（2）晚上备课：练技能、写教案

黄老师"晚上集中精力钻研业务"。她很喜欢自学初级幼师的教材，"越学越爱"。她还自费购买《外国儿童故事》《李群儿童歌曲》等140多本书、刊物学习，主要是小人书。黄老师还自学了手风琴。她从大队的储藏室里面找到一把半坏的琴，不能伴奏，只能拉，她带回家后，坚持每晚自学。此外，她也常在家练习舞蹈，还习惯于在晚上总结白天的工作。

> 每次到县里培训，见缝插针向外地幼师请教。有一次跟县幼儿园的杨老师学习了《心心向党表心意》的舞蹈动作，回到家里，关起门来，在厨房里边煮饭边练舞蹈动作。（会议材料，1982）
> 到晚上的时候，我每一天都总结一下今天哪个地方有点失误。（FI.1079-1082）

对于混合班教育，黄老师备课时也有所准备，对于小、中、大班的孩子提出不同的要求。例如，语言教育活动讲故事，要求小班知道故事的名称，中班知道故事的名称还有人物，大班知道故事的名称、人物和情节。

> 备课的时候就已经写出不同目标啦，是一个内容，三种要求。要

求大班提什么问题，中班提什么问题，小班提什么问题，都要分出来。（TI.93-95）

（3）教学内容：歌舞、自编游戏和故事

20世纪六七十年代，黄老师在自己创办的幼儿班教小朋友律动、小舞蹈、儿歌和农村放牛孩子的游戏（牛拉磨、滚铁环），还有思想品德教育。每周也会有两三节阅读活动，让小朋友看连环画。但是没有拾粮食、挖野菜等劳动教育的内容，这是与同一时期国内很多地方的幼儿园不同的。[①]

> 在和溪的时候就没有参加过什么培训……你要自己编教材，编故事，做谜语，编一些游戏……没人管你。（FI.1343-1344）
>
> 农村放牛孩子的游戏（笑声）有时候也搬到幼儿园来做。而且比较难的就把它撤掉，套一些比较容易的进去。（FI.950-951）
>
> （编一些）教材里面没有的故事来教育小朋友要尊重家长……要团结友爱。（FI.530-533）

其中，黄老师对"邀请舞"（律动）印象最深，当时她会边弹手风琴边指导孩子，现在回忆起来也很陶醉：

> 集体性的邀请舞，我觉得小朋友非常喜欢……全班都在那边"找呀找"（找朋友），也有那个开火车、钻山洞，幼师班的律动书里面都有。开火车就是——（唱）5531，5531，请上车。这样子一直邀请，直到全班小朋友都上了火车，那就嘟——哐且哐且哐且，火车开走了……（FI.968-982）
>
> 我琴弹得很好听，可是我的指法都错了，我都是自己创造出来的……我当时自己背着一个破的手风琴在弹，边弹边跟小朋友说话，可以说弹得非常熟。（TI.129-133）

那时候歌舞、律动比较多。其他律动还有"捏拢放开，捏拢放开，小手放腿上，爬呀爬呀"，"敲起锣，打起鼓，吹起小喇叭"等。20世纪80年代初

---

① 翟菁.集体化下的童年："大跃进"时期农村幼儿园研究 [J].妇女研究论丛，2017(2)：36-49.

期，黄老师所在的汤坑幼儿园开过几次现场会，她给大家展示集体舞蹈等公开课。

> 哎哟！很多人，都好像要推广农村幼儿教育，办农村幼儿园。首先呢，是南靖这边的什么大队的书记了，乡镇的那些带头人，都来参观我们汤坑的幼儿园。到那边来开现场会，看我们的小朋友跳舞，就这样子。（FI.1200-1206）

> 有时候市妇联也组织人来……（有一次）南靖在泉州读幼师的……她们去找教育局。教育局跟她们说到汤坑去听课，去参观一下汤坑……还有下面幼儿园的幼师，下面那个生产大队的……好像100多人。（FI.1220-1234）

1966—1976年，黄老师没有教孩子们样板戏、军体操等内容，只有语录歌教过几句，"下定决心，不放弃胜利的希望"，"好好学习，天天向上"。当时一位陪同访谈的江老师是20世纪60年代上的幼儿园，她说有学过闽南民间故事"花姑布"。1968年，耕读小学的教学内容是日常用语和认字。

从1979年开始，教材分六大科，由县里面统一培训、统一颁布。六大科是语音、体育、音乐、美术、常识、计算。农村幼儿园开始统一使用福建省编的学前班教材。这一时期，湖南省桃江县发展农村学前教育的优秀经验被全国各地广泛学习，中央认为"学前一年的幼儿教育，不仅为提高小学教育质量打下了一定的基础，而且减轻了农民的家务负担，有利于集中精力搞好生产"。①

（4）教学方法：讲解演示法

黄老师主要采用讲解演示法进行教学。例如，用直观教具演示故事角色或10以内的数概念，或采用演唱的形式来学习歌曲。这种教学方法在当时得到了普遍肯定，被当时的村书记、小学校长和蹲点领导②表扬。

---

① 中国学前教育研究会.中华人民共和国幼儿教育重要文献汇编 [M].北京：北京师范大学出版社，1999：717-727.

② "文革"结束后一段时间，县委派局级领导带工作队进驻，镇党委书记兼任汤坑村支部书记。杨亚文.牢记党的宗旨　密切党群关系——南靖县汤坑村党支部的历史经验 [J].福建党史月刊，1990(10)：11-13.但笔者不确定听课人是否为该文中提到的进驻干部。

如果把所有的故事角色，比如说你是狼、我是兔子、她是兔妈妈，把它弄成贴绒贴在上面，我很会讲故事。山城（镇）那个书记取笑我，他跟我开玩笑"你连你家的棉被被单都拿来当你的课堂教学屏幕"。（FI.892-897）

县委办公室的一个领导，去汤坑蹲点。他就发现了我……在我幼儿园的窗户外面偷听我上课。后来就找到学校的校长那边去说。你们什么时候听听幼儿园那个老师上课……他说我上课上得非常好。后来真的呢，校长带着老师来……我正在教7的组成……我就用那个贴绒教具……有鸡啊，鸭啊，鸟啊……我那个盒子这么大，里面什么东西都有……一个一个地贴上去，小朋友也掌握得非常好，那堂课……校长说……我们小学老师如果能像你这么上课，（我）相信教学质量马上就会提上来。（FI.1419-1452）

3. 职后培训

（1）园本培训：老园长毫无保留地指导

1961年7月，黄老师在初级幼师毕业以后，被分配到南靖县幼儿园工作，跟随老园长学到很多。

那个老园长非常好，非常善良，她毫无保留地把她所掌握的幼儿园的一些教学方法一步一步地教给我，她对我的帮助是非常大的。（FI.59-61）

她对我的支持最大，帮助也最大，对我鼓励也最大。（FI.450）

（2）龙师班培训：学习六科的教学内容

继1952年的省编教材后，福建省在20世纪70年代重新编写了分科教材，也同时采用1981年教育部配合《幼儿园教育纲要（试行草案）》编写的全国统编教材，幼儿园的教育内容与要求分为生活卫生习惯、体育活动、思想品德、语言、常识、计算、音乐、美术等八个方面，1982—1983年陆续出版。[1]黄老师说，1982 年，她参加了"龙师班"[2]培训，学习的是分科的教材。

> 培训六科的教学内容，美术、音乐、舞蹈、语言、常识、计算，很全面……我觉得那一次培训非常有用，那个很专业的，两个月学得比幼师班一年还多。（SI.20-25）

（3）1979 年以后：兼任幼教辅导员

1979 年，黄老师回乡办幼儿园。发展到四个班后，其他班的教师推选她做辅导员，负责培训工作。那时一周上五天半的课，培训时间就安排在星期六下午和星期天以及暑假，有时候晚上也有人来请教。

> 我就把下一个星期我们的教学内容都教给那些老师，都教给他们，他们下一个星期才去上课。（FI.1157-1158）

> 我就趁着暑假这一段时间一直给她们培训……我就教她们唱歌，教她们一些律动，非常多的东西。就一个接一个地这样子教下去，晚上也在教，白天也在教。她们都非常喜欢这个工作。（FI.400-404）

> 那个时候的幼儿园老师，她们都很有责任心，也很想学，很想把工作做好。她们有时候晚上就跑过来……今天碰到什么问题，今天晚上她就会跑过来问我。（FI.1094-1097）

1984 年，黄老师正式兼公社（乡）的幼教辅导员。她每次到县里培训完回去后，再自己油印资料培训"生产大队"的 108 名幼儿班教师，那时候每个生产大队一个幼儿班。

4. 休闲文化生活

（1）幼儿园的春节汇报演出

黄老师所在的汤坑村当时有 28 个生产队，是南靖县最大的一个大队（村），每年春节都有猜灯谜、攻炮城等民俗活动，很喜庆、热闹。幼儿园小朋友正月初一的汇报演出也成为春节民俗的重要内容，成为村里"最大、人家最夸、看

---

[1]　福建省地方志编纂委员会 . 福建省志：教育志 [M]. 北京：方志出版社，1998：101.

[2]　龙师班即龙溪师范学校在南靖县进修学校办的幼儿教育培训班。

的人最多、挤得满满的"节目,内容包括《心心向党表心意》等舞蹈。

> 每一年的春节都有猜灯谜活动,还有拔河比赛、骑自行车比赛,(20世纪)60年代就有了。还有那个攻炮城,就是把一个像灯笼一样的东西里面装满了鞭炮,挂得高高的,有十几米高,下面的人就把鞭炮点燃了,扔到炮城里面,引爆了炮城里面的鞭炮,叫作攻炮城。(FI.1289-1304)

> 每一年春节我们都有春节汇报演出,向群众汇报演出。这个演出特别好,让群众看到幼儿园的成绩。他们呢,哇!谁家的孩子很会跳舞,谁家的会讲故事,这个会儿歌表演,那个非常懂礼貌,大家都一直夸。我们的节目有儿歌表演,有故事表演,有舞蹈,还有舞蹈操……(FI.1130-1135)

(2)跟村里的"高音广播"学歌

"高音广播"播放的内容有新闻、科学种田、农业管理,也有"好人好事、坏人坏事",有时候也会播报幼儿园的事。黄老师喜欢音乐,喜欢唱歌,她记得"高音广播"也播一些歌曲,她听几遍就会,她的儿女可能受她影响,都爱唱歌,有的后来成了音乐教师。其他的娱乐主要是偶尔看电影,包括《地雷战》等抗日片。

> 我的孩子,不管女儿、儿子(都喜欢音乐),我两个儿子都是学音乐的,我女儿也爱唱歌。我们家一个人起头,一个人唱出一句,那全家都唱,可以变成大合唱……晚上如果有空我就唱歌,就学歌。当时听广播听几遍就会啦。(TI.139-155)

(三)幼师职业认同

1. 目标确信:我要做负责任的幼儿园教师

(1)我要办幼儿园

1961年,教育部幼儿教育研究室被撤销,仅保留1名原幼教处干部在普通教育司综合处处理有关日常事务。此后相当长的一段时间内教育部基本上没有对幼儿教育工作下发文件指示，幼儿教育的发展受到相当程度的影响。[①]
直到 1978 年，教育部恢复学前教育处，我国学前教育踏上新征程，南靖县教师进修学校才于 1981 年成立幼教组。这说明南靖县的幼儿教育有 20 年缺乏业务指导部门。在这种情况下，黄老师仅凭自己的一腔热情，抓住一切机会，数次自主办学，包括 1961 年之后在林场五板桥工区办幼儿班，在和溪镇和汤坑村反复办班，其间克服了很多困难，有时候需要多次请求领导，才被允许办幼儿班。

> （1964 年）结婚了，我老公就跟和溪那边公社的人说，你们这边教育组需不需要幼师？……他说我老婆会办幼儿园……后来呢……就到那边去，在街道里面办一个幼儿班。（FI.110-115）
> （1967 年初）我自己掏腰包，购买 30 多本连环画、2 粒儿童皮球、粉笔、纸张，坚持上课，就这样干了半年，工资无着落，家庭生活也发生了困难……（会议材料，1982）
> （1972 年）在和溪，那个教育局有一个民办教师的名额给我……就在和溪那边（戏院）又办了幼儿班。（FI.202-203）
> （1974 年）汤坑老家大队的就说不给我发粮食，小孩子的粮食和我的粮食……和溪不能待了……（正遇上政府）号召说农村要办起农村幼儿园……我又在汤坑（村）祠堂里面办了一个幼儿班。（FI.215-233）
> （1979 年）9 月回汤坑，建议办幼儿园，可是有些大队干部对办园意义认识不足，在我三番五次催促下才勉强答应下来。（会议材料，1982）

（2）做负责任的教师

黄老师认为，做幼儿园教师要敢于吃苦耐劳，要有爱心和良知。因为孩子年龄小，需要教师保护，需要教师向好的方面来引导，教师要"像小鸟在喂养它的孩子一样"对待幼儿，要勤于钻研业务。有一次刮台风，她把自己的孩子留在戏台上，坚持把其他孩子全部送回家，结果回来的路上，自己被风刮到田里去了，好在她堂哥的媳妇帮她一起把孩子带回家了。

---

① 史慧中.中华人民共和国幼儿教育 50 年大事记(三)[J].幼儿教育，1999(12)：13-15.

今天我要上什么课，你必须把这个自己先吃定了，把它先吃定了，然后像小鸟在喂养它的孩子一样，一定要负责任。（FI.611-613）

有一次刮大风……把那些孩子，送到二十八队的非常远的地方去，他家里边去。刮台风了，风非常大，雨非常大，把小朋友一个一个地送回家……后来呢？自己一个人回来还被大风刮到田里面去，那个一人多高的田，刮下去，怎么爬也爬不上来……那个自己的孩子呢……就放在戏台上跟我一个亲戚的孩子……（FI.645-656）

（3）价值认同：完成双重任务

农村学前教育承担教养幼儿和便利农村妇女参加社会建设的双重任务。1952年教育部颁布的《幼儿园暂行规程（草案）》明确规定幼儿园的任务是"根据新民主主义教育方针教养幼儿，使他们的身心在入小学前获得健全的发育；同时减轻母亲对幼儿的负担，以便母亲有时间参加政治生活、生产劳动、文化教育活动等"。文件还进一步要求农村地区"办理季节性幼儿园（班）"以便利劳动妇女进行生产。

黄老师小时候就萌发了当教师的理想。成为幼儿园教师后，完成双重任务也是她工作的目标。她在1982年会议材料中写道："听了县委报告，我暗下决心，一定把幼教工作搞好，把祖国的下一代培养成为四化建设的接班人。"她也认识到，幼儿园要保教结合，特别是农村的幼儿园，特别是小班、小小班，保要站在第一位，保证孩子的身体健康及安全，免除家长的后顾之忧。

我上小学的时候，有一个老师从这边调到我们汤坑小学去当老师，之后又有两三个女的老师调到我们那边去。看到她们当老师，我默默地想，我以后也要当老师。（FI.1694-1696）

农村幼儿园的小朋友，他父母都不识字，什么都不懂，你首先要保，然后才教学。保还要站在第一位。（FI.484-487）

小朋友刚入学的时候，这个常规训练一定要过关，你不过关，小朋友就会一直感冒。（FI.558-560）

你的孩子，会在家门口，在村里面跑东跑西的，等一下跑去池塘里

面洗澡，我说这样子你不怕危险吗？你安心去做工，去参加劳动，把孩子交给我管，我保证你安全。（FI.297-299）

2. 投入意愿：像"机器人"般不知疲倦

黄老师说自己年轻的时候又要顾家，又要办幼儿班（园），整个人就像"机器人"一样不知疲倦。以 1979 年的那次办学为例，在批准她办学之后，她挨家挨户地去找家长，第一天招了 8 个孩子，两个月，就有了 60 多个孩子。她在 1982 年会议材料中写道："我与爱人商量把家里仅有的一只小菜橱、小饭桌和一条大板凳搬到园里当课桌椅，并且把家里 100 多元卖猪钱先垫出来用，我自己动手编了 20 多个草垫当小板凳，自画自剪了 200 多件纸制模型。那一段时间，我每天早晨 4 点起床洗衣服、煮饭、喂猪，中午有时还要到责任田除草、施肥、喷药等。"晚上在家钻研业务，包括用一把"破琴"不停地练习。后来幼儿园发展到 151 名后分成了 4 个班，由她负责其他幼师的培训工作，周末的时间就全部花在培训上了，她说："培训的时候是从早上 6 点到晚上 10 点。"每一年春节，老师和孩子都没有休息，一直排练汇报节目，还会自己主动争取展示的机会。那时候对物质生活"没有讲究"，家里有吃有住就很满足了。

> 创办那个汤坑幼儿园的时候，真的拼死命，真的拼了！……单单靠那个工资要养活四个孩子不容易，养不活的。自己还要喂猪，还要到菜园里面种菜来买猪。猪不是喂一只两只，喂好几只，五六只，七八只……（我）从 120 多斤瘦到 78 斤。（FI.431-437）

> 有一次春节前，大队里面，村里面要开总结会议，党员，还有 28 个生产队的队长、会计都来开那个总结会。我就自己跑过去，跟那个书记说，你们在开会啊，那什么时候休息？……你把这个休息的时间，拨一点给我，看我们孩子表演好不好？（FI.327-332）

3. 胜任效能：相信自己能行

黄老师于 1972 年和 1979 年两次获得民办教师资格，1981 年转正后，6 次获得南靖县"三八红旗手"荣誉称号（见表 2-2）。有研究表明，1949—1976

年，公办教师一般在乡中心小学或初中任教，而村小、教学点和耕读小学等多为民办或代课教师。[①] 民办教师能够转正的真是百里挑一，可以看出她有较高的专业水平。她对自己作为教师的能力也很自信。她相信"男人能做的事情，女人也能做，有些事情女人甚至能够做得比男人还好"；初入职时她相信自己能学会，下岗时不甘心自己"没出息"；办学时她相信自己能办好。实际也办得不错，能很好胜任工作。

表 2-2　黄老师所获的荣誉

年份	荣誉
1981	南靖县"三八红旗手"，南靖县"教育先进工作者"
1982	南靖县"先进保教员"，南靖县"三八红旗手"
1984	南靖县"先进保教员"，南靖县"三八红旗手"
1985	南靖县"三八红旗手"，南靖县"少儿工作热心人士"
1986	南靖县"三八红旗手"，南靖县"教育先进工作者"
1992	南靖县"三八红旗手"
1994	南靖县"少儿工作热心人士"
1995	南靖县家教征文三等奖

资料来源：个人档案。

我什么都要学，什么都要做，人家不敢做的事情我都得去试一试。我真的不行吗？我不相信。别人行我也要行，不可以说别人行，我就这么软弱。不行，我一定要学。（FI.446-448）

我很坚决地跟他说我肯定能办起来，不信你试试看……第一天我教孩子什么呢？教他们要讲究卫生，教他们不要坐地板，衣服不要弄脏，脸都不要弄脏……（第二天）就在那个大墙壁上写字……还有呢，教他们一些律动啊，简单的儿歌……九月份要上小学的小朋友，我教他写拼音，还教他握笔的姿势，教他 10 以内的加减。（FI.295-320）

你有多长时间看我的孩子表演，我就有多少个节目表演给你们看，真的是这样子，没说大话。只有半年时间，我就可以做到这些……我的

---

① 胡艳，郑新蓉. 1949—1976 年中国乡村教师的补充任用——基于口述史的研究 [J]. 北京师范大学学报 (社会科学版)，2018(4)：15-25.

孩子我都训练得好好的。我弹什么，他们自己都跑来排队，整整齐齐的。然后我换什么歌曲我也不用嘴巴来说。（FI.334-355）

4. 情感归属：有当幼师的自豪感

黄老师的工作得到了家长、同行和领导等多方的肯定。正如她自己说的"我的群众基础非常好"，"很多跟我一起努力过的老师都对我非常好评"。转正后，她为师范生和当地的农村幼儿园教师开了不少大型的示范课，工作获得各级领导的支持与肯定，生活上也得到关照。

> 我一走出去，好像所有的人，都看我来了，就好像说是非常光荣的那种人……老师你真好，你非常爱小朋友，你的教育非常好，我的孩子本来怎么样不好，后来去上了幼儿园受了你的教育，都变成了很乖的孩子。有很多家长都这么跟我说……我就觉得，我做了，我辛苦了，我吃苦了，值得！……我觉得当幼师很光荣，能为人排忧解难。在汤坑的那些家长呢，他们说把孩子送到我那边比跟奶奶在一起更安全。那当然喽，我是老师。（FI.1373-1384）

> 那时候公社书记，还有妇联那些老姐妹，市妇联，县妇联，还有公社妇联都对我特别爱护……市妇联帮我去找市公安局，把我三个孩子的户口转出来（农转非），那个大孩子都超龄了……还有县教育组，这边的幼教组，当时是一个县长夫人在这边负责幼教组的。那个老师也非常地好。真的，那些人，说起来我都非常感恩。（FI.1399-1413）

黄老师是因为热爱，所以优秀，虽一路坎坷，但也一路有战胜困难的成就感相随，很多人感谢黄老师，让她"觉得当幼师很光荣，能为人排忧解难"，让她对农村幼儿园教师的职业感到自豪。很多人帮助黄老师，让她感恩"碰到的都是好人"，认为这一生过得十分有意义，值得付出。

5. 持续承诺：永不言弃

从1961年到1979年，黄老师说自己遇到很多挫折，但每一次挫折后她都"不死心""不甘心""不情愿"放弃幼儿教育工作，她始终"揪住幼儿园老师不放"。前二十年的坚守为后面的成功奠定了根基。如果有第二次选择职业的机会，她说："当然还选择幼儿园！"

> 我就不死心，把这个幼儿工作放弃了。我就不甘心，好像心里不情愿。想办法这边做一下那边做一下。就是这样子，这也可以说是非常地热爱这个幼儿教育事业。对这个幼儿园工作，我觉得非常热爱，很爱。（FI.179-181）

四、研究结论

1.心理生活

黄老师在1961—1979年感到"多坎坷"，1979年后，感觉道路开始"畅通"。无论在什么情况下，她都认为自己的性格"适合当幼儿园老师"，很喜欢幼儿园教师的职业，和孩子们在一起非常快乐。

2.文化生活

（1）专业文化生活。1960年，黄老师在初级幼师的职前教育阶段比较少上专业课，而是以生产劳动为主。因此，入职第一年主要靠老园长毫无保留地指导。后来十几年农村任教期间主要靠自己在实践中积累经验；教学内容主要是律动、歌舞、民间游戏，以及思想品德教育，采用的教学方法主要为讲解演示法，那时候使用贴绒教具可以直观演示故事的角色，帮助孩子理解数的组成和加减，取得了良好的教学效果。1979年，黄老师获得了到南靖县进修学校接受培训的机会，学习六科的教学内容。后来她兼任幼教辅导员，也给农村幼师培训六科的内容。（2）业余文化生活。黄老师在农村任教期间，最喜欢幼儿园的春节汇报演出。她会牺牲休息时间组织孩子排节目。孩子们演的节目很受欢迎，她也很受鼓舞。那时候闲暇时间很少，业余时间她喜欢唱歌，村里"高音广播"里面的歌曲听几遍就能学会。

3.职业认同

黄老师对幼儿园教师的职业认同感十分强烈。在目标确信、投入意愿、胜任效能、情感归属和持续承诺等所有要素方面都有较好的体现。比如，她用行动做一个有责任心和爱心的教师，下决心把幼教工作搞好，保证孩子的身体健康及安全，免除家长的后顾之忧；在全国没有学前教育业务指导部门的十几年中坚持自主办学，不知疲倦地工作；她相信"男人能做的事情，女人也能做，有些事情女人甚至能够做得比男人还好"，初入职时她相信自己能学会，下岗时不甘心自己"没出息"，办学时她相信自己能办好；她也感受到了当幼师的光荣与自豪，认为这一生过得十分有意义，值得付出；不论荣辱，她始终坚守幼儿园教师的职业，今后仍然希望做幼儿园教师。

第三章　20世纪70年代入职农村幼儿园教师精神生活叙事

——红儿班知青教师林志红老师个案

新中国成立后，大批城市知识青年上山下乡支持乡村的建设，20世纪60—70年代有1000多万知识青年上山下乡，为乡村社会的文化建设做出了极大的贡献。[①] 这个数字占当时城市总人口的11%。[②] 许多文学家、社会学家及历史学家曾从各个角度描述知青的生活状况及其对个人和社会生活的影响。例如，有的研究下乡的苦难对知青今后生活的影响，认为克服困难后的成就感有助于知青自信心的提升[③]，让知青意志更加坚强，为日后的工作奠定了基础。有的发现"文革"虽然影响了教育的质量和长度，但对收入的影响很小[④]；1995年和2002年城镇知青的平均收入高于同年龄组非知青的收入。[⑤] 也有研究发现，"文革"时期全面提高农村地区的教育有助于缩小城乡收入差距，有助于缓解代际收入差距[⑥]，即"文革"期间的教育扩张通过增加农民的平均受教育年限而增加了农民的收入。

梳理关于"文革"时期的农村教育的研究成果，笔者发现两种矛盾的观点。

第一，对于"文革"时期的农村中小学基础教育，已有研究多持积极的看

---

① 雷家军. 二十世纪中国乡村文化中坚力量变迁问题论纲 [J]. 文化学刊，2015(2)：58-68.

② 麦克法夸尔，费正清. 剑桥中华人民共和国史（下卷）：中国革命内部的革命1966—1982年 [M]. 北京：中国社会科学出版社，1992：694-695.

③ 刘亚秋. 知青苦难与乡村城市间关系研究 [J]. 清华大学学报（哲学社会科学版），2008(2)：135-148.

④ Meng X, Gregory B. Exploring the Ompact of Interrupted Education on Earnings：The Educational Cost of the Chinese Cultural Revolution[Z].IDEAS Working Paper Series from RePEc，2007.

⑤ 杨娟，李实. 下乡经历对知青收入的影响 [J]. 世界经济文汇，2011(5)：52-63.

⑥ 杨娟，高曼. 教育扩张对农民收入的影响——以"文革"期间的农村教育扩张政策为例 [J]. 北京师范大学学报（社会科学版），2015(6)：48-58.

法。一般认为，"文革"是城市人的政治运动，对农村的影响不如土地改革和
"四清"运动来得大[①]，或认为"文革""对城镇教育破坏较严重，但却发展了农
村的教育"[②]，即农村普及教育规模从 1968 年开始取得了飞速发展[③]，达到前所
未有的水平。这一时期"国家对农村教育领域的干预对农民产生了积极的影
响"[④]。关于"文革"时期农村中小学教师的精神生活状态，已有研究也多加以
肯定。有的认为"文革"期间广大农村教育工作者能够忍辱负重、不懈努力[⑤]，
有的认为 1976 年之前入职的乡村教师，普遍热爱教育、热爱乡村，在工作中
更愿意付出而不求回报，他们对国家、社会和学校的满意度也最高[⑥]，他们相
比"文革"后的第三代教师更能找到生存的价值感[⑦]。

　　第二，对于"文革"时期的农村学前教育持消极的态度。一般认为"十年
浩劫，使幼儿教育事业惨遭灭顶之灾"[⑧]，那一时期"农村学前教育事业全面破
坏与畸形膨胀"[⑨]。实际上，新中国成立以后，我国农村幼儿园教师队伍的统计
数据直到 1973 年才开始[⑩]，"文革"时期整个农村幼儿教育的量化统计数据从
1966 年至 1972 年都是缺失的，可以推测已有的关于"文革"时期农村学前教
育发展状况的判断没有充分的数据与资料的支持。已有的"文革"时期的回忆
录主要是基于城市的生活史或者是农村中小学教师的生活史。农村幼儿园教
师的那一段生活似乎被厚重的历史帷幕遮蔽了。

　　实际上，"文革"后期我国农村出现了大量幼儿园和红儿班，农村学前教
育得到较快发展。《福建省志》中提到 20 世纪"60 年代末，有些地区大办'红

①　黄树民.林村的故事：一九四九年后的中国农村变革 [M].素兰，纳日碧力戈，译.北京：生活·读书·新知三联书
　　店，2002：96.
②　杨娟，高曼.教育扩张对农民收入的影响——以"文革"期间的农村教育扩张政策为例 [J].北京师范大学学报
　　（社会科学版），2015(6)：48-58.
③　曹晔.新中国教育结构五次大的调整与当前面临的形势 [J].河北师范大学学报（教育科学版），2013(11)：65-70.
④　Kipnis A，Gao M C F. Gao Village：Rural Life in Modern China[J].China Journal，2007(43)：181.
⑤　郭福昌.中国农村教育改革一百年 [M].北京：红旗出版社，1988：87.
⑥　胡艳，郑新蓉.1949—1976 年中国乡村教师的补充任用——基于口述史的研究 [J].北京师范大学学报（社会科学
　　版），2018(4)：15-25.
⑦　程猛.从"一村之师"到"一校之师"——H 村三代农村教师口述史 [J].上海教育科研，2016(4)：30-33.
⑧　唐淑，钱雨，杜丽静，等.中华人民共和国幼儿教育 60 年大事记（上）[J].学前教育研究，2009(9)：66-69.
⑨　庞丽娟，洪秀敏.中国学前教育发展报告——农村学前教育 [M].北京：北京师范大学出版社，2012：6.
⑩　《中国教育年鉴》编辑部.中国教育年鉴 (1949—1981).北京：中国大百科全书出版社，1984：1031-1032.

儿班'，但时办时停，质量很差"。不过，一些曾经在红儿班就读的当事人的回忆却是美好的。一篇名为《老师大姐——吴丹》的怀念文章写道："她先在一个矮小的草屋办幼儿园，在草地上带着小朋友做游戏，带小朋友在那唱歌跳舞……"[①] 另一篇写道："知青到来后，各自然村办起了幼儿班，让我们这些乡下的孩子也有模有样地上了简陋的幼儿园，幼儿班老师组织郊游踏青，教唱歌跳舞，儿时的欢乐还印在我脑海里。"这些都是作为红儿班的学生的回忆，那么作为红儿班教师的知青本人的精神生活状态如何，她们自己如何看待这段经历与体验呢？

农村知青幼儿园教师的存在虽然只有短短的几年时间，但她们对农村幼儿教育发展的贡献是不可磨灭的，她们的精神生活史也是那一个时代的精神风貌的体现。目前，还没有找到任何知青幼儿园教师的回忆资料或研究资料，已有研究主要把知青当作一个抽象的整体，不区分职业加以研究。本书希望林老师在知青时代当幼儿园教师的经历能够为我们了解当时知青的精神生活状态和农村幼儿园教师的精神生活状态提供宝贵的资料。

一、研究过程

（一）遇到一位"知青幼儿园教师"

笔者翻遍了《上山下乡——长泰知青史料》《知青故事》《知青在清流》《岁月知青》等书，希望能从中找到"知青幼儿园教师"的回忆文章，但没有。一个偶然的机会，笔者遇到了一位曾经的红儿班知青教师——林志红老师！她是长泰县实验幼儿园的退休教师，1970—1976 年知青期间在农村幼儿园工作，做过"生产队红儿班"和"大队幼儿班"的老师。这里的红儿班也叫红孩子班，是"文革"期间对农村幼儿班的称呼。有的说相当于后来的学前班。[②] 其实农村那时候红儿班大多是混合班，各个年龄段的孩子都有。对林老师的第一次访谈发生在 2018 年 3 月 16 日，长泰县实验幼儿园园长办公室。笔者

---

① 老师大姐——吴丹 [EB/OL].(2014-10-17)[2018-11-01]. http://blog.sina.com.cn/s/blog_5e1d53fb0102v50s.html.

② 王兆杰. 当我可以理解学生的时候 [J]. 心理与健康，2015(1)：56-57.

先向林老师说明了研究目的，希望把老教师宝贵的精神财富留下来供后辈学习，同时重点了解 20 世纪六七十年代农村幼教工作的情况。这次正式访谈约一个半小时。午饭后，马园长陪笔者去坂里镇参观了知青缘博物馆（见图 3-1）。墙上的字提醒我们那个特定年代的背景："上山下乡，改天换地，到祖国最需要的地方去""敢将青春献人民，胸怀朝阳何所惧""广阔天地，大有作为""火红的青春，燃烧的激情"。博物馆里有关于全国、福建省以及长泰县知青的各类统计数据、文件、实物，其中一份"上山下乡通知书"吸引了笔者，内容如下："×× 同志：你以实际行动，热烈响应伟大领袖毛主席的号召，积极报名到农村、山区去，安家落户，为了彻底消灭三大差别，建设社会主义新农村，担负起责任，这是很光荣的。今批准你到长泰县坂里公社安家落户，望你接通知后做好准备，于 10 月 20 日出发。福建省漳州市革命委员会四个面向办公室，1969 年 10 月 17 日。"没想到"建设社会主义新农村"在那个时代就已经提出来了。笔者也第一次知道诗人舒婷曾在闽西山区下乡插队；而知青缘博物馆的建设有曾经下乡在长泰县坂里村，后来当了工程师和福建省政协主席的梁绮萍的一份功劳。这段历史对笔者来说"宛如读一部史书，一部人生启示录"。

图 3-1　知青缘博物馆（笔者摄于漳州市长泰区坂里镇，2018 年 3 月 16 日）

（二）数次补充访谈

第一次访谈后笔者把对林老师的第一次访谈转录稿打印出来，把需要追问的问题逐一写好，并标上序号，大大小小共有 20 多个问题，并和林老师约好 2018 年 7 月 14 日去她家登门拜访。林老师住在一个老式居民小区的一楼，和儿子一家住在一起，她家的客厅有点小。笔者到的时候她儿子进了自己的房间，孙辈还没起床。这一次聊天林老师的回忆更加流畅了。第二次采访录音时长为 66 分 8 秒。因为林老师对一些时间节点记得不太清楚，笔者请她原单位的档案员进行了查询核对。仔细阅读后发现仍然存在一些疑问，比如林老师为什么病退？她如何看待当时的知青对农村幼儿教育发展的价值？她所体验的幼儿教育的课程与教学从农村到城市的变化如何？带着这些疑问，笔者于 9 月 10 日第三次去长泰拜访了林老师，我们又聊了一个半小时左右。10 月 11 日，笔者去长泰参观幼儿园顺便又造访她，并打印了福建省知青文化生活的一些资料和一些毛泽东语录，请她回忆当时文化生活的一些细节，聊了 40 分钟左右。后来在整理个案的过程中，笔者就一些疑问又进行了电话访谈。访谈信息详见表 3–1。

表 3–1　对林老师的访谈时间、地点

访谈时间		地点
2018年3月16日	上午8:30—10:10	长泰县实验幼儿园
2018年7月14日	上午9:20—10:30	林老师家
2018年9月10日	上午9:00—10:30	长泰县实验幼儿园
2018年10月11日	上午11:20—12:00	林老师家
2019年2月10日	上午10:10—10:26	（电话访谈）

2022 年 4 月，笔者参加了漳州市一个幼教名师工作室启动仪式，马园长也是工作室的成员，她突然悄悄地告诉笔者，林老师已经去世了。笔者感到悲从中来，笔者再也不能像从前那样去叨扰林老师，听她讲过去的故事了。林老师生前同意笔者在她的个案中用她的真名，谨以此表达对林老师的深切缅怀。

二、林志红老师小传

作为红儿班教师，林老师当时被选送到龙溪师范参加农村幼师的师资培训，与她一起去的有七八人，有的因为"跟不上，自己跑回去了"。后来只剩下三个人坚持完成培训，林老师就是其中之一，这才有了今天的故事。

家庭背景

林志红，1952 年出生于福建省漳州市。父母是土产公司职工，父亲识字，母亲不识字。林老师记得她下乡时，父亲的工资是 38 元每月，母亲是 26 元每月。家里有四个姐妹，还有舅妈、表妹也住一起。她大姐大学毕业，当老师；她二姐中专毕业，当医生。林老师自己只读完初中就下乡了，不过后来通过培训与自学，她还是取得了大专文凭。林老师的妹妹是跟她一起下的乡，因为下乡时年龄太小，文化底子太薄，后来没有再读书。

下乡从教

1967 年，林老师从漳州二中初中毕业；1969 年 2 月，作为漳州首批知识青年[1]下乡到长泰县陈巷镇美彭村。做过的工作包括晒谷子、卫生保健和宣传等，不过主要的工作是红儿班教师。成为知青的第二年，在林老师 18 岁时，她开始教红儿班。当时每个生产队都有一个红儿班，都是混合班，四五十个孩子只有一位老师。在林老师的印象里，她插队地方的幼儿园老师"大部分是知青，知青没有去的时候就没有办幼儿园"。因为知识青年的上山下乡，长泰县农村的红儿班从无到有办起来了。

病后参训

农忙的时候，每个人都可能兼几份工作，林老师兼负责计量谷子、参与煮饭、送饭等。大约 1971 年农忙期间，林老师挑饭送到"田头"的路上阑尾炎发作，住院 98 天。因当时条件有限导致"肠粘连"，不宜再做重体力劳动。林老师说应该感谢这一次的手术，她在手术后第二年"被照顾"去参加培训。

---

[1] 据"知青缘博物馆"的数据：福建省共有知青 37.23 万人，其中 1962—1966 年为 5.7 万人，1969 年为 13.74 万人……可以看出，知青上山下乡从 1962 年就开始了，到 1979 年还在继续。林老师说她是第一批知青，应该是"文革"时期的第一批。

三年培训完成后，林老师又回到农村，教大队的"幼儿班"，这时候不再是混龄班，类似"学前班"。她说培训后进步很多，还记得当时农村的老人都来听课。

爱人下岗

1975年，23岁的林老师结婚了，她爱人小学文化，是二轻局的职工。1978年，她儿子出生。婚后的日子她觉得"挺舒服的"，有婆婆带小孩，有丈夫洗碗，她自己只需要买菜。直到2013年，她爱人"下岗"，林老师才开始有些烦恼。当时林老师的工资才600多元，要养一家四口人，但她说："从他下岗的那天起我就没怪过他，也没有看不起他，我想是大势所趋，当时二轻系统供销公司人员都下岗。"

回城转正

在大队教了一个多学期后，1976年，林老师因"肠粘连"办理病退回到长泰县城，到幼儿园任代课教师。因为以前的学习不算学历教育，后来她又在职学习了三年后通过了转正考试，于1979年获得转正。林老师的转正用她自己的话说"不顺利但是结果是幸运的"。1978年9月23日，龙溪地区教育局、知青办、劳动局联合发出"关于从担任民办教师的'老知青'中吸收公办小学教师的通知"，吸收的对象和条件是"要从1972年以前上山下乡，具有初中毕业以上文化程度，政治思想好，积极参加集体劳动，身体健康，现任中小学民办教师的'女知青'中挑选，德、智、体全面考核，择优录用"。最初林老师没有获得转正资格，因为她是病退回城的，人事部门有人说："病退回城只算作居民或市民，不算是知青，不能享受对知青的优惠政策。"后来，人事部门的老吕——"坦克旅"部队某军官的家属，帮林老师说了句话"病退也是知青"，一位周局长也比较同情知青，认为很多知青都是有真才实学的。就这样，林老师获得了转正的资格，成为长泰县实验幼儿园的正式教师，算职工编制。

身兼多职

林老师见证了长泰县实验幼儿园发展的历程：最初是一个大院子，几间房子；后来这些房子拆掉变成百货大楼，旁边一座很大的古厝作为幼儿园，只有几间房，小小的院子，四个班；1983 年，又建了新楼房；2008 年左右，拆掉重建。林老师说："我教了三座楼，只有现在的这座楼没教过。"① 当时长泰县实验幼儿园运动会很有特色，有父子运动会、母子运动会，还有祖孙乐三代运动会。在长泰县实验幼儿园工作期间，"每一届园长都很看重"她，从 1997 年她评到幼儿园高级职称后，除教学工作外，还开始兼工会主席、会计、人事、账务，直到退休。2000 年，她的教学工作量才减轻为"一个星期六节课"。林老师说："当我退休的时候，我的这份工作就是分给四个人做。"可见当时工作任务之重。那时候也没什么加班费、过节费。她回想起唯一的过节福利是用幼儿园简易厕所里的粪肥卖得的一点钱，在中秋节给教职工发一盒月饼或一包卫生巾，"这样大家就很满足了"。

提升学历

林老师的一生都在不断学习着。在专业上，自己摸索琴法，紧跟幼儿园的课程改革，但后期做主题教育时，她会感到"跟不上，压力很大"。在工作之外，她也没放松过个人的发展。1988 年，上面提倡小学教师包括幼儿园教师大专化，她暑假再去进修，学习教育学、教材教法等，取得了中职学校大专班文凭。关于"大专化"，笔者只查到 20 世纪 80 年代全国兴起过相关的培训 ②③，未查到当时关于小学教师和幼儿园教师大专化的国家文件，倒是 1999 年《中共中央、国务院关于深化教育改革全面推进素质教育的决定》提出"2010 年前后，具备条件的地区力争使小学和初中阶段教育的专任教师的学历分别提升到专科和本科层次"，2018 年《中共中央、国务院关于全面深化新时代教师队伍建设改革的意见》提出"根据教育行业特点，分区域规划，分类别指导，结合实际，逐步将幼儿园教师学历提升至专科，小学教师学历提升至师范专业专科和非师范专业本科"。

林老师 2002 年退休，继续工作了两年，于 2004 年离开岗位。

---

① 从马园长发给笔者的园史资料来看，幼儿园 1977 年、1981 年、1983 年、2008 年四次搬迁或重建，1983 年由长泰县政府正式命名为长泰县实验幼儿园。

② 胡金平 . "本科化"抑或"被本科化"：中国大陆小学教师学历升格历程的回顾 [J]. 江苏教育研究，2015(10)：7-12.

③ 南京市《幼儿师范教育课程结构和教材的研究》课题组 . 幼儿园教师继续教育结构框架的研究 [J]. 幼儿教育，1996(Z1)：22-23.

三、林老师知青时期精神生活叙事

林老师从当知青的第二年开始当生产队红儿班的老师，经过三年的培训后，又在大队的"幼儿班"（中心班）当老师，教学前班。中心班是大队周围的那两三个生产队的孩子就读，共办三个班，小班、中班和学前班，一个班有一二十个孩子，一位老师。她在中心班教了一个多学期后就办理病退，回了县城。后来她听说中心班办的时间也不长，中心班的孩子又分到生产队去了。在生产队的时候，上下课时，林老师就拿一个铜锣敲，她说："锣一敲响孩子就从四面八方来了，锣一敲响孩子就走了，现在感觉很神奇。"后来大队的幼儿班有铃声了。

（一）心理生活

1. 对工资的满意度：勉强接受

林老师工作第一年的工资是记工分，每天 2 工分，年底分红，她最后领到 8 元。《漳州市志》中记载："1955 年小学教师月工资平均为 42.79 元。'文革'期间，公办教师工资基本上维持原标准。新发展的民办教师中学每月 21 元，小学每月 16 元，并由聘任单位比照中等劳动力补贴工分。也有的领不到补贴工分，待遇偏低。"[1] 显然，这个工资还不到当时全市的月平均数。另外知青工作的第一年有政府补贴的粮食。林老师后来的工资从记工分变成领钱，"一个月 6—8 块钱"，1975 年培训结业后，工资增加到每月 24 元，再到 28 元，再到 45.5 元。她说，那时候工资"肯定是不算高的……但是每个月有固定收入"。

2. 对物质条件的感受："不会比县城更辛苦"

林老师记得，红儿班教室是生产队的"队间"（也称队部，一般是大队干部开会办公的地方），里面没有任何玩具。全部靠老师和孩子自己做一些最原始的、最简单的教玩具。林老师用竹子做了一个快板，用来打节奏，或表演三句半；用竹子做一些篾圈在体育课玩套圈或障碍跑；捡一些小木块涂各种颜

---

① 漳州市地方志编纂委员会. 漳州市志（四）[M]. 北京：中国社会科学出版社，1999：214.

色做成积木；还会做一些小鸭子头饰，编一些花环；还有其他学校送的一个跷跷板。笔者问林老师比起后来的县城幼儿园怎么样呢。她回忆县城幼儿园多多少少有一些教玩具，如钱鼓、哑铃、小旗子、花环、红星，积木最多，大多也是教师加班加点做的。

> 那个时候啊，其实没有什么约束。时间上很长，但是不会比县城里面辛苦多少。因为我们可以随心所欲地带孩子出去……什么都可以当玩具，随便路边捡几根小木棍就可以玩了，就可以当马骑呀。（SI.339–343）

她觉得那个时候上班的时间虽然很长，但可以随心所欲地带孩子出去现场学习或玩耍，不会比后来在县城里面当老师辛苦。

吃住方面那时候不讲究。当时住在生产队，不用出钱，两三个人共用一间房子，合起来做饭。最初生产队安排了一个妇女给知青做饭，后来是林老师和另一个教小学的知青做饭。当时他们是"八个知青一锅"，她还记得另外六个知青在供销社、大队、耕山队等，做种果、挑大粪等工作。当时地瓜、芋头比较多，生产队也会提供一些"咸菜""菜脯"（切碎的萝卜干），大锅饭吃了两三年。1970年开始招工后，知青队伍就慢慢"解体"，变成小锅小灶，大家全部从自己家里面拿钱去买菜买米。林老师认为"那个时候大家对菜实在是太随便了，田头田尾采一下就可以煮着吃了"。那时候长泰是产粮区，大家吃饱没有问题，但常常是"饭配饭"，"干饭配一些面汤，就用面汤当菜、当汤"，加一点咸菜。不过，林老师说"那时候不觉得艰苦"，用现在的观点来看，当时的食物都是天然绿色的，她印象尤深的是"煮熟的芋头、地瓜蘸点花生油非常香"。她还记得春节的时候吃大餐，"大餐是炒米粉啊，炒年糕啊什么的。吃完了以后，就用那个手扶拖拉机，一辆一辆地把我们从我们下乡的地方——美彭，送到漳州去，送到我们家里面"。

3. 幼儿园的管理：对自由自主的怀念

1968年以后出现的新教育制度在全国范围内从来没有官方的统一标准。在许多方面，其"试验的"性质一直持续到1976年秋。1966年，教育部在全国范围内停止工作，其职责被中央文革小组及其专门委员会接任。教育行政管理被分散下放到省和省以下教育局。由省、市甚至公社决定学制长短、课程和学习计划。① "文革"初期，大部分幼儿园停办，幼儿园教养员转为小学教师；1968年，农村幼儿园由生产大队或集体单位自办，行政管理和教学业务都由大队、单位负责。② 而生产大队一般不可能有懂幼教的专业人员，所以实际没有人管理。

每个生产队的红儿班都只有一个老师。林老师说："农村就是园长、教师、校工（打钟的）都是一个人。""没有人给你说你要教什么，你必须教到什么程度，小孩子要掌握到哪里，这些都没有要求……没有什么约束和制度"，只是在作息方面一定要和社员同步，跟生产队出工同步。

> 可能六七点就得起了……社员收工的时候基本上都叫（孩子）回去自己家里吃，下午敲锣的时候再过来。（SI.99-103）
> 早上去出工，生产队要吹哨子……不管你做什么行业，都是那个时候出工……包括我教那个幼儿班。（TI.71-73）

林老师带孩子们在园里玩游戏，也常带他们出去玩。从社员上工一直教到社员下工，中午社员收工就带孩子回家，下午出工又送过来。

4. 自我认知："性格非常适合当幼儿园教师"

林老师说："知青岁月现在回忆起来还是蛮开心的。"那时候她当幼儿班老师还常被其他下田劳动的知青"羡慕"，因为"田里面有蚂蟥"，大家都"怕得要死"。林老师17岁就下乡，因为"属于比较活泼的，比较爱说话的"，第二年"被选择"当幼儿园教师。林老师说当时不是选"书读得最多的"，她被选为幼儿园教师可能与她的性格相关，她认为自己的"性格非常适合当幼儿园教师"，"心态好，跟孩子玩得来"，跟家长关系也不错。

> 有一些学生都当奶奶了，现在（遇到了）还一直打招呼，我亲和力还可以啦，一般都很好。一个生产队就一个老师呢。（SI.63-64）

---

① 麦克法夸尔，费正清. 剑桥中华人民共和国史（下卷）：中国革命内部的革命 1966—1982年 [M]. 北京：中国社会科学出版社，1992：593.
② 漳州市地方志编纂委员会. 漳州市志（四）[M]. 北京：中国社会科学出版社，1999：2087.

那时候家长也挺佩服我的，说我一个管几十个小孩都服服帖帖，天生就是吃这碗饭的。（TI.19-20）

我们跟家长非常好。农村的家长有时还送鸡蛋和菜。（FI.41）

她下乡期间"平时心情还是不错的"。当时小朋友都很乖，老师教什么就学什么。主要的烦恼是"刚刚下乡的时候，常常会想家，或者钱不够花。那时候根本就没钱，连八分钱的邮票钱都没有"。

（二）文化生活

1.职前教育生活：初中

1964—1967年，林老师在漳州二中读初中。她记得学习的科目有语文、数学、俄语、政治、历史、地理等，"好像没有生物"。初二的时候还学了几何，"到初三基本上没读了，但是有初中毕业证书"。那时候也有认真的老师，但整个大环境不重视文化学习。

规规矩矩上课的老师也很多，就是学生自己没那么自觉。初三的时候有老师上课，有些老师还是很认真的……比较年轻的老师……上课也不是那么上心，学生上课就更不上心了。（FI.19-41）

2.教学生活

（1）备课：不用写教案，会从家里带书

林老师说当时在农村不用写教案，没有真正意义上的备课，"所以没留任何资料下来"。但是为了教农村的孩子，她会从家里带书去。

我从家里面带很多小人书过来给他们看，有图案的。那个时候我记得有雷锋的……甚至有《水浒传》啊，就是这一大沓……大部分都在看要教的内容，今天会想着明天要教什么，但是也不用写教案，就是自己心里面想明天要怎么上，就怎么上呢。（TI.119-124）

（2）课程与教学：基于自身经验的教学内容和方法

城市老一辈幼儿园教师回忆，1975年，在"文革"的尾声时，幼儿教育还普遍存在政治化、成人化的倾向。① 那么，福建农村的幼儿园情况如何呢？据档案材料，1960 年，教育部与妇联发出通知，规定在幼儿园大班中教汉语拼音、汉字和 100 以内的计算。中共福建省委在《教学革命》一文中指出："在学前教育中，幼儿要学会全部汉语拼音字母、300 至 350 个汉字，计算 20 以内的加减，会数 100 以内的数。""文革"期间，幼儿园原有课程被全盘否定，有的园仿效中小学开设毛泽东思想课等。② 但从林老师的陈述来看，没有任何人要求她教什么，所有内容都由自己随意安排。

关于红儿班的课程，林老师用"没有课程""没有教材""随意性很强"来概括。从她的回忆中，笔者大致可以把她当时的教学内容来源归纳为三个方面。

第一，教师自己"有什么教什么"，包括她会的唐诗、故事、儿歌、绕口令。她每次回漳州都要从家里找一些小人书、故事书带到知青点，以备教学之用。后来也教孩子写自己的名字、写数字、做简单的加减，就坐在地板上，用木棍做 10 以内的加减，或者用扑克牌认识一些数字。比如说拿出一张 2 和一张 8 凑成 10，或者一张 2 一张 3 凑成 5，等等。

> 每次都回漳州家里面找……主要是从小学的课文里面找一些，或者是我自己家里面的书，是小人书，什么《董存瑞炸碉堡》，什么《三国演义》，什么《葫芦娃》……有时候（父亲）是一整套买，像《三国演义》就是一整套买……因为他那个时候在土产公司上班，有的时候有人会弄一些旧书去。他用秤称回来给我们看。（SI.257-269）

> 那个时候还没有培训，还没有去读，也不知道要教什么，反正就是有唐诗就教唐诗，有古诗教古诗，有童谣就教童谣。我会的，比如说《北京的金山上》啊，就教给他们。那个时候随意性很强。（FI.275-277）

第二，大自然或生活中的"现成材料"。那时候她还没有科目或领域的概念，"不懂得有什么语言啊，常识啊"，但是常常会带小朋友走出去认识植物，

---

① 刘苏. 伴随幼儿教育 30 年的历程 [J]. 学前教育研究，2003(1)：25-26.

② 福建省地方志编纂委员会. 福建省志：教育志 [M]. 北京：方志出版社，1998：98-99.

比如柳条；带他们去捡那些最漂亮的石头；带他们去收割后的田里捡稻穗；带他们去人家拔过豆苗的地里捡豆豆（黄豆）。也会拿挂历呀，日历呀，学一些简单的图案。

第三，"比较老古董的游戏"。林老师记得当时玩的游戏很多，如放手帕、捉迷藏、击鼓传花、玩沙袋、语言类的接龙等。她特别讲了一种：

> 有一种我记得很深，就是挑小木棒。我那个时候记得向人家讨了一些冰棒棍子……然后就玩一种游戏。（她边说边示范）就这样一捆木棍放到手里面，手松开，木棍就随意堆在地板上，然后就用另外一根木棍去挑，挑的时候其他的不能动，到一定的时候就看你究竟挑了几根。如果你赢了就奖给你一个——不是糖果，就是那种一小颗的，咸咸的，小小的，我们这里现在都有在卖，是助消化的。（SI.288-292）

林老师也教过一些语录（歌）。比如，"好好学习，天天向上""为人民服务""我们都是来自五湖四海，为了一个共同的目标走到一起来了"，她记得"下定决心，不怕牺牲，排除万难，去争取胜利"，还用这首歌给孩子排了一个舞蹈节目。在所有的教学内容中，林老师认为给孩子讲一些道理最重要，如孔融让梨、司马光砸缸等故事中包含的做人的道理。

关于教学，林老师说，在农村"没有人跟你说一节课上多久，也没有人要求你必须做到什么。所以我们就比较随心所欲"。她有时候在教室中采用集中教学，她那时候"最喜欢我读一句他们读一句"；写字也"没坐姿，没有握笔姿势的，都是乱来的"。有时候让孩子随意玩捡回来的东西，只要孩子喜欢，安全就好。孩子可以用石头来数数、计算，可以用花环来套圈，可以拿木棍夹豆豆，有时候一玩就是一个上午。有时候林老师会采取现场教学，如，花一个上午带孩子到柳树下玩，每一个孩子编一顶花环戴回来。回顾从教30多年教学方法的变化，林老师认为：

> （知青时）在农村教学大部分都是亲手操作的，比如玩沙、玩石啊，有五个子在那边玩……刚到县城比较多填鸭式教学，比方说，去把猫啊，狗啊那个什么东西都剪好了，后面用糨糊贴上棉花，贴到贴

绒板上讲……到（20世纪）90年代创游（创造性游戏）室已经起来了。（TI.194—210）

笔者问林老师混龄班对大朋友和小朋友在教学上有没有什么区别，她说："多少有区分一点。比如说大班的用小木棍让他计算啊，那小班就是挑木棍玩。"她又强调"说是大班，其实分不清楚啦"，只是对大孩子和小孩子稍有区分。

3. 职后培训

林老师于1972—1975年作为农村幼师选送到龙溪师范进修。她认为这三年的学习"相当于初中跟中专之间的一个文化水平"。

（大概1971年）有一次我挑饭去大田的路上突然阑尾炎发作，被送到长泰县医院，不怎么成功，又转到漳州市医院第二次手术。住了98天医院。那时候是知青管知青。照顾我的知青比我还小，连自己都照顾不好。我口渴要喝水，她就一直给我喝，导致肚子胀起来（感染引起"肠粘连"）……生病后大约半年我就去龙溪师范培训了。（TI.10-15）

头头尾尾三年，其中连续学习一年……学习的内容有教育学、心理学、卫生学，就这三本书，还有一本歌曲是油印的。另外有学弹琴。那时候真叫乱弹琴，有琴给你，自己想怎么弹就怎么弹。不过，教材拿回到农村都是宝贝，培训完还是进步很多。记得当时农村的老人都来听课。（FI.14-19）

这一次培训不仅提高了林老师的专业水平，也提高了她的文化水平。查阅校史资料，发现龙溪师范学校"'文革'初期，停办师范学校。1969年，学校连续三年改招初中新生，转办普通中学。1972年，学校复招师范生"[1]。

4. 休闲文化生活

《福建省知识青年上山下乡若干问题的试行规定草案》提出："要适当安排下乡知识青年的学习和文体活动时间，一般情况下，每天要有两小时左右（包

---

[1] 从丹霞书院到龙溪师范学校 [EB/OL]. (2017-10-14)[2018-03-08]. http://www.sohu.com/a/198085023_679029.

括参加集体学习和自学），学习政治、军事和文化科学知识，开展科学实验，开展文体活动。每个青年点都要有一份报纸。有关部门要积极为下乡知识青年提供精神食粮。"从林老师的回忆来看，文化生活还是有一些的。

（1）民俗活动：每年 3 月 15 日"热闹"表演

《长泰县志》中介绍，1958 年，全县建起 53 个村俱乐部，其中陈巷镇 14 个，每个俱乐部都设专人保管乐器、图书报刊。1965 年 10 月，全县 6 个公社（农场）相继办起文化站，辅导各大队文化室、俱乐部、演出队开展文体活动。① 陈巷文化站有图书 1000 余本，报刊 10 余种。在林老师记忆中，美彭村离陈巷镇 2 公里左右，她并没有去陈巷镇的俱乐部参加过活动。她只记得每年 3 月 15 日"热闹"（也叫闹热）的时候，生产队就会有演出，会请些外面的人来唱芗剧，还会表演一种"有点像高跷又不像高跷的节目"，表演者踩的工具比高跷低。大家坐在打谷场看，场地上搭一个木板舞台。她还记得村里有广播，"那个时候生产队有生产队长和政治队长，政治队长经常在广播中喊'出工了'。开社员大会的时候也是用广播在喊"。她记得广播线还拉到了活盘水库的工地上，但她印象中广播从来没有播放过什么歌曲。

（2）闲暇活动：织毛衣、照相、元宵表演

不过，那时候也有一些富有时代气息的文化生活。有的知青点"业余生活是丰富多彩"的：打篮球、聊天下棋、吹拉弹唱、听收音机、读书写字、看电影《巴布什卡历险记》《创业》等。每年都要排练节目，参加县、公社农村文艺调演。林老师对业余时间织毛衣、照相和元宵晚会印象最深。

> 我们女孩子主要织毛线，帮农民织……男的就打扑克。有人牵着牛照相。生产队有个人在外面做工，见过世面，带了照相机回来，给大家照相，还免费给大家洗照片，那个时候的人没有私心……我们没事也会打打快板。那时候也有表演，春节过后元宵节左右有一两次表演节目。当时有一个做大面，她们（表演）一边卖面一边唱歌，是一道亮丽的风景线。有人表演口琴、弹吉他，有人（政治队长）变腔变调读报纸，逗

---

① 长泰县地方志编纂委员会. 长泰县志 [M]. 北京：方志出版社，2005：822.

大家笑。记得我们幼儿班排了一个打击乐，（孩子们）用木棍、筷子、钱鼓、锣等来敲，《北京的金山上》是一个舞蹈（表演）。（TI.36-44）

（3）偶尔看露天电影

《福建省1973年到1980年知识青年上山下乡初步规划草案》中有一条是"动员城镇定期组织慰问队和电影放映队、医疗队到知识青年比较集中的地方和单位，开展慰问活动和疾病防治工作"。有的知青回忆："一年只有几回电影文艺演出。如有电影或宣传队来，社员们个个乐开花，像过节似的。有次放映《龙江颂》时，下了倾盆大雨，大家穿棕衣戴斗笠乐呵呵把电影看完。""直到1977年底，农场附近有了驻军，军营天天放电影，去看电影便是农场知青们唯一的文娱生活。"看的电影包括《地雷战》《西哈努克亲王访问南京》《多瑙河之波》等。[①] 林老师对革命题材印象最深，如《红灯记》《红色娘子军》《卖花姑娘》《东方红》等。她记得当时看的是露天电影，一块幕布挂在晒谷坪中间，布的两边都可以看。

（4）政治学习与宣传工作：学毛主席语录、每周三个晚上读报、工地宣传

林老师记得那时候开会常学毛主席语录。她记得知青们下乡的第一天，在漳州市马肚底的体育场集会，大家一起学"农村是一个广阔天地，在那里是可以大有作为的""一颗红心，两种准备""为有牺牲多壮志，敢教日月换新天"。每个人发一根扁担，上面写着"上山下乡闹革命"。三八妇女节时，在大队妇女会上，妇联主任会和大家说"妇女要顶半边天""时代不同了，男女都一样"。在知青年会上，大队干部会说一些鼓励的话，如"前途是光明的，道路是曲折的"。一个星期大约三个晚上要读报。因为生产队长不认识字，最初由政治队长读，但是他读的报纸"是很不明白，很不清楚的，是半普通话，半本地方言的"。后来就改为知青轮流读报纸。林老师回忆："那个时候生产队一叫来听报纸，好像大家都很积极呢，都是坐得满满的。"可能那个时候文化娱乐生活相对贫乏，读报是大家了解国家新闻与发展情况的唯一途径。不过，报纸的具体内容林老师都忘记了。我们慢慢聊，林老师又想起了曾经做过的

---

① 曹淳亮. 知青故事 [M]. 广州：花城出版社，1998：80-83.

工地宣传工作。

> 活盘水库在建的时候，叫我临时去做那个（宣传）。教小孩子都停
> 了，我们那个时候就是这样子，需要你干什么你就要干什么。那个时候
> 是叫我背一个卫生箱到工地上去转悠，然后就要编很多的快板诗，比
> 如，加油啊！加油啊！我现在记不起来了，当时是现编现演的，就是站
> 在旁边拿个竹板（快板）敲一敲……在工地上，从头到尾可能有半年。
> 那个时候我们在人家的印象里面几乎天天都在换新的词，工地上的一些
> 好人好事，马上就把他的名字编进去……现在都记不起来了。因为时间
> 短，再一个一阵风就刮过去了。（FI.328-338）

关于知青时期乡村的文化生活，林老师大多想不起具体的内容来。因为
很多事情都是"一阵风就刮过去了"，而且年代也久远了。而谈到她后来在县
城当老师时的文化生活，她的回忆则更为明朗清晰，她认为县城的"文化活动
很多"，比如县里面的健身节、大型的文艺会演、每年的龙津歌会，差不多三
分之一的节目都是幼儿园出的。

（三）职业认同

1. 投入意愿：身兼数职

林老师最初是服从安排做了幼儿园教师，她说"那个时候生产队安排你
做那个，你就必须得去做那个"，所以最初"也不会特别喜欢"。但后来"跟孩
子接触了几年，又全部是由自己做主，要干吗就干吗"，她对这个职业产生了
感情。她说当好幼儿园教师"爱心最重要，还有敬业，当时条件艰苦，大家非
常敬业"。林老师把班上的幼儿当成自己的孩子，不偏爱。她说："哪怕是脏
的流鼻涕的我也一样爱他。"林老师注重孩子的安全，不仅在生活上照顾好孩
子，还希望孩子学点东西。那时候一天的工作时间非常长，全靠林老师"自己
想办法哄孩子，还要跟家长建立和谐的关系"。除了做幼儿园教师，农忙时还
兼量谷子、晒谷子、做饭、送饭等。在修水库时，大约有半年时间幼儿班停
课，林老师主要负责水库工地的卫生保健和宣传工作。

2.价值认同：帮家长解除后顾之忧

林老师认为知青对农村幼教的创立和普及起了关键的作用，她也认为农村幼儿园很有价值。

> 刚刚去下乡的时候几乎每个大队、每个生产队、每个学校都是知青在教……红儿班也是知青来的时候才有。比如一个生产队，或者两个生产队合成一个班，一直都是知青在教。（TI.143-148）

> 那个时候它（农村幼儿园）解除了家长的后顾之忧，小孩子都不会到池塘旁边去玩，也不会自己去扔石头，也不会自己随便去吃东西。（SI.106-107）

> 农村幼儿园真的太有必要了，特别是从安全角度来说……村里有很多池塘，孩子爬高爬低，后来有这个娃娃班了，把孩子集中起来可以保证他们安全。另一个，孩子也可以学习。特别是当时我们已经运用普通话教学了，孩子回去后会教给家长。（FI.140-142）

除了教育，知青对于农村的移风易俗也有一定的影响。林老师说知青刚到乡下的时候，农村的妇女甚至小孩子穿的都是扣子扣旁边的大襟衣服，裤子宽宽的。知青夏天穿裙子还被村民嘲笑是"鸭罩"。但很快当地农村妇女的衣服就改成对襟了，小孩子都穿裙子了。[①]

3.胜任效能和情感归属："感觉特别好"

林老师也体验到了自我价值的实现。她小时候的理想是当老师，知青期间做了幼儿园教师对她是一种独特的体验。

> 那时只要一敲锣，孩子就从四面八方跑过来，挺神奇的，觉得当老师真的挺好的。而且那时一些很老、不能下田劳动的老人也会挂着拐杖来听课，他们坐在教室的后排，我也不会不好意思。特别是培训回来后，我有了教材，带着教材在那里读，我读一句，他们读一句，感觉特别好。（FI.137-139）

---

① 江涛.人类学视野中的乡村教化(1949—2014)[D].长春：东北师范大学，2015.

户外活动时老人也顺便帮忙招呼孩子，参与活动，比如做草帽的时候，他们就帮着一起做。

现在如果有第二次选择职业的机会，林老师仍然会选择做幼儿园教师。她说："如果要返聘的话，让我和小孩子玩，我还会来。"她感觉到"相对其他的单位，我们幼儿园至少会给我们家的感觉，比较温馨，比较和谐"。

4.持续承诺：坚守35年

可以看出，知青那一段经历对林老师后来的人生还是有着潜移默化的影响的。如对于安排给自己的工作不推托、不计报酬、任劳任怨、干一行爱一行的精神在后来到县城幼儿园之后同样充分地体现出来。20世纪70年代末，林老师刚到长泰县实验幼儿园时，三个班才四个老师，不能请假。她后来工作的20多年中也一直身兼数职，除教学外，还兼财务、人事、工会等工作，加班不计报酬。在教学上，她尽量发挥自己的创造性去做好，自己画图设计，用呢子、棉花制作了不少贴绒教具。此外，她还要为各类文化活动、春节团拜活动、教职工代表大会服务，每次准备工作都不容易，包括材料准备、人员准备等。其间，林老师也参与过下乡助教，即培训农村幼师，每次培训都有几百个人。在这些工作中，她也遇到了很多困难，但通过努力自学一一克服了。

比起那些回到城市打拼得很好的知青（林老师举了梁绮萍的例子），她认为自己的一生"是平平淡淡的"，但是她对这样的人生还是"非常满意的"，"每个月十几号就可以领到一份固定工资，4000多元了"。她认为幼儿园教师的"社会地位还是可以的，教育部门在调（工）资，幼儿园也跟着调"。

回顾一生，她"感觉到还是很有价值的，毕竟35年一直在从事这个（幼教）"。她最自豪的应该说是为集体争得了荣誉，如幼儿园被评为市级的教工之家，她感到个人的价值得到了承认，因为工会和后勤是她付出了很多精力的工作。她说："那时候大家重集体荣誉，也不会和别人争荣誉，一般都是让来让去的，那个时候的人真的挺自觉的。"

林老师希望后来的人们能够"记住过去，珍惜未来"。

四、研究结论

知青的经历，对于每一个人都是不同的，有的品尝了艰苦，有的蒙受了灾难，有的只是经过了几年寻常的乡村生活，就像农民几千年来的生活一样。因而他们对知青生活的态度也大有不同，甚至出现了截然相反的"苦难崇拜"和"历史谴责"声音，前者是强调把苦难当作人生财富的"老三届精神"，后者是批判泛道德主义忽视现实人性关怀的"历史忏悔意识"。[①] 不管怎样，知青经历都对于一代人的人生产生了深远的影响。在笔者见到的福建省知青文献中，更多是表达"老三届精神"的。如在长泰亭下农场五七青年队的知青说："有了农村插队这一杯苦酒垫底，什么样的酒我也能咽下。"在泉州下乡的一位知青认为那段岁月"是时代留给我们这代人最大的一笔财富，在那些日子里我们学会了吃苦……以后再苦再难，就觉得都不算什么"。也有的人说："如果没有上山下乡，我们肯定不了解中国的城乡差别之大；如果没有上山下乡，我们也难以想象偏僻的山区农村之落后。"

林老师的体验不同于以上两种。

1. 怀念知青生活

对于知青时期的生活，林老师并不觉得多辛苦。因为 17 岁到 26 岁在农村的时候正是她人生"最年轻最有活力的时候"，"虽然吃的是地瓜、芋头，但毕竟是在嘻嘻哈哈的过程中过来的"。她有些怀念那个时候小伙伴们之间的情谊。她记得当时一锅吃饭的八位知青除她自己外，其他七人现在分别在公安局、农展馆、毛主席进漳纪念馆、水泥厂、鞋厂、街道，还有一个回永春了。林老师还记得她下乡的美彭当时还有七八个上海知青，其中两人留在了长泰或漳州。

2. 形成了幼儿园教师职业认同

知青经历让她走上了幼儿教育的道路，成就了她作为教育专业人员的人生。当时她认识到了农村幼师"帮家长解除后顾之忧"和知青在创立和普及农

---

① 刘怀昭. 从终极关怀回到现实关怀——"人文精神"讨论与红卫兵理想主义反思 [J]. 中国青年研究，1995(6)：23-25.

村幼教中的作用。那时候的她觉得自己能胜任幼师的工作，与孩子在一起是快乐的，教孩子的时候"感觉特别好"，她认识到自己的性格适合当幼儿园老师，家长也认为她"天生就是吃这碗饭的"。对于那种没有约束、可以自己做主的农村幼师生活，她是怀念的。在农村任教的六七年，她基于自身经验教孩子诗歌和故事、唱歌和跳舞、数数和计算，带孩子到大自然中玩耍，用柳条编花环、捡石头、捡稻穗，虽然没有多少理论的指导，但是积累了和孩子相处和游戏的经验。给教师赋权，她的能动性就能得到激发，喜欢孩子的思想从那时候萌芽，持续成长于后来 30 多年的幼师生涯中。

这里要特别提一下红儿班的学习内容在其他地方往往有更多政治的色彩。如龙海县的档案资料中就明确提到紫泥公社红儿班的学习内容包括"学识字、学算术、学唱革命歌曲、做革命游戏……带领红儿参观贫下中农围海造田的场面，参观新落成的公社卫生院和阶级教育发展馆……使儿童爱国家、爱人民、爱集体、爱劳动、爱护公共财物"[1]。

3. 坚守 35 年，成就人生意义

知青时期，林老师做幼师兼做一些农活和家务活，但她并不认为知青时期的幼师生活比后来在县城幼儿园工作更辛苦。在她获得了培训的机会后，她是七八人中能够坚持完成学习的三个人之一。返城后在实验幼儿园除了做教师，还兼各种后勤工作。尤其是会计带给她的"烦恼最多"，"那时到财政局去批款，要跑好多趟"。她本来是病退回城的，身体不太好，身兼数职的她需要克服巨大的困难。但她坚持挺过来了。她没有表达对生活的不满，反而感恩"命运不错"，感恩有"贵人相助"。回顾过去，林老师认为自己的一生"算是平平淡淡的"，"也算是喜欢这个工作"，"感觉到还是很有价值的"。

---

[1]　龙海县紫泥公社妇联、教改组努力办好幼儿教育，为农业学大寨服务 [A]. 龙海市档案馆，全宗号 214，卷宗号 203，1975：122.

第四章 20世纪80年代至2000年入职农村幼儿园教师精神生活叙事

本章为河南省、福建省与江西省三省教师精神生活故事，她们分别是公立小学附属学前班教师、乡镇中心幼儿园教师和民办园创立者。① 作为最早树立起来的样板，河南省妇联在全国率先提出要在河南省范围内普遍推广幼儿园②。汤阴县是被联合国命名的千年古县，是著名的"三圣之乡"（文圣周文王、武圣岳飞、医圣扁鹊）。大炼钢铁年代，生产大队为了解除母亲的后顾之忧，进一步解放妇女的劳动力，兴办了一些临时性的幼儿教育机构③，但汤阴县白营镇杨村在20世纪80年代才开始举办正式的学前班。福建省漳浦县1991年创办了第一所乡镇中心幼儿园，个案教师就在该园工作，过了两年，她回乡创办了该县第二所乡镇中心园。2003年施行的《中华人民共和国民办教育促进法》正式将民办教育事业归为公益性事业类，对其实行"积极鼓励、大力支持、正确引导、依法管理"的方针。江西省丰城市小港镇沙埂村便在这一年开始有了民办幼儿园。2006年，《江西省民办教育促进条例》通过后，江西省内民办园数量更是快速增长。

---

① 河南省和江西省的个案分别由刘春梅和周寒完成，收入本书时有删改。

② 曹冠群. 进一步解放妇女劳动力，为多快好省地建设社会主义服务 [J]. 中国妇女，1958(7):8-9.

③ 河南省新乡专员公署文教局关于批转"安阳县关于对培养和提高社办学校及幼儿园师资质量报告"的通报 [A]. 新乡市档案馆，案卷号44，1959.

一、研究过程

（一）对崔秀珍老师的研究

本个案由课题组成员刘春梅教授主持研究。2019 年 3 月 7 日，她到河南省新乡市档案馆搜集历史上的农村幼儿园教师的相关资料。该馆 1985 年之前的档案尚未扫描成电子版，只有纸质版。通过查阅资料，她发现，1950—1985 年，新乡地区农村幼儿教育机构的资料非常少，只有几份报表和工作总结涉及农村幼儿教育和幼儿园教师。她到汤阴县里查询，也一无所获，县里的档案馆几经搬迁，历史资料所剩无几。2019 年冬，她决定让学生帮着寻找 20 世纪 80 年代之前的农村幼儿园教师。她所在学校是一所地方本科院校，学生遍布河南省各地。最后找到四位年龄较大的、曾经的农村幼儿园教师。学生崔迪的姑奶奶崔秀珍，就是其中一位。她是崔迪爸爸崔勇的亲姑妈，崔勇的父亲是崔秀珍的娘家大哥，当初正是因为这位大哥的大力支持，崔秀珍老师才能够继续读初中，所以两家关系非常好。因为新冠疫情，春梅教授先培训学生崔迪进行了第一次访谈，但是整理资料后发现，崔迪访谈得到的信息很不充分。2020 年 8 月 1 日，她终于亲自到了安阳市汤阴县白营镇，在崔勇老师的带领下，和崔迪一起走进了崔秀珍老师的家门进行二次访谈。崔秀珍老师个子不高、身材胖胖的，一看就是个豁达之人。回忆往事，崔秀珍老师虽然充满心酸，几度落泪，可是更多的是青春无悔和无愧于心的安详。访谈共进行了 1 小时 49 分钟。访谈结束时崔老师说："感谢你听我唠叨这么长时间，这些话终于有人听了！"

（二）对娟子老师的研究

2015 年，笔者在做农村幼儿园教师生存状态项目的时候认识了漳浦县教师进修学校的陈老师。2016 年 3 月 18 日，在陈老师的带领下，笔者和研究生陈熙来到长河中心幼儿园调研农村幼儿园教师的生存状态和园本课程发展状况。陈熙被娟子园长的专业精神吸引，来到这里实习，并以她为研究对象完成了学位论文。幼儿园的园舍是由一个祖籍在本地的台湾同胞投资，于 1993

年建成。因为已有20多年的历史，外表有些老旧。不过，那种波浪形的造型设计还是挺有美感的。到了园长办公室，一角的墙壁发霉了，娟子告诉我们新园的建设已经投标好了，合同上计划七个月完成，如果按计划完成，年底就能搬新园。现在政府愿意在每个乡镇拿几百上千万元来建设一所公办幼儿园，让幼教工作者感到很欣慰。园长看起来很朴实，她挺想把幼儿园办得更好。当时最大的困难就是园里的教师很不稳定，因为离县城只有20分钟，教师多在县城找对象，工作一段时间就调到县城去了。而没有嫁到本地的教师，在家乡有了公办园后就会调回家乡。当时新的乡镇中心幼儿园如雨后春笋般涌现，这所老牌中心园就较少受到政府的关注和投资了。新办园定位高，校舍和环境都是按照城市幼儿园标准来建，人员也全部配齐。相比而言，她所在的幼儿园反而倒退了，有经验的教师大多调到新园任园长，而换了很多非专业的教师进来。第一次访谈后，我们一直保持着联系，时常在微信上有一些交流。2022年12月19日，笔者再次来到幼儿园，以农村幼儿园教师的精神生活为主题，又对娟子进行了将近三小时的深度访谈。这一次园舍是2017年新竣工的，教师队伍也相对稳定了，娟子已成长为高级教师。乘着国家新农村建设的东风，幼儿园又将得到镇政府100万元的资金用于重建一个开放式、与乡镇居民共享的图书馆，并改建大门，增设孩子们的户外活动资源，建一个植物园等。笔者期待以后有机会再来聆听农村幼儿教育发展的脚步声。

（三）对吴小莲老师的研究

本个案由课题组成员周寒主持研究。她是江西省丰城市小港镇人，通过亲戚认识了吴小莲老师。2019年8月7日下午，周寒第一次去吴小莲老师家。吴家有着农村宅基地的特点，房子不高，只有两层，客厅十分宽敞明亮，比普通教室大得多。但吴家也有不同之处，即十分童趣，墙面上到处挂着儿童画，有小鱼、花朵，还有三角形五彩挂饰，据吴老师说这环创是自学的，为了开办幼儿园，她对楼上楼下都进行装饰，还做了孩子专用的卫生间。第一次访谈最初只是聊天，没有录音，随着话题深入，后面有一段38分钟的录音。第二天下午进行了第二次访谈，当时吴老师在预备折七月半的金银纸（当地习俗），她们一边聊一边做事，采用当地方言交谈，氛围很轻松。这一次吴老师非常开心地倾诉她的经历和想法，屋里时不时传来她的笑声，作为当地民办园先行者，她对生活充满了激情和希望，但也会略带无奈，因为访谈的当年，她的幼儿园停办了。一是她自身年龄较大，二是她希望儿媳再生一个孙子，她要用心帮着带孩子。第二次访谈针对第一次访谈中不甚明了之处进行了追问，征得同意后进行了录音，录音时长为68分19秒。后期周寒还与吴老师通过微信进行补充交谈。通过吴老师的朋友、家人及同事，周寒也从侧面了解到吴老师的相关信息，这些信息可以相互印证。吴老师创办沙埂村幼儿园的时间是2000年到2018年。因此，吴老师在那个时期的精神生活也许可以折射出21世纪初我国部分农村民办幼儿园教师的精神风貌。

二、20世纪80年代入职：河南省汤阴县农村小学学前班崔秀珍老师个案

（一）崔秀珍老师小传

1946年，崔秀珍老师出生于汤阴县的一个小村子——白营镇杨村。崔老师一直上到初中毕业，参加了生产队劳动。

中小学生活

在那个年代，多数女孩儿只能上到小学毕业，能上初中的很少。当时物质非常匮乏，很多孩子上完小学能认个字后就会被家长叫回家参加生产劳动挣工分，女孩子就更不让上学了，大部分家长的想法都是女孩子"上个小学，认个字就行了，反正将来是要嫁人的"。崔秀珍老师当时能上到初中，有几方面的原因：哥哥支持，母亲也比较开明，成绩好。当时她哥哥在外面工作，知道知识重要，所以坚持要让她读书。

当上民办老师

崔秀珍老师初中毕业后，因环境所迫，不得不回村里参加生产劳动。那时候大家都吃食堂，生产队规定：只有干活的人才能吃饭。上学没参加生产队劳动就不能吃饭。她只能不上学了。因为有初中文化，崔秀珍担任了生产大队的计数员，同时还是妇女队长、团支部副书记。大约1966年，崔秀珍老师

20岁那年，因为村里小学缺老师，正在生产队参加修水渠的她被领导叫去当老师，同行的还有另一名妇女，因为当时村里只有她们两个女性上过初中。

学前班教师生涯

20世纪80年代，根据上面的精神，村里要办学前班。没有任何经验，也没有相关培训，大家都不知道这个学前班该咋教。因为崔秀珍老师对孩子有耐心是出了名的，又一直教一到三年级，领导就把她调去了，说是"先去吧，先维持着走吧"。崔老师心灵手巧，没有教具，自己手工做、拿纸叠；不会识谱唱歌，吃饭时就跟着大校长学、自己加班练；不会画画，自己利用休息时间对着身边常见物体自己揣摩，回到课堂再现学现卖地教孩子们。一年后，领导又把崔秀珍老师调回了小学，继续做小学老师。退休前的三年，当了一辈子民办教师的崔秀珍终于转为正式的事业编制教师。

退休后，崔秀珍老师和三儿子生活在一起，一家五口人，家庭关系很和谐。

（二）崔秀珍老师精神生活叙事

1.心理生活

（1）物质生活满意度

对工资的满意度：感到被歧视。河南省农民的收入，在实行包产到户前，是以所挣工分为基础的。民办教师以记工分代替发工资始于1968年"侯王建议"[①]。崔秀珍老师拿的工分是当时生产队的最低分，只有7.2分。本来崔秀珍老师是根据生产大队领导的要求离开生产一线到学校工作的，所以生产大队是按当时大队的最高分10分给崔老师的，结果，生产小队给的是当时女劳力的最低分7.2分，原因是"她也不参加劳动，带个学生活儿清闲"。崔秀珍老师生气地说："都歧视你呀！"当时的一般情况是，农村集体劳动中，工分都"有男劳力和女劳力的区分"，妇女的工分总是比男人少一些，当时男劳力最高分是10分，女劳力最高分是7.5分。

---

① 王殿青.中国民办教师转正研究[D].武汉：华中师范大学，2009：12.

对物质条件的感觉：啥也没有。崔秀珍老师回忆说，村里原来一直没有学前教育这一块，后来根据上面要求就在村小学里办了一年制的学前班。当问到学前班有没有滑梯一类的大型玩具、有没有小型的玩具和教具，崔老师说："只有一本课本，需要啥了，我自己下班回家做，有时候做到半夜12点。"同时，学前班也没有其他参考资料。

（2）社会生活满意度

崔秀珍老师最自豪的事儿就是校长和多数家长对自己工作的认可。她笑着说："只要问问校长，对我评价都可高，哪个校长都是。"旁边的崔勇老师插进来说道：

> 姑姑经常跟我说，凡是学校哪里有困难，领导知道咱有耐心，再一个年龄稍大一点，再一个在村里也有威望，所以哪里有困难就让姑姑往哪儿去，有不好解决的问题就让姑姑出面。（SI.405-406）

崔秀珍老师"一心都扑在孩子身上"赢得了多数家长的认可。她说那时候家长都抢着把孩子送到她班上。当时农村生活都比较差，没有人给老师请客吃饭，但是有的家长总想变着法儿地亲近崔秀珍老师。有一位家长，一家子都是农民，没有文化，他自己是做江米花的，有一次趁着放学，弄了一布袋江米花，非要给崔老师搁车上，说："你别嫌弃，我这不值钱，就是一点心意。"崔老师说："不值钱咱也不能要呀，都怪不容易的。"

但她对同事的关系不够满意。

> "同样职业，同样都是老师，想法不会都一样。有哩人不付出，瞧你得奖还生气哩！"崔秀珍老师的努力也引起了个别同事的不满。有人说她"傻"，有人说："你带的班老是考第一，那咋，给你涨工资了？你还没有我的工资多呢！"（SI.194）

但也有老师赞同她的做法，特别是有位叫刘金花的老师，和崔秀珍老师一样工作尽心尽力，一心关心学生，崔老师说："我和刘金花老师，俺俩的观点就可一样，都是只知道埋头干活，光想着咋样把学生教好。"

（3）压力状况

崔老师觉得教学前班没啥压力，"因为一直教小孩哩，和小学一年级差不多"。更多的压力来自家庭。访谈的过程中，崔秀珍老师虽然时不时地爽朗大笑，但是也曾多次感叹"自己这一辈子可不容易"。主要原因有两个方面：一个是经济压力。当时农村是按照工分分口粮，崔老师的丈夫在外地工作工资不高，给家里寄钱很少，崔秀珍因为当老师挣的工分也最低，分的口粮很少，不够她和四个孩子吃饱饭。所以，崔老师家有几年都是以菜充粮，做蒸菜馍等。另一个压力是丈夫反对。经校领导做工作，崔老师最终还是坚持下来。

> 他说，不挣钱还天天忙，忙哩黑天白夜哩，你也不顾一点儿家。（丈夫甚至跑到学校）把我铺盖卷背起来就走，不叫我干了……弄两三回。（SI.474-488）

（4）自我认知

崔秀珍老师认为"这一生就是做这一行的"。她认为自己很适合做学前班老师和小学低年级老师。

> 我可乐观，爱说爱笑爱唱，就没有烦的时候，哪怕用牙给他咬裤腰带，也不烦。（SI.186-187）
>
> 咱就愿意干这一行，吃苦受累愿意干。（SI.704）

一旁的崔勇老师补充说："村里第一次办学前班，没有老师，我姑姑性格比较好，很开朗，对幼儿很亲近，（领导）就把她调来了。"

2. 文化生活

总的来说，崔秀珍老师的文化生活是比较贫乏的，这也是那个时代农村教师生活的一个缩影。她回忆起自己的教师生涯，说得最多的就是喜欢这一行很辛苦、很忙，忙得顾不上家，更没有休闲娱乐时间。

（1）专业文化生活

先说教学生活。崔秀珍老师觉得学前班要让孩子们学知识、学做人。说到学前班都教孩子们一些什么，崔老师说有学前班课本。至于具体内容，崔老师说记不太清楚了。

（大概）有数学，第一学期就1到10，数数、加减法。第二学期就是到20。语文，第一学期就是学拼音、声母，讲故事。第二学期背诗。（SI.160-161）

除了教孩子一些知识，崔老师认为学前班还要教孩子们懂规矩、懂礼貌。

教他懂规矩，回家尊敬老人呀，小孩要互助友爱呀，教他学校就是一个大集体，就像一家人一样。（SI.174-175）

此外，农村的小孩，砖块、木头、石头子，都能玩，孩子会有一些自发的扔沙包、抓石头子、抓羊拐等游戏。在教学方法上，因为崔老师没有接受过专门的培训，不太了解学前年龄段孩子的身心发展规律，上课时间有些长，但是教学过程中她会注意观察孩子们的表现，根据孩子们学习时的精神状态随时调整教学活动的内容和活动方法，补充一些儿歌、画画等。

没有家庭作业，就是课堂上教教练练。我的方法就是一节课不休息，一共三节课。上到最后，小孩儿疲了，因为孩子年龄小，他一旦没有兴趣就搁那儿睡觉。我就让小孩儿唱会儿儿歌，说会儿顺口溜，最后再趴在桌子上休息三分钟。（SI.163-165）。

再说职后培训。崔老师做学前班老师之前没有接受相关培训，因为"本来就是教的一二三年级的小孩儿，都差不多"。在学前班一年，也没有接受过任何培训。她说，当时的小学老师有时候会有一些培训活动，县里或者省里还经常组织考试。

（2）休闲文化生活

说起村办小学在教学之余组织的各类活动，崔秀珍老师和崔勇老师共同的回答是：很少，几年有一回，活动形式无非是读书比赛或者"儿童节的小节目啥的"。这些活动主要是小学的，学前班和小学一起活动，但是参加的更少。

问起崔老师在繁忙的工作之余有没有自己的兴趣爱好，她回答就是"没有时间"。不管小学一二三年级还是学前班，都是一个老师包班，崔老师家里也没有帮手，忙到半夜是常态，哪里还有自己的休闲爱好时间？即使偶尔有点时间，还要抓紧时间充电，看书学习。直到退休后，崔老师才开始培养自己的兴趣，跟着收音机学唱豫剧，"已经学会30多个豫剧段子了"。根据马斯洛的需要层次理论，崔老师那个时代的人们，多数是顾不上金字塔上层的需要的。

3.心灵生活

（1）职业价值观

第一，专业认同。在职业价值观中很重要的一个方面就是专业认同。一个人只有对所从事的职业发自内心的认同和热爱，才能全身心地投入，才能在该领域做出突出成绩，也才能在自己的职业生涯中实现自己的人生价值。崔秀珍就是一个专业认同度非常高的老师。因为喜欢，即使受歧视、只能拿最低工分、丈夫不支持，她还是选择当老师；因为喜欢，工作总是使出十二分的劲头，所以奖状拿了一次又一次，虽然没有一分钱奖金，可是崔老师"怪高兴"。她对自己的职业表现出了极大的专业热忱，用她自己的话说，"太喜欢孩子了"，"就是爱这一行，就是愿意把工作做好"，正是这份热爱和认同，崔老师为教育事业付出了自己的全部身心，并在工作中获得了很大的成就，从教35年来，奖状得了几尺厚。

第二，敬业精神。"把咱浑身本领都传授给他！"这是访谈过程中出现频率比较高的一句话。只要有领导的一句表扬就干劲十足，只要得到家长的认可就感觉很自豪！崔秀珍老师说自己很喜欢这一行，全心全意、兢兢业业，被有些人讽刺为"傻""母雷锋"，但是她觉得问心无愧，对得起学生。

> 我本事儿不大，但是我就一心想把孩子教好。课间我就没有离开过教室，除非去个厕所，轻易不出教室。（SI.204—205）
>
> 人家都回家，我不回家，我白天黑夜在学校住……也没人给我补助。要不都说我傻哩！（SI.465—469）

（2）生命价值观

农村幼师的价值。崔秀珍老师多次跟自己的侄子崔勇老师说："（教育）跟种庄稼还不一样，种庄稼即使耽误了不过是一季，人哩，一误就是一生。"多么质朴的想法，同时又充满哲理！虽然崔老师只有初中学历，但是她深切地认识到了学前教育和小学教育阶段的重要性。同时，崔老师也承认，因为农村家长们没有文化，也没见过世面，正因此，才更显得农村教育的重要。

对生活意义与人生目的的思考。崔秀珍老师虽然觉得自己一辈子很操心、很不易，但是也很自豪自己一辈子活得很有意义，这辈子活得值。"我这一生太不容易了，我这一生能写一部小说了。"关于生活的意义，崔老师认为是"为了后代""尽心尽力"，让他们"有出息"，为国家的将来做贡献。像许多老一辈人一样，崔老师的生活意义就在于养育和培养下一辈人，很少考虑自己本人应该怎样活着。

崇拜的人。崔秀珍老师认为过去的英雄人物，邱少云、黄继光、刘胡兰等人的事迹让学生和老师都"很受教育"，从心灵深处被感动。她说："那个时代的人多么纯真，多么真情！"她最崇拜的人是领袖毛泽东。崔秀珍老师对毛泽东主席的崇拜不仅仅是因为所受思想教育的影响，而是结合自己生活和工作，真实感受到的。

> 我最崇拜的是领袖毛泽东。我就觉得毛泽东一生太不容易呀，为啥哩？我就觉得，从开始，新中国成立以前，长征路上，多不容易。可受感动。我结合着我个人来讲，我觉得我这一生，从我记事开始，我就觉得我不容易，我操心哩命。崇拜毛泽东就是啥哩，就是他这当家哩人太不容易，从他哩经历，到我哩经历，体会他更不容易。咱自己还觉得这么不容易，人家领导一个国家，你想想，我跟俺当家哩俺俩的观点就不一样啊（笑）。（SI.582-594）

4. 崔秀珍老师今天的欣慰与期望

（1）非常欣慰。说到今天的生活，崔秀珍老师满脸是笑，觉得很知足。一是拿了退休金很高兴。崔老师说自己是距离退休还有三年的时候由民办老师转成了正式老师，拿上了事业编制教师的工资，说到这里，崔老师的眼眶再次湿润了。

> 干了一辈子了没拿工资呀，我可不容易呀，我说起来我掉眼泪。现在过哩好呀，国家给我发着工资，我就感到可知足了。（SI.642）

> 年轻时吃点苦没啥。年轻时吃点苦不应该？老了不受罪就行。这就是国家对你的认可。一生病就能看，有你吃哩，有你喝哩。等于国家管着你。（笑）（SI.722-723）

二是退休了身体好。工作期间崔老师身体很不好，因为长期劳累，"得了一身的病"。退休了身体恢复，能做一家五口人的饭，还学会了30多个豫剧段子。三是家庭关系和谐。孩子们都支持自己当老师，而且，儿子儿媳妇都很孝顺。

（2）对未来的期望。问起崔老师对未来有什么期望，崔老师首先想到的仍然是孩子。"孩子们好好学习，多学知识，多学本领，国家不会亏待你。""工作上的事情也不是事事顺心，要多留心，做好自己的工作。"

三、20世纪90年代入职：福建省漳浦县首批乡镇中心幼儿园教师娟子个案

（一）娟子老师小传

娟子在乡镇从事幼儿教育已经32年，见证了漳浦县乡镇中心幼儿园的发展过程。她1991年从福建泉州幼儿师范学校（以下简称泉州幼师）毕业，分配到漳浦县第一所乡镇中心幼儿园工作。工作两年后，娟子于1993年回到家乡所在乡镇，创办了漳浦县第二所乡镇中心幼儿园，即长河中心幼儿园，任园长至今。娟子说："一个人抱着什么样的态度，在那里生活就是什么样子的。"她给人的印象是阳光的、向善的。

多难的家庭

娟子有两个弟弟，她父亲会修理电机电器，母亲在木器厂上班，当出纳

和会计。她母亲心灵手巧，任劳任怨，把家里打理得井井有条。在她25岁那年，她母亲因病去世，她用了两年时间才从悲伤中走出来。然后她父亲也常生病住院。在父母生病期间，她既要照顾父母又要照顾弟弟。又遇上家里拆迁，她要拿出工资帮助家里建房子，直到38岁才顾上自己结婚。

快乐的小学，忙碌的初中

娟子，1972年出生于长河镇。她对小学生活的回忆是有趣、丰富。小学就在家旁边，课间十分钟还可以回家喝水。她在班上属于多才多艺的优秀生，比较活跃，会倒立、下腰、后空翻等；唱歌、跳舞、跳绳等比赛都有她的身影；课余也常下河抓鱼，上山摘野果。她初中在镇上的县六中读，当时这所学校的校风学风非常好，1985—1989年中考成绩连续五年都是漳浦县第一，考上中专的很多。那时候农村孩子多考中专，因为"考上就有铁饭碗了"，"人生就改变了"。很多人都找关系来这里补习，一个班最多达到128人。娟子班上有108人，三人挤一张桌子。她立志要考幼师，学习很认真，"数学、物理、化学都读得非常好"，她特别爱学物理，因为老师能把知识和生活结合，幽默地表达出来，让她觉得"学物理挺有意思"。

充实的幼师生活

20世纪80年代，读幼师的同学大多是"城关"（指县城或城市）的。娟子选择幼师时，全家都反对。因为考生在笔试上线并经过严格的体检后，还要面试唱歌、跳舞、讲故事，难度很大。1988年娟子如愿考上了幼儿师范学校，当年全县只考上12人。面试老师问："你为什么想当幼儿园老师呀？"娟子答："因为我太喜欢小孩子，从小就喜欢当幼儿园老师。"

娟子初到幼师学校时对什么都好奇，惊讶于城里来的同学漂亮且有才艺，钢琴、手风琴、琵琶等她们上学前就会了。娟子对新生晚会同学们跳印度舞、表演手风琴、弹奏啤酒桶波尔卡、打架子鼓等印象深刻。那时候她连什么琴键在哪里都还不知道，普通话也不会说，这些都让她感到自卑。后来她就一直十分认真地学，三年过得快乐而充实，"收获满满"。

最开心的两年

1991年，娟子从幼师学校毕业时，她可以选择当幼教辅导员也可以选择到幼儿园，她强烈要求到幼儿园工作。当时漳浦县刚刚创办第一所乡镇公办幼儿园，园长 40 多岁，也是泉州幼师毕业，以前是小学老师兼乡镇幼教辅导员。工作最初的那两年，娟子非常开心，从不觉得累。老园长对她很好，常带她一起下乡或培训。同事间关系很好，家园（家庭和幼儿园）交流也和谐。

当上园长

1993 年，娟子申请调回家乡所在乡镇创办漳浦县第二所乡镇公办园，担任园长至今。虽然创园之初苦过、累过、哭过，但她从来没有后悔过当初的选择。当跟家长产生矛盾，做事不能符合领导的意愿时，她也想过辞职。但每当雨过天晴，她又发现了生活的美好。这 30 多年，娟子见证了农村幼儿园教师队伍从缺少、不稳定到数量充足并相对稳定的变化过程。她说，2012 年，县里很多人排队报考学前教育专业，2013 年开始，县里的乡镇中心幼儿园数量开始快速增长，而在此之前，漳浦县只有 5 所中心园。现在幼儿园也有缺编人数，但自聘教师选择余地较大，因为现在"毕业生太多"。本地没有考上编制的毕业生都愿意到幼儿园来代课。自聘教师每月基本工资 2330 元。

（二）娟子老师精神生活叙事

1. 文化生活

（1）职前教育生活

娟子认为幼师的生活比初中抓得更紧。那时候一周上课五天半，一天 7 节课。早上 5 点多体育委员就叫大家起床。教师自编了两套早操，一套劲爆的爵士舞，一套舒缓的形体操。早餐时间很短，7 点多就开始上课。上午 4 节、下午 3 节（有一个下午第三节是劳动课），晚餐后再上 2 节晚自习。只有周六下午和晚上没有课，但很多同学也用来练习技能。星期天是大家完成作业的时间，因为每周都有新的技能作业，包括弹一首新歌、创作一幅主题画等。因此，琴房"经常发生抢琴位打架"事件。

> 当时读幼师的人都是单纯的，跟外界很少交往，几乎每天就是上课、读书、练琴，练琴耗时最多。然后一二年级的时候，每天早上 5 点就要起来练功，练舞蹈的基本功……（SI.405-409）

娟子所在班级体操和舞蹈比赛是最棒的，有一次体操比赛拿了全校第一，班主任说："今天晚上给你们放假！"当时泉州的一些宣传或庆祝活动也会请有舞蹈特长的同学过去表演节目。娟子那时候也最喜欢舞蹈课，每一次上舞蹈课都觉得时间过得太快，她也进步很多，学会了编舞，这在她今后的生活中发挥了重要作用。但班上同学体育最差。有一年校运动会，娟子的跳高为班上赚到唯一的一分。当时学校更重视艺术技能，学校教技能课的老师都是科班出身。在学校的三年，娟子还学习了"三学五法"，"语文、数学等文化课倒是没那么注重，英语没有开设"。

　　那个五大教学法就是语言、数学、体育、美术、游戏。我记得我读幼师的时候，那个角色游戏跟表演游戏怎么来上，老师也是花了很长的时间在给我们上这个课。（WA.195-197）

星期六也有属于同学们的休闲时光，那就是逛街时租琼瑶的小说回来看。那时候学校管得非常严——校外的人不能进校，只能用广播叫人，双方在校门口说说话。学生出校门要在传达室签名。

（2）教学与管理生活

工作的一天

娟子园长于1999—2005年、2012—2016年，一般固定兼一个半日的课。其他时间兼课断断续续，尤其是2016年以后，忙完园舍的重建，开始不再固定兼课，只在老师参加培训、请假的时候临时代课。一般情况下，娟子早上8点来到幼儿园，和厨师谈食谱。8点半，看孩子们做早操。早操后，她有时候出去开会，有时候看书写材料，有时候到班级听课指导，有时候做教师培训计划，有时候与孩子或保安互动。下午有时候要组织或参加教研，有时候做一些上传下达的行政事务。2016年，陈熙曾看到娟子中午休息时就把两张桌子拼在一起，身上盖着儿童被。下午1点半就起来整理老师的考勤记录，帮助保育员阿姨叫醒孩子。陈熙还描述了一些令人感动的温情细节："她哄能力差的孩子说话，给小班孩子系鞋带，日常与保育员阿姨频繁唠嗑，和保安喝同一壶茶水。"

幼儿园的课程

幼儿园所在乡镇兴办了手袋厂、汽车配件厂、板材厂、绿化树厂等，园里孩子父母打工的多，留守儿童多；外来务工人员多，流动儿童也多。园长有意开设一些社会领域或心理健康方面的课程。园长也曾经想利用周边的兰花基地开主题活动，后来基地搬走了；周边只有祖屋还可以利用。但这些想法都没能实现，目前幼儿园主要还是实施福建省的省编教材《领域活动指导》，同时开展教材中的集中教育活动和区域活动，每周有三大游戏，每学期也会选一个主题活动开展。笔者 2016 年的调研日记可以看到幼儿园区域活动开展的情形：

> 来到一个大班，孩子们正在进行区角活动。走廊上有小朋友用超轻泥土在枯树枝上粘贴，门口三个小朋友在削胡萝卜，其他人有的在拼图，有的在玩魔术贴，有的在画画，有的在玩积木，有的在读字卡，有的在看书。没想到班级的材料这么丰富！副园长说，主要是按照省编教材的要求来做的，像削胡萝卜就是教材上的内容。乡镇中心园能真正落实一套好的教材真是不错的选择呢。

倾听孩子的感受

娟子一直没有脱离教学一线。在教学与游戏中，她"真诚做幼儿的大朋友"，喜欢听孩子的心声，十分注重跟孩子沟通，培养孩子良好的品质和健康的身体，希望孩子从小爱学习，从小立志，树立理想。娟子鼓励孩子"有什么想法可以跟老师讲"，她利用晨间谈话和组织集体活动时与孩子充分交流，然后总结梳理孩子的想法。她认为现在很多年轻老师注重利用电脑和信息技术辅助教学，但"很少去听孩子的感受，孩子想什么、想干什么，老师往往没有去了解"。

（3）职后培训生活

娟子参加工作以来的培训学习情况如表 4-1 所示。此外，1994 年她还到福州市培训过，全县只有四个人参加，但那次培训没有证书。1998 年，泉州市组织的培训有将近两个月，她记得还到上海去参观了很多幼儿园。2012 年的远程国培，福建省一个班共 100 人，评了五名优秀学员，娟子是其中之一。
这次国培，她要等儿子睡觉后再学习、发表评课建议等，常常做到深夜一两
点。有一次培训是邀请全省优秀园长做经验分享，很多园长的管理方式独特，
有一个园长以《水浒传》里的人物比喻管理策略"该出手时就出手"，给娟子留
下深刻印象。福建省第 18 期农村幼儿园骨干教师培训是参与式的小组合作学
习，按地市分组，例如漳州的一组、三明的一组，然后开展活动，包括论文
分享与点评、环创设计、活动设计、编舞蹈、唱歌等。例如，每个组推荐几
篇论文，由作者上去介绍自己的写作思路和背景。"这次培训大家都很累，收
获也很大。"

表 4-1　娟子 1991 年以来参加的县级及以上培训

年份	时长	内容	地点
1997	3个月	小学校长岗位培训班（约100人，其中2个园长）	漳浦县进修学校
1998	2个月	市首批公办园园长培训（到上海参观）	漳州市教育局
2000	18个月	幼儿园教育学科骨干教师培训	漳州市教育局
2012	2个月	教育部"国培计划（2012）"——示范性远程培训	教育部
2014	6个月	省级第18期农村幼儿园骨干教师培训	福建省教育厅

（4）休闲文化生活

幼儿园的休闲文化活动主要是每年 12 月下旬的大型运动会。教师在开
幕式表演啦啦操、唱歌等。亲子运动会后的最后一个下午就是教师的趣味运
动会。还有三八妇女节、教师节的座谈会。其他活动主要是参与中心校或镇
政府开展的节庆文艺活动、新农村建设宣传活动等。例如建党 90 周年、建党
100 周年的主题活动，教师会在活动中表演舞蹈、快板，与中学小学合作朗诵
等。2008—2015 年，幼儿园几乎每年都参与镇政府的活动。

娟子个人也常被邀请参与镇上和村里的大型联欢会，村广场舞比赛时帮
助村里的妇女编排广场舞，教她们跳交谊舞；重阳节帮助老人排节目；也给中
学生排过节目。直到儿子出生后，娟子才慢慢减少参与各种活动。业余时间
更多是做家务、陪伴儿子、练瑜伽等。

> 以前我都有给我们这边的人教舞，教交谊舞、广场舞。然后从
> 2011年我儿子出生以后，特别是他读小学以后……几乎要么陪他，要
> 么做幼儿园的事情……我儿子出生的那几年，我还参加了很多活动……
> 那时候镇政府一直叫我说要去跳舞……（2011年）全县举行的广场舞
> 比赛。（孩子）还在吃奶……我还上台去表演。（SI.1481-1487）

2. 职业认同

（1）价值认同：关爱留守儿童、陪伴自己的孩子

娟子认为，无论城乡，幼儿园教师都要跟家长沟通，但农村幼儿园可能
在关爱留守儿童方面会更加多一点。她尤其关爱特殊儿童和离异家庭的孩子。
她认为，如果孩子到幼儿园心情不好，什么都不爱做，老师一定要了解背后
的原因，希望孩子不要形成对父母、对社会埋怨的情绪。讲到这些孩子，娟
子情不自禁地流泪了。

> 有些孩子其实心里也很压抑，父母不听他们的，来到幼儿园，如果
> 老师再看不起他，孩子真的是很压抑很难受，所以我觉得老师应该多听
> 孩子讲一讲。（哭）（SI.1081-1083）

娟子与家长交流时也会注重了解家长行为背后的原因。有个小朋友的妈
妈有天突然问老师"你们能不能退钱"。娟子让班主任了解情况，果然是夫妻
吵架，准备离婚。经过园长和老师做工作，第二天孩子爸爸又送女儿来幼儿
园了，再过几天孩子妈妈也开开心心过来了。此外，娟子认为，幼儿园教师
的工作虽然会比较烦琐，但是也有益于家庭。因为幼儿园教师比较会带孩子，
也能陪伴自己孩子上幼儿园。很多幼儿园老师的孩子都考上比较好的大学。

（2）目标确信：打造优质乡镇中心园

关于人生的目的，娟子认为幸福的家庭、健康的身体、志同道合的同事
比金钱更重要。在工作方面，娟子希望幼儿园是"阳光的、明亮的、漂亮的
花园"，而幼儿园教师和孩子都是"越来越漂亮的花朵"。她认为，"世上没有
一朵鲜花不美丽，没有一个孩子不可爱"。也希望幼儿园老师也要像花一样让

自己越来越漂亮，让这份工作也越来越美好。娟子一直想把幼儿园做得更好，尽量完善幼儿园条件，提高教师的教学水平。未来她想争取评市级示范园，进一步完善幼儿园的软硬件环境，包括提升教师教学和科研水平。希望孩子能在这里学到更多，尤其是能够学会爱，爱老师、爱父母、爱幼儿园，让孩子们认识到幼儿园的美，老师和父母的好，因为孩子爱幼儿园才会爱学习。因此，她以"立足实际，打造优质乡镇中心园"为办园目标，使幼儿园成为家长放心、幼儿开心的幸福家园。

（3）胜任效能："当老师可能会当得比园长好"

娟子认为自己"当老师可能会当得比园长好"。因为自己性格太直，看到老师的缺点会直接说出来，老师可能有埋怨；园长还要有一定的魄力，自己可能魄力不够，在利用社区资源和个人的人脉关系为幼儿园改善办园条件方面比较欠缺。但是她自信能处理好家园关系，具备与中心校和镇领导的协调能力，能当一个好老师。

> 只要是我带的班级，孩子都很喜欢我，很欣赏我……我园长当得很累的时候，我还跟校长说辞职。我当老师肯定没有一样会输给人家的（笑）……我只要跟孩子讲话，孩子都很认真地听我讲。（SI.910-915）

娟子认为30年来，农村幼儿园教师的胜任力总体降低，但近年有所提升。20世纪90年代她当园长之初，优秀的毕业生都来长河中心幼儿园，因为离县城比较近，教师对于儿歌伴奏、儿童舞蹈创编、剪纸、辅导幼儿样样精通。新进的年轻老师"非常有干劲，在当时环创资源那么欠缺的情况下，一说要布置环境，两三天就搞定"，教室往往"发生翻天覆地的变化"，而且一个班一个样！娟子由衷地为过去幼儿园教师的专业技能和专业精神而赞叹。她说现在很久都没有感受到那样的"奇迹"了。2016年调研时，园里的非专业和转岗教师较多，进园时"不能马上上手"，不能"独当一面"，一些专业技能上的东西都不懂；或者是片面发展。但这一代的年轻教师领悟力较强，可以借助网络和多媒体，经过一段时间的实践也能适应工作。2022年，该园除了代课教师外，所有在编教师全部都是科班出身了。

（4）情感归属："现在我们没有差"

1991 年，全县只有一所乡镇中心幼儿园，幼儿园教师的生活品质比镇上的居民要高很多，幼儿园老师的穿着、气质在普通人眼里就像明星一样亮丽，镇里有什么活动都叫老师去跳舞捧场。那时候娟子真心体会到当幼师的自豪。但是 2016 年访谈时，她认为幼儿园教师的生活品质已不如乡镇的普通民众，甚至有的家长说"我学历没你高，但我活得比你好"，"我女儿成绩不好没关系，以后让她学幼师"。当时乡镇经济的发展使乡镇民众的生活水平超出了乡镇幼儿园教师，而高等教育大众化使幼师招生不再有门槛，学生素质普遍走低。但本次访谈时，娟子的精神状态有很大改观，认为职业很有意义，"越做越爱做"。从 2017 年开始，该镇教师比县城教师多了 1000 元乡村教师补贴，其中乡村教师和乡村工作补贴各 500 元，她们享受的是乡村教师"三类补贴"，其他还有补贴 300 元和 700 元的。很多调到县城的教师还会跟娟子说："园长，我们调回去好不好？"除了学习机会，娟子说"现在我们没有差"。现在幼儿园的教师队伍"凝聚力会较强"。例如，承担防疫志愿工作幼儿园做得最好，被上级领导表扬。娟子很高兴"自己能带好这个团队"，能为社会、为长河镇做一些该做的事情，觉得"很光荣"。

总之，在 20 世纪 90 年代娟子老师为自己的幼师身份感到十分自豪；2010—2016 年，国家大力发展乡镇中心幼儿园后，她感觉到幼师地位下降；但 2017 年，乡镇教师补贴以及各种绩效工资发放、国家的新农村建设政策的落实进一步惠及乡镇中心幼儿园的发展后，娟子作为乡镇幼儿园园长也开始有了"现在我们没有差"的底气。这种底气是社会地位的提高带来的。具体到幼儿园孩子的成长，娟子认为，它不像中学生考进重点学校那样能带给老师自豪感，她觉得幼教事业是一个很平凡的工作，只要看到孩子能健康地成长，孩子回家的时候能很快乐地谈起幼儿园，工作能得到家长的肯定，就很满足了。

（5）投入意愿：做事情不计较是否下班了

娟子不认可现在的年轻教师动不动就请病假或事假的现象。她认为热爱幼教事业、热爱这一份职业、热爱孩子、关心孩子太重要了！因为热爱才会执着，才会认真去做。她自己以前住在幼儿园，很多事情都是下班以后晚上做的。现在住在幼儿园后面，很多事情"也没有去计较说我是否下班了"，在下班的时间静下心来仍然忙工作。她所在幼儿园创办以来，领导班子一直在变化，副园长更换频繁，每一任结婚有了孩子后就不能安心在这所幼儿园工作，新任常不熟悉业务，很多事情只能园长亲自动手。娟子说："我们班泉州幼师毕业的，在那个乡村工作，没几个人了……都在厦门啦，泉州啦……一般都在市里面。"但她对自己的工作挺满意的。

（6）持续承诺：从申请进城到安心乡镇

最初幼儿园和教师就像铁打的营盘流水的兵，教师对农村教师的职业谈不上什么持续承诺。娟子说："每一次到开学我就特别害怕，为什么？因为我们那时候老师调动太厉害了！"多年以来，每年都会在学期中间发生教师突然调进城的事情，工作一年、半年、几个月、两周调走的都有，而且调动的信息乡镇园长往往事先不知情。有的教师上午还在认真上班，下午就来道别："园长，我要调走了。"然后班级的另一位老师就会说："园长，我们下午怎么办？不是我的课了。"2007 年，县里"搞了一个土政策"：县城实验幼儿园需要教师，乡镇公办幼儿园所有的教师都可以去考。4 月发文件，5 月考，面试完当场亮成绩，第二天就可以去县城上班。且两天考试安排在上班时间。结果那两天长河中心幼儿园只剩下娟子和 2 个代课教师，全园有几个班的孩子没人管。"那时候进城的工资比农村高，工作条件待遇比较好。"可以想象当时乡镇幼儿园教师进城赶考的盛况。那些年，娟子"每天会为这些工作睡不着"。她和其他几个乡镇园长联合找分管教育的副县长反映情况后，上级领导也肯定了她们的建议。后来把教师的调动时间改到每年 9 月。娟子说，2015 年，县里实行了"考编"的制度，而且现在明确规定新教师要工作满 5 周年才能参加进城考。找关系就可以调走的现象消除了，这所园的教师队伍也趋向稳定。现在考进城的和新分配的教师都是公开透明的，园长可以提前计划下学期自聘教师的人数。

1999 年，娟子也写过一次进城申请，那时候她还年轻，但没有成功，后来她就安心在长河镇中心幼儿园，毕竟离家近，亲戚多。如果有第二次机会，娟子还会再选幼儿园教师的职业，因为喜欢小孩，在办园方面也取得了一定的成效。

> 我真的是很喜欢小孩，我心情不好的时候来到我们幼儿园，看到小朋友们跑来跑去，叽里呱啦跟我讲话，好像就舒服了很多……也一直有得到家长的肯定。家长说呀，你是我们长河人……你真的是一直在为我们这个家乡做很多事啊，也不会乱收费啊……镇政府这次要给我们100万元，就是要把这个图书馆重新……弄得非常漂亮。已经有设计图纸出来了。刚好我们宣委过来，我有跟他讲我们幼儿园经费不够……刚好我们镇政府这次是有乡村规划，说（中央）要投资4亿元。（SI.1220-1226，1237-1247）

四、21世纪创园：江西省丰城市农村民办园创办者吴小莲老师个案

（一）吴小莲老师小传

吴小莲老师曾经是小学老师，后开办幼儿园。她的幼儿园口碑不错，教学内容丰富，附近的家长都愿意送孩子去就读。

感恩慈母

1966年，吴老师出生于江西省丰城县小港镇罗家咀村一个贫困家庭。父亲早逝，母亲独自一人靠仅有的一点工钱抚养8个孩子。她的母亲很要强，因为自己吃了不识字的亏，所以她就算在困难时期也坚持让子女去读书。她回忆时非常感激地说："母亲的付出，真的非常不容易。"吴老师7岁上小学，12岁考上大港中学，15岁初中毕业后在家务农，婚后定居于小港镇沙埂村。

吴老师从小爱读书，她本以为自己能够考上高中但却没有，她对此感到遗憾。有同学告诉她，高中录取名单上有她的名字，这让她怀疑是否被别人冒名顶替了。但由于当时家庭负担重，也没有机会去求证，这成了吴老师当时的一个心结，直到现在还会觉得遗憾。

成为小学老师

1988 年，经本人申请、村委会推荐，吴老师开始在沙埂小学担任低龄段孩子的代课老师。吴老师读书时没有学习拼音，为了教好小朋友，她一边向身边优秀的华老师学拼音一边自己查字典自学。这种边教边学的方式得到了彪校长的鼓励，说她很有钻研精神。做代课老师 11 年，用吴老师自己的话说："虽然很忙，但任劳任怨。"忙是因为她的身份"亦农亦教"，作为农民需要"上田"，作为老师要按时按质上课，作为母亲要抚养孩子。①

创办幼儿园

1997 年，《国务院办公厅关于解决民办教师问题的通知》指出，解决民办教师问题的工作要在加强管理，提高素质，改善待遇的同时，全面贯彻实施"关、转、招、辞、退"的方针。江西省规定凡是 1984 年 12 月 31 日之后任教的"计划外民办教师"，不能参与转正。② 吴老师是 1988 年入职的，显然没有参加考试转正的机会。她当时虽迷茫但也乐观接受。随后吴老师考虑到自己小学低龄段 11 年的教学经历以及家庭状况，决定开办幼儿园。在 2000—2003 年，吴老师尝试办园，这也是沙埂村的第一所幼儿园。这三年她是断断续续地开办，因为同时开着小卖铺，也没有固定的场所。直到 2003 年，吴老师家里建了新房，幼儿园的场地有了着落，她毅然决定不开小卖铺，做自己喜欢也擅长的事情，一心从事幼儿园的教学工作。一直到 2018 年停止办园，吴老师经历了 18 年的幼儿园教师生涯。吴老师很喜欢和孩子相处，认为不仅过程有趣，孩子还给了她一颗童心，把她也变成了"孩子"，此外孩子的一些回应和积极情绪也给予她感动和开心。

坚持自学

尽管没有来自家长的要求和政府的检查，吴老师也自我要求，不断学习幼儿园的教学技能，如跳舞、弹钢琴等。尤其是在政府发动三年免费幼儿园教师资格培训后，吴老师像一块海绵，通过向身边幼教出身的侄女取经、向

---

① 华老师是周寒的小学语文老师，是教拼音能手。彪老师是周寒小学的校长，现已退休。周寒已向老校长请教过关于吴老师的事情，是一致的说法。

② 没有找到江西省里的文件，只能引用全国的文件。

老师学习、跟邻村幼儿园教师学习、自学等方式不断提高自身教学素质。从环境创设、教学内容、教学方法、与家长沟通、与孩子相处等各方面进行摸索，形成了一定的小规模办园经验。整个过程吴老师可谓时喜时忧，喜的是幼儿园开办，能够做喜欢的事情，跟孩子在一起很开心，忧的是办园会影响家庭，要考虑教学质量、生源等诸多问题……

赚足了幸福和快乐

吴老师认为现在大家对幼儿园的要求越来越高了，不开幼儿园确实有时会难过，感到没有事情做，但是自己年龄大了，孙女也需要她帮着照顾，只能停办幼儿园，她说："对自家的孩子，是希望她们以后在幼儿园多玩。"吴老师不像一些创业者赚很多的钱，但因为做的是自己喜欢的事情，她赚足了幸福的心情，虽然偶有抱怨，也算是快乐的人生。

（二）吴小莲老师精神生活叙事

1. 文化生活

（1）职前教育：代课

吴老师初中毕业后申请做了小学代课老师。过着亦农亦教的生活，在教学上很有钻研的精神。

> 自己以前没学过拼音，就会问拼音不错的华老师（这是一位村里很会教拼音的老师）。自己不停地学，还会查字典等。边学边教，当时校长评价我有干劲（加重语气且开心地说）。（SI.39-41）

（2）教学生活

第一，作息。孩子上午8点入园做早操，洗手、如厕、点名、上课、喝水、如厕、玩游戏、自主看书、画画、唱歌，11点半放学，组织孩子等待家长接送。上午活动内容有语文、算术、读诗、跳舞、唱歌、常规训练等选择，下午内容与上午不同。2007年前后，小朋友中午开始在幼儿园吃饭和午睡，吴老师一个人更忙了，睡觉到下午2点半或者3点，家长4点半来接。吴老师对孩子学习有要求，因为这样可以获得家长好评，从而增加幼儿园生源。

8点钟就开始来做操，你看这外面的院子里是有他们的位置的，他们都知道站在哪里，是根据那个点点来的……只要把音乐一放，音响一响，叫他们快来跳舞呀，小朋友们都很开心地过来。（SI.188-192）

第二，教学内容：形式多样。刚开始小朋友没有书本，吴老师就教他们一些简单的唐诗、画画。2003—2007 年，吴老师开始教小朋友算术和语文，有书本，每周五下午让孩子带回家。2007 年左右，由于当地农村幼儿园对教学质量有了要求，吴老师开始重新考虑幼儿园教学质量提升的问题。从访谈中得知，幼儿园教学内容形式变得多样化，除写字和算术为主的教学活动，同时也有画画、背诗、唱歌、跳舞、拼音、早操、玩积木等活动，还有以口令的方式训练常规。吴老师认为农村幼儿园这样就不错了。

有的时候会听到这个家长说，哎，哪个幼儿园里面小孩子会算算数呀，会写字，等等这些，然后我也会思考着是不是也要教一下小朋友相关的这个内容，所以也会去学，然后也想着……别人教，我也要教。（SI.122-124）

玩积木玩累的，他不想玩了，那我们就要有一些……家长要求的算算数呀，写拼音，等等……我认为就是小孩子最起码 10 以内的加减应该是要学会的，如果这种的学不会，那就会影响生源。（SI.139-141）

一般是关于数学呀，算数呀，拼音啊，读诗，还有跳舞，做操，认字，写字花样还是挺多的……可能还会训练一些常规式的东西，比如说我会说保持，小朋友说安静……然后我再继续问，安静是什么意思，就是不说话……一般是按这种模式保持安静。我说安安静静……小朋友说：不吵不闹睡大觉。那么做什么都有口令的话，那小朋友经过这个脑子，他就知道他要做什么，所以这样子相对来说会好一些。（SI.201-242）

第三，教学方法：直接教学加游戏。吴老师一个人办园，幼儿园班级组织形式以混龄班为主。她参加培训时，老师说混合班最大的好处是大孩子可以教小的孩子，孩子可以互相学习。她以直接教学为主，大小分开坐，大的写字多，小的玩玩具，大的偶尔带小的。但也会配合，在玩中学习。不过私立幼儿园由于生源的因素，教学方法受家长的价值观念的影响较大。

> 我也支持这样的一种"玩中学，学中玩"的说法，就是开发智力的方式嘛，偶尔也会买一些积木，让小朋友来玩。（SI.145-147）

> 不要小学化的意思：不教小朋友去拼音，数学，不教这些。但是不教这些东西又会影响生源……如果我什么都教了，就有生源。（SI.129-132）

> 有些家长很急，会说又在那里玩呀，就是在那里玩呀。但是作为我，从事了这个行业，就会对自己家的孩子没有这方面的要求，就是玩，不要学什么。（SI.165-167）

（3）职后培训

吴老师做一行爱一行。自创办幼儿园后，她以自学为主，自费购买光碟，自学电子琴，学会了《两只老虎》《世上只有妈妈好》等歌曲。同时利用各种方式取经，向邻村幼儿园老师请教，向幼教出身的侄女学习，同时在教学中积累经验。

> 周末去参观别人的幼儿园时，我直接过去问："你是教什么的，怎么教？"比如说，快六一儿童节了，去问六一儿童节教什么。好多个差不多的幼儿园，利用周末时间去取经。（SI.33-36）

> 那个老师说，幼儿园老师在小朋友面前，今天要穿一种，明天要穿另外一种，要穿各式各样的衣服。培训会教这些。感觉老师说得有道理，另外在小朋友面前要多说鼓励的话，比如小朋友很勇敢，自己爬起来这种的话。（SI.65-67）

> 我的侄女也教了我一种非常好的快速心算和手指心算的方法。我觉得非常好。（SI.133-134）

吴老师唯一一次参加的培训是2009年政府组织的为期三年的教师资格培训，之后没有参加其他形式的培训。培训前，"经常会有上面的领导来查"，不允许无证办学。培训对吴老师的影响特别大，她说培训"什么都会教"，

"学到一些技能性的东西"，包括教学组织形式、环创与手工制作方法、大孩子带小孩子的方式。

> 2009 年后开始培训，参加了三年的相关学前教育课程的培训……政府出钱在丰城培训。得到的经验：大班小班分开坐挺好。还有培训说到注意营养搭配，但我的幼儿园没有考虑饮食。（FI.71-73）

> 画的鱼，画的太阳，画的这个蘑菇，等等，这些都是在这个培训的过程当中学的东西。（FI.91-92）

> 每个学期会想装饰，每个学期可以多点童心的画，觉得不好看就换新的，（比较自豪地指着现场梅花、菊花）2009 年的培训手工都用起来了，也会有吊饰，以前条件也有限。（SI.94-96）

（4）休闲文化生活

吴老师所在沙埠村是小港镇的一个大村，当时有 9 个生产队，每个队下面有 3 个小队。因此每年都有各种庆祝活动，如闹元宵、正月菩萨游村、划龙舟比赛、婚嫁、庆生、闹丧等，很热闹。在这种氛围下，吴老师个人经常参加村里的广场舞队、腰鼓队、金鼓队活动。幼儿园里也会举办一些常规的节庆活动，如庆六一，吴老师会教小朋友跳舞。

> 教那个《世界真美好》（幼儿园广播体操）。教小朋友又唱又跳……然后去跳给家长看，家长会很开心，而且反馈会比较好。同时呢，《世界真美好》里面有一小段是有动物的，比如说大公鸡，小朋友会学大公鸡怎么叫……喔喔叫，小朋友就会学那个声音，有动作，有声音，这样子的话非常有趣。（FI.85-89）

2.幼师职业认同

（1）价值认同：我的职业就是做保姆

吴老师认为，做一行就要爱一行，要钻一行。她不仅注意幼儿在园的安全，还会思考整个学期教学内容的连贯性，希望教育有质量。她认为不仅要喜欢孩子，还要对孩子负责。但她也认为自己的职业就像"一级保姆"。

开幼儿园……并不只是招些人（孩子）来关水（当地人担心孩子溺水），或者玩玩，而是边教边学边看，就是不得满足，要求学什么有思考，就这样好像慢慢开始有点子经验（教幼儿），慢慢摸索。（SI.42-44）

我认为我的职业就是做保姆……什么都要照顾得好好的，因为别人孩子送到你幼儿园里面来了，比如说她没有梳头，我要帮她梳头，没有洗脸，我会帮他洗脸，拉屎拉尿，我要帮他们擦屁股，这些也不是家长会要求你要这么做……还要照顾到小朋友的安全，还要教他各种东西，所以我认为应该算是保姆，而且是一级保姆（强调）。家长更多时候是认为，你收了他们的钱，你就要带好孩子。（SI.171-177）

（2）投入意愿：自学不断

吴老师的幼儿园收费并不高，同时她一个人撑起了整个幼儿园，尤其是在孩子要在幼儿园吃和午睡的日子里，吴老师觉得累，但还是坚持办园。在教育局来检查是否游戏化教学时，吴老师会尽力配合，自费购买积木，进行多形式教学。

艰难还是比较艰难的，又不赚钱，但是还是要照顾到各个方面吧，但是怎么说呢？就是在孩子面前应该还是有一些威信的。（SI.177-179）

（3）胜任效能：不高不低

初办园时，吴老师有清晰的自我认知，相信自己能办好，原因如下：一是自己本来就教了11年的小学，也很喜欢孩子，"跟小朋友之间会比较亲密"，会用一些"哄哄骗骗"的方式跟小孩子一起相处。二是她认为自己还有一股子钻研的劲头。她不打麻将、不打牌，不去管别人的家长里短，所以跟家长没有冲突。实际上虽然吴老师办园不错，能胜任工作，不会的愿意学，但也会遇到孩子突然生病等特殊情况，让她感到"没有办法预防"。同时，吴老师对自身教师地位的认同不高。

地位的话确实也没什么，像我这样子，说实话，一个初中毕业，也没学什么东西，一个小学老师转成这个办幼儿园的。小朋友这一块的话，倒是还挺开心的。地位确实不高，人家谁会把我当一个老师呢，学历又没有很高，教的又不是很正规化的啊。（SI.249-252）

（4）情感归属：接受现实

吴老师时常需要去迎合家长。家长好评能给她的幼儿园带来生源，但是由于规模和人手的问题，也没有办法扩大办园规模。自办园以来，吴老师对于孩子的照料和教学一直都很用心，也得到了不少小朋友的喜爱。由于家里有孙女和自身年龄的问题，吴老师权衡左右，最后在2018年停止办园，在家带孙女。在办园过程中，吴老师感觉自己跟孩子相处是快乐的，虽然停止办园有失落感，却也能够调整好心态接受眼前的现实。

（5）持续承诺：坚持18年

当笔者询问吴老师是否有放弃的想法时，得知吴老师有过几次想要放弃办园的想法，不过最后还是坚持下来了。

有过几次想要放弃，跟自己老公商量说，因为我家里面也买了一辆那个大巴车……是自己请别人来卖票，我在想我还不如关掉这个幼儿园，去这个公交车上卖票，这样子的话，也不用这么累。（FI.282-284）

一直到2018年，由于我要带孙女，因此停开幼儿园。以前开园，做着做着其实感觉小孩子很好玩，而且这个行业其实也挺好的，但现在不开了，就是突然不办幼儿园，心里没有着落，没有事情，不知道去做什么，以前每年元宵后开园。（现在）看着孩子经过的时候心里没有着落，有点失落。（FI.39-42）

五、研究结论

从三位教师的精神生活来看，20世纪90年代的乡镇中心幼儿园教师的专业能力与职业认同都是非常强的，而20世纪80年代的农村小学附属学前班教师为小学教师兼任，民办幼儿园教师即使到了21世纪，其专业文化水平仍然较低，职业认同也不稳定。

（一）崔秀珍老师的精神生活

崔秀珍老师初中文化，从教 35 年，于退休前三年从民办教师转正为公办教师，并获得了从事乡村教育工作满 30 年的荣誉证书。她的职业生涯主要是小学低年级教师和学前班教师，教育对象都是从未受过任何教育的农村小孩。她具有较强的职业认同，是一位开朗豁达、热爱孩子、热爱教育的老人。她走过的路曾经很艰难甚至困苦，承受着经济上的压力、家庭的阻力和个别同事的不理解，但都坚持下来了，迎来今天的"夕阳红"。

（二）娟子老师的精神生活

1. 文化生活

娟子的幼师生活学习内容较为全面，通过三年的学习，她在弹琴、舞蹈创编等技能领域和游戏活动组织方面都达到了较高的水平；娟子做园长，也没有脱离教学一线，她所在幼儿园主要实施福建省的省编教材《领域活动指导》，另有三大游戏，每学期也开展一次主题活动，在教学与游戏中，娟子"真诚做幼儿的大朋友"，注重倾听孩子的心声；娟子作为园长在 20 世纪 90 年代参加的市、县级培训较多，但是在 2001—2011 年，长达 11 年没有参加县级以上培训，到了 2012 年后培训的级别提高，培训的针对性增强，她参与了教育部组织的培训，以及专门针对农村幼儿园骨干教师的省级培训；娟子参加的幼儿园的休闲文化活动主要有教师趣味运动会，其他还有参与中心校或镇政府开展的节庆文艺活动、新农村建设宣传活动等，其个人休闲生活从早年参与各种群体性舞蹈表演逐渐变为做家务、陪伴儿子、练瑜伽等。

2. 职业认同

娟子相信农村幼儿园教师具有关爱留守儿童和陪伴自己的孩子的双重价值；在职业目标方面，她希望打造优质乡镇中心园，培养有爱的孩子；在胜任效能方面，她认为自己"当老师可能会当得比园长好"；在情感归属方面，20世纪 90 年代，她体验到在乡镇做幼儿园教师的自豪，到后来体验到农村幼儿园教师的社会地位的降低，从"现在我们没有差"这句话可以看到农村幼儿园教师社会地位的回升及娟子的安心；娟子投入意愿较强，做事情不计较是否下班；在持续承诺方面，娟子在年轻时也曾想申请进城，现在已能在乡镇安心工作。

（三）吴小莲老师的精神生活

吴小莲老师初中文化，原有 11 年的小学低龄段教学基础。1999 年，吴老师自己开始摸索办幼儿园，虽不够专业，但始终坚持自学，边学边教。业余时间，她喜欢参加村里面的各种文艺类的活动，她所参与的村文艺队曾获村歌大赛一等奖。吴老师对幼儿园教师职业认同感一般。在目标确信、投入意愿要素方面有较好的表现，在胜任效能方面表现一般，在情感归属方面有较多的无奈，持续承诺不强。

第二篇　新生代农村幼儿园教师

精神生活叙事

第五章　福建省农村公办幼儿园新生代教师文化生活

——13 名教师的群体案例

　　自 2015 年《国务院办公厅关于印发乡村教师支持计划（2015—2020 年）的通知》发布以来，乡村教师队伍发生了结构性的变化，越来越多的年轻教师加入其中。1980 年后出生的受过高等教育的"新生代"[①]乡村教师在教师队伍中的比重越来越大。新生代教师踏实、自信、富有激情、热爱生活，但又区别于传统的优秀教师[②]，网络与电脑在其生活中占有重要地位。[③]新生代乡村教师是乡村教育改革、乡村学校建设中的新鲜血液，乡村教育生态转向的中流砥柱，城乡教育生态的积极联络者。[④]文化生活质量的提高是人的全面发展的基本标志之一。农村教师在农村社区中的文化生活质量，将直接影响其日常的教育教学乃至乡村教育的发展。研究表明，职称倾斜、培训机会等有助于提升教师乡村任教的积极性。[⑤]但新生代乡村教师传统文化素养较低[⑥]，文化回应性教学能力屡弱[⑦]，公共文化生活式微[⑧]，民族地区新生代特岗教师面临着城

---

① 郑新蓉，王成龙，佟彤 . 我国新生代乡村教师城市化特征研究 [J]. 河北师范大学学报 (教育科学版)，2016(3)：70-77. 本书中第三代教师多为新生代教师。

② 张颖春 ."新生代"语文教师研究 [D]. 苏州：苏州大学，2005.

③ 郭书敏 ."新生代"乡村教师的社区认同与参与——基于对 W 县 S 村一位小学教师的质性研究 [D]. 金华：浙江师范大学，2016.

④ 蔺海沣，谢敏敏 . 新生代乡村教师形象及其塑造路径 [J]. 湖南师范大学教育科学学报，2019(6)：60-69.

⑤ 韦吉飞，刘达 . 多元城镇化中新生代乡村教师"经济杠杆"激励效应研究 [J]. 教师教育研究，2018(6)：67-74.

⑥ 刘小兰，袁旖琳，蒯雅湘，等 . 新生代乡村教师传统文化素养问题与对策——以湖南省 H 镇乡村中小学为例 [J]. 黑河学刊，2020(3)：34-36.

⑦ 谢计，王振宇 . 新生代乡村教师地方性知识教学的困境与出路 ——文化回应性教学的视角 [J]. 教育参考，2021(6)：62-68.

⑧ 伊娟，马飞 . 新生代乡村教师乡土文化缺失的现实表征与重塑策略 [J]. 当代教育科学，2021(5)：72-79.

乡教育文化差异的鸿沟和教育抱负施展的有效支持匮乏的困境[①]。本书实地采访了 13 位 1980 年后出生的农村幼儿园教师，希望社会关注农村幼儿园新生代教师的文化生活，给他们以生命的关怀，提升其生命质量，促进乡村学前教育的发展，保障乡村学前教育的质量。

一、研究概述

（一）幼儿园简况

福建省按地理方位划分为 5 个区域，即闽东（宁德市、福州市）、闽西（龙岩市）、闽中（莆田市、三明市）、闽南（厦门市、漳州市、泉州市）、闽北（南平市）。研究主要采取方便抽样，选择 1980 年后出生的相熟的教师或由他们推荐的教师作为研究对象，最后实地调查了 15 个区域 19 所乡镇中心幼儿园及 4 个乡村教学点小学附设幼儿班。这些幼儿园的情况如表 5-1 所示。

表 5-1　调研教师所在幼儿园简况

地区	教师编号（按出生先后）	园所类别/被访教师所在班级师幼人数	幼儿园采用的课程与教材	幼儿园作息时间与生活服务
闽东	1/ F	镇中心园，14个班（被访者为副园长）	福建省编《教育参考书》，围绕主题开展领域活动	7:30—11:00；14:00—17:00；无餐点和午睡
	7/ML	镇中心园，2019年7个班/中班，2教、29幼	三大游戏	7:50—10:40；13:50—16:40；无餐点和午睡（住园，轮班）
	10/YA	镇中心园，2019年7个班/小班，2教、25幼	三大游戏	7:50—10:40；13:50—16:40；无餐点和午睡（住园，轮班）
闽西	5/XQ	乡小学附设幼儿班，3个班/小班，1教、16幼		8:00—11:00；14:00—16:30；无餐点和午睡（坐班）

---

① 钟云华，张维.民族农村地区新生代特岗教师职业压力来源的叙事分析 [J]. 教师教育研究，2020(1)：103-108.

地区	教师编号 （按出生先后）	园所类别/被访教师 所在班级师幼人数	幼儿园采用的课程与教材	幼儿园作息时间 与生活服务
闽西	8/CH	镇中心园，9个班/大班，2教、1保、40幼	三大游戏、节日主题、当地的李子采摘节、雕版印刷馆参观	全天8:00—17:00
	12/JL	村小学附设幼儿班，4个班，共1个保育员/小班，2教、27幼	三大游戏	8:00—11:15；14:00—16:30；无餐点和午睡
闽南	2/J	镇中心园，11个班（被访者为园长）	三大游戏、绘本阅读和闽南童谣进校园的教材	行政＋2个半天
	3/H（男）	镇中心园，8个班（被访者为园长）	福建省编《主题活动指导》、游戏课程化、当地的黑豆腐、蜜橘等	行政＋2个半天07:50—16:30（夏天17:00）
	4/WJ	村小学附设幼儿班，4个班/小班，2教、20幼	福建省编《主题活动指导》、三大游戏	6—7个半天8:00—11:00；2:00—4:30；无餐点和午睡
	9/P	镇中心小学附属园，12个班/中班，2教1保、54幼	三大游戏	5个全天8:00—16:10
闽北	6/QY	村小学附设混龄班，2个班/大班，2教、8幼	主题活动结合领域活动，每月一个主题，当地自然资源	5个半天带班，其他坐班8:00—11:00；13:30—15:50；无餐点和午睡
	11/XJ	镇中心园，6个班/小班，2教、15幼	福建省编《主题活动指导》每个月更新主题、三大游戏	7:50—10:50；14:00—16:15；（2020年搬入新园开始半托）
闽中	13/XC	镇中心园，8个班/大班，2教、1保、32幼	福建省编《主题活动指导》、三大游戏	全天8:00—16:30

注：本次调研的所有幼儿园均采用福建省编《领域活动指导》的教材。

（二）被访教师简介

被访的13位教师其出生年份均在1981—1998年，其中11位编内教师，2位临时教师；4位在县、市城区长大，9位在乡镇或村庄长大；5位未婚，8位已婚；3位住在幼儿园，3位乘车往返，7位住父母家或婆家，路程都很近（详见表5-2）。

表 5-2　被访新生代教师基本信息

被访教师	工作地	出生年份	初始学历	进修学历	身份、入编时间职务、任职时间	职称	婚否	是否本镇人
1/F	福安市	1981	中专	网络教育本科	编内、2000 副园长、2011	高级	已婚	否（随夫）
2/J	龙海区	1986	五年专		编内、2010 园长、2012	二级	已婚	是
3/H	长泰区	1989	大专		编内、2014 园长、2016	三级	已婚	否（每天开车回家）
4/WJ	永春县	1990	五年专（小学教育）	自考本科（汉语言文学）	编内、2013	二级	未婚	是
5/XQ	连城县	1992	技校	电大本科在读	临时、2012	无	已婚	是
6/QY	南平市	1992	大专	专升本	编内、2016	二级	已婚	否（市区，坐公交往返）
7/ML	福安市	1994	本科		编内、2018	二级	未婚	否（另一乡镇，住园）
8/CH	连城县	1994	大专	专升本（毕业当年考）	编内、2017小学任教两年	二级	未婚	否（县城，每天拼车往返）
9/P	永春县	1994	本科		编内、2018县城跟岗培训一年	二级	已婚	是
10/YA	福安市	1995	本科		编内、2018小学任教一年	二级	未婚	否（市区，住园）
11/XJ	南平市	1995	大专	函授本科	编内、2018教学点支教一年	三级	未婚	否（另一乡镇，住园）
12/JL	连城县	1996	高中	自考大专	临时、2014	无	已婚	否（随夫）
13/XC	清流县	1998	中专	中专同步自考大专、电大本科在读	编内、2019	三级	未婚	是

注：未注明者初始学历专业均为学前教育。

二、小群体教师文化生活叙事

从农村幼儿园教师的专业文化生活和休闲文化生活两方面进行研究，前者分为职前教育生活、教学生活、职后培训生活，后者分为幼儿园的休闲文化生活和个人的休闲文化生活。

（一）专业文化生活

1. 职前教育生活：学历层级和类型多样化

13 位研究对象中，3 位第一学历为本科，毕业学校是三明学院或龙岩学院；6 位第一学历为专科，毕业学校有福建幼儿师范高等专科学校、泉州幼儿师范高等专科学校和漳州城市职业学院等；4 位第一学历为中专或职高，毕业学校为泉州幼儿师范学校、三明农校、三明工贸学校（原宁化师范学校）、连城技校，她们后来都已拿到非全日制大专及以上学历。包括教学点小学附设幼儿班的两位临时教师的学历也在大专以上，并正在努力考取本科学历。其中 12 位第一学历是学前教育专业，1 位是小学教育 5 年制专科，并拿到自考汉语言文学的本科学历。以下几位老师的故事分别呈现出技校和幼儿师范学校、中专和自考大专重叠、高职大专、学前教育本科等四种层级或类型的学前教育专业的职前教育情形。

（1）注重全面发展的幼师学习生活

F 和 J 说她们读幼师中专的时代，幼师很热门，录取分比普高还要高，面试比例是三比一。1997 年，F 考上幼儿师范学校，当时学校管理很严，学生都是留齐耳根的头发。她很喜欢幼师的学习生活，觉得"好玩""收获很大"。学习期间，她养成了一些良好的习惯，比如物品的整理、椅子归位、走路不吃东西等。声乐、钢琴这些课程都是她喜欢的，数、理、化也带给她很大的快乐与自豪。

> 当时，幼师的女孩子在数理化方面都比较弱，我中学的数学老师是很有名气的一个老师，数学教得非常好。所以我当时去幼师读书的时候，我的数理化成绩基本上都是我们班上的第一名……所以我觉得这给我带来很大的快乐，很大的自豪感吧。（F，1089-1093）

（2）因喜爱舞蹈而选择了技校学前教育专业

XQ 的职前教育经历非常励志，她是因喜爱舞蹈而唯一主动选择了学前教育专业的人。她从小喜欢跳舞，但她的父母都是农民，在观念和实力上都无法支持她学艺术。初中毕业后，她选择了离家近、学费少的技校，选择了可以学舞蹈的学前教育专业。在技校就读期间，她利用寒暑假的时间打工赚学费和生活费。快高考时，她有半个学期都在外打工赚钱。

> （爸妈）说我读这个没什么用，然后不让我去读，可是我自己说应该不会吧，读书应该总有用啊。那我就……坚持自己的那个想法……然后就自己赚（学费）了。（XQ，198-201）

结束打工后，她重回校园准备高考。但是学业已经落下很多。其间，有位英语老师主动提出周末免费帮她补习，让她很感动。

> 读高三的时候……我比别人更勤奋一点。但是有些技能的东西好难……他们在睡觉啊干什么，我都在看书……他们说要考到好的学校，福州或者泉州、漳州这几个地方的学校比较好。（XQ，207-212）

2012年，从技校毕业后，XQ就到漳州打工。为了赚够复读的钱，她一天打两份工。在漳州工作了一年之后，她在父母的要求下回到了老家，复读的心愿也没有完成。

（3）中专和大专学习重叠的三年

XC的职前学习经历比较特殊，即中专和大专的学习是重叠的。这反映了当前职业高中普遍的做法，即通过与其他学校联培或组织学生参加自学考试的形式鼓励部分学习能力强的同学在三年内既拿到中专学历证书，也能拿到大专学历证书。这些毕业生也有一部分考入编制内的乡村教师。他们的文化基础应该是十分薄弱的，而且自考大专只需要考三门理论课，专业素养也不能说是全面的。这点需要引起社会的关注。

> 技校的时候，因为我们才读了三年……第一年是中专……到第二年的时候，有一个自考大专……只要考心理学、卫生学、教育学三门……她（班主任）很鼓励我们，普通话证书啊，技能证书，就各种的证书，计算机等级那些，她全部督促我们。刚好我们那个时候的证书全部都在4月考……我是比较幸运的，逢考必过。（XC，114-129）

好在 XC 十分地上进，性格也是乐观积极的。她一拿到大专毕业证就考教师资格证，遇到最后一次省考，只要面试不用笔试，也顺利通过了。现在她正在读电大本科学历。

（4）对孩子倾注感情的"五年专"实习

J 是班级文艺委员。她热爱舞蹈，大量的时间"花在舞蹈上"。她读大专的第五年开始顶岗实习。第一学期结束后，她继续留在实习的幼儿园，并且当了班主任。园长给予她很多锻炼的机会，包括市区开放活动、片区教研开放活动都要上公开课。J 老师说实习一年，"瘦到七十几斤"，但是成长很多。当时对自己带的第一届的孩子特别有感情。她还记得班上有一位轻微孤独症的孩子，不愿跟人说话，总是自己一个人躲在角落。在 J 老师的关爱下，孩子有很大的改变。

> 我刚毕业，工作热情特别高，对那个孩子特别好。每天来就一直抱她，然后喂她吃饭……带了一年之后，那个孩子基本上就是愿意跟别人相处。她爸爸妈妈就很感动。开放日的时候来看她，我说吃饭啦，然后她就搬着椅子去坐着，就开始吃饭。她妈妈在旁边擦眼泪（为孩子的进步而高兴）。（J-FI.77-97）

那时候 J 老师周末也很少回家，都在幼儿园加班带孩子，培养了孩子良好的习惯，和家长建立了感情，在她走后一些家长还联名写信给园长希望她回来。她讲了一个场景：

> 有一个奶奶特别胖。她孙子在我们班读书的时候也很胖，只吃肉和鱼，菜是从来不吃的。开放日那天，很巧，我们做的是芥菜饭，他真的把整碗芥菜饭吃掉，一根菜都没挑。我当时说要离开的时候，他奶奶是第一个哭的。（J-FI.101-111，65-71）

当时 J 老师挺舍不得第一届带的孩子，但因为是独生子女，她后来还是回家乡考编了。

（5）本科时"爱好一切跟手工有关的东西"

多数大专毕业的农村教师认为大专学到了挺多技能上的东西。一些本科毕业的农村教师也是如此。ML、YA和P读的都是二本院校的学前教育专业。ML说自己读学前教育专业是个"意外"，她原本要选生物专业，是亲人建议改了学前教育专业，因为两个专业她都不了解。这显示中学阶段职业指导教育的缺乏。

回忆大学生活，三个人中只有YA提到对一个理论课教师印象深刻。其余都是关于技能学习的。ML大学期间比较喜欢跳啦啦操，常参加一些广播操、健美操之类的集体活动。此外，她说自己大学"没怎么读书，整天就沉迷于玩手机"。但是招考时招19个人，她笔试考了第五。

YA认为钢琴是自己投入精力比较多、收获最大的一门课程。但她最喜欢的是手工课，"爱好一切跟手工有关的东西"，她认为做手工让她"有种满足感"。从小学开始，她就会制作一些布娃娃的衣服，从一开始做得歪歪扭扭，到后来能够自己设计和制作一整套衣服。她说："郁闷的时候去做一些手工的东西，你会感觉整个人都舒坦了。"大学期间，她教同学做过玫瑰花，遇到烦恼就会绣枕套来调节心情。大学期间让她非常有成就感的一件事也和手工有关。

> 当时大学里面有个东西，太有成就感了。现在想起来还是挺开心的。就是……头一次学沥粉贴金……底板烧完之后，用那个有点像是石膏那样的东西，拿去浇完之后，拎回宿舍，画那个人物嘛。颜色我涂了一天，从早晨爬起来开始涂一直到傍晚，我居然没吃饭。之后，灯还是我的舍友回来帮我开的。那时候就是特别有一种全身心投入的感觉。（YA，625-632）

也有些同学在大学期间，要面对技能学习的困难。

> 刚开始觉得好不适应啊，就挺难的。因为我们以前完全没有这些基础嘛，就没有那些什么跳舞啊，画画啊，还有弹琴，我们对这些都是一窍不通的。因为小时候家里有三个孩子，也没有条件，送你去学这些

嘛。（P，229-232）

可以看出，在父母或其他亲人的建议下选择学前教育专业的老师大多有某些技能兴趣或特长，例如，舞蹈、手工制作、钢琴等。在他们的回忆中，就读大中专期间，他们对这些技能投入的时间往往最多，收获也最大。即使小学教育专科毕业的那位老师，她在大学期间也喜欢参加学校里的集体舞、合唱等活动，只有个别老师在大学期间技能学习困难。也有个别教师在职前教育阶段主要是考各种证书，或大学期间沉迷于玩手机。

2. 教学生活叙事

采访的13位农村幼儿园教师中，有7位教师所在的幼儿园（班）不能为孩子提供餐点和午睡，每天只要上半天班，她们也感觉"挺轻松的"。其他幼儿园教师都需要坐班，两个非编教师一个包班，另一个也需要坐班。除了在迎接评估的特殊时期，被访教师一般不用加班，只有个别教师需要加班才能完成任务。乡镇中心园教师都在探索区域活动，课程游戏化得到普及。

（1）教学工作量

第一，半日工作制。闽东地区的三所乡镇中心幼儿园都没有午餐和午睡条件。F老师2000年工作，最初5个班只有7个老师，她每周要上7个半天的课，到2005年她做了教学辅导员，每周上课就减为3个半天。ML老师平时每天工作时间大约为3个小时，她和配班以月份轮班，这个月上午班，下个月就下午班。上午班时，ML早上7点45分从宿舍出发去幼儿园，10点40分幼儿离园后，她便回到宿舍。下午2点50分到幼儿园门卫处签到后又回到宿舍。她说，除非需要打印或查找资料，否则办公室一般不会有老师在。但她兼"教导主任"有些压力，要主持毕业典礼、地震应急演练等活动，她认为自己不善于表达。该幼儿园教师断层明显，只有老教师和新教师，老教师宛如甩手掌柜，从班级的环境创设到幼儿园的活动主持基本不会参与，当时园长28岁，一心想考回城里，园内的主持工作几乎都交给ML完成。

第二，全日坐班制。除闽东地区外的4个地区的镇中心幼儿园都实行坐班制。一般是5个半天带班，不带班时间都在办公室备课。闽西的CH老师到小学工作一段时间回来后很喜欢幼儿园的工作。平常不用值日的情况下，她早上 7 点 30 分左右便从家里出发。不带班时都在办公室里备课，中午要为孩子陪餐、守睡。下午 5 点幼儿离园后，她要等拼车教师一起回家。幼儿园每学期要开一次公开课，节假日举办 1～2 次亲子活动，如重阳节组织爷爷奶奶种地瓜、包饺子、做糍粑等。因为"缺编数比较严重"，CH 老师除了当班主任，还担任该园德育主任，负责国旗下讲话、各种安全管理与演练、传达文件精神等。

闽北的 QY、XJ 和闽西的 JL 都认为，以前农村教学点会比镇里、城里的幼儿园"轻松一点"，但现代乡村幼儿园的管理也越来越规范，要做的材料日益增加。QY 认为目前没有午餐和午睡会轻松一点，她平均每天工作时间大约为 5 个小时，上午从 7 点 50 分至 10 点 50 分，下午从 2 点整至 4 点 15 分。不用带班时，她就在办公室里写教案、听课记录、学习记录、主题反思和幼儿活动观察记录等，或做环境创设。幼儿园有公开课比赛、区域创设评比等，大班的时候有走进小学的幼小衔接活动。闽中的 XC 所在幼儿园有粉笔字、钢笔字比赛，师德演讲比赛等，活动完要做美篇宣传，"平常好像没有什么压力"，她正常每周上 5 个半天的课，后来兼了教研工作和其他一些行政工作，减免了半天。

闽南的 WJ 老师认为工作比较轻松，而 P 老师则感到有些吃力，且经常要加班才能完成任务，不带班的时候，她一般都是在办公室写教案、做周计划、做手工等。她班里有 54 个小朋友，一个人带班常让她感到有些吃力。P 老师认为幼儿园"琐事太多"，该园未满三年的新教师每学期要开一次公开课，没带班的要去听课，写评课建议。园里还有主题墙创设比赛、区域玩具制作比赛、县开放日等。教师要保教结合，要看孩子午睡。此外，幼儿园还有秋游和研学、社区送温暖（给社区老人送米、送月饼）、秋游外出远足等活动。开学那段时间比较轻松，之后各项工作接踵而来，P 老师经常需要加班到晚上 9 点左右才回家。

> 比如做环创，你打一个文字出来，然后剪一遍，还要给它过胶一遍，再剪一遍，还要粘上去。有时候你剪出来还得粘在卡纸上再过胶一

遍，又要再剪一遍，相当于剪三遍。你要做那些环境创设的话，一个晚上其实做不了多少。其他的还要文字材料那些。（P，255-259）

村小附设园也实行坐班制，XQ白天上班，晚上回去带小孩，还要自己读书，她正在进修本科。她认为，没有成家的时候会比较轻松，成家以后比较累，但她工作时是"快乐的"，因为"挺喜欢学前教育这行业"。

（2）主要采用领域课程和三大游戏的教材

被访的13位农村幼儿园教师全部采用了福建省编的《领域活动指导》教材，11位同时实施角色、建构、表演三大游戏，有6位同时会参考《主题活动指导》教材。幼儿园在课程与教材的选用方面经历了一些变化。F老师2000年用的是《教育参考书》，大概2005年后开始采用《主题活动指导》，后来改成了《领域活动指导》。

我刚毕业的时候，是用的省编的教材，就那种小本的……好像一段时间又是以主题为主，根据主题来展开把领域渗透进去。后来……统一的培训……又以领域活动为主，把主题的稍微结合到领域里面来上。现在就一直是这种模式。（F-SI.89-94）

比如我这个月的主题是汽车……科学常识方面，我就会安排一些认识各种各样的汽车呀；美工方面我就制作小汽车呀；计算方面，我就用那个汽车来给孩子做一些数学方面的教具呀；音乐方面，比如说我唱一些小汽车方面的歌曲。就是说我一个月围绕这个主题开展各个领域的活动。（F-SI.32-38）

校本的《教育参考书》（幼儿园教师用书）是福建省自新中国成立以来使用的第四套幼儿园教材①，是根据1996年颁布的《幼儿园工作规程》编写的。一整套共8本，分别为小班、中班、大班、学前班上下册，出版时间在

---

① 第一套是福建省教育厅根据1952年颁布的《幼儿园暂行教学纲要》编写的分科教材，包括《教育教学大纲》《体育》《语言》《常识》《美工》《音乐》《计算》共7册，福建全省通用。第二套是"文革"结束后1979年省里重新编写的分科教材，仍为7册，各科附有"教学建议"，并有挂图84幅。第三套是1981年教育部配合《幼儿园教育纲要（试行草案）》委托上海市教育局组编的分科教材。福建省地方志编纂委员会.福建省志：教育志[M].北京：方志出版社，1998：100-102.

1996—2001年。以大班下册为例，内容分为四大部分：课程目标（幼儿发展总目标、领域目标、月目标和活动目标）、课程内容（分健康、社会性、认知、语言和艺术五种类型）、内容组织形式（分集中教育活动、游戏活动和娱乐活动三种类型）、课程实施计划（周活动安排表、角色游戏月计划表、活动提示等）。该教材的活动提示不同于教案，包括重点、难点和组织形式、方法，供教师设计教育活动时参考。除正式教材外，还安排了补充教材。中班教材因为编写的时间较晚，活动的类型还增加了主题活动。①

《领域活动指导》与《主题活动指导》是福建省幼儿园1950年以来使用的第五套教材，它实际包含了城乡两套教材。前者针对农村幼儿园教师编写，活动组织形式有集中教育活动和区域活动两种，后者针对城市幼儿园教师编写。这套教材从2002年出版以来，目前已经更新到第四版。

（3）利用大自然、社会开展活动

有的幼儿园教师会利用本土资源开展一些特色活动，例如，闽南童谣、军旅文化馆、自然资源等。CH老师所在镇中心幼儿园编排了一套传统文化主题早操，教师自制相关器械让幼儿舞龙、舞狮、抬花轿。此外，镇上的雕版印刷陈列馆、当地的李子树和花都会都进入了课程，教师们会组织孩子开展参观、绘画、印画等活动。WJ老师曾经带孩子开展过研学活动，去村里的军旅文化馆参观，村里以前驻扎过部队；H老师利用当地的黑豆腐、蜜橘开展了体验式农家生活活动。QY老师会利用农村地区的自然资源开展活动。

> 这是一棵樱花树，樱花树春天就会开。然后这边还有一些就是很可爱的小动物啊，有的时候有松鼠啊……偶尔还有小鸟……会停在那个窗旁边，蝴蝶啊，还有一些蜜蜂什么的……可爱的小动物。就利用这些自然资源开展教学活动，幼儿也会比较感兴趣。（QY，1022-1033）

（4）刚入职借调到小学代课或支教的经历

有几位老师入编的第一年没有到城区优质幼儿园跟岗学习，而是被安排到中心小学教学或更偏的教学点支教。到小学任教回来后，有两位老师都感

---

① 马长冰. 福建省幼儿园中班教师用书·教育参考书·上 [M]. 福州：福建人民出版社，2000.

觉更喜欢当幼儿园教师，而从教学点回到镇中心幼儿园的教师则不能适应后来的工作。

CH 老师 2017 年入编后被借调至中心小学两年，虽然小学没有升学考，但她"看到小朋友学得不好，心里面就很着急"。回到幼儿园后，她感觉"开心多了"，表示"最喜欢的就是幼儿园了"，喜欢幼儿园的教学方式。她认为幼儿园教师这份工作对她来说"意味着一种成长"，赋予了其责任感。YA 老师 2018年入编后也先借调到小学一年，2019 年回幼儿园任教。她认为在幼儿园挺开心。在小学任教时，因为不熟悉任教学科，教学效果不符合预期，"管不住孩子"，她的心理压力比较大。回到幼儿园后，她"没有那么大的挫败感了"。

XJ 老师入编的第一年到村小附属幼儿班支教，班上只有 10 个幼儿，手工活动几乎可以做到一对一指导。她回到镇中心幼儿园后班上有 15 个幼儿，她总觉得"教不会"。可见缺少入职培训的 XJ 并不知道如何引导幼儿在游戏中学，安排的内容与教法也不能符合幼儿的特点。此外，好几位教师刚毕业时都有到民办幼儿园工作的经历。例如，XC 老师说在民办幼儿园工作的一年也成长了很多。

（5）教师工作考核

农村幼儿园对教师考核表的内容包括德、能、勤、绩等方面。"能"又分户外活动、区域游戏、教学组织、环创、教玩具制作、家园工作、常规管理（班级卫生、孩子安全）等方面，很多采取比赛的形式评比。例如，F 副园长制定了十余种评价表。此外，中心小学年底会发一份考核表，教师先自我评价，再园内评价，评完后再由中心园汇总给中心校。教学点工作的老师说中心园期末的时候会来听课评课，会对环境布置、小朋友作品的质量做个评价。有的幼儿园会让家长参与评教，让家长填问卷。CH 记得幼儿园有进行区域活动材料地方特色及活动开展家长满意度问卷调查。

H 作为男教师曾被评为倒数第一。他认为评价方案和标准如果都从女老师的角度出发来制定和执行的话，"男老师很吃亏，也很被动，想做事情可能就是很难"。H 认为，男教师更能理解孩子，活动不要管得非常细，所以在开展活动，特别是游戏的时候，孩子都能很放松、很自由地参与其中，表现出孩子的本真状态。在其他方面，他也谈到了男教师的特点：

> 像我们经常在体育，比如说像力量，还有在思维上的一些对幼儿的
> 引导的话，可能我们男性与女性还是有一些不同。在我从事这个职业，
> 在一线的时候，我还是能感受到男性教师对孩子的影响其实是很明显
> 的。（H-SI.290-294）

对新教师来说，领导的肯定评价对激励其工作积极性十分重要。园领导
如何依据性别进行分类管理，为他们营造适宜的专业成长环境值得思考。

3. 管理生活叙事

受访的 13 位农村幼儿园教师中，有 3 位已经提升为园长或副园长，有的
在推动游戏课程化，有的在探索教研新模式，有的进行常规管理。他们一般
需要带 1～2 个半天的课，其他时间主要是做管理工作。

（1）落实课程游戏化：区域活动和三大游戏并列

幼儿园的周计划表上一般都有领域活动、三大游戏、区域活动等类型的
活动，各类活动都在一日活动中占一定的时间比，一般上午安排区域活动，
下午安排三大游戏，每一种游戏都会安排一个下午的时间。规模较大的农村
幼儿园有三大游戏的专用教室，而区域活动则一般放在班级中开展。游戏作
为基本活动在几所乡镇中心幼儿园已经落实，所有的课程都采用一种游戏化
的教学。像 J 一周五个上午，两个上午安排领域活动，三个上午安排区域活
动，下午安排三大游戏（角色、建构、表演）和美术，她尤其重视区域活动：

> 第一，孩子在区域中进行的是一种自主学习的方式；第二，孩子很
> 喜欢区域活动，他不但可以去他喜欢的区域里面进行自己的游戏，而且
> 在交往各方面都能在区域活动中去形成……像有的班级，它有甜品店、
> 医院、娃娃家等融合的角色，中班现在做了很多特色区域，比如说我们
> 闽南的一些小吃，包括编织区，包括十字绣等，大班现在有融合棋牌
> 区、才艺区等。（J-SI.334-337，370-374）

有的幼儿园区域活动在日常的教室开展，三大游戏活动在专用教室开展。

从老师的叙述来看，多数三大游戏是以集中教学的形式开展。

> 我们园的一个班级只有 40 多平方米……所以我们就把游戏室专门拎出来……上表演游戏就去表演游戏室，结构游戏就去结构游戏室，角色游戏就去角色游戏室……大班一个老师都有五十六七个孩子，根本就没办法顾及能力强弱的分配，顾及那么多组。就是统一地给他们玩表演游戏、结构游戏。（F-SI.61-86）

> 三大游戏，更多的其实是一种专门性的、针对所有的孩子来进行的一种教学，比如说，我们去学习进行大型建构，表演的话更多可能是一种集体性的活动。那区域活动其实更多的是让孩子……自主地来进行游戏。我们一般一个三大游戏，就是会上 4—5 个课时，假如我们上 3—5节的故事表演，那可能前两三个课时更多是在练习故事语言，包括让孩子创编故事动作啊，那后面的一两个课时，更多的就是让孩子自己去组织，然后自己来进行角色表演，老师更多的可能就是观察和引导。（J-SI.353-363）

（2）推动游戏课程化

H 担任园长后，他就在考虑选择幼儿园的课程理念，比如课程游戏化、游戏课程化、体验式课程，希望寻找一个适合自己园所，更适于当地小朋友的科学的方向，从而给教师团队一个方向指引。

他所在幼儿园最初重视教学游戏，但教学游戏并不是真正的孩子的游戏，它只是教学活动采用了游戏化的手段。直到 2019 年，幼儿园都从来没有开展过三大游戏，真正的游戏活动对老师和孩子都是空白。虽然《幼儿园教育指导纲要》《3～6 岁儿童学习与发展指南》都明确倡导以孩子为主体，老师心里都清楚这个理念，但实施的时候往往被传统的教学游戏框住了。因为 2020 年9 月要迎接评估，必须真正落实游戏作为基本活动的理念。H 园长去找游戏课程化开展得很好的 L 老师咨询什么是游戏课程化、游戏课程化怎么开展时，碰巧得知她需要下乡支教，就主动去跟县教育局争取到了 L 老师到他所在园支教，由此开启了他们幼儿园游戏课程化探索旅程。

L老师说你的这个活动跟下一个活动，是要相关联的，这样子来开展是一个整体，而不是一部分的，这边今天语言上一下，上什么什么故事，然后明天科学上一个什么小小探究，这样子是断层的、分开的。那来了之后她先对我们理念做一个培训，从理念上先矫正我们老师日常教学的这些误区。（H-MN.723-727）

L老师每周三天到园支教，老师在班级开展游戏课程化的情况要及时跟她反馈，同时，她通过听课观察老师的言行和孩子的表现，再根据实际情况进行剖析，提出下一步的活动建议，引导教师在下一次活动中及时落实。游戏课程化要有一个缘起、推进，要分析孩子生成的游戏的价值，引导幼儿朝正确的方向发展。像大二班的A战车，师幼讨论"车子能够怎么玩"，孩子们有的提出可以把车做成消防车，有的提出可以装饰成彩虹车，有的认为可以玩公交车的游戏，有的谈到"吃鸡"游戏，引发很多小朋友的兴趣。老师们和L老师一起研讨，认识到它的价值取向失之偏颇，可能导致孩子沉迷手机游戏，而不是在社会环境中有益于身心健康的游戏。后来老师们通过播放战争视频等方式及时引导活动发展的方向，引导孩子们去丰富有益的游戏情节，孩子们不仅认识到了战争的可怕，保护和平的重要性，还体会到解放军叔叔们保卫国家的不易。后来大家一致决定把车装饰成战车。在老师的帮助下，他们进一步深入了解迷彩的纹路及其代表的意义，通过民主讨论、投票的方式生成了"A战车"的游戏活动。孩子们分成小分队来玩游戏，解决游戏中遇到的"太挤""车子上的材料应该放在哪里"等一系列的问题。老师们体验到了游戏课程化带给孩子的成长。

又如，玩建构游戏，最初孩子们只是看图片建构，只能建构操场围墙，没有细节。老师引导孩子们观察、记录、建构，再观察、修改记录、再建构等探索，例如，到操场观察幼儿园的结构，有几间，楼梯有几层，然后自己详细地绘画表征出来，再根据观察记录进行建构。孩子们从被动地盲目地建构开始转为主动地细致地建构，建构能力包括综合能力得到迅速提升，能在45分钟之内对幼儿园进行整体建构，建构能细到连园长都在里面，且不同时间，园长的位置不一样。

因为他说早上来的时候，园长是站在保安室门口，在那边值班，10点多，他们要下课，就把我那个人的头像拉到了三楼他们那个建构室门口，他说园长现在在巡查……还有台阶，还有那个窗户，还有包括走廊的这些栏杆，都能很细致地体现出来。（H-MN.773—780）

孩子们的其他各类建构能力都得到巨大提升，包括沙上建构、泥工区等。孩子们在公开展示课中的能力表现也让老师惊讶。孩子的成长又带给了老师巨大的动力，使师幼都投入其中。教师中午都会及时地梳理和记录上午小朋友游戏中的反馈，晚上也会继续做下午游戏的整理和记录。大家都盼着 L 老师到幼儿园来。例如，大班两个年轻的临聘老师，原本对于三大游戏没有任何的经验，就是一张白纸，但她们非常认真地跟着 L 老师学习。平时中午都参加教研和整理游戏课程化记录，大概只有十分钟的时间可以在办公室趴一下，接下来又要开始下午的游戏推进，因为底子薄，她们花的时间要比别人更多。园长讲了关于她们的感人事迹：

有一次，大班有个老师，她孩子挺小的，刚好那时候天气比较冷，小孩发烧了，当时她刚教研究，可能还有很多问题要去梳理……她哭着给她老公打电话，让他从县城回来，带着孩子去看看医生……（她自己要留下来整理白天的游戏记录并计划第二天的活动）……我觉得，成立家庭之后，可能工作与家庭要兼顾，那天中午是教研到 1 点 47 分，我刚好路过听她在跟她老公打电话在讲这件事，然后我去劝她，劝到后面，变成她劝我赶紧休息一下……（H-MN.810—823）

从上述的案例中，我们可以看到农村幼儿园的年轻教师们想要成长的心愿。在 L 老师支教的时间里，大家都非常期待她每天都能来，老师热衷到什么程度呢？

有时候在路上，就是 L 老师要去吃饭……有的老师就把她拦住了……（或者 L）老师吃饭可能吃完还没上来，那个接待室已经有老师在里面等了，等着待会跟她梳理她今天开展的这些游戏，或者跟她说接下来要上公开课的这些内容……L 老师也开玩笑说，晚上她体验的是那种吃泡面的学生生活，因为园里的老师有什么问题就会跟她一直交流（以致她没有时间正式地吃晚饭）。（H-MN.824-829）

园所的课程真正摆脱了教学"小学化"的泥潭，走上了以游戏为基本活动的道路，课程质量迅速提升，使这所偏远乡镇的中心园在搬入新园后四年内就通过了市级示范园的评估。该园游戏课程化案例"小树屋"入选"从活游戏到活课程"丛书，案例"我要上小学啦之我期待的小学"发表于游戏课程化联盟，数篇案例先后获得县级游戏课程化案例评选一、二、三等奖。《中国教育报》记者对园所课程做了采访和报道，一些游戏案例获得了肯定。接下来H准备继续"沉浸"在游戏课程化的探索中。

（3）专业培训与休闲娱乐结合

J作为年轻的园长在教师团队建设方面有一些创新的做法。她申报了"农村新教师专业成长探索与研究"的课题，尝试把专业培训与休闲娱乐结合，充分发挥教师的主体性，开展互动交流。例如：请专业的音乐老师与教师们一起玩音乐游戏；三大游戏培训与教师的旅游、游戏体验结合。比如，建构游戏的主题是普照寺，周末教师先去那里游玩拍照，分小组开展团队竞赛性游戏，再现场绘制讨论建构主题的设计图等。下一周教师就可以根据设计图先建构，再讨论存在什么问题，怎么解决等，教研成熟的作品再到班级组织孩子们开展建构游戏。

> 周六……我们就从幼儿园带了一点牛奶面包就走了……去那边先分组，进行团队游戏比赛。做完之后给他们一个小时的时间去参观普照寺，参观回来就分组进行构图、绘画、评比，评比完之后……可以再添、再画……（J-FI.400-402，406-417）

现在老师已经形成了建构游戏之前先进行采风的素养，事先出去采风拍照，作为教研以及与孩子们一起观察讨论的直观材料。

（4）园本课程开发理念与行动的差距

2011年，F老师做了副园长，每周上课时间减到一个半天，大部分时间可以用于管理。目前她在工作上已经形成了自己的"模式"，"没什么压力了"。教学业务由两个老师——教学辅导员和副园长共同负责。下面是她对自己目前典型的一天的专业生活的描述：

> 比如说今天我要搞一些区域方面的检查，我要打开电脑，设计一些表格，查阅一些这方面的资料，然后做些记录，集中精力做区域这一块的东西。11点左右下班回家……下午2点左右进入幼儿园……比如说我今天要教研啊，就去准备一些材料，然后跟老师们一起进行业务方面的学习。或者是做一下我的检查记录，对老师的这些工作做些评价……如果没什么重大检查，应该就5点下班回家。（F-FI.348-360）

在幼儿园的课程发展方面，F老师认识到园长的理念很重要，她想结合当地船舶业、养殖业和渔民的生活做一些有本土特色的活动，但是她说目前她还没有能力指导教师们做园本课程开发或课题研究，同时教师的流动性也很大，不具备条件。不过，她也提出了一点自己的规划。

> 我觉得园长的整个理念是最关键的……你首先自己要有思想，才能靠这些来支持你。（F-SI.238-241）

> 那我首先应该从我自身出发吧，应该先提升自我能力，接着我要去请教一些专家，接着要规划一下我要怎么把这些东西落实到老师的身上去，然后让老师再怎么把这些东西反馈到孩子身上，然后再怎么把整个课程提升起来。（F-SI.243-251）

4. 职后培训叙事

参访的13位教师中只有2位在入职的第一年有到县城幼儿园跟岗的机会，在这一年之中，一位感受到了幼儿园领导的人文关怀，一位看到了县城优质的保教结合。他们在专业技能上都有很大的进步。其他11位教师一般都有参加岗前培训，但有3位入编后是先到小学工作一两年，有的从小学回到幼儿园工作之后再参加岗前培训。被访教师中，担任园长、副园长职务者参与培训的机会更多，也常有跨省培训机会。一线教师的职后培训以园本培训为主，其他培训主要有拉手园相关帮扶活动、片区教研活动等；村教学点幼儿园或幼儿班教师会获得支教教师的指导。其他学习的机会较少，尤其是非编教师。从被访教师的情况来看，似乎闽南和闽中的农村幼儿园教师培训机会更多一些。

（1）新教师岗前培训

福安市的 ML 表示她只参加过新教师岗前培训，原定共有三期，第一期在市区进修学校，第二期在市区幼儿园，第三期改成自学。笔者收集到了闽南地区某乡镇中心幼儿园 2021 年新教师岗前培训的文件，乡镇的新教师是和城区的新教师一起培训的。培训分为通识培训、跟班学习、展示比赛、评优评先四个阶段。通识培训又分两个阶段，第一阶段 3 天线下学习，主要为中小学德育、核心素养、信息技术、专业成长等方面的内容；第二阶段登录福建教育学院继续教育平台进行 90 学时的线上培训，培训时间为 1 个月，学习内容主要为学前教育专业的内容，有教师职业道德、普通话、教师职业口语、幼儿五大领域的学习与发展、幼儿园个性教育的问题研究、幼儿安全和保健工作要点、幼儿良好习惯培养、幼儿园教育活动设计与实施、有效沟通与心理疏导等内容，对学员的成绩考核包括线上学习、研修作业、研讨交流、学习心得四项。展示比赛包括片段教学比赛、基本功比赛、课堂教学比赛、个人专业成长展示等。[①] 可以看出，闽南地区的教师岗前培训持续整整一个学年，内容全面，线上线下结合，理论与实践结合，学习与考评结合，做得很扎实。

（2）新教师跟岗学习

长泰的 H 老师入编后在 Y 园上了一个月的班，国庆后就到县实验幼儿园跟岗。当时县实验幼儿园要评省级示范性幼儿园，班级材料要求比较规范，他作为新老师感到有难度，所以非常认真，经常利用下班时间在班级里整理材料、做环创、做区域，包括周末。他也感受到了园长领导的关心：

> 这些就是很简单的事情，却被当时的园长看在眼里。所以她有时候周末去经常会碰到我……她也给了我一个肯定。另外就是说，像我们业务副园长，包括书记，当时我们只要晚上加班，她就陪着我们加班。我

们没有吃东西，她还去买东西……跟我一起加班。所以让我觉得，幼儿园老师其实也很好很单纯，不一定要一些金钱上的来往才会对你好。（H-MN.317-326）

跟岗过程中，老师们也遭遇了个别家长的投诉。后来H更加注意家长反馈工作，会和家长沟通小朋友在幼儿园的情况，因此家长很放心地把孩子放在他们班级。跟岗的一年让他感觉"很温暖"，园领导的关心就像长辈在关心晚辈一样，在教师遇到困难时会及时给予帮助，让他觉得即使很苦很累也很开心。

永春县的P老师入编第一年到县城跟岗。她看到了县城的保育员能够很好地与教师配合：

> 比如说你要画画的话，那边的阿姨她会帮你准备材料，就是说看你在忙她会过来帮你准备材料，到时候就帮你一起收拾，帮你一起指导……县城一个班就三十几个人，然后六桌嘛，一人指导三桌，可以配合。（P-FI.332-337）

回到农村幼儿园之后，P老师发现保育员只是负责打扫及幼儿的午餐和午睡，不会做其他配教的工作，她觉得不适应。

（3）园际结对帮扶培训

F所在幼儿园接受本县更高水平的独立乡镇中心幼儿园的结对帮扶，对方会定期来开展指导活动；F所在幼儿园又承担帮扶村级学前班的任务，定期开展送课下乡活动。

QY老师所在教学点每年都有市区和镇中心园的教师来支教，以此保证每个班级有两位教师。她很期待市区的老师来支教，觉得那是一种福利。支教教师除了带来物质上的改善，还能够发现问题，帮助她提升专业能力。

> 我们这边村级园所有跟那个城里的幼儿园就是"手拉手"嘛……他们会派老师下来支教我们。（QY，494-495）

> 像之前有南平的老师下来，他们上课我们就可以经常过来听啊。还

有一些时候你上课，她可以帮你指导，那确实就感觉不一样。如果他们
有来支教，对我们来说是一种福利。（QY，639-647）

南平来的那些老师对我影响都挺大的啊……特别是第一个下来的那
个老师，她给了我很多相关幼儿的书。（QY，986-992）

（4）市内公开观摩活动

清流县的 XC 老师认为现在很注重对新教师的培训，编内教师培训机会
比较多。她自己 2019 年 12 月要出去培训一个星期。每学期去县城听课、去
市区或者是大城市培训的机会都有。访谈时，她有个同事马上要去北京培训
一个星期。连城县的 CH 老师认为本县或区内"培训机会较多"，她参加过岗
前培训、食品安全培训等。每个学期还有两三次的机会去县城、区内或邻近
的镇中心幼儿园观摩学习。

当前片区教研活动比较普遍向乡村幼儿园教师开放。笔者曾经受邀请在
永春县某园的开放日活动中做点评。那天来观摩的乡村幼儿园教师特别多。
该园的开放日活动很有特色，较多利用本土资源设计，如武术活动白鹤拳、
民间舞蹈采茶扑蝶、戏剧表演、舞狮表演、足球活动、好玩的民间游戏（有
纸织画等）、舌尖上的永春等。不过，南平市的 XJ 老师认为虽然区里面的公
开课不限制人数，偶尔市属园会有开放，但还是希望有出市学习的机会：

如果能有一些去闽南地区厦（门）漳（州）泉（州）的机会的话，
我觉得会更好一点。因为每个地方的教学特色肯定是不一样的。而且
我真的觉得他们发达一些的城市，教学会比我们这边更好……（XJ-
FI.509-512）

有些培训则是有限制条件的。据了解，漳州市 2022 年举行了"学前教育
骨干教师素质提升班"，事前有论文征集，论文入选的乡村教师才可参加培
训。长泰区古农农场中心幼儿园教师的《聚力儿童游戏经验链建构，彰显儿童
主体性——以民间游戏课程化〈老鼠娶亲〉为例》的论文即入选，该教师还在
现场做了交流。漳州市还举行了数届园长论坛，乡村园长只有在其幼儿园获
评市级示范性幼儿园以后才能参加。

（5）农村幼儿园园长的培训

2011 年，F 老师担任副园长后，感觉学前教育受到重视的程度明显增加，教育行政部门组织的各类培训、学习机会开始增加。大约在 2011 年、2014 年和 2015 年，三年之中她参加过三次市区的园长专业培训，两次省级骨干教师培训。2018 年，F 老师加入了"县名师工作室"，她认为工作室的活动起到了专业引领的作用，提升了自己的业务素养。如，2018 年 10 月 31 日，工作室开展了"幼儿园歌唱活动有效性教学策略"的研讨会。2019 年 3 月，她去武汉市参加了全国名园长东湖论坛，终于实现了出省培训的愿望。但她还希望能有园长的跟岗培训。

闽南的 J 老师 2012 年担任园长，她认为现在的乡镇中心园年轻的新园长们学习机会很多，因为目前乡镇中心园不多，年轻园长也很愿意出去走一走。从 2015 年开始，龙海进修学校每一年暑假都组织出去培训。

> 像我们 2018 年暑假，广州、深圳是关于校长（园长）管理方面的培训 ["龙海市幼儿园、中学正职校（园）长高级研修班"] ……和中学校长一起，不过培训的部分内容有分开，一些管理讲座一起听，其他的有分开，我们去参观幼儿园的时候，他们就没去。上海、福州、厦门这些地方基本上都有去。（J-FI.621-626）

J 老师去华东师范大学培训十天，上午参观幼儿园，下午听园长汇报。她还去厦门听过朱家雄教授课程讲座和应彩云的阅读活动讲座。漳州市的省级示范性幼儿园会轮流开放，开放后园长都会做汇报，她也常参与。

（6）其他培训

2001 年，F 老师跟另外两个老师代表幼儿园参加了县里《幼儿园教育指导纲要（试行）》知识问答赛，在必答题得了第一名，开放题得了第三名；F 所在小学的党支部还会组织一系列政治学习活动。如"新时代青年教师成长座谈会""新思想新担当新作为""两学一做"学习讨论活动，党员教师开展"不忘初心，永跟党走"主题党日活动。

（二）休闲文化生活

1. 幼儿园的休闲文化生活

（1）社区活动

据 XC 老师介绍，她所在幼儿园的园长在舞蹈方面有所造诣，常受县里领导委托为一些活动编排舞蹈，而园内教师便是这些舞蹈节目的主力军。如"采摘节"，幼儿园教师参加了舞蹈表演，同时头戴银首饰当礼仪小姐。他们也参加了县里的健身操比赛、广场舞比赛等。XC 老师自豪地说他们团队曾取得县城舞蹈比赛第一名的佳绩，还被推荐至市里比赛。由于舞蹈方面的成绩较为突出，县教育局也常主动邀请他们参加各种舞蹈比赛。XC 老师也由此获得了许多舞蹈表演的机会，她表示这对她是一种"提升"。该园园长擅长组织舞蹈类艺术活动，使得园内教师们在一次次比赛中获得了自信心，激发了他们参与舞蹈活动的积极性和主动性，丰富了幼儿园教师的文化生活。CH 老师所在园的老师球队参加过全县气排球比赛，在 17 所幼儿园的 17 支球队中，得了第八名。

（2）中心校的活动

F 老师所在中心小学的工会有组织一些文体活动，包括教师节卡拉 OK 比赛、联欢会、联谊会、演讲比赛、美文朗诵，三八节爬山、拔河，五四趣味运动会，元旦新年晚会等。具体活动比如"铸师德、强师风、讲奉献、展风采"演讲比赛。2017 年，教师节联谊会全体教师朗诵《教师赞歌》以及其他歌舞游戏节目。2018 年，国庆节联欢会的节目有诗朗诵《祖国颂》、独唱《今天是你的生日》以及古筝独奏、现场书法、游戏猜谜，幼儿园教师表演了新疆舞。WJ 所在中心小学有乒乓球桌、篮球、排球，跳长绳、套圈，还有跑步机，幼儿园教师可以共用。平时在幼儿园不带班的时间可以看书、健身、喝茶、上网。偶尔看一场《我的老师》之类的电影。

但是幼儿园独立举办的活动很少。

2.个人的休闲文化生活

（1）陪伴家人

已婚有孩子的农村幼儿园教师下班时间主要陪伴孩子和家人，包括做饭、带孩子、陪父母。J老师晚上固定时间陪孩子阅读，周末白天会带孩子和父母出去玩，她爱人在外地工作。P老师的爱人在隔壁县工作，她就盼着爱人周末回来，"一起去市区里玩一玩、吃一吃，稍微旅游一下"。JL老师说自己"上班带娃，下班带娃"。"带娃、带娃、做饭"就是她的生活。

（2）读书看报

J老师给幼儿园买的书是专业书刊与休闲读物，《福建教育》、贾平凹散文《自在独行》、李娟散文《遥远的向日葵地》、余华随笔《没有一条道路是重复的》、冯唐随笔《活着活着就老了》、巴克曼小说《外婆的道歉信》、温迪格小说《知更鸟女孩》等。F老师在幼儿园也看一些专业的书，如《给教师的一百条建议》；看的杂志有《幼儿画报》、《幼儿教育》、《幼儿园》、《福建教育》（幼教版）等。采访时，她在看一篇散文《孩子，你慢慢来》和网络小说《每一次相遇都是奇迹》，历史类的书她也爱看。WJ所在幼儿园订有《幼儿教育》、"金教鞭"丛书等，P老师说上面要求编内教师至少订一种报纸杂志。CH老师所在中心幼儿园订有《闽西日报》和《幼儿教育》等，但她表示在幼儿园"比较少时间看"。

F老师年轻时喜欢唱歌，现在她更喜欢去安静休闲的地方，如茶馆、咖啡屋，几个朋友坐在一起聊聊天，喝喝茶。不过，她更喜欢看数字化的书籍，"尤其喜欢配乐朗诵，喜欢一边听一边读出来的这种感觉"。她关注了"有书共读"的微信公众号，经常听一些励志类的书。有时候也上网看一些"怎么当一个精彩的女人""精致女王"之类的文章。J老师也会看看幼儿园的一些公众号，例如"培根幼教"。

（3）休闲娱乐

未婚的年轻教师有各种娱乐爱好，包括游戏、旅游、参加艺术活动等，以享受型消费活动为主。同事们有时候会一起去赏花、爬山、健身、吃夜宵。XJ 老师在寒暑假喜欢旅游，基本上踏遍了省内的城市。但因为不是镇上的人，对于镇上的文化节日，一般不会参与。她对自己目前的文化娱乐生活感到不是很满意，认为像老年人生活一样。WJ 下班后喜欢追网剧《从前有座灵剑山》，特别喜欢和朋友一起听音乐会，听过周杰伦和齐秦的演唱会，她有好朋友在歌迷会里面。当问她最希望参加什么文化娱乐活动时，她回答旅游，已去过新加坡、马来西亚，在国外也感受到了手机支付的方便。XC 老师也爱"追剧"、玩手机游戏、玩乐器，未来她计划报一些艺术类的培训班，因为目前的收入对她来说"算富足，够自己去学个特长"，同时她也希望能够拓宽自己的社交范围。

ML 老师宿舍楼里设有乒乓球室，但球桌上和地板上有着厚厚的灰尘，显然很少有人在那里打球。XQ 喜欢舞蹈，学过拉丁舞、肚皮舞、民族舞，她希望等孩子大一些，再继续学习舞蹈。她也希望自己的小孩能够学习专业的舞蹈。CH 老师前两年住在幼儿园提供的教师宿舍里，"晚上七八点，小镇的街上几乎就没人了"，她笑称那时住在村里很"养生"，下班后就和同事们聊聊天，然后回宿舍洗漱休息。从 2019 年开始，她选择回县城住，"业余生活丰富了一些"，晚上有时会和朋友出去玩，或看电影、去健身房。不过文化娱乐的支出也更多了，"几乎占了工资的一半"，向"'月光'更迈进了一步"。P 老师所在镇经济较为发达，下班时间也可以约上朋友喝杯奶茶、聊聊天。

（4）业余学习

XJ 还在自学函授本科的内容，提升自己的专业能力，她最后悔以前"没有好好念书"，认为"念书还是很重要的。文化程度更高，想法就更不一样"。XC 正在读电大本科学历，学期初领一下作业，期末去考试。对于自己目前的文化娱乐生活，ML 直言"太无聊了！下班了就只能回宿舍"。结束半天的幼儿园工作后，ML 剩下的时间大多都花在《王者荣耀》游戏上，有时候也会在网上学习一些提升情商和语言能力的课程。

三、研究结论

（一）职前教育生活

1.大专普及，实习促进职业认同

（1）农村幼儿园教师的职前教育普遍在大专以上院校就读。大专类型有幼儿师范高等专科学校和职业学院两类，大专学制又分高中起点三年专和初中起点五年专两种。当前，福建省专科及以上学历的园长和专任教师占比80.93%，全国专科及以上学历的园长和专任教师占比85.75%。[①]（2）实习生活对专业认同起到重要作用。"第一次实习应尽可能安排在最好的学校里，另外的实习最好安排在典型的情境里。"[②]我国研究者也提出：一个标准的学前教育机构应有质量较高（如为当地示范园）、效果较好（如能满足大学教育需要）的实习基地园。[③]目前公立本科高校或高职院校普遍具有优秀或典型的实践基地，能为职前农村幼儿园教师提供较高质量的专业实习生活。

2.农村幼儿园教师的职前教育质量有待提高

（1）虽然农村幼儿园教师学历普遍提高，但学前教育的职前教育已经由精英教育走向多元化的大众教育，生源素质已迅速下降。2018年，《中共中央、国务院关于学前教育深化改革规范发展的若干意见》提出"中等职业学校相关专业重点培养保育员"，但是技校或其他中职学校普遍鼓励学生在三年中同时拿到速成式自考大专学历，其学习内容显然是不全面的，往往缺乏真正的专业理论素养和应有的文化知识素养。此外，很多招生学校不具备办学条件，全日制大专及三本生源质量也较低。虽然《教育部关于规范小学和幼儿园教师培养工作的通知》中批评"有的地方在不具备条件的学校培养小学和幼儿园教师"，提出培养幼儿园教师的学校"首先必须达到国家或省级教育行政部门规定的基本办学条件要求"。但是很多民办三本院校或大专学校仍然在没有师资

① 幼儿园园长、专任教师学历、专业技术职务情况（总计)[EB/OL]. (2020-06-06)[2021-08-27] . http：//www.moe. gov.cn/jyb_sjzl/moe_560/jytjsj_2019/qg/202006/t20200611_464864.html.

② 郑东辉，施莉. 国外教育实习发展概况及启示 [J]. 高等师范教育研究，2003(5)：69-74.

③ 李生兰.张民选幼儿教师教育机构资质标准（高等专科层次）研制的初步成果 [J]. 学前教育研究，2005(12)：25-30.

条件的情况下一窝蜂开办学前教育专业，可以想见未来农村幼儿园教师的素质还将持续下降。（2）被访教师往往重艺术技能轻理论学习。他们大多对某些技能类课程更感兴趣，也有部分对于艺术技能类课程感到学习困难。可以看到农村幼儿园教师的素质已由 20 世纪末期的全面发展走向片面发展，部分教师素质全面趋低。

（二）教学文化生活

1. 农村幼儿园教师教学文化生活中的成就

（1）实施的课程类型多样化。福建省的示范性幼儿园评估标准要求幼儿园吸收借鉴多种课程模式的优势，建立具有本园特色的多元化的课程体系。目前比较流行的课程模式有分领域课程（五大领域）、单元主题课程（教师预设为主）、探究型主题课程（幼儿生成为主）、区域活动课程（含三大游戏）。[①]所有农村幼儿园均采用福建省编教材。幼儿园的课程都是领域活动课程、主题活动课程和区域活动课程的结合，只是在三类课程的时间比例上会有所不同。同时很多农村幼儿园都在下午另外安排三大游戏（结构游戏、角色游戏和表演游戏）的时间。（2）个别乡镇幼儿园的教师得益于名师的指导，进行了游戏课程化方面的探索并获得了一定的成就感，游戏课程化实践和探究型主题活动或者国外的方案教学活动比较类似，也是中国化的活动课程的一种形式。

2. 农村幼儿园教师的专业文化生活中存在的问题

（1）区域活动与三大游戏关系混淆。教师所制订的周计划表中把区域活动和三大游戏并列表述，说明农村幼儿园教师对这两个概念的理解存在偏差。因为福建省的三大游戏实践出现在区域活动之前，与分科教学同时进行，区域活动普及后，就增加到周计划中了。但这样并列表述存在一些问题。因为这二者是有交叉的概念，有些区域活动就是游戏活动，如表演区、角色区和建构区的就是游戏性的区域。大多游戏活动也都是区域活动，除教学游戏之外，其他的游戏一般都是区域活动。因此把两个概念并列放到表格中是不恰当的。（2）三大游戏误用集中教学。农村幼儿园教师几乎都把三大游戏这样

---

① 朱家雄.幼儿园教育活动设计与实施 [M].北京：高等教育出版社，2019：23.

的创造性游戏活动上成了集中教育活动，没有给孩子真正自主游戏的时间，没有发挥创造性游戏培养孩子创造性的作用。有的园长已经认识到三大游戏应该采用分组游戏的形式，有的认为在集中指导之后可以延伸区域活动。生师比太高是分组游戏不能开展或区域活动时间不能充分安排的一个客观原因，但主要还在于教师观念上的误解。（3）农村幼儿园园长课程素养总体不足。例如，H 在游戏课程化探索中也有"迷茫的点"，他认为自己"没有非常深入或者非常全面地去了解这个游戏课程化理念"，虽然看到了孩子很好的表现，但更多要依赖专家教师的指导，而专家教师资源有限，因此无法在幼儿园普及游戏课程化，无法让所有的老师都达到开展生成课程的水平。有的园长对课程发展和课题研究很茫然。

（三）职后培训生活

农村幼儿园教师的职后培训生活呈现出以下特点。

1. 岗前培训或入职培训有益于其幼儿园教师职业认同

闽南地区的农村幼儿园教师的岗前培训方案是比较优质的，课程是线上线下结合、理论实践结合、学习与考核结合。农村幼儿园教师入编后的第一年的职业生活呈现多样化，有的去小学，有的去教学点，也有的接受正常的岗前培训。去过小学的几位教师反而更喜欢幼儿园的工作，尤其喜欢幼儿园孩子的天真和幼儿园的游戏类课程。

2. 职后培训分类分层

农村幼儿园教师与园长的培训内容和机会不一样，园长往往参与管理类培训，培训的机会也更多，尤其是出省的培训。不同级别的培训，参与对象也不一样。下乡支教式培训仅为支教的优秀教师培训被支教幼儿园教师，结对帮扶式培训往往在拉手园之间进行，县区内的培训一般向县区内所有教师开放（有时候也限人数）；但市级及以上的培训往往选拔优秀的农村幼儿园教师参与。总体来说，园长和优秀教师往往有较多机会参加省市级培训，甚至国家级培训。但是一般教师的培训机会仅局限于县级或乡镇级。

（四）休闲文化生活

1. 坚持专业学习及参与社区文化活动

（1）农村幼儿园教师休闲文化生活值得称道的是休闲时间坚持学历提升。被访教师中所有第一学历为中专的经过业余学习，全部达到大专学历，包括乡村教学点小学附设幼儿班的两位临时教师，并且她们也在努力考电大本科学历。可以看到底层的农村幼儿园教师积极向上的精神面貌，当然"考编"是年轻的非编乡村教师内心的渴望，是她们不断努力的重要推动力。而编制内的农村幼儿园教师的继续学习提升水平的动力则是"考城"，如果是城市长大并且没有嫁到当地的，都想要在数年后再考入城市就业。但是在当地结婚的教师则愿意为爱留在乡镇。（2）部分教师参与了农村社区文化生活。例如，少量教师参与了地方采摘节的文化活动、县气排球比赛和中心小学的节日活动等。

2. 休闲文化生活中存在的问题

（1）非学历教育质量难以保证。农村幼儿园教师所读的大专或本科非学历教育有网络教育、函授教育、广播电视大学和自学考试等多种类型，质量难以保证。（2）文化生活与社区脱节。被访教师们都感到生活较为枯燥乏味，大部分人几乎与乡村文化生活脱节，他们所在小学也很少组织活动。（3）在园文化生活内容贫乏，艺术类爱好不能继续发展。对于新生代农村幼儿园教师来说，他们职前教育中所学专业技能广泛、爱好多样，喜欢绘画、跳舞、钢琴、唱歌等艺术活动，也期望能够得到肯定与进步，但在乡镇他们没有条件进行这些艺术娱乐活动，手机成为他们消磨时间的最佳工具，休闲生活内容主要是手机游戏、网络阅读、追网剧等。一部分在县城居住的教师的休闲生活也大众娱乐化。

第六章　福建省农村公办幼儿园新生代教师职业认同

——13名教师的群体案例

　　乡村教育发展是乡村振兴的关键，新生代乡村教师是乡村教育发展的关键。新生代农村教师能否安心留在乡村幼儿园任教关系着乡村学前教育的可持续发展。深厚的乡土情感和高度的职业认同是其主动入职的主要动因。[1] 新生代优秀乡村教师具有"为师为亲""为生为人""为家为乡"等教育信念。但大多数新生代农村教师有着明显的城市化特征，有疏离甚至逃离农村的想法[2]，或有逃离乡村的隐形计划[3]，离职意向普遍存在，尤其是其中的男教师和小学教师。[4] 他们认同教师的身份，认同城市教师的身份，却不认同乡村教师的身份。[5] 同时，新生代农村教师在教学者、反思者和研究者等方面存在角色认同危机。[6] 据不完全统计，我国在2010—2017年，乡村教师数量从472.95万人降为249.23万人，乡村教师流失严重，尤其是受过良好高等教育的新生代农村教师流失现象更为突出。[7] 仅有16.4%的特岗教师对自己所从事的工作表示认可[8]，城镇幼儿园教师的职业认同水平显著高于乡镇幼儿园教师。[9] 想留

① 李斌辉，李诗慧. 新生代优秀乡村教师主动入职动因与启示——基于全国"最美乡村教师"事迹的质性研究 [J]. 教育发展研究，2018(20)：25-33.

② 郑新蓉，王成龙，佟彤. 我国新生代乡村教师城市化特征研究 [J]. 河北师范大学学报（教育科学版），2016(3)：70-77.

③ 李扬. 异乡的局外人——新生代农村小学教师身份认同的多元叙事研究 [D]. 淮北：淮北师范大学，2021.

④ 刘佳，方兴. 新生代乡村教师的离职意向与政策改进 [J]. 教师教育学报，2020(2)：81-88.

⑤ 姚岩，郑新蓉. 走向文化自觉：新生代乡村教师的离农化困境及其应对 [J]. 中小学管理，2019(2)：12-15.

⑥ 蔺海沣，赵敏，杨柳. 新生代乡村教师角色认同危机及其消解路径 [J]. 中国教育学刊，2019(2)：70-75.

⑦ 阚常秋. 城市化特征对新生代乡村教师工作压力的影响及缓解对策 [J]. 中国农村教育，2019(22)：15-16.

⑧ 廖朝华. 西部农村地区特岗教师职业状况调查报告——以云南省鲁甸县为例 [J]. 基础教育，2010(8)：6.

⑨ 段碧花. 贫困地区幼儿园教师职业认同现状与提升建议 [J]. 学前教育研究，2021(2)：71-74.

住新生代农村教师，除了关注物质方面，还要考虑其精神层次的追求。笔者实地采访了 13 位 1980 年后出生的农村幼儿园教师，从价值认同、目标确信、胜任效能、情感归属、投入意愿和持续承诺六个方面了解其职业认同情况。希望引起社会对农村幼儿园新生代教师职业认同的关注，采取措施提升农村幼儿园新生代教师的职业认同感，保障农村学前教育的质量。

一、研究概述

（一）被访教师所在幼儿园背景

本章研究的对象与第五章相同。走访的幼儿园位于闽东福安市、闽西连城县、闽南的长泰区和永春县、闽中清流县及闽北南平市。

1. 闽东地区的幼儿园

福安市素有"中国中小电机之都""全国科技工作先进市"等称号，是闽东地区的重要经济中心①，但调研的两个乡镇发展不平衡。

ML 和 YA 两位老师在同一所乡镇中心园，该园所在镇以农业经济为主，当地年轻劳动力少，留守儿童多。目前在园教职工共 13 人。2019 年，该园开设 7 个教学班；2022 年，开设 5 个教学班（大班 2 个、中班 2 个、小班 1 个），幼儿数 138 人。该园于 2017 年迁入新址，但新园的活动室设计不合理，无幼儿午睡室，阅读室位于教师视线盲区。旧园的老旧设备和新设备混合使用，但玩具、柜子、电风扇、户外器械都不够用，班级里面只有电视，不能用 PPT。新设施、设备质量差，例如，饮水机要自己烧水倒进去，幼儿园的水是黄的，"沉淀一下，底下有一粒一粒的东西"；伸缩门特别大，"小孩能钻出去，大狗能钻进来"。物质条件的不足给教师们带来了一些不必要的困扰和安全方面的压力。

F 老师在一所乡镇中心小学附属幼儿园。该园创办于 1973 年，目前占地面积 1300 平方米，与小学一样没有午餐和午睡。幼儿园自 1982 年起有了第一任园长，至今已有四任园长。幼儿园不断发展：1992 年，4 个班，园舍是

---

① 俞宏业.闽东经济的重要中心——福安市 [J]. 亚热带资源与环境学报，1999(1)：20-25.

小学废弃的土木结构毛坯房；2006 年后搬到了小学新建的教学楼里；2012 年，11 个班，同年 11 月通过了县级"示范性幼儿园"评估；2020 年，14 个班，幼儿 600 余人，教师 34 人，其中正式教师 26 人，代课教师 8 人，本专业教师 18 人，其他为非专业转岗老师，这些教师初始专业有中文、历史和财会等。[①] 幼儿园设有幼儿专用角色游戏室、结构游戏室、多功能室，设施设备都按标准配置，包括幼儿桌椅、玩具橱、电子钢琴、桌面玩具、大型建构胶粒、户外玩沙池和戏水池、大型器械、攀爬墙和栅栏等，有教师办公室、会议室、幼儿保健室、资料室等。另有下属村级幼儿园 1 所、学前班 8 班。幼儿园的办园理念为"关注每一个孩子，关注孩子的每一天，让孩子健康成长"，除了重视日常保教活动的质量，还注重开展多样化的活动，例如，幼儿自理能力比赛、画展、文艺演出、亲子运动会、亲子自制玩具、区域活动观摩、幼儿早操比赛等。

2. 闽西地区的幼儿园

闽西有"客家祖地"之称，客家文化氛围浓厚，调研的镇是省级历史文化名乡，客家文化氛围浓厚，镇上尚保留许多传统节日，如"二月二""采摘节"等，民风淳朴，留守儿童居多。

CH 老师所在的镇中心幼儿园是日托幼儿园，开设了午餐、午点。2010 年，该园迁至镇中心小学西北侧；2019 年，开设 9 个班；2022 年，8 个班，教职工共 34 人，专任教师 27 人，其中具有大专及以上学历者占 85%，其中本科学历者占 40%。幼儿园秉承"用爱养育、用心教育"的办园宗旨和"爱、尊重、责任感、和谐、卓越"的园风，期待打造全乡一流的幼儿园。有两位老师在村办小学的附设学前班，LJ 老师所在教学点有教职工 9 人（保育员 1 人，专任教师 8 人）；XQ 老师所在教学点有教职工 3 人。

3. 闽南地区的幼儿园

P 老师和 WJ 老师分别在永春县的两个乡镇中心幼儿园，该县经济以工业为主。P 老师所在乡镇到县城车程约 1 小时，该镇 2019 年时有两所中心幼

---

① 园长介绍说有些非专业的老师是因为很喜欢孩子，一毕业就到幼儿园工作了，属于幼儿园自聘，他们都在努力考教师资格证书。(SI.26-28)

儿园，且第三、第四所中心幼儿园已在筹建中。在调研的五个地区中，这是唯一一个拥有多所中心幼儿园的乡镇。该镇生活便利度与普通县市相差无几，可使用各种外卖软件，夜间店铺都在运营，村民夜间生活也较丰富，与其他四个地区的乡镇截然不同。该镇中心园实行全日寄餐制，2019 年设有 12 个班级，共约 560 个幼儿。每个班级配备"两教一保"，但班额很大，如 P 老师所在班级有 54 名幼儿。教室有幼儿活动区、幼儿寝室和卫生间，设施较为完备，但教师活动的场所仅有教师办公室，一个年段只有一台电脑，主要是段长使用，做材料"要等"。P 老师认为幼儿园的卫生消毒做得不到位，跟她在县城跟岗的幼儿园相差太远。

J 老师和 H 老师分别在漳州的两个镇中心幼儿园。J 老师 2012 年创园，当年招生一个班，2018 年该园被评为县级示范性幼儿园，2019 年已有 11 个班，24 位老师，其中 6 位在编，14 位政府劳务派遣，6 位园内临时聘用。H 老师所在镇中心幼儿园创建于 2006 年，原址位于镇中心小学内，后重新选址于一个村，投入 1000 多万元新建，并于 2016 年 9 月正式投入使用，于 2020 年被评为市级示范性幼儿园，2021 年成为市级重点课题"游戏课程化理念在农村幼儿园的落地与实践研究"的基地园。幼儿园每班配置"两教一保"，现有专任教师 18 人，其中公办教师 12 名，代课教师 6 人，教师学历合格率和持证上岗率均为 100%。走进幼儿园仿佛置身于儿童的乐园，园中有户外泥工区、美工亭、农场种植园、大型器械区、沙池区、嬉水区、投掷区、运动场等区域，户外环境优美，有许多别出心裁的设计。例如"投掷区"中的材料是农村随处可见的泥土，十分环保又能使孩子得到游戏之乐。室内有三大游戏室、阅读室等区域，配齐了开放式玩具柜、图书、玩具等教学材料。该园秉承"让家长在家门口享受优质的学前教育资源"的办园宗旨，遵循"儿童为本"的原则，为儿童提供优质的游戏课程。我们看到在班级墙壁上呈现了孩子们的学习痕迹，如"我想了解的'噗'""我想了解的小学""设计农场和花园"，一本本充满童趣的记录本，呈现了师幼共同创生的课程故事，让我们直观地感受到了孩子们面对问题时的独特想法、遇到困难时积极探索的精神，也让人感受到教师队伍的生机和活力。调研的当天，参观、访问、倾听老师介绍课程故事，一直忙到晚上，园长和老师们都不辞辛劳。笔者回到家时，已是 23 点。

4. 闽北地区的幼儿园

XJ 老师所在镇地理位置毗邻城区，许多幼儿随家长迁往城区生活。镇中心幼儿园创建于 20 世纪 60 年代，是中心小学附设幼儿园。1996 年荣获"延平区优质园"称号，2009 年荣获"南平市延平区示范园"称号（2020 年通过复评）。2019 年开设 6 个班，约 130 名幼儿。当时寄午制私立幼儿园数量逐渐增多，无寄午的公办园优势较弱。不过，该幼儿园 2020 年由省、市、县（区、市）三级政府共投入资金 1200 万元重建，属于福建省民生项目，于当年 10 月投入使用并开启半托。幼儿园现有教职工 35 人，其中专任教师 20 人，教师大专学历 100%，本科学历 67%，均持有教师资格证书。2022 年开设 8 个班（3 个小班）。幼儿园以"快乐游戏、快乐学习、快乐成长"为办园宗旨，以"健康快乐，育人为本"为办园理念，以"成为孩子们的快乐之园、家长的希望之园、老师的成长之园"为发展愿景。QY 老师所在小学附设班因无生源，已于 2021 年 9 月合并到该镇中心园。

5. 闽中地区的幼儿园

XC 老师所在 C 镇中心幼儿园位于三明市清流县，清流县是山区农业县，于 2019 年 6 月实现脱贫，退出了福建省级扶贫开发重点县行列。该镇距离清流县城约一小时车程。目前，该镇中学已合并至县里的中学。镇中学校舍供镇中心小学部分年级使用，镇上所有教师的宿舍也设置在中学内，中心园老师的宿舍也不例外。幼儿园新园舍于 2017 年建成，并于同年 9 月投入使用。新园舍的活动室硬件设施完善，有教师专用的储藏室和宽敞明亮的幼儿园活动区。该园自 2018 年 10 月开始实行寄午制，提供一餐两点，并配备了保育员；2019 年开设 8 个教学班，2022 年开设 7 个班（大班 2 个，中班 3 个，小班 2 个）；2022 年 1 月被评为三明市"市级示范园"。该园希望培养"活泼、健康、自信、友爱、勇敢"的幼儿；办园思路是"规范管理提效率，提升质量求生存，彰显特色促发展，优质服务创品牌"；对教师的要求是"用心工作、爱心育人、真诚服务"。

（二）研究资料的处理

反复阅读访谈转录文本，选择最能代表研究对象的主题句或主题词进行登录汇总与主题分析。主题句或主题词相当于质性研究中的"本土概念"，是"被研究者经常使用的、用来表达他们自己看世界的方式的概念"①。

二、小群体教师职业认同叙事

（一）价值认同

新生代个案教师的价值认同更加多元化，大部分园长和教师明确认为幼儿园教师职业很有意义，并比前两代教师更关注幼儿教育的育人价值。例如，男幼师 H 选择以事业为重，并对学前教育以及男幼师的价值有明确认识，包括学前教育为孩子一生发展奠基、男幼师让孩子回归本真自我等。XC 也看到了幼教为孩子发展打基础的重要作用，认为"盖房子地基一定要最结实最好的"。CH 认为教书育人的职业挺好。其他人大多认为，只要是自己喜欢的、接受的职业，各行各业都有意义。但也有人更认同职业的工具价值，把幼儿园教师的职业当作实现其他目的的工具。在家庭和职业的重要性上，非编教师 JL 选择事业更重要，有三个教师选择家庭和事业两者都重要，其他都认为家庭的幸福更重要或者生活比工作更重要。J 属于家庭和事业双丰收类型的人，但如果要二选一，她还是选择家庭。

在教师的价值判断上，J 认为农村幼儿园教师的价值和城里的一样；WJ 认为农村教师可以提高农村家长的教育水平，引导农村家长关注幼儿的个性差异；XQ 也认为要让农村家长认识到幼儿园教师不只是带孩子，而是引导孩子在玩中学习和发展，而且她认为农村幼儿园教师还可以利用丰富的农村自然资源于教学之中，例如，可以带孩子种地瓜、捡地瓜、看水稻等；CH、P 和 YA 都认识到农村留守儿童多、问题孩子多等特殊情况，农村幼儿园教师可以对这些孩子的发展起到重要作用。但闽东的 ML 、闽北的 XJ 和闽西的 JL

---

① 陈向明 . 质的研究方法与社会科学研究 [M]. 北京：教育科学出版社，2000：284.

（非编）这三位教师则认为"农村幼儿园教师没什么价值""农村幼儿园教师没有什么意义""和城市幼儿园教师相比，农村幼儿园教师没有优势"。

有个别教师的价值观体现"拜金主义"。JL认为人生的目的就是"向前转、向后转（向钱赚，向厚赚）"，且认为家庭经济情况对人的命运起决定性作用，"家庭好的……从小就受到更好的教育。像家庭不好的，人家就没受到那么好的教育吧。所以这个就自然而然对自己以后的一些命运啊什么的，就有点那个成定局的感觉"。XJ认为"很有钱的人的生活很有意义，可以活成自己想要的"，"还有那种公司里吧，可以不断向上爬的那样子的一份工作。我觉得那样的人活得也很有意义，很有成就感。不像我们晋升空间非常小，你可能做到老了，也最多就是个园长"。

（二）目标确信

目标确信指幼儿园教师具有明确的职业目标和未来职业规划。这一代教师有的把幼儿园教师当作志业，有明确的办园目标或职业规划；也有的只是为了求一个稳定的职业，尤其是一些跨专业考编的教师。当问到人生目的、未来规划与未来期待时，只有不到一半的被访者有与教师职业相关的职业憧憬或规划。例如，J希望做让孩子快乐成长的幼儿园课程；H希望"做一个男园长管理的，有特色的幼儿园"，"为未来的孩子们提供一种更加宽松的学习环境；XQ人生的目的是"做一名好的幼儿园教师"，QY的也是"当一个好老师，在社会扮演好自己的角色"。F则认为"幼教只是工作，美丽漂亮才是女人终生的事业"。下面重点讲讲J老师和F老师的故事。

J老师的一亩三分地

J在实习阶段同时考上厦门市思明区的和厦门市海沧区的幼儿园，她选择了较差的一所园实习。她职前阶段就确定了"要真正学到本领，到需要自己的幼儿园去锻炼"的目标，后来也顺利考入了编制。

但她说，自己属于活好当下、接地气的人，更多考虑现实生活中的问题，不考虑人生目标、人生理想和人生哲理性的问题，也没有三年要把幼儿园带上市优质园，十年要带上省优质园这样具体的人生规划和目标。当我们交流逐渐深入，她内心的憧憬才变得清晰起来：

> 我最大的愿望就是守好这一亩三分地……就是我还蛮喜欢这个幼儿
> 园，包括幼儿园的一个工作环境、工作氛围。那我更希望的就是跟他们
> 一起，把这个一亩三分地做成我们理想的一种状态，往我们希望的那个
> 方向去发展。（J-SI.872-877）

> 其实我更倾向于不是说这些名利上的东西，我更希望的是，我们怎
> 么去探索出一套适合孩子的一种学习氛围，或者是我们的教学的园本课
> 程。就是说不想去跟风……我们更希望的是，它能够创造出一个适合孩
> 子学习，快乐游戏的环境。希望能够创造出孩子喜欢、孩子快乐、孩子
> 在这个游戏中能够专注的一个氛围、一个环境。（J-SI.882-888）

F 老师的定位是副园长

F 很爱美，当她说出"我觉得幼教只是我的工作，美丽漂亮才是女人终生
的事业，这是我一向的理念"时，笔者是有些意外的。同时，F 不愿意做纯粹
的家庭主妇，"宁愿去上班，我都不愿意待在家带孩子"，她在孩子小的时候
请保姆带了一年半，直到孩子 2 岁。她有自己的工作目标，她兼顾家庭和事
业，但事业是为家庭幸福和个人美丽服务。

> 我的定位就是副园长，我不想当园长①，所以我就一直处于这种工
> 作的状态。如果我想当园长，我肯定要改变一下我自己的工作方式，改
> 变一下我自己的生活方式。我可能会花更多的时间在工作上，忽略我的
> 生活，忽略我的家庭。（F-FI.980-983）

F 认为，一个人要有自己的定位，她给自己的定位是副园长，而不想当
园长。原因之一是在副园长的岗位上她已经轻车熟路，可以平衡她的工作和
生活，如果当园长，工作任务就会加重，影响到她的家庭生活。另一个原因
是不想得罪幼儿园里的同事，希望和大家继续融洽相处。只要她所在的幼儿
园仍附属于小学，没有独立的话，她就会一直保持目前的工作状态，只有独

---

① 后来微信交流得知，她最终还是当了园长。

立了才会做新的努力。

> 如果我的幼儿园有前景……新的幼儿园盖起来，那我的工作就肯定很吃力了。对幼儿园的整个文化、整个规划，应该要有更高层次（的认识）。（F-FI.879-884）

其他8位被访者都没有与职业相关的目的、目标与规划，大都只有生活上的规划与期待，包括相亲、恋爱、生子、赚钱。大多年轻教师只有个人"考城"或"考编"的短期目标或者只追求个人生活享受，而没有人生理想。当这些短期目标实现之后就开始期待安逸的生活，把享受生活、活得开心当作人生的目的。XC虽然认同幼儿园教师职业价值，也主动选择到乡镇工作，但也没有思考工作的长远目标，认为"入编后比较安逸"，以后就是"有一天是一天"。有职业发展目标才能有动力，没有明确目标的年轻一代是令人担忧的。

（三）胜任效能

胜任效能指具备适应专业生活环境所需要的专业能力而产生的自我掌控感。13位被访者中3位园长或副园长的胜任效能都很高，还有5位教师也感觉在农村幼儿园的工作中游刃有余，自得其乐。3位园长中，H认为带领团队取得令人满意的成果，尤其是评估时向专家交了满意的答卷，让他体验到了教师团队的无私付出，体验到了孩子令人惊喜的发展。F觉得自己在语言方面比较有天赋，胜任副园长的工作绰绰有余，带领团队通过了县级示范性幼儿园评估让她感到很有成就感，通过评估之后，一切工作都步入了正轨，她认为不再需要新的学习和成长，除非幼儿园独立。

J认为自己情商高，能很好地处理家园关系以及园长和教师之间的关系，能够化解矛盾，带领幼儿园通过县级示范性幼儿园评估，也得到领导的肯定。目前整个幼儿园上下十分和谐。

> 我自己觉得吧，我可能有一个比较好的优点，就是情商比较高，所以就是可能在跟老师跟家长的一个相处上面，目前来说感觉还是比较可

以的。我还蛮喜欢这个职业的，跟他们相处的过程中还没有遇到什么困难的地方，可能是我的性格的关系，就比较能够去化解这些矛盾，大家相处很愉快。（J-SI.158-163）

5位教师中，XQ虽然是编外教师，但她在镇里的教学比赛字得过二等奖，觉得"和孩子一起很称心"。其他教师中，WJ认为工作"比较轻松"，小孩子也很喜欢她，她跟老师们相处融洽，工作氛围很和谐；YA也认为工作"挺轻松"；CH总体感觉"蛮不错的"，除了安全压力；XC刚毕业后先到厦门的民办园工作了一年，之后回家乡代课两年，再考入编制，她觉得现在的工作相比在民办园"挺舒服"，她说在民办园那一年活动多，加班多，成长也很多，应该说民办园的锻炼对其胜任效能有较大影响。

> 之前在厦门上班的时候，那个时候因为私立园和公立园是不一样的，那个时候私立园它要的就是生源，怕挣不到钱嘛。他们以盈利为目的……他们隔三岔五就来举行一个亲子活动……利用双休日举行活动。一个学期就好几次……会比较累一些。那个时候也成长了很多……其实做幼儿老师还是挺舒服的，因为相比起来，我们假期多，工作日也比较少，而且不用上夜班，也不会那么累，就是不会超负荷的工作。（像医生护士那些）夜班那些什么就是很累嘛……像我们这种如果以后结了婚，有了家庭啊，趁自己的业余时间还可以多陪陪孩子什么的。（XC-FI.547-555；1127-1133）

有3位教师觉得自己不太能胜任工作。XJ觉得"教得有点心累"，"有时候挺厌倦，有点颓废"；P认为"教幼儿园也不是那么容易的"，她因工作效率低而经常加班，也不能处理好同事关系；QY虽然脾气好，有耐心，但她"有时候（会有）孩子会骑在老师头上的感觉"，不能根据孩子的特点进行引导，对班里的特殊儿童也毫无办法。

（四）情感归属

情感归属指幼儿园教师体验到享受专业生活的积极情感。被访教师的积极情感主要来源于孩子。有的为孩子的优秀和进步感到自豪，有的将自己一手创办的幼儿园当作自己的第一个孩子，有的因感受到孩子的成长带来的喜悦而增强了坚守职业的信心，有的因得到孩子的喜欢而感到骄傲，有的因孩子单纯可爱，和其相处不用面对复杂的社会关系而感到幸福。总之，孩子是农村幼儿园教师快乐的源泉。此外，有的教师也会因同事关系的融洽、幼儿园的人文氛围以及国家和领导对幼儿教育的重视而感恩。例如，H 因为政府对幼儿园的投入，园里教师只想做到最好，加班加点而不计报酬的表现而十分感动。

F 回忆起她的第一届学生中有一个考上了北京师范大学，回来见到她还远远地打招呼，她很开心。J 体验到较强的幸福感，不仅事业有成，家庭也和谐、快乐。而且她特别提出"有老人帮忙带孩子"对幸福感很重要。

> 我应该属于像我婶婶说的，比较有幸福感的老师，因为我是本地人。这个幼儿园，说实在的，我就是见证着从它没有，到有，到现在被认可。所以对这个幼儿园其实还蛮有感情的，我经常开玩笑说，我儿子是我第二个孩子，这个幼儿园是我第一个孩子。所以就是注入了很多感情，到现在可能社会也认可它，领导觉得你其实做得也不错，然后现在行政班子也都起来了。我觉得各方面状态还挺满足的。（J-FI.255-260）
>
> 我是独生女，我爸妈又是本地的，就离我婆家非常近，顶多就两百米。孩子生活各方面基本上就是（不用我操心）。还有我姨妈有来帮我带孩子……我婆婆做生意。我就是属于比较有坚强后盾的，所以基本上工作没有什么后顾之忧啦。宝宝六个月的时候就断奶了，我就出差了。然后基本上每一年，我也是到处旅游，到处出差，和之前没什么差别。（J-FI.218-220；222-225）

XC 因为在民办园工作过，入编后有对比，感到农村公立幼儿园的编内教师社会地位不低，同时，她感到现在工作的幼儿园环境温馨，园长的管理让她舒心，孩子们的热情更是让她体验到快乐。

> 对于私立幼儿园的话，可能教师的地位比较低一点，但是公立幼儿

园的话就不会。私立幼儿园感觉什么都要围着家长转，家长都是上帝的那种感觉，但是现在（在公立园）就不会。（XC-FI.861-865）

我觉得进来幼儿园很舒服。而且我们校长，有什么领导来检查环境什么的，他首先就带来幼儿园。为什么啊？因为……干净整洁……而且我们走廊也布置环创，还会比较温馨一点吧。（XC-FI.805-809）

我们园长特别好，我就是奔着园长回来的……你去别的幼儿园的话，你不一定有那么好的园长。像我们跟园长说什么，园长就"好啊""可以啊""你去放心大胆去做吧"。而且她的管理方式也挺好的。她对我们，不管是教师、家长还是小朋友都挺好的。（XC-FI.759-772）

我小班的小朋友……我现在去操场上，他们每一天见到我真的跟粉丝一样，很热情。我感觉自己跟偶像一样的，真的。他们见到我也不会说会怕我或哪种，反正就是每次见到我都一定要喊。我说可以了，不要这么热情了。（XC-FI.271-277）

只有 P 和 XJ 表现出职业倦怠感。F 虽然对职业满意，但对于幼儿园未能独立，受小学校长管理而感到农村幼儿园教师职业的社会地位不高。

（五）投入意愿

投入意愿指幼儿园教师主动付出努力从而促进成长的自我激励愿望。虽然大部分教师认为家庭的幸福更重要，但他们都认为家庭和事业要两者兼顾，希望在下班时间"好好生活"，上班时间"好好工作"，工作任务尽量在上班时间完成。

我是属于工作、生活还蛮会调节的人，工作时好好工作，生活时好好生活……下班以后，我觉得我就应该把时间给孩子，给老公，给我自己的生活……基本上不会在我的课余时间再去谈工作，但是工作的时候你就是好好地去工作……我经常跟我们幼儿园老师说，你们工作的时候好好工作，工作的时候不要看手机、不要去聊天、不要去干吗，你们尽量在工作时间把你们的工作做完。下班之后，你们好好去玩，好好去开心。我从来不叫他们加班。（J-FI.266-277；285-289）

但是在迎接示范性幼儿园评估等特殊时期，大家也会不辞辛劳地加班；回家后大家也会备课。被访男教师的投入意愿相对更强，在其仍为普通教师时经常周末加班，因工作出色而担任园长之后也不怕面对挑战（详见本书第七章 H 的个案研究）。

有不到一半的被访教师相信命运和自身的努力有关。非编教师 XQ 认为命运跟机遇、家庭经济有关，但也相信命运掌握在自己手里，她曾冲破家庭的阻拦，自己半工半读，目前正在努力考编中，同时她也感到"教师这个行业竞争太激烈"。

> 有时候有努力就会有收获。（命运）都是掌握在自己手上，机会也是。但有时就是你说你努力了，人家比你更努力。考编还是没办法，竞争太激烈了……以前是没有那么多人考。后面就可能教师这个行业……很多人比较赞赏、比较尊重啊，然后工资待遇可能又更好。（XQ.1276-1280）

XC 也相信命运和自己的思想是否上进有关。她说自己"在工作中我算是比较积极的"，习惯在上班时间完成工作任务，不会拖到下班后。访谈时她整个学期的教案都写完了。

> 如果你自己懒惰，你不上进的话，你就是想过那种安逸的生活，不思进取的话，你也学不到什么东西。就算给你的条件再好，你也没办法去学到它。但是如果你有一颗上进心的话，就算条件不好，你也会去创造条件，学到更多东西。（XC.1166-1168）

但也有少数教师把命运归之于家庭出身、嫁人等客观因素而没有看到自身努力的作用，投入意愿自然不强。例如，P 、QY 和 JL 持同样观点，都认为命运和运气与原生家庭有关；XJ 也认为命运由长相、家庭背景和嫁的人决定。只有 CH 谈到命运和老师的影响有关。

（六）持续承诺

持续承诺是指幼儿园教师主动留职或继续专业成长的一种长期专注的誓

愿。如果有第二次选择的机会，新生代的三个园长中，两个坚定再选，一个不选。他们当初报考本专业都由父母选择或老师推荐，如今都事业有成，但还是有人希望有不一样的人生。J曾有机会去信访办但"舍不得离开"幼儿园，因为工作当中能找到"存在感、成就感和满足感"，也是为了父母和爱情。她说：

> 在这个工作当中还是能找到我需要的一种存在感、成就感和满足感，所以如果现在我还有其他选择的机会，我应该还是会选择这个职业……我有很多的机会离开这个幼教的岗位，我前后两三次机会可以调到政府部门，或者是服务性窗口，就是比较悠闲一点的岗位上。那也是考虑到孩子、家庭还有父母。那我会选择说，自己也喜欢这个职位，而且这个幼儿园对我来说也像我第一个孩子一样，所以舍不得离开。（J-SI.819—825）

F也"愿意一直在乡镇"，把家庭经营好。她在县城长大，对于乡镇的文化是陌生的。她是被爱情留在乡镇的，如果爱人调走，她必然跟着走。她认为乡镇最大的优势就是生活节奏比较慢，她喜欢农村悠闲的生活方式，认为"最佳状态"是既可以"快乐地工作"，又可以"很好地生活"。但乡镇幼儿园教师的职业对她而言是合适的工作而非喜欢的事业，倘若有第二次选择，她会当一名美容师。

> 为什么我一直都待在这边，我不想去宁德，我也不想去福安城关，我就觉得夫妻，婚姻嘛，两个人结婚必须在一起……因为我老公的工作是不可能调动的，我一直都明白这一点，所以一直都愿意待在这里，愿意把我的家庭经营好。（F，1017—1022）

> （第二次）应该不会（再选择幼儿园教师）了。我会选择当一名美容师吧。因为我觉得我自身是属于比较注重形象的一个人，或者说形体设计师啊这种类型的职业……我觉得，一个女人如果你不注重形象，你肯定不会注重生活品质。我觉得一个人的生活品质是很关键的。你工作也是为了生活吧，生活也是为了快乐。（F，958—969）

如果有第二次选择机会，其余 8 个教师中有 7 个都会再选幼儿园教师。具体原因包括"为了编制"（CH）、"想不出能做别的什么"（XJ）、"喜欢又不是很累"（QY、JL）、"挺舒服的"（XC）。XQ 虽然是非编教师，但她说"不管工资高低，我都会去从事它"。7 个会再选的教师当中有 6 个明确计划要"考城"，对乡村教师职业无持续承诺。想进城的教师一般是完全看不到农村幼儿园教师的价值的。JL 和 QY 认为"在村里见识少，没什么发展与进步"。XC 也说在农村"优势的话倒是想不出来什么，就是你所接触的都是比较原生态"。

可以看出，大家更多认同教师职业，认同城市幼儿园教师的职业，但不太认同农村幼儿园教师的职业。个别教师虽然最初放弃县城回到家乡，但也只是想"先下乡再进城"。

三、研究结论

笔者把最能代表研究对象职业认同情况的主题句或主题词进行汇总登录，13 名新生代幼儿园教师在价值认同、目标确信、胜任效能、情感归属、投入意愿和持续承诺六个方面认同情况可以总结如下。

（1）价值认同。大部分园长和教师明确认为教师职业或幼儿园教师职业很有意义，开始更关注幼儿教育的育人价值，但部分教师看不到农村幼儿园教师职业的价值。（2）目标确信。有的教师把幼儿园教师当作志业，有明确的职业规划，包括想做让孩子快乐成长的幼儿园课程、希望促进留守儿童的发展等；有的只是为了一个稳定的职业，除了"考编"和"考城"，别无目标。（3）胜任效能。被访的园长胜任效能都较高，教师胜任效能呈现两极分化。有的感觉自身对教师工作游刃有余，自得其乐；而个别高学历公办教师和临时教师胜任效能低。（4）情感归属。被访教师普遍满意度较高，幸福感较强，只有个别教师少有积极情感。（5）投入意愿。被访教师普遍愿意"快乐地工作，很好地生活"，一般不愿在休闲时间加班，他们似乎是生活品质最高的农村幼教人。只有个别教师投入意愿不足。（6）持续承诺。教师普遍计划"考城"，即对幼儿园教师职业或者城市幼儿园教师职业有持续承诺，但对乡镇幼儿园教师职业持续承诺较弱。职业认同主题词句详见表 6–1。

表 6-1　职业认同主题词句汇总

	价值认同	目标确信	胜任效能	情感归属	投入意愿	持续承诺
1/F	工作带来成就感，生活带来幸福感	我的定位就是副园长；幼教只是工作，美丽漂亮才是女人终生的事业	通过示范园评估；语言方面比较有天赋	同事之间的关系很融洽；幼儿园处于比较弱势的地位	愿意做烦琐的副园长管理工作	愿意一直在乡镇，把家庭经营好。第二次会选择当一名美容师
2/J	从职业获得一种幸福感。家庭更重要	孩子快乐成长、坐着摇椅慢慢摇	我情商高，能够化解矛盾	幼儿园像我第一个孩子	好好工作，好好生活	舍不得离开。工作当中能找到存在感、成就感和满足感
3/H	学前教育为孩子一生发展奠基。让孩子回归本真自我	做一个男园长管理的，有特色的幼儿园。为未来的孩子们提供一种更加宽松的学习环境	评估交了满意的答卷	感恩领导，感恩团队	做自己喜欢的事情，累也把它啃下来	坚守初心
4/WJ	每个行业都有意义。农村教师能引导家长关注幼儿个性差异	吃饱了睡，睡饱了吃	比较轻松，小孩子都蛮喜欢，工作的氛围和谐	自豪来自孩子的喜欢；有幸福感	能在工作时间完成就在工作时间完成	第二次还会选幼儿园教师，因为满意
5/XQ（非编）	做幼儿园教师挺有意义。让农村家长认识到孩子是在玩中学习和发展	做一名好的幼儿园教师，期待考上编制	教学比赛中得二等奖，和孩子一起也很称心	有幸福感，最自豪孩子的进步	教师这个行业竞争太激烈，你努力，人家更努力	不管工资高低，我都会去从事它。第二次还会选择幼儿园教师，真心喜欢这个职业
6/QY（城）	自己喜欢的工作，都有意义。农村教师可以利用自然资源教学	当一个好老师。在社会扮演好自己的角色	自己脾气好，细心和耐心。但有时候会有孩子骑在老师头上的感觉	跟小朋友在一起开心、幸福，自豪是人民教师	会利用下班时间备课	第二次还会选幼儿园教师，因为喜欢又不是很累；希望考进城
7/ML	给国家做出贡献的职业都有意义。农村幼儿园教师没什么价值	人生没什么目的，得过且过；期待相亲	有一点如鱼得水的感觉	孩子可爱，不用面对社会人；有一点幸福的感觉	工作量挺少；愿意偶尔加班	第二次还会选幼儿园教师；犹豫要不要考乡镇，三年之后才能考回城

	价值认同	目标确信	胜任效能	情感归属	投入意愿	持续承诺
8/CH	教书育人挺好，引导留守儿童发展	人生的目的是活着，活着是为了自己开心，不希望做半边天，期待恋爱	除安全压力外，总体感觉"蛮不错的"	挺喜欢，有幸福感，比在小学更开心；自豪孩子的成长	命运和自身、家庭、老师的影响有关。工作和家庭会分开	愿意继续做幼儿园教师。有机会想考回城里，因为家在城里
9/P	每个职业都有意义。农村幼儿园教师对留守儿童的发展产生作用	没想过人生的目的；期待三年抱俩	同事关系、小孩的安全是烦恼。好累，教幼儿园也不是那么容易的	没有值得自豪的	一想到明天要上班，我真的是好累	第二次不会再选幼儿园教师，不过每个职业都难
10/YA	自己接受的职业就是有意义的。农村留守儿童多，教师可以发挥作用	人生的目的是享受生活。期待成为成功人士	自得其乐，工作其实是挺轻松	自豪会的东西比较多	命运由家庭、社会环境、性格决定。想要追求向上	出于现实，第二次还会再选幼儿园教师，当初为了编制选而这个专业
11/XJ	有钱人的生活很有意义，可以活成自己想要的；农村幼儿园教师没有什么意义	人生的目的是活得开心	教得有点心累，有时候挺厌倦，有点颓废	得过且过，还是稍微有一点点责任心	为完成任务愿意加班	第二次还会选幼儿园教师，因为想不出能做别的什么，想要一份相对轻松的工作
12/JL（非编）	各行各业都有意义。和城里教师相比，除了比较轻松，农村教师没有优势	人生的目的"向厚赚、向钱赚"	上好一节课比较难	因为喜欢而选择了学前教育；目前工作不太满意，因为编外	在学校就做学校的事情，回家没办法	第二次还会选幼儿园教师，因为喜欢。但在村里见识少，没什么发展与进步
13/XC	教师的职业很有意义，幼教就像打地基；家是最重要的	期待安逸的生活	做幼儿老师还是挺舒服的（游刃有余）	孩子是快乐的源泉；奔着园长才回来的；公立幼儿园教师社会地位不低	命运和自己的思想有关。在工作中，我是比较积极的	我是想先下乡再进城

被访教师的积极情感主要来源于孩子的成长以及孩子给予的积极反馈。其次来源于工作成就感和人文关怀的管理氛围。被访者多有很高的胜任效能

感。但目标确信和持续承诺不强。综上所述，大部分除了"考城"和"考编"，没有职业发展目标。在持续承诺方面，大都愿意做幼儿园教师，但不愿意长期做乡镇幼儿园教师。13位教师中有4位对农村幼儿园教师职业有较高的职业认同。有2位还没有形成对农村幼儿园教师的职业认同，其他几位对农村幼儿园教师职业是基本认同。

第七章 一位乡镇中心幼儿园男教师生命故事中的职业认同[①]

自陈鹤琴先生提出学前教育需要男教师以来，幼儿园男教师的职业优势也日益受到国家、社会及各方人士的关注，幼儿园男教师培养与就业呈现出欣欣向荣之势。学者们认为：幼儿园男教师能弥补当前学前教育单一性别影响[②]，对幼儿性别社会化起着积极的平衡作用，提高幼儿教育整体质量。因此，国家需要大量高素质、下得去、留得住的男幼师。但是幼儿园男教师比例一直十分低，纵观近十年《中国教育统计年鉴》的数据，其比例始终维持在 2% 左右，国外幼儿园的男教师比例同样低于 3%。[③]同时，比例如此低的幼儿园男教师群体还存在着培养难、入职少、流失快等问题[④]，其职业认同感偏低。职业认同意味着个体对自己的职业目标、兴趣和才能有清晰的认知和稳定的态度。[⑤]教师职业认同是教师在其生活中获得价值感，确认自我能够在职业生活中获得幸福和尊严的过程。[⑥]良好的职业认同是个体入职、留职的关键因素[⑦]，但目前国内关于幼儿园男教师职业认同的研究很少，仅有个别量化研

① 本章由笔者主持并于 2021 年 3 月 25 日完成对研究对象的生命故事访谈与追问，同时与镇幼教干部、中心学校校长和支教教师进行了座谈。录音总时长 3 小时 33 分 43 秒。访谈录音转录由周悦、孙润雯、薛凤清、钟颖欣、陈惠超五位同学共同完成。姚子睿同学参与二次访谈与初稿生命故事部分的写作。

② 肖兴政，刘燕，王露梅. 改善幼教师资性别配置研究 [J]. 山西财经大学学报，2011(S2)：167-168.

③ Cole K, Plaisir J, Reich-Shapiro M, et al. Building a Gender-Balanced Workforce: Supporting Male Teachers[J]. Young Children, 2019(4): 39-45.

④ 王丽娜. 幼儿园男教师职业幸福感的叙事研究——以浙江省杭州市三位幼儿园男教师为例 [D]. 金华：浙江师范大学，2018.

⑤ Holland J L, et al.The Vocational Identity Scale: A Diagnostic and Treatment Tool [J]. Journal of Career Assessment, 1993(1): 1-12.

⑥ 蔡辰梅，刘刚. "教师是一种良心活" ——对教师职业认同方式的分析与反思 [J]. 教师教育研究，2010(l)：6.

⑦ Moore M. Holfrnan J E. Professional Identity in Instimtions of Higher Learning in Israel [J]. Higher Education, 1988(1): 69-79.

究①，或关注职前男幼师的质性研究。②③本章希望通过生命史研究呈现出一位成功的乡镇中心幼儿园男教师的生命故事中职业认同形成与转变的过程，以为幼儿园、教师教育机构和政府制定更有针对性的男幼师发展支持政策提供启示和借鉴，提升男幼师的培养质量及其招聘和保留率。

一、研究方法

（一）传记研究

本章采用传记研究，从男幼师完整的生命成长经历的视角探究影响男幼师职业认同的因素。英国学者认为教师传记研究要和情境分析、历史分析相结合，只有"从叙事转身到情境"，生命故事才能成为生活史，才能有效理解教师的生活与职业。④本章结合个体的故事，同时呈现出我国农村学前教育及整个学前教育蓬勃发展的历史背景，以使幼儿园男教师生活故事能够成为生活史。具体借鉴康奈利和克兰迪宁的三维叙事探究空间模式，关注经验的情境性、连续性和交互性⑤，把个体的经验放在宏大的历史背景下来陈述，关注生命故事的连续性及职业认同发展的完整过程，并分析个体生活事件与社会事件的互动过程。

（二）叙事访谈法

本章主要采用叙事访谈法，该方法主要是由德国社会学家舒尔茨初创并不断发展而形成的，资料采集法主要分为三个步骤。⑥

---

① 李威.安阳地区男性幼儿园教师职业认同现状分析 [J].长江丛刊，2017(18)：260.

② 杨晓岚，周欣，李传江.他们为什么选择了离开——学前教育专业男生毕业流失问题的背后 [J].高校教育管理，2017(1)：40-48.

③ 傅小芳.高师院校学前教育男生专业认同的影响因素分析——以人类发展生态学为视角 [J].贵州师范学院学报，2013(8)：69-72.

④ 古德森.教师生活与工作的质性研究 [M].蔡碧莲，葛丽莎，译.北京：教育科学出版社，2013：6，27，38，74-75.

⑤ 丁钢.声音与经验：教育叙事探究 [M].北京：教育科学出版社，2008：61-62.

⑥ 王雅惠，倪鸣香.觉醒与争权的社会行动：另类学校家长教育选择权意识生发样貌之个案研究 [J].生命叙事与心理传记学，2013(1)：341-366.

一是主叙述阶段。参考艾米娅·利布里奇等研究者的方法[①]，请研究对象回顾在每个阶段的人生经历，越详细越好。二是回问阶段。参考麦克亚当斯所提出的核心情节问题等，包括高峰点、低谷点、转折点、最早的记忆以及最深刻的记忆，如生命中最快乐幸福的事等。三是平衡整理阶段。[②]访谈者在此阶段需要请被访者对其生命故事或职业经历做一个自我评定，也可以就一些事件的成因进行深入提问。

（三）叙事分析法

文本分析阶段，借鉴舒尔茨提出的文本解析的工具，包括叙述的整体结构（生命历程阶段）、文本的三结构（叙述、描述及评价）及对叙述认知指示器（联结词，如"因为""所以"；时间流程的标志词，如"那时候"；场地信息等）的观察等。[③]依据完整的访谈文本，笔者将 H 的生命故事划分为从启动叙述流到再次管理园所等依次衔接的十四个叙述阶段（见图 7-1）。在生命故事的基本视框形成的基础上，同时不滞于对个案本身进行阐释，也把个案放到社会历史脉络中来揭示社会历史的发展对个人职业认同发展的影响。笔者对访谈原始文本内容均进行了编码处理，编码方式详见前言部分。

---

① 利布里奇，图沃-玛沙奇，奇尔波 . 叙事研究：阅读、分析和诠释 [M]. 王红艳，译 . 重庆：重庆大学出版社，2019：7.

② 郑剑虹，黄希庭 . 国际心理传记学研究述评 . 心理科学，2013(6)：1491-1497.

③ 倪鸣香 . 童年的蜕变：以生命史观看幼师角色的形成 [J]. 教育研究集刊，2004(4)：17-44.

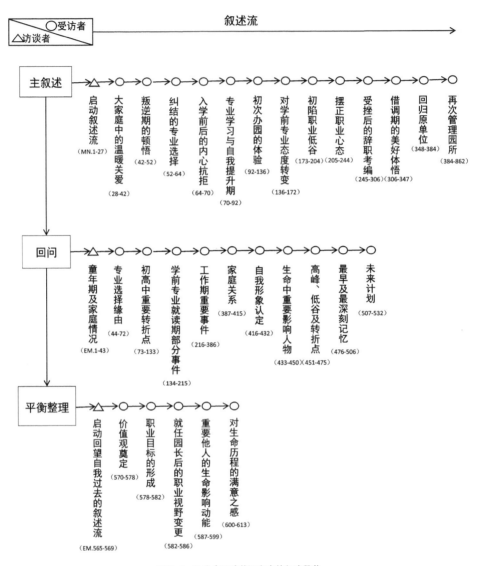

图7-1　H生命口述传记文本的叙述段落

资料来源：笔者指导姚子睿整理。

（四）研究的信效度

有的学者提出了评价案例研究的七个标准，包括对人物的"洞察力"、帮助我们理解人物的内心世界、加深我们对人物的共情、有力地刻画人物所处的社会和历史背景、阐明相关事件、体验和境况的原因、能打动读者等。有的提出叙事研究的四条标准：证据的全面性、前后诠释和内外评价的一致性、帮助读者更好理解生活的洞察力和审美吸引力。[①] 本章主要采用同行反馈法和参与者检验法。与同行交流研究结论，根据同行的建议进行修改；把研究报告反馈给研究对象并尊重研究对象的意见进行修改。[②] 进一步比较前后两次访谈中所呈现出的职业认同表现，保证文本数据的前后一致性；同时尽可能把人物的生命故事放在社会的大背景中来诠释，以增强内外解释的一致性和对人物的洞察力及对自身生活的洞察力。

（五）研究伦理

在访谈前，第一，笔者向受访对象强调了研究的自愿原则，同时明确告知受访对象，研究的目的在于深入理解男性幼儿园教师职业认同形塑与发展的过程与相关影响因素。第二，是对受访对象个人隐私的尊重，不对其过分私密、不愿细说的隐私信息进行过度追问，并且在研究报告中采用化名。

二、H 老师在社会情境中的生命故事与职业认同发展

（一）H 老师在社会情境中的生命史

20 世纪 80 年代，国家对幼儿师范教育和农村幼儿教育越来越重视，接连发布了几个相关文件。例如，1980 年《关于办好中等师范教育的意见》、1983 年《关于发展农村幼儿教育的几点意见》和 1988 年《关于加强幼儿教育工作的意见》等，这些文件都表现出对发展乡镇中心幼儿园或学前教师教育的重视。

在这样的大背景下，1989 年，H 在一个小县城的三口之家出生了。H 作为家族同辈中唯一的男孩，自小便集各方的关注于一身，家族中的亲戚多对其宠爱有加，都对 H 的发展轨迹报以关切，并为其提出相应的建设性意见。

---

① 利布里奇，图沃-玛莎奇，奇尔波.叙事研究：阅读、分析和诠释 [M].王红艳，译.重庆：重庆大学出版社，2019：192-194.

② 陈向明.质的研究方法与社会科学研究 [M].北京：教育科学出版社，2000：405-406.

H 在温暖的大家庭当中不断成长，其性格外向活泼、思维跳跃，总能提出一些与众不同的见解。但 H 在步入小学校园后，其个性与学校循规蹈矩的传统"好学生"形象不相符。

20 世纪 90 年代以来，国家文件每隔几年就有关于发展农村学前教育的指示内容。例如，1992 年《九十年代中国儿童发展规划纲要》、1997 年《全国幼儿教育事业"九五"发展目标实施意见》、2003 年《关于幼儿教育改革与发展的指导意见》《国务院关于进一步加强农村教育工作的决定》等，都表达了重视并扶持农村学前教育发展的精神。同时伴随着教师教育体系的开放化、办学层次的提升，国家开始扩大专科以上层次幼儿师资的培养规模。1996 年《国家教育委员会关于师范教育改革和发展的若干意见》提出适当发展本科，按需发展专科，健全和完善以独立设置的各级各类师范院校为主体、非师范类院校共同参与的师范教育体系。1999 年《关于师范院校布局结构调整的几点意见》提出中等师范学校可升格为高等师范学校后，大量中等师范学校或幼儿师范学校升格为职业学院，承担了以学前和托育教师培养为主要方向的教师教育任务。1999 年《中共中央、国务院关于深化教育改革全面推进素质教育的决定》和 2001 年《国务院关于基础教育改革与发展的决定》进一步鼓励综合性高等学校和非师范类高等学校参与培养、培训中小学教师的工作。2002 年《国务院关于大力推进职业教育改革与发展的决定》和 2004 年《普通高等学校高职高专教育指导性专业目录（试行）》等文件为高等职业院校参与学前教育教师培养提供了新的政策空间。2018 年，高职院校学前教育专业布点总数超过 500 个，专科毕业生是当前我国幼儿园教师的主要供给源。[1]2021 年《关于推动现代职业教育高质量发展的意见》提出加快建设学前专业。

国家对学前教育的重视和学前师范教育及职业技术学院学前教育专业的发展为 H 日后报考大专学前教育专业奠定了重要的社会基础，也为 H 日后考入乡镇中心幼儿园编内教师提供了时代机遇。

2002 年，H 步入初中。由于处在青春叛逆期且受到农村整体学习环境欠佳的影响，该阶段的 H 贪玩、与同伴们成天在外结伴出行，学习被搁置脑后。

---

① 陈思，王仕杰，杨甲睿. 新中国幼儿教师职前培养体系发展 70 年：历程、特点与前景 [J]. 黄冈师范学院学报，2019(5)：53-59.

在一次少年打架事件后，坐在沙堆上静默思考的他，突然想要寻求一条未曾设想过的道路，努力学习到底会使自己的人生迈向何方？此后，H坚定了走社会一贯的传统升学途径，即高考道路的信念。高中期间，由于理工科类基础不够扎实，其2008年高考成绩未能达到理想水平，在亲戚及周边老师的劝说、建议下，H选择了进入职业技术学院学习学前教育专业。

在校就读期间，H最初对学前教育专业是比较抗拒的，甚至产生了退学的想法。但在高校教师对其进行悉心教导与"特殊"对待后，他逐渐转变了对学前教育专业的原有看法，形成了全新认知，理解了幼儿园教师的职业价值所在，从而开始打磨专业所需技能，夯实专业理论基础，找回了自信。同时，他也积极参与学生会的工作，得到了社交的锻炼。

2012年大学毕业后，H不得不直面世俗对幼教行业从业者的性别刻板偏见，步入幼儿教育行业，怀揣着教育理想于一所私立幼儿园开始了在幼教行业的尝试。在入职后，由于家长对男性幼儿园教师的不解与蔑视，加之部分专业技能落后于人，H很快便陷入了职业低谷期，常在工作之余依靠电子游戏聊以自慰，但这种消极的状态并未持续太久，H在受到副园长的细致指点后，所授的一次公开课获得了家长和同事的一致认可。此后，他摆正了心态，不再对工作敷衍了事，严格规范自己的教学行为，同时努力提升自己的专业水平，把事做好。

一年的工作期结束后，应父母的建议，H参加了老家的幼儿园教师招聘考试，但故意放弃了教师招聘考试的面试，先到一所家乡的民办幼儿园任代理园长。面对着不同人群对于男性幼儿园教师的非议，H倾注心血于创园初期的各项事务，超额完成了老板规定的招生任务，后因其竭力付出并未得到老板的同等尊重，决意离开，这一经历也让他产生了管理一所符合自己办园理念的幼儿园之愿景。

离职后，H于2014年考入了X乡镇中心幼儿园。这一年，全国专科学历的幼儿园教师已达到了53.68%，其中专科学历的乡村幼儿园教师比例为7.58%。[①]这一年《Z市人民政府关于加快学前教育发展的意见》提出，力争

---

① 朱旭东，胡艳. 中国教育改革开放40年·教师教育卷[M]. 北京：北京师范大学出版社，2019：30.

2016 年秋季实现农村每个乡镇、城市每个街道都有一所公办园的目标。同时出台学前教育"联动帮扶，提升质量"工作指导意见，提出"上挂下派，高位嫁接""名师引领，师徒结对""片区教研"等一系列措施，联动帮扶农村园发展。

受益于联动帮扶政策，入职后不久，H 便有机会借调到县城实验幼儿园跟岗培训。当时恰逢该园在评省级示范园，大型公立幼儿园教学管理的规范性及专业性最初令其手忙脚乱，但其知难而上，利用自己的业余时间甚至在周末加班加点，来弥补自己的能力与经验上的不足。在这里，他充分感受到了园领导对教师们的关怀以及园内各教师间的互帮互助，一种不掺杂金钱利益往来的共事关系，让其感受到了幼儿园工作环境的单纯与美好，这也成为他在繁重、困苦的日常工作当中坚定信念的源泉。2015 年，借调期结束，H 如期被派遣回 X 乡镇中心幼儿园。这一年，H 所在省幼儿师范高等专科学校首次承招了一批免学费的男幼儿师范生，体现出省里对幼儿园男教师队伍发展的重视。

2016 年 5 月，T 县 Y 乡镇调来一位能力强的幼教 E 主任，在她的努力下，Y 乡镇于两年前开始筹建的中心幼儿园新园址完成了配套建设，计划当年 9 月投入使用。当 E 调过来时，中心学校的校长就希望她能带一位园长过来。县教育局选中了 H，他就此开启了自己职业道路的新篇章。

当 H 到达 Y 镇中心园时，才发现该园的现实情况是极其复杂的：基础设施匮乏、师资水平低下，以及趋于严重的小学化倾向。现实与理想之间的巨大落差，曾使 H 迷茫过。这时，因为 2015 年《乡村教师支持计划（2015—2020 年）》规定城市中小学教师晋升高级教师职称（职务），应有在乡村学校或薄弱学校任教一年以上的经历，因此，2016 年，有一位专家园长到 Y 镇中心幼儿园支教，指导其进行园所管理及教师团队组建。2020 年，L 老师也来到这所幼儿园支教。L 老师指导园里的教师们开展游戏课程化探索，她每周到该园工作 3 天，提振了园长和教师们的士气，提高了教师团队专业素养，也使整个园所的课程真正摆脱了教学小学化的泥潭，走上了以游戏为基本活动的道路，课程质量迅速提升。这所偏远乡镇的中心园在搬入新园后四年就通过了市级示范园的评估。一些游戏案例还获得《中国教育报》记者的肯定。该记者还对园所课程做了采访和报道。

2020 年《中华人民共和国学前教育法（草案）》规定，地方人民政府应当加快构建农村学前教育公共服务体系，保证农村学前儿童接受普惠性学前教育。福建省《国民经济和社会发展第十四个五年规划和二〇三五年远景目标纲要》提出"推动学前教育普及普惠发展，稳步推进公办园建设"。Z 市为了落实省"十四五"规划的精神，规划到 2025 年将公办幼儿园的占比提高到 55% 以上，普惠性幼儿园覆盖率保持在 90% 以上，2022 年，T 县将有两所镇或村幼儿园投入使用，H 被选任其中一所新办园园长，正在进一步实现他的理想。

（二）教师职业认同在生命成长中的动态发展

职业认同是一个不断发展的动态过程，并非一成不变的，这已成为学界共识。本章假设幼儿园男教师的职业认同是个人生命事件与社会事件交织互动向前发展的过程。基于该假设，回归 H 生命故事中有关职业认同形成与发展的关键事件与节点，对 H 幼儿园教师职业认同在时间流中的形成与发展过程进行探析，发现 H 在从事幼教工作过程中的职业认同动态发展的线索是波折的、起伏的、上升的。

入读职业技术学院前内心的抗拒与勉强接受

从我自身的角度来说，我认为学前教育当时是那种女生做的事情，男生去做这个可能会被人看不起，是没有前途的……所以当时内心是很抗拒的。（MN.59-61）

但在填志愿的时候就再三斟酌考虑……经过自己内心的一些斗争，最后还是选择这个专业。（MN.61-63）

以上是 H 在专业填报时至入学前对学前教育专业的基本认知及当时的心理状态。不难发现，大量的内心冲突性语句在文本中频繁出现，可以直观地反映出他在心存消极情绪态度迈入学前教育专业之时，还没有产生相应的职业认同感。

入读职业技术学院时期的不自信到逐步认同

在 H 的生命故事文本中，首次出现职业认同的相关表现要定位到大学时期。在老师和同学的帮助下 H 找到了自信，并且通过学生会的工作得到了社交的锻炼。

> 在他们的帮助下……第一学期，乐理（成绩）是我们全班第一。钢琴也从不会到会，在第一次的期末考试中也是全班第二。（MN.70-76）
>
> 在大二的时候就到我们校学生会主席团……在交往交际这方面得到了很大的提高。（MN.87-91）

在专业课教师的思想引领下，H 开始意识到幼儿园教师的职业意义价值，后经见习阶段对幼儿园教师的近距离观察，他被她们的细致入微所打动，开始转变对行业的看法，进而开始出现一些积极的情绪状态，初步形成了幼儿园教师职业认同。

> 所以在他们的引导剖析下，我慢慢转变对幼儿园的一些看法。（MN.141-142）
>
> 经过见习……对幼儿园教师有了另外的一种认识，然后慢慢地喜欢上幼儿园。（MN.170-172）

在大学时，他也接触到一些男性从事学前教育的故事，开始转变对行业的看法，由最初的排斥到后来认同学前教育专业，进而形成积极的学习态度。

> 当时就接触到像在日本、德国，很多男性从事学前教育，同时他们的成绩或者成就也不亚于女性，所以慢慢地淡化了我内心对学前教育这种排斥。（H-SI.169-172）

大学就读期间是 H 职业认同形成的起始时期，该阶段 H 对幼儿园教师职业认同的主要表现是形成了一定的职业意义认知，并渐生了对职业的喜爱，后来还萌发了自己办一所幼儿园的职业目标。

> 在大学的时候，那时候我们心理学老师说你做一个男老师最终还是

要有一个自己的目标和想法，当时我就很认真地跟他说我的一个想法，就是要有自己的一所幼儿园。（MN.398-399）

在 D 城入职初期的消沉与重拾信心

虽然职业认同在大学期间便已初步形成，但步入一线工作后，社会有关男性从事幼儿教育职业的性别偏见对 H 的职业情绪产生了较大的影响，职业认同感也出现了一定的波动，导致其难以全情投入幼儿园教师工作。

特别是爷爷奶奶会说啊，男的怎么来当幼儿园老师，就是会被看不起，会被嘲笑。（MN.180-181）

当时虽然说很快乐，但是一听到（这些话），内心还是很纠结，所以有一段就是，低谷。（MN.183-184）

有一段时间就是在晚上玩游戏玩到很晚，第二天就经常性地上班迟到。（MN.187-188）

这是 H 初次入职在 D 城一所民办园工作时的境遇。家长群体的不理解使其陷入情绪衰竭，他开始沉迷于网络游戏提供的瞬时快感。

让我从那个游戏中解脱出来，或者说，想要好好去上班的这种契机就是在一次家长开放日……要准备一个活动——认识汉字"木"……她（副园长）对我的要求比较严……她坐在我旁边（耐心指导）……所以那节课也得到了家长跟园领导的一些认可。（MN.212-215）

从这次公开课开始，H 就"想把课上好，把事情做好"。一段时间后，H 对这所幼儿园有了较强的归属感，认为"有一群很和谐、很友好的同事"。他也努力投身到职业工作。这是在 H 于一线任教一年后再度体现出来的职业认同表现，从思想认识逐步转化为实际的工作行为，这也是其幼儿园教师职业认同持续发展的体现。

在 T 县民办园的成功与目标的坚定

在父母的再三建议之下，家庭观念浓重的 H 还是辞别了 D 城幼儿园的同事们，回到了 T 县。他曾旁听一名台湾教授的讲座，对其创办的 2 个月至

12 岁年龄区间内儿童的生活自理能力及学习能力进行全方位培养的教育模式与理念十分感兴趣。在返回 T 县工作后，H 应聘为一所幼小融合教育机构的园长。

> 那当时就是去各地招生，也是会有一些闲言碎语，当然我的理解就是，因为我在做自己想做的事情，所以就把这些看得比较淡。（MN.130-131）

> 当时目标是 196 个，而我们第一学期是招了 223 个这样子，所以第一学期有达到老板规定的这些目标，然后第二学期就上了 300 个。所以这些就让我很有底气，也很有想法说去做自己的幼儿园。（MN，133-135）

H 首次担任园长时，面对曾经使其无比挣扎的社会职业性别刻板印象引发的非议，他已能坦然接受，并且日益淡化那些负面言论对自身的影响。可以感受到，H 已形成了较为稳固的职业认同感，且坚定了自己办一所幼儿园的目标和信心。有研究认为工作六年以上的男幼师职业身份认同开始清晰。[1]H 形成较为清晰的职业认同似乎更早一些。

入编公立幼儿园的宠辱不惊

考入编内教师后，有人建议他选择一所小园，可以捧着铁饭碗，安逸地享受工作和生活即可。但 H 坚持走不断自我提升的职业道路，选择了重视教师成长与管理规范的 X 镇中心幼儿园，并获得了到县城实验园跟岗学习的机会，最初协助迎接省级示范园评估，获得了较快的成长。八个月后 H 回到园里，后来第一学期考评又被业务园长评倒数第一。

> 当时 X 镇还有个前辈，他也是 T 县第一个男教师。他跟我考核的时候我（排名）最后，他倒数第二……反正他去的时候，男老师肯定要排最后，因为如果评价体系以女老师的这个标准去评的话，男老师是弱势。（MN.354-358）

---

① 段雯舒. 男性幼儿园教师专业发展的个案研究 [D]. 昆明：云南师范大学，2020.

H对莫名其妙地排倒数第一很不甘心，在并不认同考核排名的情况下，第二学期还是一如既往地认真对待工作。结果在班级区域环境创设评比时得到了园长的肯定，认为材料丰富、有层次、有新意。园长高度评价了H的专业素养，相应地调整了考评标准，H在这一学期的考评分数就位列全园第一了，并且获得了中心校年度优秀教师称号。

可以看到，遇到挫折时，由于H在这个时段已形成较为稳定的职业认同，因此其职业认同表现并未呈现出显著的下滑趋势，反而在挫折中升华了职业认同。

担任园长初期的巨大阻力与坚定改革

就在X镇中心幼儿园即将迎来省级示范园评估的前夕，教育局考虑到H曾具有一定的幼儿园管理经验，并且综合考虑了其在T县及X镇工作时的优异表现，决定把H抽调至Y镇中心幼儿园去负责园所的重建工作。新园所"空空荡荡，什么都没有"。后来县、镇共投入了80万元进行建设。

> 当时就每天6点要起床，晚上要12点才能回去宿舍，当时宿舍是在小学，所以在做的时候，那阶段就12天的时间，可能每天都是占了超过10个小时，然后那个阶段觉得自己特别累，但是就觉得自己做自己喜欢的事情，还是把它啃下来。（MN.452-456）

同时幼儿园面临教学小学化、家长的无理取闹和中心校不理解等问题。

> 我觉得真的是小学化非常严重，因为当时我就看到仓库摆了很多各种的教学材料，像数学的一些练习本啊，练习册啊，很多很多。那一学期我就全部把它给退了，就先作为去小学化的第一步。（MN.481-483）
>
> （家长）觉得很失望，说，为什么中心园什么都没有教，没有教拼音，没有教算数，没有教写字，所以就慢慢地，我们大班的生源在第二学期流失很多，就是从中心园转到民办园。（MN.556-558）

镇幼教主任向H提出了三点任务要求，即纠正小学化倾向、提升教师的整体素质、培养一个领导班子。H采取了一些举措，试图去革新乡镇各界人士的教育观念，以此来突破当前生源大量流失的困境，包括对毕业儿童的追踪比较调查、家长宣传、正常幼小衔接等举措。在教师团队建设方面开后门为老师争取观摩学习名额、重视园本教研及和姐妹园的结对教研，再加上县、镇两级教研员的指导，H 在开园的第二个学期承担了落实《3～6 岁儿童学习与发展指南》片区教研活动。

2019 年，到县城观摩时，H 被游戏课程化理念吸引，并争取到一位优秀的支教园长，在她的带领下，开展游戏课程化。孩子们的游戏能力迅速提升。

H 在自己担任乡镇中心幼儿园园长期间，完成了配套设施的建设和幼儿园环境创设，牺牲休息时间推进游戏课程化的改革，通过各种教研活动提升了教师的整体素质。用四年的时间于 2020 年顺利通过了市级示范性幼儿园的评估。这次成功使他的职业认同更加坚定，而且他对自己的办园目标更加清晰，达到职业认同的新境界。

> 更清楚地看到学前教育对孩子一生发展的重要性，越来越坚定自己选择这条路是对的。（SI.67-68）

> 那对于规划的话，可能最重要的就是先做好，或者把一件事情做好，比如说像幼儿园管理上可能要做一个，属于男园长管理的，比较有特色的幼儿园。（EM.512-514）

通过对 H 职业认同动态发展的分析结果，可以发现 H 在刚入职的一年内，认同程度相对较低。在行业内持续工作的第二年至第四年中，其职业认同程度不断加强，坚定了在行业扎根的信念。从业的第五至十年中，H 转向了园长的岗位，逐步开始实现自身的教育理想，职业认同感也随之抵达高峰。

三、研究结论

个案教师对幼儿园教师的职业认同包含了对职业生活的满足与幸福感、有明确的职业目标、相信自己能够做好一名幼儿园教师或管理好一所幼儿园、愿意主动为孩子创设关怀儿童的游戏环境，并且愿意坚守学前教育行业。个案教师职业认同在个体事件与社会事件互动中动态发展，不同层级的社会事件在个案教师职业认同中发挥不同功能，个人的职业兴趣与所从事职业的匹配是职业认同的内在源泉。

（一）个案教师职业认同在个体事件与社会事件互动中动态发展

1. 职业认同是一个动态的波浪式前进、螺旋式上升的发展过程

笔者发现，个案教师职业认同随着时间的推移在不停地流动、起伏及发展，从入读职业技术学院前内心的抗拒与勉强接受，到入职初期的消沉与重拾信心、在民办园的成功与目标的坚定，再到入编公立幼儿园的宠辱不惊，担任园长初期的巨大阻力与坚定改革，其间出现职业认同的波动，以至停滞，但最终转向坚定，并忘我地投身幼教行业。其职业认同在个人事件与社会事件的交织互动下呈现出波浪式前进、螺旋式上升，其个人反思后的主动追求是内在动力。社会事件主要通过为个体的发展创造条件，提升个体的专业素养，满足个体的自尊、归属感、自我实现需求等促进对教师职业的心理认同、价值认同和情感认同发展。这一结论与国内外已有研究发现基本一致。有的认为，男幼师的专业认同经历了混沌迷茫阶段、探寻求索阶段以及执着定向阶段。[1] 男幼师对自我认同从生存人、专业人，发展到荣誉人，从教师认同、幼师认同发展到成功的男幼师认同。[2] 教师的职业认同是个人与情境的持续建构的动态变化过程[3]，不断被社会中的力量所调整[4]，也不能缺少自我反思。[5]

2. 个人事件与社会事件的互动在职业认同发展中起着重要作用

关键事件有个人事件和社会事件两类，这两类事件有时候相辅相成，有时候相反相成。例如，高考分数达到高职录取分数线是个人事件，国家颁布农村学前教育和学前教师教育发展文件是社会事件，这二者互动促使他选择

---

① 秦菲. 幼儿园男教师专业认同叙事研究 [D]. 贵阳：贵州师范大学，2020.

② 刘学金. 迷失与回归：男幼师职业身份认同研究 [D]. 兰州：西北师范大学，2017.

③ Goodson I F, Cole A L. Exploring the Teacher's Professional Knowledge: Constructing Identify and Community[J]. Teacher Education Quarterly, 1994(1): 85-105; Beijaard D. Teachers' Prior Experiences and Actual Perceptions of Professional Identity[J]. Teachers and Teaching: Theory and Practice, 1995(2): 281-294.

④ Coldron J, Smith, R. Active Location in Teachers'Construction of Their Professional Identities[J]. Journal of Curriculum Smdies, 1999(6): 711-726.

⑤ Antonek J L, McCormick D E, Donato R. The Student Teacher Portfolioas Autobiography: Developing a Professional Identity[J]. Modern Language Journal, 1997(1): 5-27.

了该专业；他成功入编公办园与国家大力发展乡镇中心幼儿园的政策分不开；他被选任园长离不开地方政府的学前教育"三年行动计划"，他能得到两位县城优秀园长的支教指导离不开《乡村教师支持计划（2015—2020年）》，这些都是相辅相成的。此外，H职业认同形成发展的过程中，也遇到几次身份危机，但都有相应的社会事件帮助他走出危机。包括入大学初期，在技能课上遇到困难、失去信心与在学校的差异化评价中找回信心的互动，民办园幼儿的祖辈家长的嘲讽与园领导的特别关注的互动，第一学期考评倒数第一与第二学期的考评跃为全园第一的互动。每一次互动，都在其职业认同中发挥着不同的作用。

（二）不同层级的社会事件在教师职业认同中发挥不同功能

1.制度支持为H的职业认同创造了必要的前提条件

国家对学前教育、学前教师教育发展的大力支持以及公费师范男生培养政策的出台为H提供了选择专业、就业和快速升迁的前提条件。例如，2014年，T县贯彻落实《国务院关于当前发展学前教育的若干意见》第二期学前教育三年（2014—2016）行动计划，异地重建3所乡镇中心幼儿园为H于2016年当园长提供了机遇。2022年，Z市《"十四五"教育发展专项规划》的发布为H再次被任命为园长创造了机遇。当然制度仅仅只是提供了一种可能性。

2.职前阶段的差异化培养为H的职业认同提供了心理基础

高校教师对男生的差异性考评体系，增加了其专业自信心，帮助H建立了积极的职业认知与职业目标。当然，差异化培养要如何做还值得进一步探究。有的高校采用男生独立编班，在培养目标、课程教学、教师安排、考核形式及班级管理等方面都针对男学生有所考量，但效果不理想，一年后生源流失了四分之一，因学生成分过于单一，对男幼师"双性化教育"目标难落实。[①] 所以，男女混合编班前提下的差异化培养可能更恰当。

---

① 潘春.云南省X师范学校男幼师培养改革案例研究[D].昆明：云南师范大学，2017.

3. 入职阶段人尽其才的环境为 H 的职业认同提供了实践基础

毕业后的第二年，H 就担任了一所民办园园长，在招生与园所管理上取得骄人的成就。考入公办园短短两年后就又被选任园长。H 在民办园得到了基础的技能训练和招生、园所管理等经验的积累；在公办园得到了幼儿观察与游戏支持方面的专业培训和指导。各种实践机会，一步步增强了他的职业认同。其他的研究也发现，一些其他行业的男性因为在幼教机构偶尔的代课教师机会进而决定转行当幼儿园教师，说明男性在幼儿园的实习或工作经历有助于其增强对幼儿园教师职业的认同[1]，职业实践与职业认同具有互惠关系。[2]幼儿园男教师联盟可以为职业认同提供重要的组织支持，促进男幼师获得职业认同感。[3]笔者认为，园所本身要能够成为专业发展共同体，男幼师联盟只能锦上添花。

（三）个人的职业兴趣与所从事职业的匹配是职业认同的内在源泉

霍兰德（Holland）认为，如果个人的人格特点与职业要求相匹配，就能最大限度发挥个人的优势，达到职业发展的顶峰。每一种人格类型都有相应的职业兴趣。社会型人格的人通常善于接纳并善待他人、帮助他人、关爱他人，从而让他人拥有愉快的情感体验。[4]这种类型与幼儿园教师职业认同感的相关程度最高。[5]H 的生命故事（见表 7-1）反映出创新、领导、组织、社交能力以及亲和力等人格特质，基本可以归入社会型人格，其主要职业兴趣是做幼儿园的管理者，他入职十年，已三度担任不同园所的园长，并在幼儿园管理中显露出才能。人格特质、职业兴趣与职业相匹配使其教师职业认同日益坚定。

---

① Heikkilä M, Hellman A. Male Preschool Teacher Students Negotiating Masculinities: A Qualitative Study with Men Who are Studying to Become Preschool Teachers[J]. Early Child Development and Care, 2017(7): 1208-1220.

② Watson C. Narratives of Practice and the Construction of Identity in Teaching[J]. Teachers & Teaching, 2006(5): 509-526.

③ 李士彪，祝晓燕. 幼儿园男教师专业发展共同体的构建 [J]. 学前教育研究，2018(6)：67-69.

④ Holland J L. Vocational Preference Inventory[M]. Lutz, FL: Psychological Assessment Resources, Inc. VPI Introductory Kit, 1985: 7.

⑤ 吴丽. 职前男幼师的职业兴趣与职业认同感的特征及相关性研究 [D]. 上海：华东师范大学，2016.

续 表

表 7-1　H 老师生命故事

社会事件脉络	年份	年龄	个人事件脉络
	1989	1	出生，为家中独子，家族同辈中最大的孩子
《九十年代中国儿童发展规划纲要》：农村学前一年幼儿入园（班）率达60％的目标	1992	4	由隔壁家的哥哥姐姐领着去上幼儿园
《中华人民共和国教育法》：构建覆盖农村的学前教育公共服务体系	1995	7	
《国家教育委员会关于师范教育改革和发展的若干意见》：适当发展本科，按需发展专科，调整、加强中师	1996	8	四年的幼儿园时光结束，步入小学校园
《全国幼儿教育事业"九五"发展目标实施意见》：到2000年，绝大多数的乡（镇）应建立一所中心幼儿园	1997	9	
《国务院关于基础教育改革与发展的决定》：加强乡（镇）中心幼儿园建设并发挥其对村办幼儿园（班）的指导作用；完善"开放的教师教育体系"	2001	13	五年级时，在老师的鼓励下，产生学习动力
3月《关于幼儿教育改革与发展的指导意见》：乡（镇）人民政府承担发展农村幼儿教育的责任，负责举办乡（镇）中心幼儿园。9月《国务院关于进一步加强农村教育工作的决定》：重视并扶持农村学前教育的发展	2003	15	升入初一，进入青春期，开始产生叛逆情绪
《普通高等学校高职高专教育指导性专业目录（试行）》发布，学前教育专业代码为660214	2004	16	初二时，历经打架事件后的顿悟，再度开始努力学习
《中共中央关于推进农村改革发展若干重大问题的决定》：发展农村学前教育	2008	20	经由他人的建议，高考后选择报考了学前教育专业
	2009	21	通过努力，在第一学年获得了优异的专业成绩。于同年进入校学生会工作
《国家中长期教育改革和发展规划纲要（2010—2020年）》：重点发展农村学前教育，发挥乡镇中心幼儿园对村幼儿园的示范指导作用。《国务院关于当前发展学前教育的若干意见》：努力扩大农村学前教育资源，重点建设农村幼儿园，乡镇和大村独立建园。江苏省教育厅发布《关于开展师范生免费教育试点工作的通知》，对于该省五年制男幼师培养实行学宿全免、生活补助、工作分配	2010	22	大二时，进入校学生会主席团
《中国儿童发展纲要（2011—2020年）》：农村每个乡镇建立并办好公办中心幼儿园和村幼儿园。教育部《教师教育课程标准（试行）》对师范生提出了观摩教育实践、参与教育实践和研究教育实践的要求	2011	23	大三时，在见习过程中对幼儿园教师产生了全新认识，渐生对幼教行业的喜爱
	2012	24	毕业后，于D城的一所民办幼儿园进行了为期一年的初次任教

社会事件脉络	年份	年龄	个人事件脉络
《幼儿园教职工配备标准（暂行）》：6个班以下的幼儿园设1名，6～9班的幼儿园不超过2名，10个班及以上的幼儿园可设3名	2013	25	任教一年回到T县后，首次担任幼儿园园长，进行创办园所及招生、管理的体验
T县第二期学前教育三年（2014—2016）行动计划投入2300多万元异地重建3所乡镇中心幼儿园，Y镇中心幼儿园是其中之一。Z市出台学前教育"联动帮扶，提升质量"工作指导意见，采取"上挂下派，高位嫁接""名师引领，师徒结对""片区教研"等措施联动帮扶农村幼儿园	2014	26	参加T县的教师招聘考试，9月考入X镇中心幼儿园，任职1个月后，被借调至县实验幼儿园
国务院《乡村教师支持计划（2015—2020年）》：城市中小学教师晋升高级教师职称（职务），应有在乡村学校或薄弱学校任教1年以上的经历。福建幼儿师范高等专科学校首次承招了一批免学费的男幼儿师范生	2015	27	8个月借调期结束后，被调回至X镇中心幼儿园。同年大儿子出生
	2016	28	被评为中心校优秀教师。被县教育局抽调至Y镇中心幼儿园担任园长，进行园所改造与课程改革
重庆市教委等三部门联合印发《重庆市公费男幼师培养工作实施方案》，首次启动公费培养男幼师	2017	29	
《中共中央、国务院关于学前教育深化改革规范发展的若干意见》：大力发展农村学前教育资源，每个乡镇原则上至少办一所公办中心园。福建高招首次在学前专业中单列"男生计划"，要求学校20%的学前教育计划必须招收男生，有单独专业代码，女生不能报考。3月开始，在Z市T县开展城乡"手拉手"结对帮扶试点工作，对农村小规模学校附设幼儿园（班）进行"省、市、县"三级联动的精准帮扶	2018	30	开展大班体验式农家生活课题研究
《国家职业教育改革实施方案》：在学前教育领域扩大对初中毕业生实行中高职贯通培养的招生规模。Z市《关于全面深化新时代教师队伍建设改革的实施意见》，在福建省地级市中率先实施小学公费师范男生和公费幼儿师范生培养工作	2019	31	在县城参加某园开放日活动时，被该园的游戏课程化案例吸引，准备以此作为课程特色
《教育部等六部门关于加强新时代乡村教师队伍建设的意见》将到农村学校或薄弱学校任教1年以上作为申报高级职称的必要条件，3年以上作为选任中小学校长的优先条件。村小、教学点新招聘的教师，5年内须安排到县城学校或乡镇中心校任教至少1年。《中华人民共和国学前教育法（草案）》：地方人民政府应当加快构建农村学前教育公共服务体系，保证农村学前儿童接受普惠性学前教育	2020	32	L老师到Y镇中心幼儿园支教1年，重点指导游戏课程化的开展。该园通过市级示范性幼儿园评估
《关于推动现代职业教育高质量发展的意见》：加快建设学前专业	2021	33	
福建省"'十四五'教育发展专项规划"：提高公办幼儿园的占比到55%以上，T县将有2所镇或村幼儿园投入使用，W幼儿园是规划建设的园所之一	2022	34	被选任W幼儿园园长，肩负创园任务

第八章 西藏自治区农村幼儿园教师精神生活个案研究

1951年至今，我国先后召开了五次全国民族教育工作会议，有力地推动了民族教育事业不断发展。1994年，第三次西藏工作座谈会上，中央制定了"分片负责、对口支援、定期轮换"的政策。2016年，《教育部关于加强"十三五"期间教育对口支援西藏和四省藏区工作的意见》提出："每年从西藏选派400名骨干教师、中小学校长（园长）到内地学校培训，通过挂职、跟岗、听课、观摩、研讨等方式，学习先进的理念、方法，提升国家通用语言文字应用能力和教育教学管理水平。"20世纪90年代中期以来，福建省已有十余批干部及教育工作者进藏支援民族地区工作。为支持昌都脱贫攻坚，按照中央部署，从2016年7月起，福建对口支援西藏的地区从"西藏江南"林芝调整到"雪域高原"昌都，对口支援昌都31个市直单位与八宿、左贡、洛隆、边坝4个县，其中漳州市及龙岩市共同对口援建边坝县。① 《福建省"十三五"时期对口支援西藏经济社会发展规划》提出援助昌都项目34项，其中教育项目14个、新农村建设项目4个。② 对口支援昌都以来，福建省全面贯彻落实中央第六次西藏工作座谈会精神和《教育部关于加强"十三五"期间教育对口支援西藏和四省藏区工作的意见》，派出了由69名队员组成的第八批援藏工作队和由50名队员组成的"组团式"援藏教育人才，昌都800人次到福建参加培训。③ 在国家大力实施经济援藏、教育援藏、就业援藏、科技

---

① 福建对口支援西藏昌都4个县全部摘帽[EB/OL]. (2020-06-15)[2022-07-26].http://fj.people.com.cn/n2/2020/0615/c181466-34088194.html.

② 《福建省"十三五"时期对口支援西藏经济社会发展规划》印发实施[EB/OL]. (2017-03-05)[2022-07-26].http://www.fjsen.com/zhuanti/2017/03/05/content_19187878.htm.

③ 于伟国率福建代表团赴西藏昌都推进对口支援工作[EB/OL]. (2017-07-09)[2022-07-26]https://news.fznews.com.cn/dsxw/20170709/59618c01d70c1.shtml.

援藏、干部人才援藏等政策的支持下，西藏的学前教育也得到了迅速发展。

2007年，西藏仅有1所农村幼儿园，41个农村学前班。[①]2010年《国务院关于当前发展学前教育的若干意见》提出："中央财政设立专项经费，支持中西部农村地区、少数民族地区和边疆地区发展学前教育和学前双语教育。"之后西藏学前教育发展走上了快车道。2013年，西藏城市、县镇及乡村的幼儿园分布比例为8∶22∶70，与西藏人口分布形态基本一致，基本实现了城乡均衡分布。[②]2014年，西藏农村幼儿园飙升至539所。2015年，《国务院关于加快发展民族教育的决定》提出："到2020年，民族地区教育整体发展水平及主要指标接近或达到全国平均水平，逐步实现基本公共教育服务均等化。民族地区学前两年、三年毛入园率分别达到80%、70%。"同时提出"切实加强民族教育科学研究"，"全面提升民族教育科研、教研工作服务民族教育发展的能力"。2020年，西藏学前教育毛入园率已达到87.8%，农牧区幼儿园教师的比例也快速增长。[③]全区2119所幼儿园中有1905所是乡镇村幼儿园，占89.9%。但是农牧区幼儿园总体存在师资队伍建设滞后的问题，师资配备速度跟不上农牧区幼儿园布局布点速度，园长、教师职后专业发展无法支撑新时期对师资队伍的专业要求。[④⑤]已有研究发现，西藏农牧区幼儿园教师整体专业态度积极，热爱幼教事业、责任心强，同时也存在专业对口率较低、教育行为缺乏专业性等问题。[⑥]目前，对于西藏农村幼儿园教师的研究较少，少量文献均为量化研究。笔者希望深入农牧区幼儿园教师的内心了解他们的精神生活状态，为提升民族地区幼儿园教师精神生活质量，促进民族地区学前教育的发展提供借鉴。

① 房灵敏，李凯，娄源冰，等.西藏幼儿教育现状调查[J].西藏教育，2008(12)：37-38.

② 李姗泽，蔡红梅.西藏学前教育综合发展水平研究[J].教育评论，2016(2)：89-91.

③ 刘海红，陈胜兵，刘玉红.西藏和平解放70年学前教育发展：历史回顾、动力分析与未来展望[J].西藏民族大学学报（哲学社会科学版），2021(5)：8-14.

④ 杨小峻，陈长庚.西藏学前教师队伍存在问题的原因分析及对策研究[J].西藏民族学院学报（哲学社会科学版），2014(4)：35-40.

⑤ 陈丹，达娃，王云霞.西藏农牧区幼儿园保教质量发展现状与对策[J].西藏教育，2022(5)：56-59.

⑥ 邢俊利等.西藏农牧区幼儿教师专业素养调查研究[J].西藏大学学报（社会科学版），2016(2)：166-172.

一、研究过程

2018 年暑假，笔者负责设计一个边坝县幼儿园骨干教师教学能力提升培训课程方案。来自边坝县各乡镇中心幼儿园及县幼儿园的 16 位教师参加了培训。

（一）组织座谈

在课程开始之前，笔者先与老师们进行座谈，以便后续对课程计划进行适当的调整。参与座谈的教师都在乡镇小学附属幼儿园工作，最远的离县城有三四小时的路程，其中有两所附属幼儿园各有一位保育员。七位老师中有三位有中职幼师班学习经历。其余四位大专学历教师都是非师范专业的，有旅游管理、建筑、会计等专业，几乎所有的教师都在小学兼课。有一位同时要上二年级和四年级的数学，还要负责小学生的早读和晚自习。参加座谈的教师中年龄最小的于 1997 年出生，最大的于 1989 年出生。

座谈会后，笔者了解到边坝县农村幼儿园教师分为两种类型：其一是通过公务员考试获得工作的编内教师，录取的比例往往低于 10% 甚至低于 5%。他们的工资待遇因地理位置的海拔而有所区别，二类地区税后的工资待遇夏天每月 6600 元，冬天每月 6800 元，三类地区因海拔更高增加补贴。笔者查阅文献后了解到，这是为了避免幼教师资流失和优秀教师单向集中，增加农村偏远地区与农牧区幼儿园工作的吸引力，根据工作条件、海拔、偏远程度等将教师工资设置成一类、二类及三类标准，职称晋升也适当向相关地区倾斜，强化了教师的职业身份认同。[①] 其二是通过合格性考试获得工作的公益教师，录取的比例达到 50% 以上。待遇不分海拔，统一是每月 1800 元。而且公益教师是边坝县农村幼儿园教师的主体。在参加座谈的老师中，不管是哪一类教师，他们都非常热爱本职工作，尤其是几位公益教师，他们拿着低廉的工资，却十分地投入，激发了笔者"讲述他们的故事"的动机。

---

① 姜盛祥. 西藏地区学前教育发展路径选择的困境与出路 [J]. 西藏大学学报（社会科学版），2018(1)：200-206.

（二）深度访谈

本章采用"非概率抽样"方式中的"目的性抽样"，即按照研究目的抽取能够为研究问题提供最大信息量的研究对象①，同时考虑样本的典型性和代表性，征集了三位自愿参加口述研究的老师。一位是金岭乡中心小学附属幼儿班编内女教师益西，另两位都是公益教师，其中一位是尼木乡希望小学附属幼儿班男教师次仁朗吉。对益西老师的访谈是在一个没课的下午笔者到她的宿舍进行的。对次仁朗吉的访谈是一个周末在笔者的办公室进行的。详细信息见表 8-1。

表 8-1　访谈对象基本信息

姓名	性别	工作地	出生年份	初始学历、专业	入职年龄	入职年份	身份	基础教育	访谈时间
次仁朗吉	男	乡镇	1994	中职、学前	19	2014	公益	约5年4个月	2018年9月8日
益西	女	乡镇	1994	高职、旅游管理	22	2016	编内	12年	2018年9月15日

（三）实地调研

在援藏干部潘川顺老师的协助下，笔者带领一位研究生，在 2019 年的虫草假结束后，与三位援藏教师同行，在昌都机场下飞机后，我们坐上了中巴。最初中巴在蓝天白云下的原野上奔跑，慢慢地两旁变成了陡峭的山，重峦叠嶂，最高处是斑驳的雪山。路上经过福建省为藏族同胞建设的福建新村。约 10 小时后到达边坝县城。

边坝县位于西藏东部，昌都市西北部，念青唐古拉山脉南麓，怒江上游，平均海拔 4000 米以上。境内有高山奇峰、飞瀑流泉，有千年冰川、湖光山色，有美丽和谐的生态家园。边坝在藏语中意为"吉祥光辉、吉祥火焰"。全县辖 2 镇 9 乡，86 个行政村（居），215 个自然村，2020 年末总人口为 44021人。全县总面积 8775 平方公里，其中耕地面积 5.3 万亩，草场面积 381.32 万亩，林地面积 562.22 万亩，属典型的半农半牧县。② 2017—2018 年全县在校

① 陈向明 . 质的研究方法与社会科学研究 [M]. 北京：教育科学出版社，2000：103.

② 走进边坝 [EB/OL].[2022-07-15]http：//bianba.changdu.gov.cn/bbxrmzf/c105851/zjcd.shtml.

生 5904 人，其中幼儿园在园幼儿 670 人，全县专任教师 299 人，其中幼儿园专任教师 14 人。

在一个星期内，我们走访了 4 所乡镇中心幼儿园的 7 位教师，同时参观和访问了县第二实验幼儿园。实地调研主要作为个案教师的生活情境资料。实地考察的几所幼儿园都附属于小学，校园内教学区、生活区、运动区，功能分明，布局合理。根据个人意愿，这里只呈现两位老师的精神生活故事。

二、公益教师：次仁朗吉（男）的故事

（一）研究背景

据统计，西藏自治区 2011 年、2013 年、2015 年、2017 年、2019 年学前教育专任教师中男教师所占比例分别为 12.04%、13.44%、11.59%、11.21%、12.72%[①]，远远高于《中国教育统计年鉴》中男幼师 2% 左右的比例。在国家大力发展内地高职院校西藏中职幼师班的背景下，这些中职毕业生将是未来建设西藏学前教育事业的主力军之一。且中职幼师班中，男生的比例相当大。例如，在湖南民族职业学院的中职幼师班中，男生数量超过了总人数的一半。但是男生整体的职业认同不够高。主要原因包括对政策了解不透彻，以为定向生是包分配，毕业后得知要自主就业，心理落差大；社会对男幼师的培养关注不够等。[②] 笔者希望引发更多的人关注边远地区男教师的精神生活状态，共同努力采取措施提升他们的精神生活质量和当地学前教育的质量。

（二）个案速写

通过多次的交流，笔者了解到次仁朗吉是一位纯朴、上进、勤奋、踏实，热爱幼儿教育的农村幼儿园教师。初次见面时，他帅气的面孔带着些腼腆。2018 年，笔者了解到他是公益教师，月薪是 1800 元。2022 年，他告诉笔者，他的月薪是 1900 元，从 2014 年开始，他拿这份月薪 8 年了。让我们来听听

---

① 薛莉娟. 西藏学前教育专任教师队伍结构失衡问题及对策研究——基于 2011—2019 年教育事业统计数据分析 [J]. 经济研究导刊, 2021(18)：65-67.

② 普珍. 西藏学前教育男性幼儿教师缺失的原因及对策 [J]. 西藏教育, 2015(10)：49.

他的故事吧。

童年与家庭

次仁朗吉 1994 年出生于边坝县很偏远的尼木乡江果堆村，离县城有 100 多公里，三四小时的车程。父母没有上过学，家里主要靠放牛、种植青稞和莜麦自给自足。那里的人们每年都在 11 月杀牛准备过冬，据说那时候的牛肉最好吃。有条件的家庭就把牛肉放冰箱里保存，没有条件的家庭就把牛肉晒干储藏。家庭的经济收入主要靠卖虫草，用卖虫草的钱来买一些大米和蔬菜。

家长不重视教育的时代

次仁朗吉说，在他小的时候，大概是 20 世纪 90 年代初，大人们还没有认识到受教育是孩子的一种权利，大人送孩子上学是应尽的义务。老百姓不知道有文化和没文化有什么不一样，而且孩子上学要集中到镇、县和市里，家长们会担心不安全，同时他们也想把孩子留在家里劳动，帮助大人减轻家里的经济负担。因此，他的两个哥哥、两个姐姐中，只有一个哥哥和一个姐姐读了初中，另外两个没有上过学。

上小学住在叔叔家里

到次仁朗吉该上学时，大人们的观念有所改变，除了小学一年级没上，其他年级他都有上。但由于小学在乡里，他家在村里，上学比较远，那时候学校还没有寄宿的条件，他上学时是住在叔叔家里，不太习惯。那时候老师特别少，二年级只有两个老师，一个是班主任，教藏文，另一个教数学和语文。那时一天大约只上两节课，"其他时间都是户外活动，自己想去就可以去外面玩"，所以上学都是断断续续的。随着年龄的增长，他读书的时间也越来越长，因为长大了，"自己适应了，想去哪里家长也不担心了"。他说二年级大约上学两个月，三年级大约上学四五个月，四年级大约上学七八个月，五年级开始就没有旷课了。三年级以后都有三个老师，一个教数学，一个教语文，一个教藏文，藏文老师也兼教音乐、美术，语文老师兼教体育，数学老师兼指导生活，教学生洗衣服、洗头发等。他对于小学生活最开心的记忆是小学三年级的时候运动会跑步比赛得了全年级第一名。

初中担任副班长

次仁朗吉初中时到县城读书，完整地读了三年，一天七节课，早上四节，下午三节。不过，初一的时候，乡镇来的孩子喜欢逃学到外面去玩。次仁朗吉当副班长，基本上不逃课。他负责课堂纪律，组织同学在体育课或者打饭的时候排好队，督促同学吃完饭把碗放好。初中时每个班大约45位同学。初一的时候他在5班，他的成绩最好的时候是班级第14名。初二时按成绩分班，成绩最好的分在1班，次仁朗吉分到了2班，成绩是比较好的。在2班的时候，次仁朗吉当了班长，主要管上课纪律和早操之后组织同学打扫卫生。那时候他"感觉自己非常喜欢上学"，因为老师的鼓励，他自己也认识到了上学的重要性。初二、初三时他的藏文是班级第一名，数学第三名，语文是第三或者第四名，总成绩在全班是第二名。初中阶段他获得了校"三好学生"的荣誉称号。

最喜欢的老师

次仁朗吉回想起来，初中至少有五个老师，分别教藏文、语文、数学、音乐、体育，这些老师也兼教一些其他课程。例如，藏文老师也兼生活指导，那时候所有的小孩都留长发。周末，藏文老师会帮学生剪头发，带他们到河边洗头发、洗衣服。这是次仁朗吉初中时最喜欢的老师，不仅教得好，对学生也很关心。他说："吃完了饭，藏文老师会带我们一起去街上买一点棒棒糖，他自己掏钱给我们买。然后在街上走，跟学生一起去散步……"

考上内地中职幼师班

2011年初中毕业后，次仁朗吉考上了湖南民族职业学院学前教育系中职幼师班。宿舍四个同学中有两个来自边坝县，一个来自类乌齐县，一个来自拉萨，也是他的同桌。最初次仁朗吉有一些不适应：天气太热，晚上睡不着；大家存在语言交流的障碍。他听不懂同桌说的拉萨藏语或普通话，同桌也听不懂边坝的藏语，因为"边坝话是最藏族的"，而他也只会一点点普通话，两人只能用书写的方式交流。那时候他也"根本听不懂"汉族老师上课，因为西藏虽然有语文课，但主要学书面汉语，老师是用藏语来教。大约两三个月后，他学会了说拉萨的藏语，也学会了普通话，能够与同学进行基本的交流。

担任公益教师

2014 年，次仁朗吉从中职幼师班毕业，考上了家乡公益性幼儿园教师的岗位。[①]当年有 30 人参加考试，一共录用了 25 人。笔试的科目有三四门再加上面试。"考得比较好一点的，放到自己本乡里；考得比较差一点的那些，放到离家比较远一点的乡镇。"次仁朗吉考得比较好，就在自己家乡尼木乡希望小学附属幼儿班任教，坚持至今。前面四年，幼儿园只有他一位教师，他自己一个人包班。

来了新老师

2017 年，次仁朗吉老师找到了自己的人生伴侣，现在有一个可爱的儿子。2018 年，幼儿园新进了 2 名公益教师，分别是安保专业和计算机专业。后来又进来 1 名体育教育专业毕业生。2022 年，他所在幼儿园共有孩子 118 名，分为 2 个班级，中班和大班；共有公益性教师 4 名，其中 3 名中职中专学历，1 名高职大专学历。

（三）文化生活

1. 中职生活：感激和困难

他说在湖南民族职业学院幼师班学习最大的感受可以用两个词语来描述，就是感激和困难。感激国家在经济上的资助，学费、路费、生活费等都不用自己付，自己在这三年里收获许多。

> 这三年里我学会了好多东西，还学到了挺好的东西。还有经济方面，自己吃饭的钱也是挺不错的，国家给的，自己想吃什么、想买什么都是国家资助的……挺感激的。（MN.917-920）

但第一年的学习对他来说都有点难，课程都没有及格。后来他很努力地学习，请教老师，同学用来玩和上网的时间他都用在学习上。第二年他能够

---

① 公益性岗位是指以政府支持为主导，通过政策扶持、政府投资和社会筹资等方式，以实现公共利益和安置就业困难人员为主要目的，从事公共管理和社会公益性服务的岗位。《西藏自治区公益性岗位开发管理暂行办法》印发 [EB/OL]. (2014-09-19)[2022-07-15]http://district.ce.cn/newarea/roll/201409/19/t20140919_3565887.shtml.

听懂汉族老师上的课，所有课程考试全部通过了。在学校里也获得了校运动会 1500 米比赛的第二名。现在除了认读繁体字有困难，他可以流畅阅读汉语材料。

他们学习了学前教育专业的理论课、技能课，还有教育实践，包括"三学五法"。在技能课里面，他"对弹琴特别感兴趣"；在专业理论课程中，他最喜欢"幼儿心理学"，因为老师会关心他，鼓励他。

> 那个心理学老师对我挺好的，我是挺认真的。他心里觉得这个孩子学习上有点困难，所以老师也是觉得"很认真，挺厉害的"。（MN.670-671）

2. 保教生活

（1）保教环境与资源：师幼比降低，休息室依然不够

入职的最初四年，即 2014 年 8 月—2018 年 6 月，幼儿园招的都是混合班，不分小班、中班和大班。从早上 9 点半到下午 4 点半，一整天只有次仁朗吉一位老师。第一年招了 48 个孩子，那时候不太了解孩子的心理，带班会有点困难。第二年招了 44 个孩子。因为有了一些经验，感觉好带一点。但是幼儿园没有像国家标准那样做到"两教一保"，一个班只有一个老师，总是感到困难，而小学的校长也不能懂得他的难处。

> 一个人带这么多，还是有点困难。因为我们的校长是小学的校长，如果他是个了解幼儿的领导，在幼儿管理方面上也是很支持的。但是他不是幼儿教育专业的，所以我自己作为一名幼儿园教师，专业的老师，他们也是管理不到位。（MN.1047-1049）

2022 年，每个幼儿班有了两位老师，但每个班孩子的人数也增加了。2014 年，幼儿园还没有幼儿休息室，孩子们中午只能趴在桌上睡觉。最初幼儿园虽然比较大，但除了一个教室、一个活动室，其他的房间都用作了小学的图书室和实验室。到 2018 年的时候孩子们有了休息室，室内一共有 32 张床，不过孩子有 50 多个，有些只能两个人睡一张床。2022 年时幼儿园的孩子

达到 118 名，因休息室不够，孩子又变成只能趴在桌上午休了。幼儿园没有保育员，好在教室和活动室有乡卫生院医生一周来消毒一次。

（2）生活卫生习惯教育：为家长献哈达，促进家园合作

尼木乡中心小学要迎接均衡发展验收、素质教育的检查等，小学附属幼儿园也在检查对象之内。素质教育特别强调体育与健康、艺术教育类课程的落实情况。次仁朗吉也很希望幼儿园的养成教育做得和小学一样的好，不拖小学的后腿。但西藏的乡镇中心幼儿园孩子卫生习惯的培养不那么容易。四十几个孩子只有一个老师，还需要进行环境创设。刚入园时，来自乡村的孩子的手、脸、头发、衣服都很脏。好在家长很支持，通过定期组织家长志愿者来帮忙剪头发、洗衣服，问题慢慢得到解决。通过家园合作，家长也更了解幼儿园教师对孩子的关心。幼儿园也定期给支持工作的家长献哈达，以激励家长继续支持，并为其他家长做出榜样。

> 我认为每年家长必须站在那个台阶上，跟自己儿子一起接受哈达。我认为是这样，所以我开会时就提了这样的要求。家长也注重自己儿子的吃饭，我们不像内地的，我们西藏大部分是坐在土地上面的，就是衣服很容易弄脏。（MN.1382-1384）

（3）重视游戏和体艺类活动

除了幼小衔接的内容，幼儿园也重视游戏和户外运动。室内活动的游戏主要有玩跷跷板、骑羊角球、钻隧道等，户外体育游戏主要有小组合作跳绳、用石头下棋、打篮球等。幼儿园还会定期举行生日会，孩子们可以戴着生日帽，吃着水果、点心和喝饮料进行庆祝。学校举行运动会时，幼儿园的孩子要排练节目。藏族的孩子都喜欢唱歌、跳舞，有一次幼儿园的节目"藏族锅庄"①集体舞和合唱"芒康弦子"②得了优秀奖。在老师组织部分孩子排节目时，

---

① 昌都市卡若区城关镇因"锅庄"舞蹈艺术于 2014 年被评为西藏自治区民间文化艺术之乡。

② 芒康弦子舞历史悠久，据考证，唐朝时期芒康已有弦子舞。弦子舞是以弦子为乐器，伴随着音乐，男女聚集翩翩歌舞。弦子是二胡的一种，在史书中称为"胡琴"。在西藏昌都市芒康县，弦子舞是当地最具特点的民间舞蹈之一。每当节日，人们聚在一起，跟随着胡琴伴奏，甩动如云长袖，在歌声和琴声的相互变换中，翩翩起舞，乐而忘返。芒康弦子舞 [EB/OL].(2017-01-03)[2022-07-15] https：//www.tibet3.com/lvyou/wcfq/ys/2017-01-03/40074.html. 芒康弦子的发源地昌都市芒康县曲孜卡乡已于 2014 年被评为西藏自治区民间文化艺术之乡。

只能由年龄大的孩子当小老师看管其他孩子。下面是次仁朗吉老师为一次运动会设计的大班幼儿入场词：

> 现在向我们主席台走来的是幼儿园大班 68 名全体小朋友，在老师的带领下，他们正扇动稚嫩的肩膀（翅膀），自由翱翔。飞吧！飞吧！美好的未来就在你们面前。

3. 职后培训：工作以来只有一次

除了 2018 年到福建参加为时 20 天的培训，次仁朗吉没有参加过其他培训。那次培训安排了《3～6 岁儿童学习与发展指南》解读、幼儿园教育活动设计、环境创设、儿童图画书使用策略、幼儿园课程改革动态、幼儿园室内外游戏活动指导、信息技术在幼儿园教学中的应用、幼儿园教师与家长的沟通等理论课程。并到漳州市实验幼儿园和厦门市科技幼儿园等省级示范性幼儿园观摩现场教学，比如幼儿园生态式美育、幼儿园户外体育活动、幼儿园探索性数学活动、幼儿园科学探究性活动和幼儿园区域活动的开展。培训期间，次仁朗吉的微信朋友圈发了漳州市实验幼儿园的早操照片、厦门市科技幼儿园的孩子区域活动视频和一张课堂笔记的照片，写着幼儿园营养教育方面的内容。2019 年 6 月，边坝县里组织了一次幼儿园教师手工制作比赛，他发布了一张梅花剪贴作品配上拉花和三套服装折纸作品，文字说明是"完工了"。后续再也没有发布与专业相关的信息。说明偶尔的一次培训和比赛对他意义非凡。

4. 休闲娱乐：野炊和文艺表演

每年教师节的时候，幼儿园会组织老师到"坝子"（草原）举行野炊活动，大家一起聚餐、唱歌、跳舞。在西藏百万农奴解放纪念日，学校也会组织文艺演出。学校也组织过教职工球赛等活动。以前乡政府还举办过农村文化艺术节，十分热闹。

（四）职业认同

1. 目标确信：坚持做专业的幼儿园教师

次仁朗吉认为做农村幼儿园教师是很有价值的，很多农村家长文化程度不高，孩子的礼貌礼仪和卫生习惯都不如城市的孩子，知识面也更窄，主要靠老师来帮助他们。但是幼儿园的教育还是要以游戏为主，不能过于小学化。刚入职时家长要求教小学的内容，他也曾经妥协过，就教孩子藏文、教 1 到 50 的数字。

> 我们西藏的话，我觉得最改不了的是家长。家长认为幼儿老师必须教好学生的小学学习（内容），他们就说小学有什么，幼儿园都要教。（如果不教）认为我们幼儿园是白读的。（MN.1233-1237）

但后来次仁朗吉通过每年开五六次家长会，跟他们解释与儿童成长相关的教育心理学、教育学理论来改变家长的观念。对小班和中班的孩子还是坚持以游戏为主，对大班的孩子才会有一些幼小衔接的内容。

次仁朗吉认为，幼儿园教师不仅"专业要底子好"，还要"脾气好"，在活动组织上以"游戏为主"，"让幼儿快乐成长"。认为一名好的幼儿园教师"要知道自己的性格，知道每个幼儿的性格，知道当幼儿园教师需要什么性格"；要尊重幼儿的想法，"孩子自己的个人想法要让他做"。他认为自己的性格不算活泼开朗，但是"脾气好"，有耐心和爱心，也会细心观察孩子，能够像"对待我自己儿子那样对待咱们的幼儿"。

> 自己当一名幼儿园教师的话，会把每一个小朋友当作自己的儿子一样的，这个是我自己觉得很重要的。（MN.1320-1322）

看到有的小学老师特别喜欢骂孩子、打孩子，次仁朗吉老师有一些痛心，他认为老师要教好、管好学生，但是不能打孩子，这也是素质教育的要求。他目前要做专业的幼儿教育也还存在一些阻力。

2. 胜任效能：养成教育很好

次仁朗吉老师目前已经适应了幼儿园的工作。孩子的进步带给了他最大的成就感。他记得班上有一个比较特殊的孩子，刚来的时候，不知道和别的小朋友玩，自己一个人待在教室里，不去活动室。经过老师的鼓励和引导，后来他可以跟其他小朋友一起玩，学会了活动室所有器材的玩法。孩子的爸爸妈妈看到孩子进步很高兴，后来特别支持幼儿园的工作。

西藏相比于内地，在健康教育中卫生习惯教育是重点内容。对于那些能够配合幼儿园工作的家长，能够培养孩子良好卫生习惯的家长，以及各个方面有进步的孩子，次仁朗吉给他们献哈达，既表扬家长的支持，也在家长面前表扬进步的孩子。

> 我献给家长哈达，我自己觉得那个是最重要的。我认为这样的话，每一个家长的卫生习惯也是改正了。（MN.1353-1354）

> 如果这个孩子这几天进步了，就把家长也叫过来，给他们两个献哈达。（MN.1366）

这样促进家长和孩子共同进步，使得幼儿园在家园合作方面、在孩子的卫生习惯培养方面和全面教育方面都取得了良好的成效。据说，边坝县尼木乡是全县中养成教育方面做得最好的。这种给家长和孩子献哈达的做法最初是从幼儿园开始的，后来小学也采用了，因此，2018年素质教育检查的时候，尼木乡中心小学取得了很好的成绩。

3. 情感归属：喜欢跟幼儿在一起

2011年，次仁朗吉和班上其他成绩好的同学一样，考上了内地西藏中职班。最初他只是希望早点就业，让父母不用担心自己，因此很高兴能够考上。到内地的学校后，次仁朗吉才知道读的是幼教专业，但那时候他并不知道"幼教"是什么。后来因为中职学历不能考公务员，他也曾有些后悔没有读高中、考大学：

> 初三毕业的时候考试，我成绩也是挺好的，考上了（中专）。那时候如果我知道的话，我应该要读高中，才能上大学。我不太知道，他们说我读完了中专三年之后就直接分配到自己的家乡，不用考公务员。（MN.1117-1119）

可能当时中学老师的认识也是不到位的，不太了解内地中职班这个新的事物。不过，现在已经工作多年，次仁朗吉已经认同了这个职业，幼儿园教师已成为他"理想的职业"，因为他特别喜欢跟幼儿在一起。目前就是对收入会不怎么满意，希望能够转正。

三、编内教师：益西（女）的故事

（一）个案速写

家庭

益西于 1994 年出生于西藏昌都市类乌齐县类乌齐镇。父亲经商，买卖虫草；母亲务农，种植青稞和蔬菜等。父母上过小学，家庭经济主要靠父亲的收入。她是老大，还有两个弟弟，一个毕业于青海大学农业科技专业，一个毕业于西藏大学藏文师范专业。可以自给自足。

求学

小学阶段，益西就读于类乌齐镇小学，那时候她爱听故事，还会把听到的故事讲给小伙伴听；中学阶段就读于类乌齐县中学，主要学习藏文、语文、数学、政治，还有物理、生物等科目，她最喜欢语文和政治。她中学时成绩较好，得过全班的前三名，初中时还得过县"三好学生"的荣誉。2012 年，益西高中毕业，考入了西藏职业技术学院，学习旅游管理专业。那时她的高中同学大部分考上了大学，没考上的大多去当了警察。

工作

2016 年，益西大学毕业后本来想当导游，但家人不同意，认为"导游就是'冬虫夏草'，只有夏天有事做，冬天就没有了"。同时，他的爸爸认为教师的职业很高尚。益西很感恩"父母选择把三个孩子都送进学校，而把所有的苦留给他们自己"。于是她听从家人的建议考上了学前教育的编内教师，在边坝县金岭乡中心小学附属幼儿园工作。她会用自己做的手工花、风车等装饰幼儿园的教室。最初她与小学老师共用办公室，教育局给每位老师发了一台办公电脑。2018 年，她所带班级有 44 个孩子，大多是六七岁的孩子，相当于学前班。孩子都能享受党的"三包"（包吃、包住、包基本学习费用）政策和营养改善计划。

校长

益西说他们校长是"神一样"的存在，她推荐笔者看《美在基层》纪录片，这是关于她工作的金岭乡中心小学的。金岭乡位于夏贡拉山，海拔 3900 多米，属于半农半牧地区。冬天要封山，连土豆都是 10 元一斤，从 10 月中旬直到第二年 5 月。扎西增登校长说："冬天的时候条件比较艰苦，但是老师们没有一句怨言。"每年 3 月，县里把小学的教材送到半山腰，校长带着男老师来背教材，每人背着 40 多斤的书，徒步行走，经过两个多小时才到达山脚，又把东西装到车上。这位校长来了后，金岭乡中心小学新修了学生宿舍、球场，学校里修建了教职工之家，改善了教师的办公条件。于是幼儿园老师也有了自己的小办公室。

调离

2019 年，幼儿园分来学前教育专业的教师。益西老师离开了幼儿园，开始专任小学教师，主要教数学。如今的金岭乡中心小学附属幼儿园已有 5 名教师，其中 2 名编制内教师，3 名乡村振兴专干[①]。幼儿 90 多名，分为大、中、小三个班。我们可以欣喜地看到西藏农村学前教育正在专业化的道路上迈进。

（二）文化生活

1. 职前教育：旅游管理专业

益西职前就读于西藏职业技术学院，学习旅游管理专业。该学校是教育部、财政部确定的"国家 100 所示范性高等职业院校"之一。她最喜欢的科目是旅行社管理。学得最差的是英语，老师是全英语教学，考试要补考。在大

---

① 乡村振兴专干是指为优化村（居）干部队伍结构，全面建成小康社会、推动乡村振兴而设定的岗位。西藏自治区为促进高校毕业生就业，经自治区党委、政府同意，决定组织实施西藏自治区 2019 年招聘高校毕业生乡村振兴（社区工作）专干工作。其岗位性质规定乡村振兴专干实行聘任制，聘期三年，不属于机关事业单位在编人员。目前有科技专干、医务人员、农业农村工作专员、乡村幼教人员等四类专干。曾飞飞."个人—环境匹配度"对西藏乡村振兴专干胜任力的影响研究 [D]. 拉萨：西藏大学，2022.

学她最大的收获是锻炼了口头表达能力，能够流利地进行景点介绍。

2. 保教生活

（1）保育工作第一

益西老师说，刚参加工作的时候，以为每天跟小朋友玩、给他们讲故事，自己也会变得很有活力。真正承担了这份工作后，她才觉得没有那么容易。她刚工作时，曾经有孩子受伤，耳朵里面出血她没有注意到，后来就十分关注孩子在幼儿园的安全。每天观察他们，看看有没有哪里受伤、发烧等等。从他们入园到离园，一双眼睛都要盯着他们，要保证每个人都安全回家才会放心。在安全教育方面家园合作比较多，例如，放假之前开家长会，让他们注意安全，不要带小孩去干活等。益西也关注孩子的生活自理能力培养。幼儿园门口有个水龙头，每天入园时，老师让小朋友们进教室之前洗手、梳头、把衣服穿好。晴朗的中午，老师有时候也会带孩子到河边洗头、洗衣服。

（2）重口语和读写学习，轻游戏

在学习内容上，五大领域她都会上，只是教学方法就是有点小学化，45分钟一节课，因为是学前班，教室里也没有特别的环境创设，没有区域游戏，主要教口语和读写。她最喜欢教孩子学习普通话，用汉语给他们讲故事，让他们听儿歌，孩子也学得不错，老师说的他们都能听懂，也会说。她也讲西藏民间文学的著名人物——阿古顿巴的故事。有时候也放动画片给孩子看，他们都很喜欢。孩子经过在幼儿园的学习，不仅增长了智慧，还养成了良好的习惯，例如，农村的小孩子没上幼儿园之前，都会说脏话，上了幼儿园后变得懂礼貌。

> 我们幼儿园没有游戏和区域活动。我们上的主要是教学基础，就是拼音、藏文字母、数字。当好幼儿园教师要有耐心吧，还要有爱心。（FG.17—19）

> 我们西藏最著名的那个故事，有一个叫"阿古顿巴"，这个故事每天都给他们说。自己小时候听过……他挺聪明的，（故事讲）那时候他如何对付那些贵族的坏人呀，对付那些小偷呀之类的。（MN.494—511）

（3）环保宣传

益西开展过一个挺不错的环境保护教育活动。老师带孩子捡垃圾，和他们一起讨论如何保护环境，最后把讨论整理成倡议书，然后转发在微信朋友圈。倡议书内容如下：

倡议书

（求转发）亲爱的叔叔阿姨们，当你们出去郊游时麻烦你们把垃圾带回去，喝完啤酒的瓶子也请你们一并带回，啤酒瓶子带不回去也请你们不要把瓶子弄碎丢弃，我们在捡垃圾时小手会受伤，爱护环境人人有责。真心地希望你们也能与我们一同保护我们美丽的家园，一起保护我们美丽的沙棘林，保护我们美丽的千年冰川湖。（WA.246-250）

倡议者：金岭乡幼儿园

3.职后培训：每年一次

2016年，益西考上公务员后，于当年11月到湖南长沙师范学院进行了为期两个月的岗前培训。课程包括专业理论与专业实践两大部分。益西记得去过好几所幼儿园参观学习，包括碧桂园威尼斯幼儿园、六艺天骄幼儿园、长沙师范学院附属幼儿园和长沙市第八幼儿园。她印象最深的是碧桂园幼儿园的孩子能讲英语，用英语讲故事。2017年11月，她参加了粤藏同心幼教培训工程办公室组织的第四期幼儿园骨干教师培训班，培训地点在西藏林芝市国家检察官学院西藏分院，培训时间10天。紧接着，她又参加了11月下旬中小学少先队工作方面的培训，时间为一周。2018年8月底至9月上旬，她参加了由闽南师范大学组织的西藏幼儿园教师培训班。益西老师从事学前教育的三年左右时间内，每年寒假或暑假都参加了内地师范学院组织的专业培训。由此可以看到国家对西藏农村幼儿园教师专业素养提升的重视。

4.休闲文化：丰富多彩

学校会在特殊的纪念日举行节日庆祝活动，附属幼儿园也会排演节目。比如西藏百万农奴解放纪念日，益西老师给小朋友排了一个《大王叫我去巡山》的舞蹈，教藏语歌曲《邦锦梅朵》①，并排演舞蹈。庆祝中华人民共和国成立 70 周年、教师节，幼儿园也会参加表演。益西有时候也会和同事、学生一起露营。益西闲暇时间喜欢看一些创业小说和《读者》之类的读物；节假日会和家人、朋友到风景名胜地旅行，有时候是自驾游。

（三）职业认同

1. 教师职业的社会认同：教师是令人羡慕的职业

益西老师小时候一直跟爷爷奶奶在一起，在小村庄里长大，因为妈妈要照顾弟弟。她小时候的那些玩伴上学最多上到初中，完成九年义务教育。那时候家长对待上学都持消极的态度，被老师"逼"的时候他们才让孩子去，当老师来家访时，有些家长就让孩子躲起来，无论是男孩还是女孩。因为家长的态度，孩子自己对待上学也很消极。益西爷爷奶奶所在的村里面同龄的孩子只有她一人上学。因为她的爸爸妈妈住在镇里，见识更广，常常跟孩子说知识很重要，把她和两个弟弟都送进了大学。益西说她高中还没毕业时，她小时候的那些玩伴就嫁人、生孩子了，因为没有文化，只能在家种地、放牧。后来见益西和她的弟弟们都上了大学，那些当初没有继续读书的孩子和家长也都很羡慕她当了老师。现在村里的孩子读完义务教育之后，还愿意继续上学。在西藏，教师、公务员、医生，大概是工资最高的职业。不过，幼儿园教师在家长眼里的地位不及中小学教师。他们会认为幼儿园教师"不教识字、数数，不是好老师"。家长不认同幼儿园以游戏为主的理念。

（以前村里面的小孩）上学也是被那些老师逼啊，就是要找他们。有时候他们也会躲到山上去，就是老师找找找……还有些人会当和尚呀，尼姑呀。（MN.721-723）

村里面那些人现在都会说"你爸爸太伟大了""太聪明了"……现

---

① 每年夏季，西藏高原上许多地方都盛开着一种湛蓝色的小花，形状如同一个个小小的五星喇叭。它们总长在海拔较高的山坡上，紧贴着地面，远看灿烂夺目，就像蓝色的眼睛。藏族人民称它为"邦锦梅朵"。它的学名叫"龙胆草"，是一种常用的中药材，又叫"勿忘我"。西藏电视台有一个儿童节目，类似于中央电视台的《大风车》，叫作《邦锦梅朵》，可能是因为小孩子像蓝色的小花朵一样可爱。邦锦梅朵 [EB/OL]. [2022-07-15]https：// baike.so.com/doc/4397819-4604598.html.

在都去（上学）了，村里面的大部分都去（上学）了。现在有些跟我年纪相仿的人，都要再上职业学校。（MN.747-751）

2. 教师职业的自我认同：职业很高尚的

益西老师认为，对自己工作选择影响最大的是她的爸爸。她爸爸觉得教师的职业"很高尚""很伟大"，她弟弟读的是师范专业。她本来想当导游，但在爸爸的影响下，最终还是选择了当老师，她自己也挺喜欢小孩，她说"把学生看作天使，你就会生活在天堂中"。工作几年之中，她一直觉得与孩子在一起挺舒服，孩子挺可爱，他们挺喜欢模仿别人，他们很信任老师，有什么心事都会告诉老师。她最开心的事情就是被孩子认可。

我爸爸觉得教师这个职业很高尚的。我也是这么觉得。（FG.14）

我爸爸就说"老师真伟大啊"，经常说这种话。（MN.257）

那些幼儿园的小朋友叫我"妈妈"或者"姐姐"的时候，挺开心的。（MN.432-434）

得到他们认可的时候，挺自豪的……以前幼儿园小朋友很喜欢黏着我，我进来他们都会跟着我，叫我"姐姐"呀，"妈妈"呀，那种的……（MN.639-647）

益西认为，幼儿园教师要读懂一个小孩子的心。因为教师职业的意义就在于会影响学生的一辈子，所以教师自身的能力要不断提高，需要"活到老，学到老"。

四、研究结论

2015 年，中国社会科学院高研组的调查发现，昌都市有的乡镇幼儿园只有一个转岗教师，其不懂幼儿游戏，电子琴和手风琴也不会用。区里组织的培训，幼儿园老师也没有时间参加。[①]2019 年笔者调研时，情况好了一些，幼教专业的教师比例有所增加。

---

① 余元华.嘎玛乡的新幼儿园 [J]. 中国西藏，2016(2)：38-39.

1. 文化生活

（1）职前教育生活

次仁朗吉对在湖南民族职业学院幼师班学习时最大的感受是感激和困难。感激国家在经济上的资助，自己在这三年里收获许多。学会了说拉萨的藏语，学会了普通话，可以流畅阅读汉语材料。他把同学用来玩和上网的时间都用在学习上，通过了所有课程的考核。在技能课里面"对弹琴特别感兴趣"，在专业理论课程中，他最喜欢幼儿心理学。益西就读于西藏职业技术学院旅游管理专业，最喜欢的科目是旅行社管理，大学最大的收获是锻炼了口头表达能力。

（2）教育教学生活

2014年以来，幼儿园的教育教学条件在不断完善，师幼比提高，但休息室依然不够。次仁朗吉结合国家均衡发展验收和素质教育的要求，十分注重幼儿的生活卫生习惯教育、重视游戏活动的开展和运动会的组织，通过为优秀家长献哈达，促进家园合作，培养孩子的生活卫生习惯，促进孩子在体育艺术方面的素质发展。在一次运动会上，幼儿园的节目"藏族锅庄"集体舞和合唱"芒康弦子"得了优秀奖。益西到幼儿园工作后认识到孩子的安全保育工作是第一位的，但因为是非学前教育专业毕业的，她重视孩子口语和读写的学习，喜欢讲故事，教孩子拼音、藏文字母和数字等，没有组织孩子开展区域游戏。可见，学前教育专业的幼儿园教师和非专业的幼儿园教师在教育理念和教学内容方面存在着质的差别。

（3）职后培训生活

次仁朗吉2014年任公益教师以来，职后培训只有唯一的一次到闽南师范大学的培训，还有一次参加县里组织的手工作品比赛。益西2016年考上公务员，到2019年离开幼儿园，3年之中参加培训的机会比较多，几乎每年寒假或暑假都参加培训。应该说公益教师和公务员编制的教师相比，培训机会差别较大。

（4）休闲娱乐生活

次仁朗吉休闲娱乐主要有教师节的野炊活动和西藏百万农奴解放纪念日学校的文艺演出。学校也有组织教职工球赛等活动。益西参加的节日活动相同，西藏百万农奴解放纪念日、新中国成立70周年、教师节等都有参加表演、露营。个人在闲暇时间喜欢看文艺作品和旅行。

2.职业认同

当家长要求教小学的内容，次仁朗吉坚持做专业的幼儿园教师，向家长解释小班、中班孩子要以游戏为主，对大班的孩子才会有一些幼小衔接的内容。工作多年后，幼儿园教师已成为他"理想的职业"，因为他特别喜欢跟幼儿在一起。益西认为，在西藏，教师是令人羡慕的职业，教师的职业很高尚。

第三篇　农村幼儿园教师精神生活变迁

第九章 新中国农村幼儿园教师精神生活变迁

农村幼儿园教师的精神生活质量关系到农村孩子的终身发展。本章以微观史学方法论为指导，以 29 名不同历史时期的农村幼儿园教师的生活史为线索，对中国 1950 年以来的农村幼儿园教师精神生活的历史变迁进行了梳理。研究发现详见前言第五部分"研究发现之一"。

一、问题的提出

人的精神生活的完善是人的本质与人生幸福的根本。教师的精神生活与教育质量息息相关已成为众多学者的共识，例如，我国学者叶澜认为，"没有教师的生命质量的提升，就很难有高的教育质量"[1]。美国学者帕默尔认为，"高质量的教育依赖教师的心灵而非教科书和物质条件"[2]。而农村教育尤其需要具有教育情怀，以教育为志业的优秀教师。农村幼儿园教师的精神生活质量是其专业发展的内在动力，关系到农村学前教育质量和农村孩子的终身发展，关系到农村幼教队伍的稳定和乡村学前教育的振兴，关系到教育和社会公平以及人民对教育的满意度。在国家倡导"努力让每个孩子都能享有公平而有质量的教育"的今天，优秀农村教师的培育值得关注。

---

① 叶澜，等.教师角色与教师发展新探 [M].北京：教育科学出版社，2001：3.
② 帕默尔.教学勇气：漫步教师心灵 [M].吴国珍，等，译.上海：华东师范大学出版社，2005：4.

世界教育史学研究日趋微观化、生活化[①]，传记文学则日渐关注人的"精神世界"[②]，20世纪70年代中期以来，在德国和意大利兴起"日常史学"，把人民大众当作"历史中的真正活动主体"。不同历史时期农村幼儿园教师精神生活能够给今天的教师以启迪，但是中国教育史长期以来只由教育思想史和教育制度史组成，缺乏人的教育生活史。[③]对农村教师精神生活的已有研究可以归纳为三个方面。

第一，农村教师精神生活的整体研究。国外的研究包括对津巴布韦教师的生活史的叙事研究[④]，对美国威斯康星农村教师的专业生活的研究。[⑤]有研究发现，南非乡村教师在长期资源短缺和贫困等逆境中仍然心怀希望，显示出较强的心理弹性。[⑥]优秀农村教师能与学生建立良好关系[⑦]，具有关怀学生的信念[⑧]，或有较强的追求教育公平的信念。[⑨]国内主要有20世纪30年代乡村教师的自传研究[⑩]，20世纪40年代农村女教师口述史研究[⑪]，乡村民办教师对1958—1980年的生活回忆录[⑫]，以及对当今农村教师专业生活的叙事研究[⑬]，

---

① Goodman J, McCulloch G，Richardson W. "Empires Overseas" and "Empires at Home"：Postcolonial and Transnational Perspectives on Social Change in the History of Education[J]. Paedagogica Historica, 2009(6): 695-706; Droit E. Headteachers or How to Assert Authority in the East Berlin Schools in the 1950s[J]. Paedagogica Historica，2012(4): 615-633; Selwyn N. "Micro" Politics: Mapping the Origins of Schools Computing as a Field of Education Policy[J]. History of Education, 2013(5): 638-658.

② 刘良华. 叙事教育学 [M]. 上海：华东师范大学出版社，2011：42.

③ 周洪宇，刘训华. 多样的世界：教育生活史研究引论 [M]. 福州：福建教育出版社，2014：15，331，340.

④ Coultas C，Broaddus E, Campbell C, et al. Implications of Teacher Life–Work Histories for Conceptualisations of "Care": Narratives from Rural Zimbabwe[J]. Journal of Community & Applied Social Psychology, 2016(4): 323-339.

⑤ Melvin Zahn. A Wonderful, Gentle, Teacher: The Professional and Personal Life of a Dedicated Rural Wisconsin Educator[M]. Bloomington: AuthorHouse, 2010.

⑥ Coetzee S, Ebersohn L, Ferreira R, et al. Disquiet Voices Foretelling Hope: Rural Teachers' Resilience Experiences of Past and Present Chronic Adversity[J]. Journal of Asian & African Studies, 2015(2): 201-216.

⑦ McMahon B. Seeing Strengths in a Rural School: Educators' Conceptions of Individual and Environmental Resilience Factors[J]. Journal for Critical Education Policy Studies, 2015(1): 238-267

⑧ Charles H W. An Investigation of the Life Experiences and Beliefs of Teachers Exhibiting Effective Classroom Management Behaviors in Diverse Rural Schools[D]. Beaumont: Lamar University, 2008.

⑨ Tomlinson C A. One to Grow On/The Road Not Yet Taken[J]. Educational Leadership, 2016(3): 91-92.

⑩ 戴自俺. 教师生活速写 [M]. 上海：亚东图书馆，1934；盛啸黎. 一个乡村教师的努力记 [M]. 香港：国光书局，1939.

⑪ 张李玺. 追寻她们的人生 [M]. 北京：中国妇女出版社，2014.

⑫ 吴国韬. 雨打芭蕉：一个乡村民办教师的回忆录（1958—1980）[M]. 北京：语文出版社，2013.

⑬ 张妮妮. 在耕耘中守望 [M]. 长春：东北师范大学出版社，2014.

100 个基层教师的口述史研究[①]，对不同时期教师精神生活的生活史研究等。[②]一项历史研究发现，古代塾师是扎根乡野的文化人，民国时期新式教师形象滑落，新中国时期人民教师形象重塑，当前乡村教师陷入疏远农村生活的文化困境[③]；2012—2020 年，农村幼儿园教师精神生活变迁呈现出压力水平显著上升、公共性文化活动减少、反思意识增强等特点。[④]

第二，农村教师文化生活研究。国外的研究有美国一位孙女对祖母的教学生涯的口述研究[⑤]，以及对祖母（1919 年）和孙女（1980 年）在偏僻的新墨西哥州农村学校第一年教学经验的比较研究[⑥]，对 1924—1945 年墨西哥农村女教师的专业生活状况的研究[⑦]，对爱尔兰农村教师 1943—1980 年的职后培训生活的口述研究等。[⑧]研究发现，澳大利亚农村教师发展出了基于地方的文化回应型数学课程[⑨]，秘鲁教师探索了整合本土文化的教学以实现对学生关怀的策略[⑩]，阿根廷乡村教师关于野生食用植物的传统生态知识丰富，熟悉当地环境和流行的文化价值观[⑪]，农村幼儿园教师的课程观既体现了"主流"的自然发展观给孩子自由探索的机会，又体现了传统的"文化传播"观为弱势家庭儿童传递文化知识[⑫]，加纳城乡两所幼儿园的教师也都相信影响儿童发展的方式是多

① 李默，刘肖 .100 个基层教师的口述 [M]. 天津：天津社会科学院出版社，2004.

② 张李玺 . 追寻她们的人生·学前和初等教育女性工作者卷 [M]. 北京：中国妇女出版社，2014：2-34.

③ 张济洲 ."乡野"与"庙堂"之间：社会变迁中的乡村教师 [M]. 北京：中国社会科学出版社，2013.

④ 赵颖，姜勇，张云亮 . 近 10 年摘帽贫困县幼儿园教师精神生活变迁考察 [J]. 教师发展研究，2022(1)：90-99.

⑤ Corbett K T. "No Flies on Bill": The Story of an Uncontrollable Old Woman, My Grandmother, Ethel "Billie" Gammonby Darcy Wakefield[J]. The Oral History Review, 2008(1): 81-82.

⑥ Bryan B.Rural Teachers' Experiences: Lessons for Today.[J]. Rural Educator, 1986(3): 1-15.

⑦ López O. Women Teachers of Post-Revolutionary Mexico: Feminisation and Everyday Resistance[J]. Paedagogica Historica, 2013(1): 56-69.

⑧ Walsh B. "I Never Heard the Word Methodology": Personal Accounts of Teacher Training in Ireland 1943-1980[J]. History of Education, 2017(3): 366-383.

⑨ Owens K.Ethnomathematics in Resettled Indigenous Communities Whose Language and Children were Once Alienated. [J]. Revista Latinoamericana de Etnomatemática, 2013(3): 67-77

⑩ Linares R E. Guided by Care: Teacher Decision-Making in a Rural Intercultural Bilingual Classroom in Peru[J]. Intercultural Education, 2017(7): 1-15.

⑪ Ladio A H，Molares S. Evaluating Rraditional Wild Edible Plant Knowledge among Teachers of Patagonia: Patterns and Prospects[J]. Learning & Individual Differences, 2013(27): 241-249.

⑫ O'Brien L M. Teacher Values and Classroom Culture: Teaching and Learning in a Rural, Appalachian Head Start Program[J]. Early Education & Development, 1993(1): 5-19.

样的①。国内研究发现，农村教师学科教学知识、教育研究方法知识等掌握较薄弱②，缺乏对学科前沿信息的了解③；农村教师在校业余生活质量偏低，包括活动种类单调，健康高雅的业余活动很少等④，"精神文化生活和专业生活空乏"⑤，存在文化认同失根、文化认同游移与文化认同虚表等问题⑥，有的农村教师对课程改革持反对态度并伴有强烈的相对剥夺感⑦。也有的农村教师在高校学者的指导下通过参与开发多元文化乡土教材⑧、建构具乡土特色的农村儿童线描画校本课程⑨、开展非遗舞蹈进校园活动⑩，促进了自身的专业成长。

第三，农村教师职业认同的研究。国外有研究追溯20世纪上半叶农村教师情感的历史发展，发现教师作为现代性的承载者与保守的农村社会之间存在紧张关系，但他们仍然能够享受农村教育的休闲生活，能够把在偏远的农村地区教书看作是一种使命。⑪还有的发现农村初任教师通过人际交往增强了在农村学校与社区的归属感和留教承诺⑫，农村幼儿园及中小学教师对双语学生有着深切的社会关怀，这些教师的身份认同与国家不让一个孩子掉队的

---

① Annobil C N, Thompson M. Unpacking Activities-Based Learning in Kindergarten Classrooms: Insights from Teachers Perspectives[J]. 2018(1): 21-31.

② 李长吉，沈晓燕. 农村教师拥有怎样的实践性知识——关于农村教师实践性知识的调查 [J]. 教育科学，2015(2)：52-58；李长吉. 农村教师拥有怎样的教育理论知识——关于农村教师教育理论知识的调查 [J]. 山西大学学报 (哲学社会科学版)，2017(2)：85-89.

③ 李长吉，沈晓燕. 农村教师拥有怎样的学科知识——关于农村教师学科知识的调查 [J]. 教师教育研究，2015(1)：27-32.

④ 胡先云，龙小林. 农村教师在校业余生活状况及思考——来自湖南一所农村初中的考察 [J]. 教学与管理，2008(31)：36-38.

⑤ 孙丽华. 乡村幼儿教师的生存困境——基于一所乡村幼儿园的生活体验研究 [J]. 西北师范大学学报 (社会科学版)，2014(5)：114-118.

⑥ 戚海燕，吴长法. 源自城市的乡村教师文化认同研究 [J]. 教育发展研究，2018(4)：16-23.

⑦ 葛春. 变革背景下农村教师的"体制内生存"与"日常反抗"：以皖中 L 县基础教育课程改革为例 [M]. 镇江：江苏大学出版社，2016：3.

⑧ 滕星，罗银新. 中国乡土教材的开发、收藏与研究 [J]. 当代教育与文化，2018(1)：28-35.

⑨ 欧兴德. 西部农村儿童线描画特色校本课程开发与实施——以重庆市北碚区复兴小学为例 [J]. 教育学术月刊，2020(5)：104-111.

⑩ 黄际影，杜鹏. 乡村美育与非遗舞蹈：艺术乡建的"校园美育"路径 [J]. 北京舞蹈学院学报，2021(4)：103-113.

⑪ Seltenreich Y. The Solitude of Rural Teachers: Hebrew Teachers in Galilee Moshavot at the Beginning of the Twentieth Century[J]. Paedagogica Historica International Journal of the History of Education, 2015(5): 1-16.

⑫ Burton M, Johnson A S. "Where Else Would We Teach?"：Portraits of Two Teachers in the Rural South[J]. Journal of Teacher Education, 2010(4): 376-386.

政策、他们的个人生活经历与工作经历相关。[①] 有的调查表明，农村教师比城市教师有更强的使命感[②] 和专业承诺。[③] 国内的研究表明，民国时期乡村教师普遍对自身的社会角色定位比较游移。[④⑤] 但民国时期乡村精英教师身上都体现着知识分子的公共性与专业性的统一，不仅是儿童的导师，也是乡村民众的精神导师。[⑥] 新中国成立后，农村教师角色形象从教育现代化的实践者和推动者变化为乡村教育的坚守者[⑦]，改革开放后数代农村教师的职业认同呈递减趋势[⑧]，尤其在优质资源集中到城市的今天，农村教师被边缘化，其精神生活存在职业意义感虚无等问题，[⑨] 职业身份认同程度普遍较低[⑩]，"离职倾向明显"[⑪]。

综上所述：（1）在研究对象方面，忽视农村幼儿园教师、忽视历史时期的农村教师、忽视东部教师等，但也体现出关注农村双语教师研究等新动向。（2）从研究方法来看，体现人本化的价值取向，重视比较的视角，但同时具有史学视野的研究文献很少。（3）在研究内容方面，相关研究更多从文化生活、职业认同等某一方面进行，但把精神生活作为一个整体研究的成果较少。本章主要采用微观史研究视角对我国农村幼儿园教师在 1950—2019 年的精神生活的历史变迁进行纵向探索，挖掘 20 世纪 50 年代以来我国农村幼儿园教师精神生活状态及其当代意义，帮助政府、教育行政部门采取更精准的措施

① Fogle L W, Moser K.Language Teacher Identities in the Southern United States: Transforming Rural Schools[J]. Journal of Language, Identity and Education, 2017(2): 65-79.

② Jermolajeva J, et al.Professionalism as Viewed by Urban and Rural Teachers in Latvia and Russia: Analysis of Structural Components of Teacher Professional Identity[C]. Proceedings of the International Scientific Conference "Rural Environment, Education，Personality", 2019(12): 57-62.

③ Neena S.Professional Commitment Among Secondary School Teachers in Relation to Location of Their School[J]. Global Journal For Research Analysis, 2015(9): 238-239.

④ 姜朝晖 . 民国乡村教师社会角色研究 [M]. 北京：人民出版社，2016.

⑤ 姜朝晖，朱汉国 . 民国时期乡村教师的生存状况 [J]. 史学月刊，2015(4)：67-76.

⑥ 姜朝晖 . 浅析民国乡村教育运动中乡村教师的角色——以晓庄和邹平模式为例 [J]. 鲁东大学学报 (哲学社会科学版)，2014(5)：1-6.

⑦ 王莹莹 . 我国农村教师生活史研究 (1949-2013)[D]. 长春：东北师范大学，2014.

⑧ 范艳慧 . 乡村教师职业认同的代际差异研究 [D]. 荆州：长江大学，2021.

⑨ 程猛 . 从"一村之师"到"一校之师"——H 村三代农村教师口述史 [J]. 上海教育科研，2016(4)：30-33.

⑩ 李伯玲 . 群体身份与个体认同 [M]. 长春：东北师范大学出版社，2014.

⑪ 周建平 . 农村幼儿教师"弱势化生存"：制度根源与破解思路 [J]. 教育研究与实验，2013(5)：4；蔡军 . 农村幼儿园转岗教师的生存困境及改善 [J]. 学前教育研究，2015(5)：5.

提升农村幼儿园教师的精神生活质量，促进农村幼儿教育事业的稳步发展。

二、研究对象与方法

（一）研究对象

1.农村教师

笔者采用"强度抽样"，抽取不同历史时期、不同县域、不同身份（民办、公办）的农村幼儿园教师，尤其是能够提供较多信息的优秀教师。如笔者找到了福建省农村幼儿园的源头石美幼儿园，对该园的创办者蔡老师进行了间接研究，并对另两位尚在世的老一辈教师陈美珍和春华进行了深度访谈。在抽样的具体方式上把滚雪球式抽样和方便抽样结合起来。如寻找历史时期的研究对象时，先根据研究目的从档案馆寻找受过表彰的"优秀教养员"的信息，通过各地教师进修学校的教研员和幼儿园的园长等联系到她们，再通过她们扩展到其同事、家人等。研究对象按入职时间分为三代（见表9-1）。

表9-1 受访教师的基本情况

时代	序号/姓名	工作地	出生年份	初始学历	入职年份/年龄	教龄	身份与专业生活史
第一代（1950—1976年入职）	1/蔡老师	龙海	1930	简师	1950/20	38	小学公办教师，1954年创办省第一所农村幼儿园，1987年退休后仍继续服务到1992年
	2/荷花	南靖	1944	初职	1961/17	25	村民办教师，1963年开始先后在林场、不同村庄任教，1981年转正，1984年兼乡幼教辅导员，1988年调到县城，1998年退休
	3/志红	长泰	1952	初中	1970/18	6	1969年成为下乡知识青年，1970年做村红儿班教师，1976年返城，1979年转正，2002年退休并返聘至2004年
第一代（1950—1976年入职）	4/春华	龙海	1952	初中	1970/18	37	本村民办教师，1990年转正，2007年退休
	5/美珍	龙海	1954	初中	1970/16	24	1970—1979年任本村民办教师，1990年以后自办幼儿园，2005年因病停办，2006年，她女儿放弃公办小学教师职位，依母愿创办另一家幼儿园

续　表

时代	序号/姓名	工作地	出生年份	初始学历	入职年份/年龄	教龄	身份与专业生活史
第二代（1977—1996年入职）	6/崔老师	汤阴	1946	初中	约1980/34	1	1966年入职小学，约20世纪80年代入职学前班，一年后又回到小学
	7/白玉	龙海	1960	高中	1979/19	40	先为本村民办教师，后于1990年自办，1995年，投资建成镇上第一所、规模最大的民办园
	8/金秀	长泰	1963	职高	1987/25	32	1979年高中毕业后务农，1984年考上县职高幼师班，1987年任本村民办教师，2003年在原址上自办幼儿园
	9/肖老师	龙海	1966	幼师	1986/20	33	本乡公办教师，2003年当副园长，2010年当园长
	10/艾老师	龙海	1969	民师班	1988/19	31	本乡公办教师，1988年职高幼师毕业后代课，1993—1995年民师班进修后转正
	11/白老师	龙海	1971	职高	1992/21	27	本乡公办教师，1984—1987年县首届职高幼师班毕业，1993年转正（工人编制），作为创园元老一直任园长
	12/娟子	漳浦	1972	幼师	1991/19	28	1991年入职县第一所乡镇中心园，1993年回家乡幼儿园任园长
第三代（1997年以后入职）	13/吴老师	丰城	1966	初中	2000/34	18	1988年入职小学，2000年创办幼儿园，2018年停办
	14/XY	闽南	1979	幼师	1998/19	21	本乡公办教师，2006年当副园长，2015年回到家乡的新园当园长
	15/F	闽东	1981	幼师	2000/19	19	县级市长大，乡镇公办教师，2011年当副园长
	16/J	闽南	1986	五年专	2008/22	11	2008年入职民办园做园长助理，2010年入编后任教小学语文，2012年创办镇中心园并任园长
	17/H（男）	闽南	1989	大专	2012/23	7	2012年入职民办，2014年入编本县乡镇公办园，2016年任园长
	18/WJ	闽南	1990	五年专（小学教育）	2013/23	7	2013年入编
	19/XQ	闽西	1992	技校	2012/20	7	先入职民办园，2013年回家乡公办任非编教师
	20/QY	闽北	1992	大专	2016/24	3	2016年入编
	21/CRLJ（男）	边坝	1994	中职	2014/19	5	入职后一直担任公益教师
	22/YX	边坝	1994	高职/旅游管理	2016/21	3	2016年入职入编幼儿园，2019年调任小学教师
	23/ML	闽东	1994	本科	2018/24	1	同市另一乡镇长大，2018年入职入编（配班刚从小学回来）

续 表

时代	序号/姓名	工作地	出生年份	初始学历	入职年份/年龄	教龄	身份与专业生活史
第三代（1997年以后入职）	24/CH	闽西	1994	大专	2017/23	2	县城长大，但父母务农，2017年入编，小学任教二年
	25/P	闽南	1994	本科	2018/24	1	2018年入职入编后到县城跟岗培训一年
	26/YA	闽东	1995	本科	2018/23	1	市区长大，2018年入编后小学任教一年
	27/XJ	闽北	1995	大专	2018/23	1	同市另一乡镇长大，2018年入编后第一年到教学点支教
	28/JL	闽西	1996	高中（非）	2014/18	5	教学点小学附设幼儿班非编教师
	29/XC	闽中	1998	技校	2016/18	3	先入职民办园，2017年到公办园代课，2019年入编公办

注："教龄"指在幼儿园的教龄，即截止到2019年，累计从事农村幼儿教育的时间。

2. 精神生活

本章主要从教师文化生活和教师职业认同两个方面研究农村幼儿园教师的精神生活，其中职业认同融合了心理生活和心灵生活的某些方面（详细的概念界定见前言部分）。

（二）研究过程

量的研究的过程一般是线性的路线，按照"理论—假设—抽样—收集资料—分析资料—验证假设"思路进行。本章以微观史学作为方法论，主要采用质的研究范式，其研究对象、研究方法、资料的收集与分析、研究发现等处于持续的调整之中，呈现一种"环形"[1]，不断回到某一点重新思考，似乎很难写出一个确切的研究过程。如，最初参与闽南师范大学省级"区域农村教师发展协同创新中心"的研究，于2015—2017年完成了两位农村教师的个案研究；后来受晓庄学校师生乡村生活[2]的感染增加了历史视角，陆续接触一些退休的农村教师，笔者发现老教师都很喜欢讲"过去的故事"，笔者也常被她们的某种特质所吸引：当时75岁的荷花老师第一次跟笔者见面时竟然亲自驾驶着电动三轮车来到县进修学校，而68岁的美珍老师仍活跃在幼儿园闽南童

---

[1] 弗里克. 质性研究导引 [M]. 孙进，译. 重庆：重庆大学出版社，2011：77.

[2] 于洋. 全球视野下的陶行知研究（第七卷）[M]. 北京：北京师范大学出版社，2015：74-85.

谣教学的讲台上。每一位新的研究对象意味着新的发现、新的可能性。又如，在研究方法方面，笔者对质的研究有一种偏好，但在研究过程中常常受到线性思维的影响，把一些普遍性的观点强加在研究对象的身上，使"笔者的分析"常常"打断"而不是"增益"叙事，这些促使笔者不断回过头阅读"叙事研究、现象学、扎根理论、民族志、案例研究"等主要质性研究[①]方法的文献。此外，研究的伦理道德遵循也贯穿全过程：访谈录音都事先征得她们同意；定稿前所有的稿子都先给她们阅读，对于年轻教师，发送电子稿请他们修改，对于老教师亲自登门与她们面对面逐字核对与修改，尊重她们的观点。

（三）研究资料收集与处理

第一，收集与检验资料。按照完整的人生经历—农村幼儿教育工作经历—文化生活经历—职业认同的顺序进行访谈。访题举例：(1)专业文化生活：请谈谈您的专业学习经历和在职培训经历；您在农村幼儿园时主要教孩子们学习什么？（2）休闲文化生活：幼儿园平时组织哪些文化娱乐活动？工作之余您一般会做些什么？（3）职业认同：您认为农村幼儿园教师相比于城市幼儿园教师有何独特价值？如果还有选择职业的机会，您还会选择做幼儿园教师吗？请您说说继续做幼儿园教师或者放弃的理由是什么？作为幼儿园教师，最值得您自豪的是什么？访谈全部完成后，对访谈资料中与档案资料不一致之处进行再次询问与确证。第二，参照卡尼（Carney）分析抽象阶梯[②]框架对所有访谈资料进行整理分析，具体步骤为转录形成原始资料文本、登录、寻找类属、形成初步理论假设并检验、整合资料为一个解释框架（步骤详见表9–2）。理论假设的检验主要通过与背景文献和同类研究发现进行比较来判断其适用的范围。随着分析的深入，还会就一些疑问不断回访个案教师。笔者希望遵循现象学理论所强调的"沉潜往复"[③]，用心与研究对象"交往"。

① Lewis S. Qualitative Inquiry and Research Design: Choosing Among Five Approaches[J]. Health Promotion Practice, 2015(4): 473-475.

② 陈向明 . 质的研究方法与社会科学研究 [M]. 北京：教育科学出版社，2000：274.

③ 姜勇 . 教育现象学的迷误与出路 [J]. 全球教育展望，2018(2)：49-58.

表 9-2 卡尼（Carney）分析抽象阶梯举例

原始资料	登录	类属	理论假设
荷花：非常困难的时候（1960年），我们一中的学生都没有上课。哎！就去象溪（村）的内山去扛柴，扛到那边去炼钢用	幼师学校生活：劳动、扛柴、炼钢；农忙时教师兼职劳动	参加生产生活劳动	地方性知识的学习是20世纪六七十年代农村幼儿园教师文化生活的重要内容
志红：（20世纪70年代）农忙的时候一边教孩子，一边要量谷子、晒谷子、做饭、送饭			
春华：（1966年）我刚要去读（初中）就"文革"了，差不多一个学期，就回家，回来参加劳动。我去生产队烧茶水，做一些卫生，在村里边的各个角落，打六六粉，还有烧一些青草的水，提到生产队去分发，一户几碗	"文革"回乡劳动：烧青草水	学习中草药保健常识	
荷花：每一年的春节都有灯谜活动……还有那个攻炮城……祖传的就是喜庆的意思。那我们幼儿园小朋友的春节汇报演出，这个是最大的，人家也最夸的，看的人也最多的，挤得满满的	春节观看灯谜、攻炮城、幼儿园为村民表演	融入民俗活动	乡土文化是农村教师乡土情怀、集体精神滋养的土壤
美珍：到宣传队才学的（芗曲），1976年省第一届农村文艺会演……石美农民代表队……第一个节目《龙江颂》是芗曲连唱，是改革的芗曲，叫做芗歌……我演阿莲	在省农村文艺会演中唱芗歌	休闲文化生活：参与民间艺术表演	农村教师休闲文化生活与农村社区民俗活动融合

三、教师精神生活变迁

（一）职前教育生活叙事

1.1950—1976 年

初中或初级幼师的生活：劳动

当时几位老师的学历分别是初中、简易师范、初级幼师。根据红儿班林老师的回忆，担任农村幼儿园教师的女知青一般也有初中文化水平。1957 年，河南省渑池县响应《全国农村发展纲要》，首次建立35 所农村幼儿园，幼儿园教师全部由有一定文化的女性担任。[①]20 世纪 60 年代末，龙海县角美公社石美大队按照"五条原则"选出了 10 名年轻女性任幼儿园教师，具有初中以上

---

① 翟菁.集体化下的童年："大跃进"时期农村幼儿园研究 [J]. 妇女研究论丛，2017(3)：36-49.

的文化程度是首要原则。①

　　除蔡老师外，其他被访教师都有参加劳动的经历。当时国家实行教育与生产劳动相结合。荷花老师 1960 年被县一中初级幼师班录取。不过，黄老师的回忆中并没有课程学习，主要是参加劳动，包括去山上扛柴炼钢、去河里搬石头等。春华则是"文革"开始后不久回到生产队从事劳动。

　　2.1977—1996 年

幼师中专：文艺为中心的精英教育

　　文献表明，20 世纪 80 年代全国高中学历幼儿园教师大幅增加。②1991 年，福建省 3 万余名教师中"具有幼儿师范学校（包括职业学校幼教专业）毕业程度"的有四成。③ 高中、幼师中专、幼师职高是几位被访老师的学历。20 世纪 80 年代的《幼儿师范学校教学计划试行草案》，三年制幼师各类课程的比重分别为：文化类课程约占总时数的 48%，教育类课程约占 19%，艺体类课程约占 32%；四年制幼师的文化类课程约占 49%，教育类课程约占 16%，艺体类课程约占 35%。

　　这一时期，幼师中专的录取分数线高于普通高中的录取分数线，学校在重视学生艺术素养的同时关注学生的全面发展。XY 老师记得读幼师时舞蹈、钢琴、声乐、美术、书法等技能课都是一周一节课，而文选、数学等文化课课时比较多，教育课课时也不少。多数受访教师对求学期间的艺术技能类课程印象最为深刻。例如，肖老师认为 1982—1986 年就读泉州幼师时的生活学习很愉快，"文艺生活丰富多彩"，包括跳舞、合唱指挥、朗诵比赛，还有元宵"踩街"边走边跳。娟子认为幼师学校对学生的学习抓得比初中更紧，那时候一周上课五天半，一天七节课。

　　那时候的幼师中专的教育称得上精英教育，毕业生素质普遍较高，如今大多走上了园长的岗位。

---

① 龙海县角美公社石美大队党支部 . 重视人才投资，抓好幼儿教育 [Z]. 漳州市档案馆，全宗号 40，目录号 2，卷宗号 258，1982.

② 李家丽 . 对当前农村办一年制幼儿职业班的浅见 [J]. 当代教育科学，1987(1)：66-70.

③ 刘永苓，林斯坦 . 试论福建省幼教师资发展的格局 [J]. 教育评论，1992(5)：45-49.

3.1997 年以后

高专或职业学院：走向大众化教育

农村幼儿园教师的职前教育有职高、中专、大专和本科等多种层次，毕业于大专以上院校的较为普遍。春华老师记得 1998 年石美幼儿园一下进了 6 位泉州幼儿师范毕业生，如今已有 13 位公办教师，多为大专及本科学历。笔者通过访谈了解到，当前公办园教师还包括"劳务派遣"或"同工同酬"教师，其职前教育学历也都在大专以上。民办园教师的学历也有提升，2019 年白玉老师的儿媳妇接了班，她是大专旅游与酒店管理专业毕业。同时，西部民族地区的农村幼儿园教师仍然以中职幼师学历为主。

1999 年国家开始实施高等教育大众化政策，幼儿园教师培养开始向专科、本科层次发展。大量幼儿师范学校升格为职业学院，承担了以学前和托育教师培养为主要方向的教师教育任务。大专有五年专、三年专等类型。但这一时期就读五年专的学生往往是普通高中的落选生，就读高职院校的学生也是高考考不上本科院校的高中毕业生。学前教育专业的生源质量随着高等教育的大众化而急剧下降。大专院校的学前教育专业依然重视艺术技能。2001—2006 年（泉州幼儿师范第一届五年制大专）就读幼师的两位老师回忆，学校的选修课以艺体类为主，如管乐、民乐、鼓乐、舞蹈等。被访教师自身也往往重艺术技能轻理论学习，他们大多在家长或亲友的建议下选择学前教育专业，学习期间大多对某些技能类课程更感兴趣。第一学历为本科的被访者对大学生活的印象也主要是体艺课程学习。很多学生只是获得了片面发展，他们可能有某些方面的技能特长而缺乏理论素养，甚至可能存在技能学习困难，同时理论素养也不高。

总的来说，第三代农村幼儿园教师学历水平普遍提高，但是园长们普遍认为新进高学历教师的素质比不上以前从幼师中专学校毕业的老一辈教师。

（二）教学生活叙事

1.1950—1976 年

（1）一所示范性幼儿园：一天要上六节课

蔡美君老师于 1954 年办起了福建省内第一所农村幼儿园。1969 年，她在石美村做普及幼教的工作，后来全村有了 18 名教养员。1977 年，该园被评为农村民办示范性幼儿园。[①]美珍老师说，当时村部旁的中心班由她和蔡老师教，她主要教舞蹈和唱歌，蔡老师主要教文化课。"以前一天要上六节课，上午三节，下午三节，还要有表演。""我们每天的第一节课都是谈话课，老师跟小朋友交谈，培养他们的口头表达能力……谈话课以后呢就是认识、数学、看图说话啦，一个上午就是这样。下午第一节课就是学讲普通话，以后就是听故事、唱歌、舞蹈基本动作啦。"有研究表明，"大跃进"时期，河南农村幼儿园的教学内容只有"很简单的"识字、数数、唱歌、舞蹈等[②]，似乎不像石美幼儿园这么规范。

（2）黄荷花老师：幼儿园、耕读小学、夜校

黄荷花老师经历坎坷，但始终抓住幼教不放，工作"非常拼命"。她 1961 年从县幼儿园被"精简"后开始坎坷的农村幼教路，到林场、和溪镇、汤坑村等多地反复办学，教小朋友游戏、儿歌、律动、小舞蹈和农村放牛孩子的游戏（牛拉磨、滚铁环）；1966—1976 年，她也教过几首语录歌；1968 年，曾回娘家办耕读小学，教看牛的孩子识字，晚上去夜校担任扫盲教育的老师。

（3）教育教学改革与创新

第一代农村幼儿园教师在教玩具制作、复式教学或毛泽东思想文艺宣传节目的排演中表现出了很大的创造性。例如，1974 年，石美大队幼儿园园长蔡美君自编乡土教材，并带动民办教师利用废物制作 500 多件精美、实用的教玩具，受到联合国教科文组织成员及中国妇联领导的赞扬。1975 年，卫生

---

① 黄剑岚 . 龙海县志 [M]. 北京：东方出版社，1993：809.

② 翟菁 . 集体化下的童年："大跃进"时期农村幼儿园研究 [J]. 妇女研究论丛，2017(2)：36-49.

部领导林佳楣到石美幼儿园观看自制玩具展。[①]《八闽英模录》中介绍蔡老师编写的"教育小节目"传誉国内外（详见本书第一章）。金老师说："妈妈很聪明"，"每个文艺节目，她自己创造。很多道具，她自己设计制作。那个毛主席像闪金光的道具当时轰动了整个现场……（到部队慰问演出时）那些节目连军区解放军领导都说，哇！这些小孩子太厉害了，动作到位，姿态到位，表情到位"。此外，蔡老师也注重农村资源在教学中的利用。

2.1977—1996 年

（1）重点幼儿园的探索：综合教育、区角游戏

这一时期福建省和河南省的个案教师仍以"比较小学化"的分科教学为主。艾老师说她 20 世纪 90 年代所工作的幼儿园跟小学差不多，孩子就像在上小学一样，都是坐在教室里面听老师上课。那时候有一间教室，教室里面有一台脚踏风琴就不错了，没有任何可以供孩子们玩的材料。虽然在同一个县，石美幼儿园的课程与教学却紧跟城市幼教发展步伐，可见，优秀园长的带领作用多么重要。春华老师回忆：当时蔡老师四处收集资料。幼儿园在 20 世纪 80 年代有了集体备课室，资料比较丰富，有教材、专业杂志、教育纲要以及其他参考书籍，教材人手一套。妇联有文件也都会及时送给幼儿园。"（20 世纪）80 年代末期开始有做区域。主要是跟领域结合的，什么语言区、数学区、商店、医院、娃娃家都有。"区角游戏当时叫"作业"，强调在游戏中培养小朋友多种能力及扩展性思维。幼儿园的表演游戏做得好，儿歌表演、儿童诗表演和故事表演都有。园里也在尝试综合教育。如让小朋友通过掰、尝、说认识橘子，教育他们爱家乡，最后画橘子，"就是常识、绘画，还有社会……结合起来"。又如"家家"游戏可以扩展到搭汽车到电影院，通过多种角色促进孩子的全面发展。这时，幼儿园工作也走上正轨，教师可以按部就班，半天带班半天备课。

（2）教育教学改革与创新

改革开放以后，很多农村幼儿园教师通过申报和承担课题研究进行课

---

① 黄剑岚. 龙海县志 [M]. 北京：东方出版社，1993：809.

程与教学改革。肖老师、阳老师、白老师都主持过课题研究。白老师承担了"农村幼儿家长学前教育观念的调查研究"和"情景教学在数学活动中的有效性研究"等课题。在课题研究中，她通过开展亲子活动、家长开放日、家长助教活动，发放宣传手册、告家长书，制作整个宣传展板等多样化的活动，提升了家长的科学幼儿教育观。例如，针对家长对游戏活动的误解，幼儿园设计了对比式的家长开放日活动：一个用陈旧的说教方式来上，一个用课改后的游戏方式来上，让孩子在玩中学。家长看到一边是快快乐乐在学，另一边虽然小孩子坐得很好，但是过后效果不怎么样。最后家长认识到在玩中学的效果更好。在此基础上再进行《3～6岁儿童学习与发展指南》的宣传。又如，肖老师实施了"创建低成本高质量的农村幼儿教育"的研究，带领孩子们参观袖珍菇大棚、捉小蝌蚪、拾稻穗，组织孩子们玩稻草、做泥塑等。

3.1997 年以后

（1）公办园：课程多元

进入21世纪以来，农村幼儿园教师实施的课程类型多样化。朱家雄教授所倡导的"教育活动连续体"[①]上的多种类型都可以在所调研的公办教师的实践中看到，有分领域课程、单元主题课程（教师预设为主）、探究型主题课程（幼儿生成为主）、区域活动课程（含三大游戏）等。2016年4月13日，参加XY老师所在幼儿园的区域活动研讨时，笔者对园里订有《学前教育研究》《幼儿教育》等十余种专业刊物，每种订18本感到惊讶。据说是按照评估的要求，每个班级和办公室都有。

（2）民办园：新分科教学

福建省和河南省的个案教师仍是以分科教学为主，但与传统的分科相比多了一些整合性。如金秀老师采用福建省编《领域活动指导》的教材，白玉老师园里语言领域的教材有《国学经典：幼儿活动整合课程》《开心阅读、快乐识字》，前者称"集文化、语言、识字、阅读、口才、表演和音乐为一体"，如第6册第1单元为古诗《村居》及其"吟诵唱舞"，还有"才艺表演训练——

① 朱家雄.幼儿园课程[M].上海：华东师范大学出版社，2011：232.

三只小猪"三个内容；后者把阅读、识字与表演结合在一起，它以小主题的形式编写，如第6册第6个主题为"情景剧场"，包括"小猴变魔术""吹泡泡""三句半：我们长大了"三个活动。

（3）教育教学改革与创新

第一，课题研究。XY老师是全市最年轻的高级职称教师，她认为自己"蛮享受工作的乐趣"，尤其是"创造性的工作"。2010年，她主持了有关"家乡特产"的课题，创编了系列活动和大量闽南童谣。她所在幼儿园在当地小有名气，曾接受县电视台专访，并录制《大家一起种地瓜》等节目。她积极改革，创新课堂理念进行园本培训。第二，个别教师得益于名师的指导进行了游戏课程化探索，并取得了一定的成就。游戏课程化实践和上海的探究型主题活动或者国外的方案教学活动比较类似，也是中国化的活动课程的一种形式。例如，男教师H所在幼儿园2021年成为市级课题"游戏课程化理念在农村幼儿园的落地与实践研究"的基地园。2021年，我们实地调研感受到了乡镇幼儿园的老师们在课程改革过程中，因孩子们的成长和自身的成长而激发出的巨大的工作热情。该园"我要上小学了"和"A战车"等优秀游戏案例得到了专家的肯定。

这一时期，农村幼儿园教师的专业文化生活中也出现了一些问题：（1）区域活动与三大游戏关系混淆，教师在周计划表中把区域活动和三大游戏并列表述。（2）三大游戏误用集中教学，没有给孩子真正自主游戏的时间，没有发挥创造性游戏培养孩子创造性的作用。（3）农村幼儿园园长课程素养总体不足，对于园本课程建设有些茫然。

（三）职后培训叙事

1.1950—1976年

（1）优秀教师主动担任辅导员：开大课、教研活动

角美镇石美村幼儿园当时条件极差，没有专业教师，蔡老师毛遂自荐担任辅导员，自己承担起20余名民办幼师的业务辅导工作。经常利用暑假和周末开展培训，还为本县和外县培训民办幼师200多人。建园以来，她先后

接待侨胞和省内外各有关单位来园参观访问共 1000 多人，传授经验 400 余次。①1978 年的一份档案材料中也提到办好幼儿园必须培训又红又专的教养员，并介绍了石美幼儿园的教师培训经验，包括以老带新、集体备课、互相听课、鼓励进步的教师开课等。经过培训，那时候全园已有四五个教养员能独立在园内开课并能向外开课，独立编写简单的童谣、设计一些幼儿歌舞表演动作。②实际上，1960—1978 年，国家的幼儿教育处被撤销，地方设立乡幼教辅导员是 1978 年以后的事③，蔡老师仅凭着对幼教的热爱在农村开创了一片新天地。

美珍老师说自己"最崇拜的人"是蔡老师，春华老师说如果没有蔡老师的"严格要求"，她可能通不过后来的转正考试。整个 20 世纪 70 年代，美珍老师和春华老师都没有专业书籍，她们的专业学习主要靠蔡老师言传身教。美珍老师记得，下个星期所有的课程都是在周六下午教研活动时由蔡老师统一指定并教会大家。每年暑假，整个公社的幼儿园骨干教师都集中到石美村培训，一人一捆稻草，铺在地板上睡。她对公开课记忆犹新："我和蔡老师要开大课，在礼堂里……那蔡老师就是故事课《小马过河》，我就是唱歌课《聚宝箱》。"春华老师记得，最初十余年的混合班教育方法都来源于蔡老师的培训。1977—1981 年，优秀教师们自编农村混合班教材发行 5 万多本。1982 年，蔡老师撰写的《农村幼儿混合班教育初探》被选入全国幼教研究会第二届年会论文集。④当时农村幼儿园教师的短训情况在其他文献中也有记载：20 世纪 50 年代，北京市妇联协助政府举办农村保育员和教养员训练班，培训儿童营养、教育、心理学方面的内容⑤，1958 年还出版了《教养员之友》半月刊，并在广播电台举办了幼儿教育广播讲座。⑥

① 新华社福建分社，新华社吉林分社．八闽英模录 [M]．北京：新华出版社，1992：538．
② 角美公社石美大队幼儿园．普及农村幼儿教育，加速四化建设步伐 [A]．龙海市档案馆，全宗号 149，卷宗号 107，1978：292．
③ 庞丽娟，洪秀敏．中国学前教育发展报告——农村学前教育 [M]．北京：北京师范大学出版社，2012：8．
④ 福建省地方志编纂委员会．福建省志：教育志 [M]．北京：方志出版社，1998：105，102，113．
⑤ 王娇娇．北京市儿童保育工作研究 (1949—1957)[D]．保定：河北大学，2017．
⑥ 王卉，许红．新中国成立初期北京市托儿所、幼儿园的改革与发展 [J]．北京党史，2011(2)：47-49．

（2）红儿班知青教师进修：三科、弹唱

林老师 1969 年下乡，第二年成为红儿班教师，最初她都"随心所欲"安排教学内容，直到参加培训后，教学内容的安排才有了依据。1971 年，她因阑尾炎手术感染引起肠粘连，不能从事体力劳动。1973 年，她获得了到龙溪师范培训的机会，学习的内容有教育学、心理学、卫生学、唱歌、弹琴等。林老师参加的培训相当于早期的"民师班"，这种学习机会更多地针对知青，她记得当时一起去的知青有七八个，有的跟不上，自动放弃了，只有三人坚持完成培训。另外两人，一位后来当过幼教辅导员，一位当了保育员。林老师认为这三年的学习"相当于初中跟中专之间的一个文化水平"。

2.1977—1996 年：转正、三科、"民师班"

1979 年，《全国托幼工作会议纪要》提出了"幼儿师范要逐步地为农村社队托儿所、幼儿园代培幼教骨干"等。1983 年，第一次专门针对农村幼教事业发展发布的政策文件《关于发展农村幼儿教育的几点意见》提出："各幼儿师范学校、教师进修院校和有条件的中等师范学校，都要承担培训农村幼儿教师的任务。"但 20 世纪八九十年代，培训的机会仍然十分少。这一时期蔡老师仍兼职辅导员，直到 1987 年退休，还义务指导到 1992 年。荷花老师 1979 年回乡办幼儿园，也兼任过辅导员，转正后于 1984 年正式兼乡幼教辅导员。她每次到县里培训完回去，再自己油印资料培训生产大队的幼儿班教师。此外，职业学校、县进修学校、中等幼师学校都参与到培训队伍中进来。如，春华老师参加的系列"转正"考前培训是由县进修学校或市教育学院组织，包括 1981 年的"留、弃"考核、1985 年的"站队评级"考核、1988 年的"幼儿园教师教材教法合格证考试"、1989 年的"教学能力"考核和"幼教专业合格证"考试，以及 1990 年全县民办教师转正业务考核等考前培训，"每到暑假都要培训一个月、20 天"。1990 年的考试是幼儿园、小学、中学老师考同样的试卷，春华老师的成绩为第 11 名，她说"我的一生都全力以赴在幼儿园"，通过转正考试后，她感恩"辛勤耕耘换来了一生美好的归宿"。此外，白玉老师参加职业学校暑期培训，通过了心理学、教育学、卫生学三科考试，于 1994 年取得"幼师证"。艾老师在代课五年后于 1993 年考上了泉州幼师的"民师班"，两年后毕业，她印象最深的学习内容是水粉画和刺绣。

第二代的教师们大多具有专业热忱，热爱幼教专业，总是不会放过任何培训机会。例如，金秀背着儿子到县城参加进修学校组织的培训，路上被晕车的儿子吐了一身；娟子抱着孩子每天认真地准时参加远程国培。但是她们认为培训机会还是不够多。艾老师1995年转为公办教师以来总共也就参加过三次省级培训。2018年暑假，她还主动申请自费参加了园长骨干教师培训。

3.1997年以后

（1）优秀教师："每年都去省里跑一两次"

第三代个案教师均认为2010年左右是培训机会明显增加的转折点，除了《3～6岁儿童学习与发展指南》的学习与落实，还有其他各种培训。优秀园长和教师参加高级别培训机会增多，例如XY老师参加了全国学前教育研究会社会领域的研讨会，F老师参加了全国名园长东湖论坛。J老师去过上海、广州、深圳学习。XY老师回忆了培训机会的变化过程：2006年，"突然间开始要创建县级示范性幼儿园"，那是她1998年工作以来上级主管部门第一次进行监管。此后她开始比较频繁地出去学习，"每年都去省里跑一两次"，参与过五大领域教育、教育科研方法、心理健康教育、农村幼儿园教师教育教学能力提升等各种培训。2012年到上海宋庆龄幼儿园参观学习后，她认识到"幼儿园的文化建设要扎根本土，农村幼儿园与国际幼儿园应该有不同的追求，不能盲目模仿"。

（2）一般教师："最远只在县里"

2010年前，公办教师的培训主要局限于本县，如春华老师说2000年到2007年之间，她"每年在本学区参加继续教育"，最远只到市里"电脑培训一周"。2010年后，农村普通园长和教师参加县级以上包括县与县之间的交流培训的机会仍然有限。例如，市级幼儿园的开放活动，每个县只有24个名额。有时候靠园长之间的同学关系或私人交情可能争取一些参观交流的机会，但往往需要自费。市级及以上的培训往往选拔少量优秀的农村幼儿园教师参与。

民办教师的培训更少，参训的级别更低，大多最远只在县里。民办教师培训一般不出本乡镇，仍由乡镇辅导员负责。白玉老师主要参与乡镇级培训

"镇性观摩"，唯独一次"开后门"是到省里参加园长培训。金秀老师从教32年"最远只在县教育局"。美珍老师的女儿也说"很少有机会学习"。江西省的小莲老师从业18年仅有一次参培机会。"镇性观摩"是辅导员组织的面向全镇民办园教师的培训活动，如，2017年，肖老师组织向民办教师开放了幼儿园的"半日活动"和公开课韵律活动《狮王进行曲》和美术活动《快乐的小丑》。白玉和金秀分别于2008年和2013年取得园长岗位培训证。

这一时期，镇中心园园长往往有多重角色，如，肖老师是本园专业活动的总指挥，是"镇性观摩"和新公办园"结对帮扶"的辅导员，还要参加县、市级片区教研、省级课题研讨活动，也曾作为县骨干教师去华东师大培训10天。因此，她感到工作太辛苦、太累，压力太大。

（四）休闲文化生活叙事

1.1950—1976年

（1）蔡老师的"休闲"：备课、排节目、培训、家庭娱乐

《八闽英模录》中介绍蔡老师善于用文艺的形式激发幼儿的学习兴趣，她编写的"教育小节目"传誉国内外。蔡老师在20世纪60年代创立了小学文艺宣传队，20世纪70年代又创立了幼儿文艺宣传队。美珍老师有一张1964年小学文艺宣传队员的合影，当时她是蔡老师的学生。金老师回忆她1963年和1967—1975年跟妈妈住在一起，那时候"妈妈一心扑在工作上"，晚上、周末、寒暑假都在备课、排节目、培训，几乎没有休闲时间。但是在1961年之前，每次寒暑假全家人在一起会有一些家庭娱乐活动，演唱电影插曲《让我们荡起双桨》《我的祖国》等。妈妈敲扬琴，爸爸拉二胡，哥哥和弟弟吹笛子，她自己唱歌、跳舞，很热闹。金老师说她全家每一个人都有多种文艺特长。

（2）美珍老师在文艺宣传队：演出最开心

1968年起，全国农村广泛成立业余"毛泽东思想宣传队"，并入各地文化馆（站）中。其主要任务是面向本地农民，为党的各项中心工作服务。[1] 石美

---

① 吴凡一. 国家意志与村落音乐生活的对话——赣南"卫东宣传队"40年变迁之调查与研究 [J]. 南京艺术学院学报（音乐与表演版），2013(2)：47-56.

村在那个时代被称为"戏窝"，文艺人才多。美珍老师 15 岁（1969 年）时参加了生产队的文艺宣传队，18 岁时开始到石美幼儿园中心班负责幼儿文艺宣传队的工作。她会唱 40 多首"红歌"，尤擅芗曲。她说："以前整个角美公社啊，到处都是文艺宣传队，很热闹。我要管幼儿文艺宣传队，自己参加大人的文艺宣传队。那时候演出很频繁的，什么归国华侨的，领导的，（有时候）一天要演四场。""还有什么，学大寨啦，学小岗村 ① 啦……基本上星期天也是要排节目的。"她记得 1975 年孩子们为林佳楣表演的节目有《欢迎》《庆丰收》《荔枝舞》《解放军叔叔辛苦了》《红色娘子军》《各族儿童》。她自豪地告诉笔者《荔枝舞》和《庆丰收》被香港凤凰电影制片厂拍进了纪录片。她所在的大队文艺宣传队获得了省、市、县各级汇报演出的机会。1976 年，她作为石美农民代表队的演员代表龙溪地区参加了福建省第一届农村文艺会演，当时龙溪地区去了工人、农民两个代表队。美珍老师表演了《龙江颂》里面立志于"农业革命"的阿莲，以及《打石新兵》里面开荒种田的女突击队长 ②，这些节目是改良的芗曲，叫芗歌。1977 年，美珍老师与石美幼儿宣传队在闽西古田革命根据地红军亭慰问演出。节目有两个多小时，是专场演出。她还演过《于无声处》。当时两个宣传队配合密切，常共同演出，表演的场地有社队的礼堂、晒谷坪、部队营地等。那时候石美幼儿园的教师生活是紧张忙碌的，美珍老师工作起来"像傻牛"不知疲倦：一周五天半在幼儿园上课，清早或晚上在文艺宣传队排练，周六下午教研活动备课，周日做道具、缝服装或排节目。当笔者问到"您在石美幼儿园工作期间最开心的事情是什么"时，美珍老师毫不犹豫地回答"以前呢就是演出最开心了"。她说大家对节目"都很欣赏""都看得眯眯笑呢"。观众的快乐与满足也给美珍老师带来快乐的体验。该园的幼儿文艺宣传队一直持续到 20 世纪 80 年代初。河南的农村幼儿园直到 1978—1990 年仍然重视豫剧等文艺表演。③

---

① 小岗村在安徽省凤阳县，村里在改革开放后最早推行"家庭联产承包责任制"，获得了成功。陈桂棣，春桃．中国农民调查 [M]．北京：大地出版社，2005：282.

② 农村的女性突击队的组织，起因是农村劳动力不足。20 世纪 70 年代"农业学大寨"平土改田、兴修水利工程还有长江以南推行双季稻种植，都使农村劳动力出现局部紧缺。因此农村社会主义教育工作队普遍组织发动农村青年组织突击队。金一虹．女性叙事与记忆 [M]．北京：九州出版社，2007：167.

③ 侯元．城郊村学前教育变迁之研究 [D]．金华：浙江师范大学，2010.

（3）荷花老师业余爱好：跟着"高音广播"学唱歌

荷花老师记得村里的"高音广播"播一些歌曲，她听几遍就会，晚上有空就练歌。她也常带孩子参与社队的节日表演，猜灯谜，看"攻炮城"，而幼儿园的节目大家"最夸"。林老师记得在红儿班教书时，每周三个晚上由生产队的政治队长组织读报，她还到修活盘水库的工地做过文艺宣传，即兴打快板歌颂先进事迹。不过，这个宣传"一阵风就过去了"。她也带领孩子们在知青的元宵节文艺活动中表演过舞蹈《北京的金山上》。据研究，1949—1978 年，文化作品中体现出"英雄主义、乐观主义、浪漫主义以及充盈的政治激情"，重视民间艺术形态，如发现劳动中的好人好事，宣传队员"很快就能编出《劳动竞赛大开展》一支歌"。[①]

2.1977—1996 年

（1）公办园教师的休闲：看看自己喜欢的书

20 世纪八九十年代属于休闲时间变迁的过渡时期。20 世纪 80 年代，春华老师下班时间也"谈不上什么娱乐"。她在一个四世同堂的大家庭，人口最多时有 23 人。1986 年分家前，她下班有干不完的家务活，晚上也要带孩子、做针线活，还要钻研教学，她还利用下班时间勤学苦练学会了小、中、大三个年段所有儿童歌曲风琴弹唱。直到 20 世纪 90 年代，休闲时间增加，她回家可以看看自己喜欢的书刊，包括《早期教育》《幼教通讯》《家庭医生报》《每周文摘》等。肖老师认为 20 世纪 80 年代工作时间虽长，有时候晚上也要进行思想政治学习，但工作内容单纯，"年轻时激情满满"，没有心理压力，下班后她常到镇图书馆借书看，印象深刻的是《读者》，以及《呼啸山庄》《林海雪原》等小说。娟子那时候常被邀请参与活动，包括跳交谊舞等。此外，金秀老师 1987—2003 年在村集体民办园是正常休假。

（2）民办园教师："从来都没有星期天"

1990 年，美珍老师创办了镇上第一家民办托幼机构，得到镇政府和妇联的支持，幼儿园就叫"镇直幼托"，有的双职工早上 6 点就把小婴儿送过来，

---

① 贺绍俊，等 . 共和国 60 年文化发展 [M]. 北京：中国大百科全书出版社，2009：3, 122, 538, 587.

老师的工作时间特别长。美珍老师说："早上天黑黑的，我 5 点半就要去市场买菜。我爸妈给我煮饭。回来 6 点钟就开始在门口接孩子。白天上课，傍晚要在门口送 100 多个孩子回去，和家长交谈……晚上啊，整个肺部都受不了，整个声音好像鸭子嘎嘎嘎。"她的女儿说："当时还有几个全托的，整个晚上一直哭，我带上半夜，我妈带下半夜。那时候我读小学。"办园 15 年她从来都没有星期天，而且因没有一个属于自己的场所，她 15 年搬了 5 个地方，她用一句话总结这 15 年："我的路是眼泪走出来的。"

3.1997 年以后

（1）幼儿园的休闲文化：与社区日益疏离

部分教师参与了农村社区文化生活。例如，XC 老师有机会参加健身操、广场舞比赛、当采摘节的礼仪小姐等，部分教师参与过县级单位组织的气排球比赛，中心小学的节日活动。XY 老师和同事们在镇宣传贯彻党的十九大精神专场文艺晚会上用文艺节目引导健康娱乐、健身新风尚，助推新民风。但多数时候幼儿园的文艺晚会不向农村社区群众开放，是教师们"自己的娱乐"，往往歌舞、乐器、书法、游戏同台。J 园长尝试把专业培训结合到老师的娱乐生活当中，如：三大游戏培训与教师的旅游、游戏体验结合。她买的书也是专业书刊与休闲读物相结合，如散文《遥远的向日葵地》、随笔《活着活着就老了》、小说《外婆的道歉信》等。

（2）个人的休闲：学习与娱乐兼顾

农村幼儿园教师休闲文化生活值得称道的是在休闲时间仍然坚持学历提升。被访教师中第一学历为高中或中专者经过业余学习，全部达到大专学历，包括乡村教学点小学附设幼儿班的两位临时教师，并且她们也在努力考电大本科学历。新生代教师更追求生活的质量。XY 老师"喜欢过一种有品质的生活"，休闲时间喜欢有"自我成长的独处时空"，她个人业余时间最大的娱乐是看网络小说。她也喜欢"汉唐幼教"等微信公众号，她的年轻同事们喜欢使用"练歌房"软件、看《太阳的后裔》、刷朋友圈。虽然园内的健身资源丰富，但教师们更喜欢宅在室内刷手机。在个人的休闲方面，F 老师尤喜配乐朗诵，也上网看"精致女王"一类的文章，她追求"快乐地工作，很好地生活"。被访未婚教师们休闲生活内容主要是手机游戏、网络阅读、追网剧，偶尔听演唱会、旅游、健身等。

（3）民办园老园长："让我休息一下吧"

民办园教师一般没有节日的集体娱乐活动，假日仍然很少。采访当天，笔者感觉到 B 园长的话语里充满了疲惫，她说："这么多年了，很想退休了，让我休息一下吧。"她与美珍老师相似，几乎没有假日，前几年晚上也得带孩子。只有金秀老师"知足常乐"，2003 年，幼儿园刚开始由村办变成私人办时，由于生源竞争，大家周末都不放假。现在她周末正常休息，寒假也和公办园同步，比以前轻松了，闲时看电视、种菜，只有暑假为方便农村家长收割与播种仍不休假。美珍老师的女儿办的幼儿园也不休暑假，目前，美珍老师仍在女儿的幼儿园负责闽南童谣的教学，一般利用午饭后的十来分钟时间进行。

休闲文化生活中存在的问题：（1）非全日制学历教育质量难以保证。农村幼儿园教师所读的大专或本科非学历教育有网络教育、函授教育、广播电视大学和自学考试等多种类型，质量难以保证。（2）幼儿园文化生活与社区疏离。大部分人几乎与乡村社区文化生活脱节，他们所在小学也很少组织活动。在园文化生活内容贫乏，艺术类爱好无条件继续发展。被访教师们都感到较为枯燥乏味。

（五）职业认同

1. 价值认同和目标确信："我要当幼师"

（1）第一代教师：为国育才，建立农村幼儿园

第一代个案教师更多认同职业的社会价值，包括为祖国培养人才、为家长解除后顾之忧等。从已有的文献来看，蔡美君从 1950 年开始任公办小学教师，工作期间对学前教育产生了兴趣，主动投身幼儿教育，"立志为农村孩子建立早期教育苗圃，培养祖国的有用人才"，于 1954 年"办起了福建省第一所农村小学附属公立幼儿园"。[①] 在持续努力下，她的幼教事业收获了累累硕果，

---

① 新华社福建分社，新华社吉林分社. 八闽英模录 [M]. 北京：新华出版社，1992：538.

使石美成为福建省最早普及幼教的村庄。[①] 荷花老师在 1982 年会议发言材料中写道:"听了县委报告,我暗下决心,一定把幼教工作搞好,把祖国的下一代培养成为四化建设的接班人。"[②] 美珍老师不仅认识到了解放妇女劳动力的价值,还用儿歌向家长做宣传。她说,那时候六一儿童节,幼儿园有自编的闽南语三句半童谣表演:"幼儿园就是好,家里父母没烦恼,放心用力去劳动,没烦恼。"

（2）第二代教师:和小孩在一起,提升家长的科学育儿观

第二代被访教师很多是主动报考幼师专业。他们是真心喜欢幼儿园教师这个职业,没有去考虑一些功利的目的。娟子老师是一个典型的代表。她回忆要考幼师的时候,全家都跳出来反对,因为幼师竞争厉害,即便上线了,也要按三比一淘汰。她那时候十分坚决地说:"我要读幼师!""我太喜欢小孩子,很想和小孩在一起。"那个时候乡镇中心幼儿园非常少,20 世纪八九十年代是她工作的美好时代,她感觉到农村公办幼儿园教师的社会地位较高,她和同事们在乡镇就像白天鹅一样受众人瞩目。艾老师 1988 年职高毕业后坚决不去小学代课,而要去幼儿园。

当问到"农村幼儿园教师相比于城市幼儿园教师有何独特价值"时,肖老师认为,农村幼儿园教师的家长工作更重要,在农村家长科学育儿观念的提升方面有独特价值,她所在幼儿园在家园联系方面也做了很多。也有人对农村幼儿园教师的价值认识不足,金秀认为中小学、大学老师比幼儿园老师的职业更有意义。

（3）第三代教师:多元价值认同——发展课程、陪伴留守儿童、教育家长、成就自我

新生代个案教师大学毕业时都不包分配,他们通过努力考编进入教师队伍,有的是跨专业考进来的。他们都希望家庭和事业两者兼顾,上班时间

---

① 角美公社石美大队幼儿园.普及农村幼儿教育,加速四化建设步伐 [A].龙海市档案馆,全宗号 149,卷宗号 107,1978:292.

② 南靖县教育工作会议材料.热爱党的教育事业,积极办好幼儿教育 [A].漳州市档案馆藏,全宗号 40,目录号 2,卷宗号 261,1982.

"好好工作"。新生代的农村教师的目标追求和价值认识更加多元，尤其有了课程建设意识。当问到人生目的或未来的规划与期待时，大约一半的被访新生代农村幼儿园教师有一个职业憧憬或规划。例如，XY 的幼儿园发展规划主要是几年内创建示范性幼儿园和园本课程建设两方面。她希望当园长之后不要因为忙于管理而荒废了业务，希望自己仍然做一个专业人。J 希望做让孩子快乐成长的幼儿园课程。H 希望"做一个男园长管理的，有特色的幼儿园，为未来的孩子们提供一种更加宽松的学习环境"；QY 是"当一个好老师，在社会扮演好自己的角色"。他们也能认识到农村幼儿园教师的育人价值所在。例如，WJ 认为可以提高农村家长的教育水平，引导农村家长关注幼儿的个性差异；XQ 认为农村幼儿园的优势在于可以利用丰富的农村自然资源于教学，可以带孩子种地瓜、捡地瓜、看水稻等；CH 和 YA 都认识到农村留守儿童多、问题孩子多，农村幼儿园教师可以对这些孩子的发展起到重要的作用。他们还能看到职业的个人价值与家庭生活价值。例如，F 认为"幼教只是工作，美丽漂亮才是女人终生的事业"。新生代年轻农村幼儿园教师更注意生活品质，追求工作、家庭和个人发展的平衡。

2. 胜任效能

（1）第一代教师："我肯定能办起来"

第一代被访教师都有较好的胜任效能感。蔡老师坚信"哪里有可爱的孩子，哪里就有她的事业"，没有教材，她自己编写；没有玩具，她自己设计制作；没有专业教师，她毛遂自荐担任辅导员，自己承担起 20 余名民办幼师的业务辅导工作。她使石美幼儿园从借用民房、孩子自带凳子的幼儿园发展成了福建省 20 世纪 70 年代唯一的省级重点民办幼儿园。20 世纪 70 年代，石美幼儿园有四五个教养员能独立开课，独立编写简单的童谣、设计一些幼儿歌舞表演动作。[①]春华和美珍是其中两位。春华从教 37 年一直当班主任，她说"班主任什么课都要胜任"，她最擅长"故事、儿歌，看图讲述"，唱唱跳跳也会，只有"计算比较没有钻研"。作为班主任，她每学期初都提前制订好学

---

① 角美公社石美大队幼儿园. 普及农村幼儿教育，加速四化建设步伐 [A]. 龙海市档案馆，全宗号 149，卷宗号 107，1978：292.

期工作计划，期末写好工作总结。平时都提前一周制订好周计划。美珍老师认为自己的性格很适合做幼儿园老师，"这一生就是做这一行的"，"我们本地的，都叫我老顽童"。荷花老师相信"男人能做的事情，女人也能做，有些事情女人甚至能够做得比男人还好"；初入职时她相信自己能学会，下岗时不甘心自己"没出息"；办学时她相信自己能办好。黄老师对自己的专业能力有很强的自信，"我什么都要学，什么都要做，人家不敢做的事情我都得去试一试"，"我很坚决地跟他说我肯定能办起来，不信你试试"。

（2）第二代教师："负荷越来越重"，"抓业务"很烦恼

这一代被访教师普遍认为20世纪八九十年代工作内容单纯，工作更加轻松而愉快。而现在事情比较繁杂，感觉疲于应付。肖老师认为，20世纪80年代她刚工作时，时间会比较长，现在变成五天，但从负荷上来说，现在越来越重了。"那时候上午上完（课），下午就写教案，准备一下。现在感觉事情特别多，每天都忙不完。""比如说，哪个地方出现安全事故啊，那就有安全方面的文件；哪一个地方搞什么民俗活动，那就德育的活动也很多。"此外，"教学是中心"。例如，园内的日常教学，园本的教师技能比赛，对弱势幼儿园的结对帮扶，向镇民办幼儿园开放"镇性观摩"活动，参加公立幼儿园的片区教研或定期向片区开放，定期交论文、案例。肖老师最后的总结是："现在就觉得很累，就如履薄冰啊，真的整天全都很累！而安全压力又是最大的。"可见幼儿园工作多而杂，但教师的成就感和获得感不高，对进一步发展没有信心。谈到职称评定，肖老师说："我们很难评，我现在就中级而已，因为跟小学一起很难，因为他们有一些教学方面的奖，我们都没有。所以我们的工资都会比他们低。"艾老师对于处理与中心校的上下级关系和园内"业务上面上不来"感到很烦恼。她说："我如果去上课跟孩子在一起就是开心的，要抓业务跟老师这样子，我们抓不好就觉得很烦恼，要抓得好也不是我们自己能力范围内的。"她认为现在的年轻人不爱拼、不肯钻研、安于现状，每年的论文征集，老师们"都是网上下载"。

（3）第三代："做幼儿园教师还是挺舒服的""教幼儿园也不是那么容易的"

所有被访者中四位园长的胜任效能都很高，还有五位教师也感觉对农村

幼儿园的工作是游刃有余，自得其乐的。只有少数教师觉得较难胜任。四位园长中，F觉得自己语言方面比较有天赋，胜任副园长的工作绰绰有余。J认为自己情商高，能很好地处理家园关系以及园长和教师之间的关系，也得到领导的肯定。H也认为带领团队取得令人满意的成果，尤其是在评估中向专家交了满意的答卷。五位教师中，XQ虽然是编外教师，但她在镇里的教学比赛中得过二等奖。其他教师中，WJ和YA都认为工作"挺轻松"，CH除安全压力外，总体感觉"蛮不错的"。XC觉得编内教师的工作相比在民办园"挺舒服"。只有三位教师觉得不太能胜任自己的工作。P认为"教幼儿园也不是那么容易的"。

3. 情感归属

（1）第一代教师：光荣、感恩

第一代教师普遍有一种先苦后甜的体验，在职业的适应期哭过、累过，但后来普遍体验到深深的成就感和幸福感，现在都心怀感恩。美珍和蔡老师两人曾共同负责一个班，蔡老师教语言，美珍教唱歌、跳舞。蔡老师要求严格，每一个舞蹈动作都要反复推敲，美珍经常是擦干眼泪继续练。如今回忆起来美珍老师满怀成就感，并充满感恩："重点农村幼儿园是我们努力出来的，这棵大树是我们种的……现在石美（村）小朋友有正规的幼儿园教师来教，你说，多好啊。""我们石美的老百姓一定要感恩，感恩蔡老师……如果没有她，我们也得不到农村重点。"她以蔡老师为榜样，一辈子都挚爱着幼教事业。黄荷花老师曾经苦苦坚持，转正后终觉"道路畅通"，工作得到了家长、同行和各级领导的支持与肯定，生活上也得到关照。正如她自己说的，"我的群众基础非常好"，"那时候公社书记，还有妇联那些老姐妹，市妇联，县妇联，还有公社妇联都对我特别爱护……说起来我都非常感恩"。转正后，她为师范生和当地的农村幼儿园教师开了不少大型的示范课，"觉得当幼师很光荣，能为人排忧解难"。

（2）第二代教师：喜欢、动摇

第二代教师多数是老牌的乡镇中心园园长或民办园园长，她们年轻时曾经享受过专业生活，享受与孩子相处的时光。肖老师、艾老师和白老师、娟子都是县里最早的中心幼儿园的园长或副园长，金秀自己办园。她们都是真心喜欢和孩子在一起，也有一些成就感或自豪感。艾老师曾经有机会去小学但她不去，她认为能在自己喜欢的专业坚持下来是有意义的。她说："跟孩子在一起我很开心……比如说他们玩什么，我也会跟他们一起玩。比如说教他们编竹编，我还比他们更喜欢编。"艾老师擅长手工和画画，喜欢和孩子在一起，她对教学工作"挺满意"。白老师觉得自己作为园长对老师"问心无愧"，她希望老师有更宽阔的视野，不要局限在农村，她尽自己最大的能力想方设法让幼儿园的配套设施齐全，尽量为老师争取机会去优质幼儿园参观学习。她说："与其他中心幼儿园来比较，师资这方面我花了很多钱。"肖老师认为 20 世纪八九十年代"那时候干劲真的很大，那时候是比较喜欢，那时候的人……相比现在的新老师责任心、事业心都是很强的"。金秀最自豪的是桃李满天下。她说："这些孩子都很出色，现在有的在深圳当老板，有的在上海工作，七组有个叫秋煌的现在是研究生，也在省政府上班……当以前的学生跟我说'（以前）我爱读你那一班''我以前也是你教的''我老公以前是你教的'，我觉得当农村幼儿园教师很值得。"

但后来，她们"越来越觉得事情太多""疲惫""如履薄冰"，尤其普遍感觉在中心校"没有地位"，幼儿园教师的专业需求完全被忽视，职称评定"因为跟小学一起很难"。部分教师的信念也曾动摇过。

（3）第三代教师：幸福、自豪

这一时期入职时间较长的"80 后"对于专业生活有更多的享受，XY 老师有成就感，F 老师觉得"快乐"，J 老师感到"幸福"。XY 老师说："我是比较能够从工作当中得到成就感、得到幸福感的。当老师的时候，我运气也都挺好的，那时候经常比赛会得奖，自己开课什么的，得到认可也比较多。2008 年开始做课题，那段可能我会花比较多的时间在工作上。创造性的工作会让人更有成就感。"J 因为幼儿园是自己创办的，因而对它很有感情，把幼儿园当作自己的"第一个孩子"。

其他一线教师的积极情感主要来源于孩子。有的为孩子的优秀和进步感到骄傲，有的因孩子的成长带来的喜悦而增强了坚守职业的信心，有的因得到孩子的喜欢而感到自豪，有的因孩子的单纯可爱，与其相处不用面对社会上复杂的关系而感到幸福。总之，孩子是农村幼儿园教师快乐的源泉。此外，有的教师也会为同事关系的融洽、幼儿园的人文管理氛围以及国家和领导对幼儿教育的重视而感恩。例如，H 因为政府投入、教师加班加点，只想做到最好而不计报酬的表现而十分感动。

4. 投入意愿

（1）第一代教师：像"傻牛"一直往前冲

由于时代的需要，第一代农村幼儿园女教师的休闲时间很少，晚上和周末也常需要加班，但被访教师年轻时都以极大的热情忘我地工作。蔡老师在她婆婆去世（1962 年）、女儿上山下乡（1966 年）、大儿子结婚（1972 年）等关键时候，都没有回家。美珍工作起来就像一头"傻牛"一直往前冲。她想要加入共青团，加入共产党，处处争取表现比别人好，比如"宣传队拿道具"，人家拿一个，她要拿两个。她辅导孩子排节目也是精益求精。一个动作要自己在家里一直比，一首儿歌要一直读，读好了才去上课。有的动作想不出来，还想办法坐车去市里请教认识的舞蹈行家。对于曾经的付出，她是这样说的："我们是本地的年轻人，我们是家乡人，这是我们应该做的。"春华老师班上孩子最多的时候达到 73 个，她既是班主任，又是任课老师，还是保育员，擦桌子打扫卫生这些也都要干。她兼了年段长还负责卫生保健工作，负责新教师的培养。她说："我的一生都全力以赴在幼儿园。不是说我上（完）班回家去就没事了。整个心都牵挂着幼儿园，牵挂着我们班上的孩子，牵挂着我的工作有没有做好，明天还有什么任务。"荷花老师在全县幼儿教育有 20 年缺乏业务指导部门的情况下[1]，凭自己的一腔热情，抓住一切机会，想方设法自主办园。1964—1979 年，五次在和溪镇和汤坑村反复办班，其间克服了很多困难。

---

[1] 史慧中. 中华人民共和国幼儿教育 50 年大事记 (三)[J]. 幼儿教育，1999(12)：13-15. 1961 年教育部幼儿教育研究室被撤销，此后相当长的一段时间内教育部基本上没有对幼儿教育工作下发文件指示。直到 1978 年教育部恢复学前教育处，我国学前教育才踏上新征程。南靖县教师进修学校 1981 年成立幼教组。

（2）第二代教师："熬夜也要做出来"、疲惫中坚守

第二代教师入职之初都"激情满满"。娟子说那个年代大家很有热情，"布置下去做什么，熬夜也要做出来。而且做得都不一样，简直想得到想不到的东西都做得出来。"娟子作为园长，也是幼儿园最忙、最愿意付出的人。但是她们这一代的园长们再愿意付出也有感到疲惫的时候。白老师说："人家说一个有魅力的园长、一个成功的园长应该是很闲的。但是呢，像我们不成功，所以我们整天的忙忙忙，好像永远有做不完的事……所以我感觉真的是很累。年年换老师，去年八个编外的过来。"肖老师希望中心校能够组织一些让老师放松的休闲娱乐活动，"毕竟平时工作太忙太辛苦了。有一些比赛的话也不要搞得太严肃，就以放松的为主"。第二代被访教师曾经都是非常优秀、十分愿意付出的一线教师，当了园长之后，似乎普遍不善于有效管理，多感力不从心，但仍然负重坚守。

（3）第三代教师："过一种有品质的生活"

虽然大部分教师认为家庭的幸福更重要，但大都认为家庭和事业要两者兼顾，希望在下班时间"好好生活"，上班时间"好好工作"，工作任务尽量在上班时间完成。XY 老师"愿意凡事做到 100 分"，曾经在工作上特别努力导致健康受到影响，她才认识到工作与生活平衡的重要性。2012 年，创建市级示范幼儿园时，她一天工作超过 14 小时，后来开始头痛，吃药。现在 XY 老师开始追求工作、家庭和个人发展的平衡，即"有品质的生活"，"高品质的生活意味着，首先你要对自己的工作感兴趣，就是在工作当中找到你觉得有意义的，值得为之奋斗的那个点；然后要平衡好工作和家庭的关系，在家庭当中要有一个比较和谐平顺的关系，比如说夫妻关系，亲子关系；同时也要有一点自己的独处的时间吧，因为这个时间可以用于自己的发展、自己的兴趣呀，或者是自我学习呀"。J 说："工作好好工作，生活好好生活。"下班以后一般不愿加班。

5. 持续承诺："还选幼儿园""先下乡再进城"

（1）第一代教师："当然还选幼儿园"

蔡老师退休后仍然坚持工作。笔者问美珍老师："如果有第二次选择职业的机会，您还会选择当幼儿园老师吗？"她坚定地回答："会啦！很快乐，心态不老。你看我这种年龄，如果没有选择这种职业，我就很老态哦。"美珍老师当时 64 岁，她认为农村很多与她同年龄的老人现在已经"不像样，很老态"。黄荷花老师从 1961 年到 1979 年，每一次挫折后都"不死心""不甘心""不情愿"放弃幼儿教育工作，她始终"揪住幼儿园老师不放"。前二十年的坚守为后面的成功奠定了根基。如果有第二次选择职业的机会，她说："当然还选择幼儿园！"春华老师也会选择，她认为"干一行就要爱一行"。此外，如果有机会，第一代教师也会进城工作。第一代农村幼儿园教师中的林老师是知青，她于 1976 年病退回了城，荷花老师也于 1988 年调到了县城的幼儿园。

（2）第二代教师："还是会选择""应该不会再选"

访谈时，第二代的农村幼儿园教师大多到了园长的岗位上，经历了农村幼儿园教师地位的急剧降低，新进教师素质的落差，但她们依然在坚持。假如有第二次选择职业的机会，白老师"还是喜欢这一行，还是会选择"，因为"幼儿园老师都挺单纯"。艾老师说："我们热爱这个事业，教孩子也是挺快乐的，别人怎么看我们无所谓。"她回忆 1997 年在师大读函授时，有一个老师问："未来的幼儿园是什么样子？"她回答是"田园式的幼儿园"，用竹子建篱笆做围墙，篱笆旁边种瓜果。没有自来水，有山上的泉水叮咚。虽然现实远没有这么浪漫，但她还是坚持了下来。陈老师也喜欢和孩子们在一起，虽然没转正，她仍然坚持了 32 年，并且还将继续坚持下去。

但也有的老师不想再选择。肖老师说："我应该不会吧。要尝试不同方面的工作……像以前我们开同学会，大家讨论以后要不要让孩子当幼儿园老师，大家都说不要了……（因为）累呀，事情太多了。而且别人又不理解，像我们这边小学他就觉得你们幼儿园老师很轻松，他觉得我们没有什么升学方面的压力。他们又不了解我们还要保育。"

（3）第三代教师："愿意一直在乡镇""我要考县城"

第三代的四个园长中，如果有第二次选择的机会，两个坚定再选，一个不确定，一个不选。J第二次还是会选，曾有机会去信访办但"舍不得离开"幼儿园，因为工作当中能找到"存在感、成就感和满足感"，也是为了父母和为了爱情。H也选择坚守初心。XY说得很实在，当初选择是因为"我们农村的孩子，生活没有给你更多的选择"，"毕竟当时家里条件不好，只有师范包分配"。现在如果有第二次选择机会，她不确定会不会再选，曾经想当作家。F"愿意一直在乡镇"，把家庭经营好，但她第二次选择会当一名美容师。如果有第二次选择机会，其余八个教师中有七个都会再选幼儿园教师。有的"为了编制"，有的因为"喜欢"，有的感到做幼儿教师"挺舒服的"。XQ虽然是非编教师，她说"不管工资高低，我都会去从事它"。不过，七个会再选的教师当中有六个明确计划要"考城"，即对幼儿园教师职业或者说城市幼儿园教师职业有持续承诺，但对乡村教师职业无持续承诺。想进城的教师一般是完全看不到农村幼儿园教师的价值和意义。连主动选择回乡的XC也想不出在农村有什么优势。

四、研究结论

（一）文化生活变迁

1. 职前教育变迁：学历呈上升趋势、重视艺术技能，专业生活质量从逐渐上升再到逐渐下降，学习内容从地方性知识向专业性知识拓展

近70年来，农村幼儿园教师的学历呈上升趋势，个案教师的职前教育生活从比较正规的简易师范，到"一直劳动"的初级幼师、初中，再到以"文艺生活丰富多彩"的职高、幼师、大专和更为重视理论课程学习的本科学前教育专业。劳动等地方性知识的学习是第一代农村幼儿园教师文化生活的重要内容之一。第二代教师中的"60后"和第三代教师中的"70后""80后"个案教师大多就读于包分配时期的幼师，虽为中专学校，但那时候录取分数较高，且有笔试加面试，职前教育堪称本专业的精英教育，她们的学习生活丰富多

彩，紧张、充实而快乐，课程包含文化类、教育类和体艺类。第三代教师中的"90后"个案教师职前多就读于高职大专或地方本科师范院校，他们是高等教育扩招后的大学生，学生素质相对普通，大学生活也相对散漫，除了自己感兴趣的艺术技能科目，其他科目的学习多有应付甚至学习困难，专业生活质量呈现下降趋势，理论素养较弱。后两个阶段的农村幼儿园教师职前教育阶段都重视艺术技能课程的学习，并普遍认为在教育实习中收获很大。此外，笔者通过研究对象也间接了解到，2010年后，公办园教师中转岗教师和非专业教师增多，尤其民办园教师更多为非师跨行从业者。其他研究表明，高职高专学前教育毕业生专业素养发展不平衡，知识基础薄弱[①]，本科学前教育职前实习生在职业观念、专业理论、实践经验等方面准备不足[②]，有些地区农村幼儿园教师职前教育阶段只有37%的教师为学前教育专业[③]；公办园、民办园教师职前教育水平差距较大[④]，农村民办园教师总体水平仍偏低[⑤]，高中及以下学历或非学前教育专业者仍占近五成。[⑥]

2. 教学生活历史变迁：具有改革与创新精神，课程与教学的综合性和游戏性逐渐增强

近70年来，农村幼儿园教师在教育教学上除了开展常规的一日活动，三代教师中的优秀教师都具有改革与创新精神，创新内容包括从教玩具制作和"教育小节目"创编到家长教育的内容与形式创新、乡土资源园本课程的发展及多样化综合课程的探索。第一代农村幼儿园教师在教玩具制作、复式教学或毛泽东思想文艺宣传节目的排演中表现出了很大的创造性；第二代开始注重利用农村社区资源包括乡土文化资源和自然资源开展教育教学活动，

---

① 王亚飞. 高职高专学前教育专业毕业生专业素养研究 [D]. 贵阳：贵州师范大学，2017.

② 陈健敏. 学前教育本科生入职准备研究 [D]. 哈尔滨：哈尔滨师范大学，2019.

③ 李瑞华. 青海乡村学前师资队伍建设问题分析——基于对青南15县乡村幼儿园的调查 [J]. 青海师范大学学报（社会科学版），2021(3)：137-144.

④ 于冬青，张永慧，王晓阳. 农村学前教师资源配置现状及相关建议——基于十二省份的调研数据 [J]. 教育理论与实践，2017(26)：34-37；周志平，李刚，卢志伟，等. 农村学前教育发展的对策——对河北省农村学前教育的调研 [J]. 教育理论与实践，2012(3)：42-44.

⑤ 但菲，孙贺群. 农村家庭式幼儿园教育的现实困境与破解对策——基于辽宁省 WFD 市 Y 乡 6 所村园的调查与分析 [J]. 现代教育管理，2015(9)：24-28.

⑥ 盖笑松，焦小燕. 当前村屯学前教育发展的难点与对策 [J]. 学前教育研究，2015(5)：3-9.

也开始关注家长的科学育儿观的提升；第三代公办园教师增强了课程与教学的综合性和游戏性，开展了领域活动、主题活动、区域活动（含三大游戏）和游戏课程化等多样的综合课程探索，民办幼儿园教师虽然"小学化"的分科教学从来没有间断过，但活动组织也向着更具整合性的"单元"或"分领域"的方向发展，教学形式也更童趣，如识字变成"快乐识字"，不过20世纪70年代的重点农村民办幼儿园教师在综合课程改革方面一直走在前面。21世纪以来，公办与民办教师教学水平差距拉大。其他研究也发现，教师会通过乡土课程开发获得成就感与归属感。[1] 国外也有乡村教师探索把国家课程与社区文化整合起来，使课程更贴近学生的文化背景。[2] 农村民办园至今仍小学化教学严重。[3]

3. 职后培训历史变迁：培训质量日益提升，培训机会从多到少再到多，教师参训机会落差拉大

第一，近70年来，个案教师的职后培训组织形式从社队培训到学院式培训再到多元培训形式并存，培训的目的从胜任教学、获得合格证书或学历证书（如民师班）[4] 到提升专业素养。1950—1976年，主要是入门式的园本培训，主要形式是优秀教师"开大课"，妇联和社队干部发挥了组织作用。20世纪80年代后有了中等教师教育机构组织的"转正""三科""民师班"等学院式合格培训。进入21世纪，农村幼儿园教师的职后培训以提高培训为主，内容与形式多元并存，具体特点包括：岗前培训或入职培训日益规范，增强了幼儿园教师职业认同；职后培训分类分层，各级教育行政部门在农村幼儿园教师的培训中发挥着主要的领导作用，已经形成了由国家、省、市、县教研机构和乡镇中心幼儿园分级承担、高等师范院校参与的五级培训体制，下乡支教或名师

① 乐亚琴. 农村幼儿园乡土课程的建设与探索 [J]. 学前教育研究，2013(1)：70-72.

② Adriana R V. Cultural and Ethical Positioning: A teacher and His Mazahua Students Reinvent the National Curriculum in a Mexican Rural School [J]. Procedia-Social and Behavioral Sciences, 2010(2): 3861-3865.

③ 刘焱，涂玥，史瑾. 我国农村学前一年班级教育环境质量研究 [J]. 教育发展研究，2015(12)：16-22；张岩莉. 不同体制农村幼儿园教育环境质量现状调查与思考——以河南省为例 [J]. 教育研究与实验，2013(5)：44-47；黄建春，陈幸军. 湖南省学前教育发展的现状与建议 [J]. 学前教育研究，2011(2)：46-51.

④ 前两代教师参加的培训都可以称为学历补偿式培训，强调基础知识和基本能力的培养，目的在于"使现有不具备合格学历或不胜任教学的教师，绝大多数能够胜任教学工作，并取得考核合格证书或合格学历". 何东昌. 中华人民共和国重要教育文献（1976—1990)[M]. 海口：海南出版社，1998：2732-2733.

送教下乡、园际结对帮扶、县（区）内开放活动等培训形式受到关注。第二，近70年来，培训机会从多到少再到多，但第三代教师之间培训机会落差拉大。第一代教师培训时间长，周末、晚上、寒暑假常常培训；第二代教师培训机会很少，处于培训的真空期；第三代教师的培训机会从2010年后增加，但优秀教师和普通教师，以及公办、民办教师的参训级别和机会形成了差异的鸿沟，优秀公办教师"每年都去省里"，也可能有参加"国培"的机会，一般教师培训机会仍然少，民办教师只有"镇性观摩"，"最远只在县里"，维持在20世纪五六十年代的级别；跨行的民办教师往往只参加入门性的培训和"幼教专业合格证"培训，没有参加提高培训者。

其他研究也发现，世界各国幼儿园教师培训的发展趋势从入门性的短期培训为主，到合格培训与提高培训结合，再到以高质量为目的的提高培训为主。[1] 新中国好教师标准的变迁经历了"又红又专"、资质合格、能力胜任、素养超群四个阶段。[2] 但现阶段"80后""特岗教师"专业发展的需求无法满足[3]，农村民办园教师未参训比例高。[4]

4. 休闲文化生活历史变迁：空间从与农村社区融合到日渐疏离、内容与形式日渐多元

（1）幼儿园的休闲文化生活多以艺术内容为主，但休闲文化生活空间从与农村社区融合到日渐疏离。20世纪90年代以前的乡村幼儿园教师与乡村社会联系非常紧密，解决了家长劳动的后顾之忧，为乡村的经济建设贡献了自己的力量。幼儿园教师是乡村文艺活动的重要力量，蔡老师利用大量业余时间指导文艺宣传队的工作。美珍老师参与大队文艺宣传队，同时又负责幼儿文艺宣传队，参与编排与表演各种节目，常为部队和村民表演，改造了乡村文化。她农忙时还担任广播员，采访好人好事，加以广播宣传。黄荷花老师

---

① 杨汉麟. 外国幼儿师范教育在当代的改革与发展 [J]. 学前教育研究，2001(3)：71-73.

② 王艳玲，陈向明. 从"又红又专"到全面素养：新中国"好教师"标准的政策变迁 [J]. 教育学报，2022(2)：113-123.

③ 刘敏，石亚兵. 乡村教师流失的动力机制分析与乡土情怀教师的培养——基于80后"特岗教师"生活史的研究 [J]. 当代教育科学，2016(6)：15-19.

④ 黄晓彬. 农村民办幼儿教育：如何走出困境 [J]. 教育发展研究，2006(24)：37-40；谢秀莲. 西北地区农村民办幼儿园教师队伍现状调查与分析 [J]. 学前教育研究，2007(11)：44-47.

每年春节指导幼儿园孩子为村民举行文艺汇演，丰富了乡村的文化生活。林老师也到水库的工地承担过宣传工作。21世纪，乡村几乎所有公共文化娱乐活动像文艺表演、公共广播、公共电视都被私人的电视取代了，乡村幼儿园教师主要参与一些校园文化活动，如六一会演或毕业会演，即她们的文化传播对象更多局限于幼儿和家长，较少对村落产生影响。只是偶尔主动邀请电视台合作开展活动，传播先进的幼儿教育理念；或受邀参与社区和村落的文化活动。但大多数乡镇的文化活动往往与幼儿园无关，如长泰坂里乡红酒文化节、三月半社庵庙"闹热"、石美村三美庙会活动，这些活动往往是居民自己组织，乡村教师很少参与其中。其他研究也发现，乡村教师的生活空间经历了从乡村嵌入到脱嵌的变迁[1]，其在村庄的角色则从"一村之师"逐渐蜷缩成"一校之师"[2]，成为远离乡村社会的"他者"。

（2）个人休闲娱乐生活的内容与形式日渐多元化。三代教师的业余时间都在坚持专业学习，都喜欢文艺活动，所有被访中专学历的教师都通过业余学习拿到了大专或本科学历，但新生代教师的个人休闲生活内容与形式日渐多元化。例如，蔡老师20世纪50年代以来除了利用大量业余时间备课与研究，也参与家庭娱乐活动，弹唱电影插曲；美珍老师70年代喜欢唱芗曲和红歌，一直到现在兴趣依然；肖老师80年代的喜欢阅读文学作品；春花老师90年代业余常学习专业刊物，金秀老师看电视、种菜。21世纪以来，新生代教师的文化娱乐形式更多元，XQ和XC两位教师2019年均电大本科在读，除了学习，他们大都喜欢弹琴、跳舞，还有旅游、健身、看演唱会等，但乡镇往往无法满足他们的这些需求，他们只能更多通过手机来打发时间，包括看微信公众号、听电子书、追剧、游戏、看网络小说等。其他研究发现，1948年以来，我国农村文化主题经历了政治文化、市场文化、多元文化三个阶段。[3]

---

① 车丽娜. 空间嵌入视野下乡村教师社会生活的变迁 [J]. 西北师范大学学报 (社会科学版)，2020(2)：78-84.

② 程猛. 从"一村之师"到"一校之师"——H 村三代农村教师口述史 [J]. 上海教育科研，2016(4)：30-33.

③ 姬会然. 社会主义乡村的文化图景及其变迁 [D]. 武汉：华中师范大学，2013.

（二）职业认同变迁

1. 价值认同和目标确信

从社会价值到多元价值认同，从办幼儿园到做课程。第一代个案教师更多认识到学前教育的社会价值，包括为祖国培养人才，为家长解除后顾之忧等，她们那时候一心想办农村幼儿园；第二代个案教师更多看到幼儿教育的育人价值，因喜爱孩子而坚定选择幼儿园教师的职业，同时也认识到农村幼儿园教师在改变家长落后育儿观念方面的重要性；第三代个案教师的价值认同更加多元化，未来规划也更多样化。大部分园长和教师明确认同教师职业或幼儿园教师职业很有意义，并开始更关注幼儿教育的育人价值，但部分教师看不到农村幼儿园教师职业的价值。有的把幼儿园教师当作志业，有明确的职业规划，包括让孩子快乐成长、促进留守儿童的发展等。也有的只是为了一个稳定的职业，除了"考编"和"考城"，别无目标。其他研究发现，幼儿园教师角色变迁经历了"幼儿园教师即养育者""幼儿园教师即教育者""幼儿园教师即专业者"三个阶段。[①]

2. 胜任效能

第一代和第三代园长对岗位的胜任感都较强，第二代园长感觉不太能胜任园长岗位。第二代教师对岗位的胜任感最强，第三代的胜任效能感产生分化。第一代个案教师都有较好的胜任效能感，那个时候农村没有幼儿园，她们都相信自己能够办好幼儿园，其实往往只是一个简陋的幼儿班。但个案教师培训的那些公社或村幼儿园教师往往都缺乏专业素养。第二代被访教师工作时，乡镇已经有了少量的公办中心园，她们都觉得自己能高效地胜任教师的工作，但对于园长岗位的胜任感不足。第三代被访的园长胜任效能都较高，教师胜任效能呈现两极分化。有的感觉对教师工作游刃有余，个别高学历公办教师和临时教师胜任效能低，认为"教幼儿园也不是那么容易的"。其他研究认为，教师胜任效能感、教师胜任力、教师职业幸福感之间存在着显著的

---

① 王巧英，岳亚平.我国幼儿园教师角色变迁的路径分析及展望——基于安东尼·吉登斯的结构化理论视角 [J].幼儿教育，2019(Z6)：41-46.

正相关[1]，农村教师的教学效能感对教师胜任力的预测作用显著[2]，农村幼儿园教师的胜任水平在个人特质维度水平不容乐观，自我控制与调节、通识性知识和创造能力水平低下。[3]

3. 情感归属

从感恩、喜欢到幸福。第一代教师普遍有一种先苦后甜的体验，在职业的适应期哭过、累过，但后来普遍体验到深深的成就感和幸福感，尤其是转正的老教师对自己"能有今天"十分满意，心怀感恩，乡土文化是滋养其乡土情怀、集体精神的土壤。第二代被访教师多数是老牌的乡镇中心园园长或民办园园长，年轻的时候大都是真心喜欢幼教的人，她们对专业生活的享受更多是在与孩子相处的时候。但她们现在普遍感到疲惫，对园长岗位不太能胜任，尤其感到"没有地位"，也曾动摇过。民办园园长相对更加"知足常乐"。第三代被访教师普遍满意度较高，幸福感较强，积极情感主要来源于孩子的成长或孩子给予的积极反馈，其次来源于工作成就感和人文关怀的管理氛围以及家庭的支持。其他研究有的发现乡村教师存在身份认同的危机[4]，而有的发现农村中小学教师整体幸福感总分高于常模分数[5]，农村民办园教师职业倦怠感显著低于公办园教师。[6]

4. 投入意愿

从工作第一到工作、家庭和自我兼顾。第一代个案教师均重专业生活而轻休闲生活，重集体生活而轻个人生活。20世纪50年代入职的蔡老师一心扑在工作上，20世纪60年代入职的黄老师走的是一条主动追求职业的坎坷的幼师路，20世纪70年代入职的两位教师虽然"被"选中当幼师，但她们"工作非常拼命""全力以赴在幼儿园"。第二代被访教师在刚工作的青春年华中都

---

① 罗小兰，韩娟. 中学教师胜任力与职业幸福感关系的实证研究——以个人教学效能感为中介 [J]. 教育理论与实践，2019(20)：22-24.

② 胡东，王亚军，郭英. 民族地区农村中小学教师心理授权与教师胜任力的关系：教学效能感的中介作用 [J]. 中国健康心理学杂志，2022(4)：571-575.

③ 邓思芹. 农村幼儿园教师胜任力特征画像研究 [D]. 黄石：湖北师范大学，2020.

④ 蒋福超. 泥土与皇粮：王庄乡村教师生活史研究 [D]. 济南：山东师范大学，2017.

⑤ 张文强. 欠发达地区农村教师整体幸福感调查分析——以河南省D市为例 [J]. 中国教育学刊，2013(6)：20-22.

⑥ 李悠，张晗. 农村幼儿教师职业倦怠的特点及其与主观幸福感的关系 [J]. 中国成人教育，2014(8)：115-117.

十分投入，布置的任务"熬夜也要做出来"，她们中年做园长时，普遍有力不从心之感，但仍然努力坚守。相比而言，第三代被访教师普遍愿意"快乐地工作，很好地生活"，一般不愿意休闲时间加班，他们似乎是生活品质最高的农村幼教人。只有个别投入意愿不足。改革开放以来，《中国教育报》先后呈现了无私奉献型、专业型和创新型教师三种形象。[1]

5. 持续承诺

向城性增强。当问到"如果还有选择职业的机会，您还会选择做幼儿园教师吗"？第一代被访教师全都很坚定地回答："当然还选幼儿园！"其中部分教师后来有机会调进了城镇工作。第二代和第三代被访教师大多仍然会再选，其中，第三代教师普遍计划"考城"，即对幼儿园教师职业或者城市幼儿园教师职业有持续承诺，但对乡镇幼儿园教师职业持续承诺较弱。应该说近70年来城市对农村幼儿园教师具有永恒的吸引力，各个年代的农村幼儿园教师都具有向城性。

其他研究也发现，新生代农村教师具有较为鲜明的"城市化特征"。[2]乡村小学近50年来的教师流动变迁呈现出了由"坚守乡村"变为"单一向城"的特征。[3]2013—2014年，在3433名有职业内流动经历的教师中，80.36%流动到了经济相对发达的地区。逆向流动与平行流动比例各只占10%左右。[4]适婚年龄段女教师流动规模较大，可以推断是为了婚姻和家庭。贫困农村幼儿园教师流动具有"向城性"的特点，相比职前专业为非学前教育的幼儿园教师，学前专业毕业教师的职业外流动意向显著更低。[5]2018年，83.46%的乡村教师愿意继续留任乡村学校。[6]

---

[1] 王飞.改革开放以来我国中小学教师形象的历史变迁——基于《中国教育报》典型中小学教师事迹的报道 [J].教师发展研究，2019(3)：81-87.

[2] 郑新蓉，王成龙，佟彤.我国新生代乡村教师城市化特征研究 [J].河北师范大学学报（教育科学版），2016(3)：70-77.

[3] 柏大鹏.在村为师与向城而教 [D].西安：陕西师范大学，2020.

[4] 邬志辉，秦玉友.中国农村教育发展报告 2013—2014[M].北京：北京师范大学出版社，2015.

[5] 李贞义.贫困农村幼儿园教师流动意向及影响因素分析 [D].武汉：华中师范大学，2019.

[6] 邬志辉，秦玉友.中国农村教育发展报告 2019[M].北京：北京师范大学出版社，2020：前言.

第十章　性别分析视角中农村幼儿园教师精神生活变迁

农村幼儿园教师的研究一直被忽视，尤其缺乏从性别视角来探讨农村幼儿园女教师精神生活状态的研究。本章以性别分析为理论视角，通过对 22 位教师的深度访谈梳理了 1950—2019 年入职的农村幼儿园教师的精神生活的发展变化。研究发现详见前言第五部分"研究发现之二"。

一、问题的提出

"幼有所育、学有所教"是党的十九大列出的七项民生目标之二，在 2019 年，升级为"幼有善育、学有优教"。高质量的学前教育需要高质量的幼儿园教师。从性别来看，女教师一直占据幼儿园教师的主体地位。由《中国教育统计年鉴》可知，1996—2000 年，我国幼儿园女专任教师所占比例在 93%～94% 之间，2001 年突然增至 98.43%，此后一直维持在 98% 左右，2020 年为 97.78%。[①] 从城乡分布来看，农村幼儿园教师近十年一直占据半壁江山，且绝对数量持续增长。因此，农村幼儿园女教师的精神生活质量关系到整个农村幼教的质量。

中国妇女的生活状况目前更多是研究者的声音，从乡村妇女自身的体验去认识中国妇女的现状和变迁的研究也不多。[②] 研究对象方面侧重于城市的妇女群体，农村教师尤其是幼儿园女教师还少有人关注，从农村教师自身的体验去发现其精神生活的变迁的研究更少。从女性生活变迁和女教师精神生活

---

① 各级各类学校女教师、女教职工数 [EB/OL](2021-08-30)[2022-10-26]http://www.moe.gov.cn/jyb_sjzl/moe_560/2020/quanguo/202108/t20210831_556359.html.

② 李小江. 从一个小山村看中国妇女世纪变迁和 30 年农村改革 [J]. 山西师范大学学报（社会科学版）,2008(6)：1-3.

状态两个方面梳理的研究现状如下。

第一，关于女性生活变迁的研究，揭示出近代中国女性生活空间从家庭向社会的延伸、从传统到现代的演变轨迹。[①]19世纪英国女教师在欧文社区办教育，对年轻的中产阶级妇女和工人阶级儿童起到了重要作用。[②]20世纪初鞑靼斯坦公立小学开始任用女教师，她们认为工作是家庭生活的替代品，并将国家利益置于私人生活之上。[③]1924—1945年，墨西哥革命后农村出现教师队伍女性化，女教师为争取与男子同工同酬等权利发出了自己的声音。[④]新中国成立后，电影中母亲形象经历了从热心工作的"公家人"、对儿女无情的"革命者"、"事业家庭双肩挑"平等追求者到个性鲜明的"无敌母亲"的变化轨迹[⑤]，教育电影中女教师的形象定位由"道德完人"逐渐过渡到"道德常人"，同时也反映了女教师受到专业与行政的双重限制，以及女教师徘徊在事业与家庭之间的两难境地。[⑥]有人把新中国成立后的乡村女教师分为五代，她们的心态分别是积极投入工作、沉默而顺服、热情传播革命与文明、乐意在乡村学校奉献和无奈任教乡村。[⑦]有人梳理了我国近百年社会性别制度从"男女有别""男女平等"到"男女都一样"变迁下我国高校女教师先后呈现的"缺席者""在场者""言说者"三种生存状态。[⑧]对一个家庭中三代女教师的个人和职业生活的互动历史研究表明，女教师对职业的持续认同需要在工作和自我之间不断地协商，或把工作织入生活，使之成为生活意义的一部分。[⑨]

[①] 侯杰，王凤.从传统到近代：民间年画与中国女性生活——以杨柳青年画为中心的考察 [J]. 妇女研究论丛，2016(5)：108-118.

[②] Donnachie I. "We Must Give Them An Education, Large, Liberal and Comprehensive". Catherine Vale Whitwell: Teacher, Artist, Author, Feminist and Owenite Communitarian.[J]. Women's History Review, 2019(4): 552-565.

[③] Gabdrafikova L R. Mugallima: Tatar Women's New Social and Professional Role in the Early 20th Century[J]. RUDN Journal of Russian History, 2019(2): 302-319.

[④] López O. Women Teachers of Post-Revolutionary Mexico: Feminisation and Everyday Resistance[J]. Paedagogica Historica，2013(1): 56-69.

[⑤] 郭海文，张洁.百年共和的另类见证：现代中国母亲形象嬗变研究 [J]. 山东女子学院学报，2018(6)：64-72.

[⑥] 吴冰雪.我国教育电影中女教师形象的演变研究 [D]. 南京：南京师范大学，2021.

[⑦] 武晓伟.中国乡村女教师代际研究 [J]. 贵州师范大学学报（社会科学版），2016(3)：128-136.

[⑧] 禹旭才.高校女教师生存状态的历史变迁——基于历史与社会性别的双重视角 [J]. 湖南科技大学学报（社会科学版），2013(6)：116-120.

[⑨] Tilborg D V. Weaving into One Meaningful Piece: The Construction of Teacher-Self Identity in the Personal and Professional Histories of a Family of Women Educators[J]. Dissertation Abstracts International. Section A: Humanities and Social Sciences, 2005(9): 3310.

第二，关于女教师所面临的性别挑战与应对。国外研究表明，教师一直要面对性别刻板印象的挑战[①]，包括教学就是母职的观念的挑战。[②]1993 年以后，我国妇女研究的关键词从"启蒙"转向"发展"，重点从城市职业妇女转向农村弱势群体。[③]研究发现，1976 年前入职的农村女教师多面临亦农亦教的双重压力。[④]东北农村女教师仍然生活在夫权和族权的压迫之下，面临工作、家务劳动和农业劳动的三重压力。[⑤]东乡族农村女教师在现代观念和传统伊斯兰文化观念冲突下面临工作与家庭冲突。[⑥]但有幼儿园教师通过不断学习，在性别角色的限制中努力突破科层制度，让小学男性主管看到幼儿教育的专业性，从而更愿意支持幼儿园的工作。[⑦]

哲学的未来本质就是"倾听存在的声音"。笔者希望倾听作为弱势群体的农村幼儿园教师的声音，让农村幼儿园教师尤其是女教师能够"发声"。

二、研究对象与方法

1. 研究对象

（1）1950—2019 年入职的 22 位农村幼儿园教师

第一代、第二代和第三代教师分别为 5 位、6 位、11 位。这些教师的基本信息及配偶信息见表 10–1。

---

① Miller J L. Sounds of Silence Breaking: Woman, Autobiography, Curriculum[M]. NewYork: Peter Lang Pubing, 1983.

② Munro P. Subject to fiction: Woman Teachers'Life History Narratives and the Cultural Politics of Resistance[M]. Buckingham.Open university press, 1998: 13-16.

③ 李小江 . 女性乌托邦：中国女性 / 性别研究二十讲 [M]. 北京：社会科学文献出版社，2016：43.

④ 秦雅勤 . 农村教育的半边天 [D]. 西安：陕西师范大学，2014.

⑤ 李长娟 . 社会性别视角下乡村女教师生涯发展研究：基于三兴中学五位女教师的个人生活史考察 [D]. 长春：东北师范大学，2010.

⑥ 李艳红 . 社会变迁中的已婚东乡族女教师工作家庭冲突研究 [J]. 西北民族研究，2009(1)：200-207.

⑦ 胡美智 . 从女性主义观点探究幼教工作者的生命经验 [J]. 慈济大学教育研究学刊，2011(7)：287-316.

表 10-1　农村幼儿园教师及其配偶学历、职业等信息

代别	序号/姓名	初始/进修学历	配偶初始学历（进修学历）	配偶职业	家务劳动主要承担者
第一代（1950—1976年参加工作）	1/蔡老师	简师	简师	小学教师—进修学校教研员—初师教师	家中的长辈亲戚和保姆
	2/荷花	初职	高中	粮站职工（53岁下岗，修过自行车）	自己，长大的女儿
	3/志红	初中/中专	小学	二轻系统职工（2013年下岗后待业在家）	婆婆，配偶下岗后会承担一部分
	4/春华	初中	初中	农民	妈妈、自己
	5/美珍	初中	高中	退伍军人	妈妈、自己、女儿
第二代（1977—1996年参加工作）	6/白玉	高中	中师	小学教师	自己
	7/金秀	职高	初中	在乡镇经营发店	自己
	8/肖老师	幼师（四年）	高中	供销社管理人员	自己，配偶会帮忙做家务
	9/艾老师	民师班/函授大专	大专	中学教师	2019年访谈时病逝，未问
	10/白老师	职高/函授大专	大专	小学教师	自己，配偶会帮忙做家务
	11/娟子	幼师/电大大专	高中	装修公司工人（私企）	自己
第三代（1997年以后参加工作）	12/XY	幼师/函授本科	中师（电大本科）	小学教师	未分家前，妯娌和婆婆；分家后，配偶会帮忙
	13/F	幼师/网络教育本科	初中	造船企业职工	自己、保姆（最初几年）
	14/J	初中起点五年专	本科	农商银行支行行长	妈妈、姨妈、婆婆、自己
	15/H（男）	高中起点三年专	大专	幼儿园教师	妻子和母亲
	16/XQ（非）	技校/电大本科在读	本科	初中体育教师（编内，异地）	妈妈、自己
	17/QY	大专/专升本	本科	程序员	（未育）
	18/XF	本科/学前教育			（未婚）
	19/CH	大专/专升本			（未婚）
	20/YA	本科/学前教育			（未婚）
	21/JL（非）	高中/自考大专	中学	开乡村宾馆	自己、婆婆
	22/XC	技校/同步自考大专/电大本科在读			（未婚）

注：关于婚育的信息截止到访谈时间。

（2）农村幼儿园教师的精神生活变迁

童世骏把精神生活分为三种形式：心理生活、文化生活、心灵生活。① 本章中的心理生活主要调查入学机会与男性相比平等性体验，与配偶比较的家庭地位体验及承担家务的心态，与男性比较的经济社会地位体验；文化生活主要调查男女教师职前教育生活体验的比较，教育教学文化生活与家庭生活平衡性体验，制度文化中教育教学管理和男性领导的支持性体验；心灵生活主要调查教师职业认同与家庭认同的比较。

2. 研究方法

（1）性别分析

本章的研究对象主要是女性幼儿园教师，但同时也有个别男幼师，在调查时会着重于女教师与其配偶的比较，及女教师工作与家庭的互动，突出性别对农村幼儿园教师精神生活的影响，包括了解其结婚前后、做父母前后精神生活的变化，以及双方对性别平等或不平等方面的体验，并分析其社会历史根源，从而更有针对性地思考提升男性、女性农村幼儿园教师精神生活质量的策略。重点采用访谈法收集资料。

（2）研究信度检验

对于访谈，尽可能找多人谈，使材料可以相互印证；访谈对象都在 70 岁以内，记忆力大多还相当好，思维还比较敏捷。事前通过档案文献等充分了解当事人及其生活的背景，使访谈能够成为两人的"对话"；通过录音提高准确度，访谈转录稿经当事人审阅与修改。② 事后把口述资料与官方文字资料或其他资料（如实物、其他文献）相对照，多加注释。

---

① 童世骏 . 当代中国人精神生活研究 [M]. 北京：经济科学出版社，2009：3-9.

② 熊卫民 . 如何提升口述史的可信度 [J]. 社会科学论坛，2016(10)：101-111.

三、性别图景中教师精神生活的变迁

（一）三代教师心理生活变迁

1. 与男性相比入学机会体验：从平等到依然不平等

（1）第一代女教师："共产党让我们女孩子能上学"

第一代农村教师有的回忆是新中国成立后女孩才有了入学机会，有的谈到自己的兄弟学历更低的情况。

荷花老师 1944 年 11 月出生于一个贫农家庭。她 10 岁上小学，当时很多和她一样十几岁的女孩子都去上学了。荷花老师说："真的非常感恩，共产党来了，让我们女孩子也才能上学。"1969 年入职的美珍老师说："我的两个哥哥都没读呢，一个小弟弟也没读。就只有我一个读了。那是老师去要求的。蔡美君老师到我家里来。允许我带小弟弟去上课……回来还要背小弟弟，还要提前一节课让我回来煮饭。"可见那时候不论男孩女孩，只要家庭条件允许都可以读书。

（2）第二代女教师："整个隆教乡只有两个女孩"

"文革"后，读书无用论影响较大，重男轻女的思想依然严重，尤其是在少数民族聚居地。白老师喜欢读书，成绩好，初中化学比赛拿了第一名，1984 年她考入当地第一届职高幼师班。她曾梦想读大学。她的妈妈是畲族人，妈妈和外婆反对女孩子读书，"外婆说女孩子不要让她读书，以后还是嫁给别人"，爸爸虽然支持她读书，不过只让她在村里读。她谈到了自己小时候，读书的女孩子非常少，尤其是在民族中学上初中时，"初三时两班合起来应该有八九十个，整个隆教乡只有两个女孩"。

（3）第三代女教师："女孩子辍学是非常正常的"

20 世纪八九十年代，女孩子的入学机会仍然需要国家的政策鼓励与学校教师的动员。XY 老师小时候正好遇到"姐姐送弟弟去读书，姐姐可以顺便免费读"的政策，她说如果没这个政策，自己也不一定有读书的机会了。后来她发现女生在读书的过程中辍学率很高。"小学四年级开始，全班三四十个（同学）就我一个女生，女孩子辍学是非常正常的"，"到初中的时候，读到差不多半学期，好几个女生也辍学了。到初二有一段时间住宿，全班女生只有我一个人"。

2. 与配偶比较的家庭地位：从平等到多元体验

（1）第一代女教师："现在平等很多了"

五位教师的配偶的职业分别为县进修学校教研员、粮站职工、二轻系统职工、农民和转业军人。除特殊情况外，他们一般不承担家务。第一代农村幼儿园教师与她们的配偶之间，谁学历高谁收入高，即学历和收入成正比。春华老师的配偶是农民，改革开放前她的收入更高，但夫妻一直互相尊重。第一代女教师对家庭地位普遍满意。春华老师说："现在平等很多了，现在女人也可以出来工作，出来劳动——女人是半边天"，"在家庭当中，我看很多女人自己有工作，有收入，经济上就比较平等"。女教师在学历和收入都高于配偶的情况下，都愿意保持夫妻平等的相处模式。林老师说："以前我老公下岗的时候天天在家里洗碗、扫卫生、抹桌子。但是我也没有看不起，我想是大势所趋。他当时是二轻局，那时一夜就下岗了。"

（2）第二代女教师："我们生活中是平等的"

被访的第二代农村幼儿园教师的配偶有中小学教师、供销社管理人员，也有经营理发店、做装修的自由职业者。她们的配偶的学历和收入大多更低，她们对好丈夫的期待主要是有责任心，相互尊重。金秀的配偶经营乡村理发店，月收入3000元左右，她开设民办幼儿园，收入更高。娟子老师的学历和收入也比她的配偶高。第二代教师都认为家庭生活中夫妻二人是平等的，实际上她们除了承担家务，还愿意帮助配偶。金秀说："在家里我和老公是平等的，他是个理发师，放假期间我有空还会帮他给顾客洗头，和顾客聊天……我们一家都是互相尊重的。"

但第二代教师的脸上普遍写着疲惫。白玉老师开民办园，住在园里，家园不分，几乎没有假日，前几年晚上也得帮别人带孩子。她把所有时间都花在工作和家务上了。采访当天，能感觉到她的话语里充满了疲惫，她说："这么多年了，很想退休了，让我休息一下吧。"肖老师、白老师的爱人在她们忙的时候都会做一些家务事，但是她们似乎也很疲惫，一方面为工作所累，另一方面似乎在家也没有得到休养生息。肖老师说："男女实在还是不平等。像他们20世纪90年代的那些孩子，还是觉得女人应该去做家务。"调研当天，艾老师的状态也不好，后来听说她的爱人于我们访谈的当年病逝。

（3）第三代女教师："我们家是我自个儿当家""女人确实挺辛苦"

被访的11位第三代农村幼儿园教师中有10位女性，其中6位已婚，她们的配偶的职业分别为小学教师、造船企业职工（收入较高）、农商银行支行行长、初中体育教师（编内，异地工作）、私企程序员和乡村宾馆经营者，他们的收入总体来说比农村幼儿园教师高，也比前两代女教师的配偶要高。随着乡镇经济的发展，在第三代农村幼儿园教师和他们的配偶之间，学历和收入不再成正比，她们的配偶所从事的行业的收入普遍更高。第三代教师对于好丈夫的标准多元化。家庭责任（顾家、挣钱养家等）仍然摆在首位，还有对妻子"坦诚"以及让妻子管家等标准。

第三代女教师的家庭地位体验多元，认为平等、不平等的都有。多数教师认为夫妻在家庭中是平等的地位或者很满意"管家"的感觉。例如，XY和配偶同是本科学历，但她有高级职称和园长职务，收入比配偶高，她认为"现在两个人经济是完全独立的，然后人情往来，朋友是他的他出钱，是我的我出钱，如果是共同的，比如说像这次盖房子呀，就两个人共同出钱"。他们夫妻关系经过磨合越来越融洽与平等，在家庭决策方面会共同商量，在家庭资源方面平等拥有。F老师本科学历，他的配偶初中学历，但她的配偶所在的造船企业的收入远比本镇幼儿园教师高。F老师说自己是"享受相夫教子"的人，会边做家务边听配乐朗诵，闲暇时间用于美容和装扮。她说："我觉得蛮惬意的吧……我们家是我自个儿当家，他的工资都是给我来保管。家里要做什么事情都是我来安排。然后我给他一千来块零花钱。可能主要就是用来抽烟喝酒，跟朋友聚会。"

这一时期的"男主外，女主内"的传统观念似乎又开始盛行，尤其在闽西地区。有些女教师的配偶哪怕是收入更低，也不愿意承担家务。因此CH感叹"女人确实挺辛苦"，因为很多女人"主内又主外，当超人"，女人能做男人能做的事，但男人不愿意做女人能做的事，"他们只要赚钱养家就可以了，特别是在农村"。JL 也说，"上班带娃，下班带娃。带娃、带娃、做饭"就是全部的生活。

3. 与男性比较的社会经济地位体验：社会没有实现男女平等

（1）第一代女教师："女人在社会上是很辛苦的"

美珍老师认为男女平等没有实现。因早年丧夫，她深刻体会到一个女人带着两个孩子在社会上生存的艰难。美珍老师谈到没有男人的麻烦、被穿小鞋、辛苦、糟糕、眼泪、被歧视。"今天中国哦，是男的为主，我亲身的体会啊！……在这个社会上，真的，没有一个男人在背后撑腰真的很难很难，没必要的麻烦太多了！很辛苦！……家族的歧视，还有社会上有一些人，看到你没有男人……有时候会给你穿小鞋。还是重男轻女，女人在社会上是很辛苦的！我们这里有一句谚语就是说，破斗笠可以遮风遮太阳[1]……你没有丈夫的时候，大风大雨来都给你，没有人给你撑着，你要给它淋着，你要受苦……我太辛苦了！……女性很糟糕呢，真的很倒霉呢，如果丈夫去了……我的路是眼泪走出来的呢！……没有丈夫的日子里，是多么的困难！"

春华还谈到如今农村中的一些不平等现象，农村很多风俗习惯还是男女不平等。比如女性不能下船划龙舟、不能踩到灶上，没有三代男丁的男性不能当庙里的理事。"像我们村庄那个三美庙如果你没有男孙子，你就不能去当理事。"[2]

（2）第二代女教师："社会上没有真正的男女平等"

第二代女教师主要谈到在单位被中心小学管理者所压制以及免费师范生制度对女生的排斥等。评职称时，艾老师的片段教学面试成绩排在倒数第一名，是因为没有小学要求的粉笔板书。她 2007 年评上一级教师，直到 2014 年才聘上，感觉到被中心校的领导"欺负"了。肖老师也说："其实社会上没有真正的男女平等。"她尤其谈到就业方面的"性别歧视"。她女儿是读理工科软件专业的，现在是在 X 市软件园工作，她当初毕业找工作时发现，很多单位

---

① 原文是用闽南语说的。

② 春华老师的爱人是泥瓦匠，是地道的农民，笔者采访的当天他去庙里当理事去了。

招聘"都要找男的，不找女的"，"像我们福建招男幼师，男生免费，分数更低，工作也是包了，男生素质没有女生那么高，这个也是不平等"。

这一代精英教师在20世纪八九十年代也曾体验过"当老师真好"的自豪。娟子说："以前我们幼儿园老师一大群出来，哇，穿着、气质都和别人不一样……生活品质都很好……那个年代感觉当这个幼师还是挺自豪的，那时候我们镇上的镇长、书记对我非常好……"但是后来她也体验到了生活水平比乡镇居民低很多的无奈。"农村有的家长认为我学历没你高，但我活得比你好。"现在幼师甚至成了"成绩差才去读"的垫底专业。

（3）第三代女教师："在农村没办法平等"

除个别被访者认为"现在女孩子还更高贵一点"，其他被访者普遍认为男女还是不平等，尤其在农村重男轻女思想还普遍存在。例如，女孩子要嫁出去不能继承家里的房产，前两个是女儿一定要生个儿子、生儿生女时表现有很大差异等，园长也把男教师当宝贝。

WJ说："他们现在还是觉得，女孩子是要嫁出去的……落户在别人的户口那边。而自己的儿子是随自己户口的……对于房屋的那个问题的话，他们可能就会更偏重于自己的儿子。"JL说："在农村，重男轻女的还是很多的……我们农村啊，就我们生孩子啊，你生一个儿子，公公婆婆啊就很开心。"XJ说："在老一辈的观念当中还是会有一点的重男轻女。因为一般要是生出儿子，就'哇，恭喜恭喜'；要是生女儿的话，'也不错，也不错'。"

有的体验到单位的不平等。XF说："你看，新聘的老师，就是只有一个男教师的话，肯定是个宝。女教师就不是。"第三代农村幼儿园教师普遍体验到幼儿园教师的社会地位随着经济收入与乡镇居民收入的差距拉大而降低。XY老师认为现在农村教师的地位尤其是收入与其他行业相比太低，尤其是与经济发展好的乡镇，教师的收入与农民企业家相比相差是几百上千倍！她提到C镇那边有一个家长说："我们一年的大葱收入，你就要领一辈子工资。"陪同访谈的C园长说："像我弟弟（原来是教师）辞职了，他现在当老板……他两个蔬菜加工厂，做那个红萝卜跟大葱出口韩国、朝鲜、俄罗斯……今年就非常好。像我们那边，一亩大葱就赚三四万元，十亩就几十万元，他今年就赚了 1000 多万元了，单单今年啊，纯利润呢！……今年 1000 多万元的可能很多个。还有我们一个同事的公公，今年最起码赚了 3000 万元。C 镇那边做大葱的起码上百个。"

（二）文化生活的变迁

1. 职前教育生活：从无性别差异的劳动教育到男女有别的艺术技能、规范和期待

（1）第一代女教师："一年当中都是劳动"

第一代农村幼儿园女教师的学历多为初级幼师或初中，那时初级幼师免试录取小学文化女生。荷花老师 1960 年（16 岁）小学毕业时，班上年龄大的女生都被录取到初级幼师班，不过当时一年的学习生活"一直在劳动"，包括"扛柴"炼钢、搬石头等。春华 1966 年考上县一中，去学校读了"三四个月"就停课了，她回到生产队从事劳动。她记得做过打扫卫生、烧青草水"防白喉、防脑膜炎"、当会计记工分等事情。

（2）第二代女教师："文艺生活真的丰富多彩"

第二代农村幼儿园女教师的学历多为幼儿师范或职高，她们认为幼师生活丰富多彩。肖老师回忆她 1982—1986 年的幼师生活仍会眉飞色舞："那时候啊，其实真的文艺生活比较丰富多彩。有时候我们同学之间还会编歌啊什么的。感觉幼师生活很欢乐，很值得留念！"弹琴、合唱、朗诵、元宵"踩街"边走边舞等活动都令她难以忘怀。但那时候无论是幼儿师范还是职高幼师班都较难考取，幼儿师范学校毕业生往往多才多艺，素质全面。

（3）第三代教师："女孩要有女孩样""男生要有自己的目标和想法"

第三代农村幼儿园教师的职前教育学历多元化，尤其是大专的种类五花八门。被访的 11 位教师中有三年制、四年制幼儿师范学校，有初中起点五年专、高中起点三年专，有技校三年同步自考大专，也有高中毕业的非全日制大专，以及本科学前教育专业等类型。前两代教师读幼师时基本上只有女生，第三代教师上大学时有了男生。XY、F、J 就读时幼儿师范学校仍然是精英式教育，20 世纪 90 年代末，幼儿师范学校全是优秀的女孩子。学校对她们进

行了从文化、技能到女性气质的全面培养。但有的女教师回忆师范院校的生活时，印象最深的是校长说的"女孩要有女孩样"的规训，XY 老师认为幼师使自己从"野小子"变成了"淑女"。她说："有一次大家都坐在那个小礼堂，C 校长说女孩子要有女孩子的样子，坐你要怎么坐，站要怎么站，走怎么走。"那个场景她至今难忘。

男教师回忆大学生活忘不了大学老师对他的期待——"男生要有自己的目标和想法"。H 是 2012 年入职的，他毕业于职业学院学前教育专业。H 回忆大学的钢琴、手工、舞蹈等技能课教师针对男生与女生设定不同的评价标准，例如，舞蹈对女生的要求是"大下腰"，男生可以"跪着下腰"，对男生更关注他的"努力的态度"，给予更多"积极反馈"。理论课老师则给予男生更高的期待。他记得心理学老师说希望他作为男生"要有一个自己的目标和想法"，受到激励的他当时就决心"要有自己的一所幼儿园"。通过他笔者了解到，他的同事中还有一两位免费师范男生，他们都是免试直接入编。

2.教育教学生活变迁：从工作家庭冲突到工作家庭平衡

（1）第一代女教师：面临教师和妈妈角色的紧张

金老师对她的妈妈蔡老师的评价是"妈妈一心扑在工作上"，"妈妈工作很出色，但是对家庭没有付出"。她说妈妈从来没有亲自带过小孩，两个男孩请她的三姨婆带，四个女孩都是雇保姆带，金老师由保姆带到 3 岁回到奶奶身边，她的双胞胎妹妹是两个保姆分别带，其中一个保姆喜欢小孩子，她妈妈就把妹妹送给她了，结果不久就夭折了。蔡老师一辈子培养教育别人的孩子，但却没亲自抚养过自己的子女，子女们跟她在感情上还是有隔膜的。1987 年退休后蔡老师仍然在幼儿园住了五年。

第一代女教师生育的孩子往往有三五个，那时候工作时间更长，虽有家人帮忙，有时候也难免手忙脚乱。她们的孩子长大一些，也要成为妈妈的小帮手。荷花老师说："我大女儿替我做了非常多的家务事。大女儿八九岁的时候，她一放学回来就做饭，又要喂猪，又要带弟弟妹妹。"美珍老师自己办托儿所，因为白天孩子多，晚上还有全托的，全家人都得帮忙。她的女儿说："那种全托的，我带上半夜，我妈带下半夜。隔天起来我还要去读书。"

（2）第二代女教师：面临园长、教师和妈妈角色的冲突

第二代教师都是热爱幼教行业的精英，访谈时大多到了园长的岗位上，虽然她们大多只有一个孩子，但有时仍然会忙不过来。曾经有一段时间乡镇幼儿园缺编严重，又没钱聘请代课老师，园长、副园长全部要同时承担教学工作，因而面临严重的角色紧张。白园长回忆，有一段时间幼儿园除了她和副园长两人就没几个老师，"都调走了"，当时一下子调走四个，但没有新教师分配进来。访谈当年（2019年）幼儿园进来了八个劳务派遣的非编教师。说明到现在缺编还是很严重。这所幼儿园在山区，教师发展机会少，因此教师流动频繁，考编进来的，两三年内几乎都调走了，然后再进来新教师，影响了幼儿园工作的正常开展，导致管理者也有些失去信心。应该说缺编的乡镇中心幼儿园管理者的工作量非常大，她们不仅有大量的管理工作需要承担，还要承担缺编教师的教学工作量。据说白园长曾经因为忙于工作而无暇照顾孩子，导致自己的儿子独自玩耍落水而亡。

娟子的配偶做装修，常年在外，她独自带孩子"以园为家"，也面临着多重角色严重冲突。作为园长，她事必躬亲，有各种行政管理和后勤服务工作，推动幼儿园的发展；因副园长调动频繁，她还要负责教学管理；还有自我发展与培训等。1994—2015年，幼儿园人事变动频繁，长期人员短缺，部分教师专业程度低，娟子常为管理工作而失眠。作为教师，她非常爱孩子，尤其是一些特殊孩子；作为妈妈，她常常顾不上自己的孩子。娟子说："我的孩子就像野生的一样，从小没人带，到6个月时我就请人帮忙带，一直带到3周岁……我经常出差嘛，6点半就走了，我就把他一个人扔在那边。他自己起来会喊隔壁的老师，或自己穿衣服嘛！"年轻时那么有激情的娟子老师在现实面前也会感到"很累"。

（3）第三代女教师：工作、家庭相对平衡

第三代农村幼儿园教师最初也体验到母亲角色和教师角色的紧张。例如，XY说："刚刚生完孩子，一度抓不到生活和工作重点，我差不多有一两年的时间很困惑……早上起来你一定要先把孩子顾好，然后急忙忙地跑去幼儿园。因为你其他时间都在家里，备课必然做得不是很到位，那你课上起来也很吃

力，特别还有一些额外的任务……忙完幼儿园，忙家里。那一段是最不幸福的一个阶段，感觉孩子也带不好，工作也做不好。"所以她说："二孩政策真的太坑了。"因为一胎生女儿，她的婆婆和丈夫都有"继香火"的愿望，都想要一个男孩，但她并不想生二胎。①

近几年，政府通过劳务派遣、临聘教师或拨付部分缺编费等各种政策，基本解决了农村幼儿园的缺编问题，因此，农村幼儿园教师的工作量回到了五个半天教学的正常状态。例如，F 老师所在幼儿园 2000 年时园长要上三个半天的课，2011 年副园长每周只要上课一个半天，大部分时间可以用于管理。第三代农村幼儿园教师配偶的收入增加，经济条件有了很大的改善，有的会请保姆带孩子，大部分有妈妈或婆婆帮忙带孩子，一般无后顾之忧。她们如果回到家乡工作，并在本地成家，生一两个孩子，婚姻和家庭更是成了幸福的催化剂。例如，J 老师在孩子出生后"没什么差别，有比较坚强的后盾"，照样出差和旅游。

3. 教育教学管理：乡镇男性领导的支持逐渐减弱，科层的限制增强

与第一代农村幼儿园教师互动的男性范围更广，包括县、乡和村的党委书记、政府领导、下乡干部和中心校校长等。与第三代农村幼儿园女教师互动的男性管理者主要是中心校校长，此外还有男性幼儿园教师。与第二代教师所互动的男性数量处于第一、三代教师之间。笔者主要通过农村幼儿园教师自身或她们的子女的回忆来了解互动情形，或调查园长对校长管理的体验和看法及男教师对女性园长管理的看法。

（1）第一代女教师：教育教学工作得到多级领导支持

根据对闽南地区的第一代农村幼儿园教师或其子女的调查，她们曾得到过国家级的奖励和多级教育领导的关心和支持。例如，石美村幼儿园曾于1977 年获得全国妇联授予的"全国三八红旗集体"称号（1982 年再次获此荣誉），蔡美君老师个人也荣获全国先进儿童教育工作者、全国"三八红旗手"、

---

① 2019 年 1 月 8 日，笔者意外得知她二胎快要生了。可见传统观念是一张无处不在的网，最终我们都被网在里面。布迪厄称之为"惯习"，福柯称之为"社会凝视"，哪怕是很有能力的现代女性也往往在有意无意之中被传统观念所"规训"。

省劳动模范等 50 多项荣誉称号，还曾当选为省人大代表、省妇联执委和漳州市政协委员。角美镇有较完备的幼教管理组织，"镇一级由学区行政领导、镇妇联会、幼儿教育辅导站成员组成领导小组"①。

又如，黄荷花老师也得到过县、镇、村多级党委和政府的关心和支持。她 1979 年 9 月回家乡办幼儿班。她最开心的是家长和村民们，包括生产队的队长、大队的书记都来看幼儿班的汇报演出。黄老师的工作被当时的村书记、小学校长和蹲点的县委办公室领导表扬。1981 年她转正之后更是感到"道路畅通"，村支书以及乡镇领导都非常支持她的工作，村小学举办了多次现场会，她给大家展示公开课。

（2）第二代农村幼儿园女教师：幼儿园教育教学的专业性被校长忽视

据了解，第二代农村幼儿园教师所在的幼儿园是独立法人，但是财务和人事方面由中心校管理。很多有利幼儿园教师专业成长和孩子发展的事情得不到中心校的支持，使女性园长体验到以男性为主的官僚体制对幼儿教育专业性的忽视，影响了园长的工作积极性。例如，某镇中心校的下面有完全小学 19 所，肖老师所在幼儿园属于一所完全小学管理，开支两百元以上就要中心校的校长审批。中心校往往根据小学的需求设置教学奖或组织工会活动（如"三笔字"比赛），但是没有针对幼儿园需求的奖励和活动，幼儿园组织的技能技巧比赛只能自己发一张奖状。

2010 年《国务院关于当前发展学前教育的若干意见》颁布以来，乡镇中心幼儿园的建设受到重视，原来破旧的园舍开始逐年旧貌换新颜，硬件的配备一般都按照城市的标准。但部分幼儿园在设计时没有遵循幼儿园建设的国家标准。艾老师说，中心校管理幼儿园有利有弊，它可以帮幼儿园跑人事，但幼儿园所需要的设施设备，他们往往觉得"很可笑、没必要"。她所在中心幼儿园是利用小学闲置校舍改建，她们自己设计的时候有设计泳池、沙池、篮球场，"教育局那边就说不行啊，有安全隐患。就全部硬化"。该镇幼儿园建筑的设计由"负责校安工程的"联系设计师，但都不懂幼儿园建筑的国家标准。现在该园六个班级的规模挤了七个班级的孩子，孩子的游戏场所十分缺

①　角美镇幼儿教育辅导站 1986 年工作总结 [A]. 龙海市档案馆，全宗号 220，卷宗号 410，1987：131.

乏，全体教职员工 31 人连个开会的地方都没有。幼儿园隔壁还有一个垃圾中转站，空气污染严重，教师和家长提意见都没用。艾老师因此感叹："在农村的幼儿园当老师，真的就是很可悲。真正热爱幼教事业才会待得住，像我在这边待这么久了，我们在这里基本上是没什么地位的。"

（3）第三代农村幼儿园教师：幼儿园"处于弱势地位"

有学者认为，"男人和女人的分层形式很特别，在阶级等级制度的各个位置上都可以找到妇女，但在每个位置上她们的地位都低于处于同样位置上的男性"①。农村学校的女教师的地位也往往在男教师之下。1994 年，娟子参加小学校长培训，100 个人中，只有 3 个女性，其中 2 个园长，1 个校长。XY老师 1998 年工作，2016 年当园长，行政级别属于正股级。她发现，全县教育界，正股级的女性只有 6 个。其中 4 个是幼儿园园长，1 个中心校校长，1 个特殊学校校长。有调查表明，福建省担任过科级、股级的女性合计仅占被访者的 10%。② 可见，福建省的中心校校长是以男性为主体的。调查发现，中心校校长常常重视小学而轻视幼儿园。F 认为幼儿园"依附于小学"，"处于比较弱势的地位"，整个小学管理者一直认为"幼儿园比较无所谓"。笔者的学生有一段时间在乡镇中心幼儿园实习支教，被同时安排到小学兼课，有时候小学的工作量甚至超过了幼儿园。还有的实习生反映，中心校校长把她们直接接到小学实习而不告诉幼儿园园长。

被访教师有几位入编的第一年被安排到中心小学教学。闽西的 CH 老师 2017 年入职入编后被借调至中心小学两年。回到幼儿园后，她感觉"开心多了"，表示"真正喜欢的是幼儿园"。闽东地区的 YA 老师 2018 年入职入编后也先借调到小学一年，2019 年回幼儿园任教。她认为在幼儿园挺开心，在小学任教时有很大的"挫败感"。

---

① 罗伯逊 . 社会学（上）[M]. 黄育馥，译 . 北京：商务印书馆，1990：417.

② 周玉 . 变迁中的女性政治参与——基于"福建省第三期中国妇女地位调查"数据的研究 [J]. 中共福建省委党校学报，2014（1）：91-97.

（三）职业认同的变迁：从独重工作到工作、家庭、个人兼重

（1）第一代女教师：工作比家庭更重要

第一代农村幼儿园女教师普遍认为工作比家庭重要，她们对女强人的认同度更高，也特别自信，相信"妇女半边天，男人能做的事，女人也能做"这句话，相信自己能把工作做好，愿意把很少的休闲时间都花在工作上。黄老师说那个时候都是"工作为重"，生活"都是很随便"。蔡老师更是"以园为家"，为公家的事情全心全意。

（2）第二代女教师：工作和家庭都重要

第二代农村幼儿园教师有很大比例是通过严格选拔考上幼师学校的优秀女性。其中很多是自己主动选择学前教育专业，真正喜爱这一专业的人。也有一部分是从中等职业学校幼师班毕业生中直接选拔的人才。她们的事业心像她们的前辈一样强，休闲时间也不介意加班。但她们也希望兼顾工作和家庭，娟子老师是一个典型的代表，事业家庭都不甘落后。她因喜爱孩子，不顾家人的反对选择了幼教专业，又因爱孩子而没有做辅导员选择做一线教师。娟子也有很强的家庭观念，因要照顾生病的父母和年幼的弟弟，直到 38 岁才结婚。在家庭和事业谁更重要的价值判断上，第二代教师也有的认为家庭的幸福对女性更重要。例如，肖老师认为家庭幸福才会有比较好的精神状态去投入工作。没有家庭的幸福，就不可能有工作上的成就，就不可能安心工作。

（3）第三代教师：工作、家庭和自我发展要平衡

在家庭和事业谁更重要的价值判断上，11 位新生代教师中只有 1 位非编教师和 1 位男幼师选择事业更重要，有 3 位选择家庭和事业两者都重要，但如果要二者取其一的话，她们最终选择家庭，其他都认为家庭的幸福比工作成就更重要。因为"家是避风港"（XC），"人不可能和事业过一辈子，总要回归家庭"（YA）。XJ 说："假如我要是结婚到××，那我肯定放弃这边的工作，然后去那边家庭。"

第三代教师普遍追求生活品质，但她们对家庭、事业和个人的关系有着不同的理解。有的认为有品质的生活是事业成功、家庭美满和自我实现三方

面的平衡；有的认为是事业与家庭的双丰收，希望在工作时间把工作完成，在休闲时间就是陪伴家人和孩子；有的追求家庭的幸福和外表的美丽，工作是为这些目标服务。XY、F老师和J老师是三种态度的典型。

XY老师追求一种高品质的生活，包含了工作幸福、家庭美满和自我成长三方面的含义，包括对自己的工作感兴趣，找到自己的奋斗目标；在家庭当中要有一个比较和谐的夫妻关系和亲子关系；有自己的独处的时间用于自己发展兴趣或是自我学习。访谈时她的幼儿园发展规划是创建示范园；她的家庭发展规划是做贤妻良母；她的个人发展规划是过有追求、有准备的人生。她"享受工作快乐"，也认同"尽量不把工作带回家"。她对贤妻良母有自己独特的理解，她说："贤妻良母……是用一种比较积极健康的生活方式去影响到家庭里面的人，比如说影响到自己的孩子，影响到自己的另一半，从而使家庭中的每个人都成就最好的自己。"

J希望家庭和事业双丰收，她不想做女强人，认为"风雨应该让男人去顶"。她说："职业……是一种人生的自我价值的实现……目前来说我的家庭跟工作不冲突，然后两个我都觉得还蛮重要的，但是，如果要真的二选一的话，我当然觉得家庭更重要……周六周日我应该……好好地经营我们的家庭生活，好好地把孩子、父母照顾好。"她理想的状态是享受与家人一起"坐着摇椅慢慢摇"的休闲。

F愿意为了爱人和孩子一直留在乡镇，她有着强烈的传统女性角色意识，她认为自己是"相夫教子型的女人"，她虽然也追求工作品质，担任园长，并已加入县"名师工作室"，但她认为"经营好家庭比工作更重要"，"生活的意义在于婚姻家庭的幸福"，幼儿园教师工作的价值在于可以让人"保持一颗未泯的童心，可以让自己变得更漂亮一点"，即职业是谋求家庭幸福或个人美丽的工具。她说："我自己的人生定位是生活比工作更重要。我觉得一个女人的婚姻家庭吧，相夫教子应该是摆在第一位的。如果你的家庭很不幸福，那你天天埋头工作有什么意义呢？工作只能给你带来成就感，只有生活才会给你带来幸福感。"

有8位被访者没有与职业相关的目的、目标与规划，只有考编、评职称、进城的短期计划，或只有生活上的规划与期待，包括相亲、恋爱、生孩子、赚钱。第三代女教师多数是以家为中心的，未婚教师大部分认为工作上过得去就行。她们往往会为了家回到乡镇、留在乡镇，或者离开乡镇。如果能够同时拥有爱情和亲情，即父母也在自己小家庭的附近，她们就会有更高的职业认同、更强的职业幸福感，因为父母可以帮忙带孩子。但是一个乡镇的幼儿园教师如果嫁到别的乡镇或者嫁到城里，往往会跟着爱人走，跟着家庭走。是否有一个幸福的小家庭，是否能找到合适的配偶，是乡村幼儿园女性教师是否愿意留在乡村的关键，更准确地说是"爱在哪，工作在哪"。

四、研究结论

从三代教师的精神生活变迁来看，对家庭生活中夫妻平等地位和对工作与家庭的平衡性的满意度提高，在工作中的成就感与家庭生活中的幸福感增强，职业认同中开始关注工作成就、家庭幸福和个人发展平衡的整体质量观。但三代教师对于男女不平等的体验一直存在，包括入学机会的不平等、社会经济地位的不平等拉大、职前教育课程和机会上的男女有别、教育教学管理制度上的科层限制增强等。同时，新生代农村女教师并没有从旧思想中解放出来，当她们面临家庭与事业的冲突时，往往选择以家庭为重。她们既被"过去"规定，又被"现代"塑造，思想的传统性与现代性并存。[①]

（一）入学机会体验的变迁：从男女平等回到男女不平等

新中国成立后，男女平等被写入宪法，女性有了与男性平等的入学机会，当时很多女孩入小学时已经过了7岁入学的法定年龄，但她们依然大量进入学校读一年级。第一代教师也认为当时男女上学机会是平等的，对于新中国成立后女孩子能够上学很感恩。但第二、第三代教师都谈到小时候获得入学机会不容易并且女生辍学率高的问题。有调查表明，福建省的父母在家庭教育资源的配置/投资上，大多优先考虑男性，女性常因家庭原因而非个人原因失学/辍学，家境差或家里需要劳动力是导致妇女失学/辍学的第一原因。

---

① 李长娟，于伟. 乡村女教师发展的障碍及对策探析：从社会性别视角考察 [J]. 当代教育科学，2010(15)：31-34.

福建父母对女儿义务教育的重视程度低于全国水平。2000 年，有 63.8% 的福建妇女因为家境差或父母不让上而失学 / 辍学。[①] 传统观念认为女人重要的使命是成家生孩子，女孩被剥夺受教育以及自我实现的机会的现象仍然较为普遍。

（二）家庭生活地位：从夫妻平等到多元体验

三代教师的平等体验和贤妻良母观念同步增强，同时第三代又出现分化。第一代女教师处在"妇女半边天"的时代背景下，认为相比过去，夫妻地位"现在平等很多了"，有部分人甚至只做女强人，一部分认为二者可以兼得；第二代女教师认为夫妻"生活中是平等的"，她们的配偶会帮忙做家务，所有被访者都认为女强人和贤妻良母不矛盾，但有的认为社会上男女依然不平等；第三代女教师体验多元，有的认为不平等，"女人辛苦"，"女强人太累"，认为女人不需要那么贤惠；有的超越了平等，享受做"贤妻良母"。三代农村幼儿园教师从事家务的心态也有一些变化。新中国成立初期，我国女性就业率达到了史无前例的程度，其中有一定比例是在农村幼儿园任职。第一代女教师是因为能够走入社会有了经济收入而对家庭地位满意度高了，感觉到相比过去更平等了，虽然那时候男女平等的政策并没有触及家庭生活中的性别分工。[②] 女人参与了社会劳动，回家仍然要承担全部的家务，但她们大多仍然是欣喜的、热情洋溢的。改革开放后，国家话语将保障妇女的平等权利与妇女自身的发展结合起来，倡导"四自"精神，即自尊、自信、自立、自强。[③] 第二代女教师的男女平等意识进一步增强，她们希望配偶也承担一些家务。第三代女教师的家庭地位出现分化，一部分在家庭中的支配地位超过了前两代女教师，她们的家庭生活幸福感增强，一部分平等感降低。多数人的观念似乎回到传统，能够享受做贤妻良母，享受管理家庭的经济收入和安排家人的生活。不过学者认为，家庭中妇女貌似强势的地位，可能只是她们在更大范

---

① 王金玲，姜佳将，叶菊英. 变迁与发展：福建妇女社会地位研究 (1990—2000)[M]. 北京：社会科学文献出版社，2016：117.

② 金一虹. 女性叙事与记忆 [M]. 北京：九州出版社，2007：172.

③ 吴小英. 家庭与性别评论（第 3 辑）[M]. 北京：社会科学文献出版社，2011：107-118.

围内弱势地位造成的后果。① 农村幼儿园女教师大部分在工作上及个人发展上成就感低。其他研究也发现，随着年代的变迁，中国被访者性别角色认同的传统定型未见衰微②，中国人的性别观念出现了明显向传统回归的趋势，且年轻世代、女性、居住在农村以及教育程度较高的群体的性别观念向传统回归的速度较快。③ 乡村女教师更是无法摆脱传统婚姻家庭观念的束缚，妻子、母亲等角色在她们的体内也打下了深深的烙印。④

（三）社会经济地位：男女一直不平等

"妇女的家庭地位高不能说明妇女的社会地位高，只有同时关注社会和家庭两个方面，才能发掘出女性的地位。"⑤ 随着国家对农村学前教育日益重视，体制内农村幼儿园教师数量增加，她们的收入与当地公务员一样，地位相对更加平等。但民办教师会更多地体会到社会上男女的不平等。第一代单亲女教师深切体会到女性独自抚养小孩在社会上生存的艰难，男尊女卑的思想仍然根深蒂固。美珍老师的民办托儿所始终挣扎在劳动时间长而收入低的境况中，在市场化竞争中女性一直处于劣势地位。第二代女教师体会到教育系统内男性领导的忽视和限制。同时，第二、第三代女教师都体会到了乡镇经济的发展所导致的农村教师与农村居民收入的巨大差异带来的地位降低。2019年，被访新生代农村幼儿园教师的工资普遍不高，编内农村幼儿园教师税后的工资大概在2300～3000元，编外税后在800～2300元。乡镇经济的发展使乡民的收入迅速超过了农村教师。其他研究也发现，女教师在教育科层体制中位居底层，是学校最没有声音的一群⑥，男教师的发展状况总体好于女教师⑦，尤其是乡村女教师的能动性、自主性和创造性往往被男性教师的意识形

① 郑丹丹. 女性主义研究方法解析 [M]. 北京：社会科学文献出版社，2011：65.

② 孟宪范. 女性的生存状况和社会心态 [M]. 北京：中国社会科学出版社，2010：213.

③ 许琪. 中国人性别观念的变迁趋势、来源和异质性——以"男主外，女主内"和"干得好不如嫁得好"两个指标为例 [J]. 妇女研究论丛，2016(3)：33-43.

④ 侯博君. 社会性别视角下乡村女教师自我价值的选择与实现 [D]. 桂林：广西师范大学，2015.

⑤ 李银河. 女性主义 [M]. 济南：山东人民出版社，2005.

⑥ 潘慧玲. 性别视域的教师生涯 [C]// 教育议题的性别视野，台北：台湾师范大学，2000：235-246.

⑦ 徐今雅，赵思. 社会性别视角下农村女教师专业发展的实证研究——以浙江省为例 [J]. 教师教育研究，2015(1)：33-67.

态所压抑。近70年来，女性幼儿园教师与配偶的学历总体相当，但与配偶的收入差距逐渐拉大，尤其是第三代女教师与配偶收入差距更大。与已有调查数据一致。1984年、2002年和2007年，女性收入占男性收入比例分别为84％、79％和74％。[①]2010年，福建省妇女人均年收入只占到男子人均年收入的57.1%。[②] 总之，当前社会上仍然普遍认同男性必须强于女性，必须是家庭的经济支柱。同时，第三代女教师对好丈夫的标准也以有家庭责任心和赚钱养家为主。这种社会文化因素所造成的性别心理差异，不仅使那些不能完全符合性别规范的男性处于不利地位，也束缚了女性自由发展的可能[③]，使人的个性（无论男性还是女性）都不能得到充分的发展和解放。

（四）职前教育生活变迁：从无性别差异到男女有别

第一代教师经历的是无性别差异的初级幼师的劳动教育，女孩子和男孩子一样扛柴、搬石头；第二代教师最喜欢的艺术技能课程是培养女性柔美和灵巧特质的课程；第三代教师的培养多元并存，出现男女有别的艺术技能、规范和期待，即"女孩要有女孩样""男生要有自己的目标和想法"。而最近几年更出现了降低要求的免费师范男生教育。例如，2010年、2015年、2017年，江苏省、福建省和重庆市相继出台"关于开展师范生免费教育试点工作"的相关文件，对五年制男幼师培养实行学宿全免、生活补助、工作分配等制度。新中国成立后的几十年，幼儿师范院校从来没有限定男生不能报考，都是平等地面对男生和女生。免费师范男生教育制度却把女生排除在外，把女生入读学前教育师范专业的机会从平等推向了不平等。笔者所到的乡镇中心幼儿园的新生代男幼师均为大专学历，而女幼师已有一定比例具备本科学历。在某种程度上说明，现在考入编制的农村幼儿园女教师的职前教育和入职的门槛均比男教师高很多。被访乡镇园长认为这种制度"对女生实在不公平"，她们并没有感觉到男幼师在教育教学上的优势，反而认为免考入编的男幼师的素

---

① 李家兴．市场转型与劳动力市场的性别收入不平等——基于20世纪90年代末以来的性别收入差距扩大的判断[J]．妇女研究论丛，2017(2)：120-128.

② 王金玲，姜佳将，叶菊英．变迁与发展：福建妇女社会地位研究（1990—2000）[M]．北京：社会科学文献出版社，2016：3.

③ 马姝．被建构的"男孩"[J]．青年研究，2010(4)：90-93.

质不如经过招聘考试进来的女幼师。H 作为通过竞争性考试才进入公办园系统的男幼师，他也认为免费师范男生存在"躺平"现象，没有理想，没有奋斗目标，因为他们得到公办教师的身份是不用付出代价的。

（五）教育教学生活变迁：工作家庭平衡性增强

从个案来看，近七十年来，多重角色造成的角色紧张问题在农村幼儿园女教师身上一直存在，第一、第二代农村幼儿园女教师多存在工作和家庭的冲突，与人民公社时代劳动时间更长、一位教师包班、教师缺编等都有关系。但在第三代女教师身上有所缓解，体现出工作家庭平衡，角色冲突最小化，能同时扮演好工作和家庭角色活动，工作与家庭功能良好。[1] 这与农村幼儿园"两教一保"的配备、工作压力的减轻、休闲时间的增加、经济的发展等紧密相关。农村幼儿园虽然也缺编严重，但各种非编教师填补了空缺。乡镇经济的发展减轻了中年女性的劳动压力，使她们可以抽身帮子女带孙辈。第三代农村幼儿园教师的休闲时间也是最充足的。1995 年 5 月 1 日起，我国从六天工作制改为五天工作制，每天 8 小时，每周工作 40 小时；1999 年又推行五一、十一、春节三个长假的政策。所调查的闽西、闽南、闽北和闽中四个地区的教师所在镇中心幼儿园实行坐班制。一般是五个半天带班，不带班的时间都在办公室备课。上班时间一般从早上 8 点到下午 4 点半左右。也有一些幼儿园为半日工作制。例如，闽东的 ML 老师平时每天工作时间大约为三小时，她早上 7 点 45 分从宿舍出发去幼儿园，10 点 40 分幼儿离园就回宿舍；下午 2 点 50 分到幼儿园门卫处签到后又可回到宿舍。但是仍有一些研究反映出新生代乡村幼儿园教师生活依然忙碌和倦怠[2]，新生代农村中小学女教师家庭生活与工作也存在严重的冲突。[3] 总体来说，虽然第三代农村幼儿园女教师的角色冲突有所减弱，但家务劳动和职业劳动的双重压力仍然存在。被访第三代农村女教师仍有一定比例认同"做女人真辛苦"。

---

① 王金霞，王吉春，张雪芬 . 农村幼儿园女教师工作——家庭平衡及其与工作满意度的关系 [J]. 中国心理卫生杂志，2016(11)：5.

② 张妮妮 . 在耕耘中守望 [D]. 长春：东北师范大学，2012.

③ 徐今雅，蔡晓雨 . 工作期待与家庭守望的冲突与困惑——农村女教师工作家庭关系的质性研究 [J]. 浙江师范大学学报（社会科学版），2012(3)：58-64.

（六）教育教学管理变迁：男性领导从支持、忽视到限制

在教育教学管理上，第一代农村幼儿园女教师的工作受到更多的男性领导的支持，应该说，1976 年以前，农村学前教育受到更多的重视，那个时代农村教育的发展与农业发展的关系密切。随着修水库、炼钢铁等工作量的增多，需要通过解放妇女的劳动力来满足生产的需求。1958 年，《全国农业发展纲要》提出了 80 到 180 个工作日的要求。但各地一般会提出更高的要求，即妇女出勤率达到女劳力 90% 以上。而妇女出勤率的实现和妇女生产干劲巩固的重要前提是能相应地妥善安排孩子。因此，当时除了妇联系统直接管理，同时要求乡村党政领导亲自抓农村幼儿园的兴办工作，有的明确要求"支部书记亲自挂帅"[1]。第二、第三代农村幼儿园女教师是乡村学校的边缘群体，更多感受到来自男性领导的压抑，中心小学的男性校长对幼儿园的管理与对小学的管理持同一标准，忽视幼儿教师的特殊需求，甚至往往挪用幼儿园的资源助力小学运转。其他调查也发现，农村学校的决策群与领导者以男性为主，乡村中小学女教师更多是乡村学校的边缘群体。[2] 除传统的"男主女从"观念的影响外，21 世纪初出现"农村教师荒"也是重要原因，许多贫困县多年甚至长达十年不招编制内的公办教师。[3] 福建省教育督导发现，有的地区农村小学学段教师在编比率仅为 67%，缺编总数达到 33%。[4] 中心小学校长在小学教育质量无法保证的情况下必然无暇顾及幼儿园的发展。同时，中心校校长普遍不懂学前教育专业，这也是他们忽视学前教育专业性的重要原因。

（七）职业认同的变迁：从独重工作到多元重心

三代教师从工作为重的事业型、工作家庭双重平衡型发展到工作家庭和个人三重平衡型。农村幼儿园女教师职业认同的变迁也与媒介建构的女

① 吉林师范大学教育系编. 农村幼儿园工作手册 [M]. 长春：吉林人民出版社，1958.

② 徐今雅，赵思. 社会性别视角下农村女教师专业发展的实证研究——以浙江省为例 [J]. 教师教育研究，2015(1)：33-38.

③ 郑新蓉，姚岩，武晓伟. 重塑社会活力：性别图景中的乡村教师和学校 [J]. 妇女研究论丛，2017(1)：5-20.

④ 福建省人民政府教育督导办公室. 关于晋江市"义务教育发展基本均衡区"及 2011 年度政府教育工作省级督导评估的反馈意见 [Z]. 福州：福建省人民政府教育督导办公室，2012.

性形象的变化有一致之处。1949 以来的《中国妇女》杂志在 1949—1977 年、1978—1992 年、1993—2008 年三个阶段分别建构了三种不同的女性形象，即"男性化"的女工人和女农民、充满"女人味"的女知识分子和当红女星、"多元化"的女性媒介形象，多元化包括了男性化、女性化、中性化、双性化等气质。[①] 第一代农村女教师也认同男性化的"半边天"的形象。第一代女教师工作起来都"拼命"，"像牛一样向前冲""一心扑在工作上"；第二代农村女教师在职业认同基础上又恢复了传统女性的形象，趋向于职业女性和传统女性形象的重叠，她们的女性自我意识已经觉醒，"认识到社会中应该有'我'身为女人的一个合法、独立的生存空间"，即要有一份自己的职业，并且也期待事业的成功，但同时她们也自觉地接受了贤妻良母的传统女性角色。第三代农村女教师的形象更加多元化，在职业认同和家庭认同基础上又增加了对自我个性发展的追求，包括学习提高、旅游休闲、健身美容等不同方面。但家庭尤其是小家庭仍然是影响农村幼儿园教师职业认同的重要影响因素。

1950 年以来，农村幼儿园教师的向家性逐渐增强。第一代农村幼儿园女教师普遍认为工作比家庭更重要，她们专业素养虽然不够高，但她们对职业的认同感是强烈的。这与当时国家鼓励妇女参与社会劳动有关。1950 年以来大多是工作狂的母亲，不因生育而中断职业在全世界都是独特的。她们身受"工作为革命"的教育，形成了特有的"工作第一，家庭第二"的工作文化。[②] 也因为当时家庭中的孩子数量多，配偶收入低，女教师同样需要一份工作养家糊口。第二代女教师形成了职业和家庭的双重认同。她们有很大比例是通过严格选拔考上幼师学校的优秀女性，其中很多是自己主动选择学前教育专业，是热爱专业又具备专业素养的精英人才。她们的事业心像她们的前辈一样强，同时也认识到家庭幸福的重要性，希望兼顾工作和家庭。这与传统性别意识形态和现代性别意识形态的双向影响有关，这一时代贤妻良母好媳妇与职场"女强人"一起，均受到社会的表彰。[③] 第三代女教师把家庭的幸福放

① 王蕾.媒介·权力·性别：新中国女性媒介形象变迁与性别平等 [M].上海：上海交通大学出版社，2018：250.

② 金一虹.女性叙事与记忆 [M].北京：九州出版社，2007：204.

③ 王金玲，姜佳将，叶菊英.变迁与发展：福建妇女社会地位研究（1990—2000）[M].北京：社会科学文献出版社，2016：10.

到了至关重要的位置，也开始关注多元发展，开始追求工作、家庭和个人发展之间的平衡，在重视工作和家庭的同时，也希望有个人学习与发展的空间和满足个人兴趣的休闲时空。农村女教师形象变化离不开妇女解放运动的影响，有学者把 1949—1976 年称为女性的"社会性解放"时期，而把 1977 年后称为"女性意识"和"主体意识"的觉醒时期，女性开始走向女人、走向自主的个性化生活。①

---

① 李小江. 50 年，我们走到了哪里？——中国妇女解放与发展历程回顾 [J]. 浙江学刊，2000(1)：59-65.

第四篇　农村幼儿园教师精神生活质量提升

第十一章　农村幼儿园教师精神生活变迁原因分析

　　奥地利社会学家舒茨的生活世界理论将人的生活世界的结构分为社会的周遭世界（直接经验的世界）、共同世界（间接经验的同时代人的世界）、前人世界和后人世界。如果前人世界是全然固定的与决定的，周遭世界中的邻人是自由的，共同世界中的他人是依赖类型而被决定的，那么后人世界便是完全未规定并且无法规定的。[①] 从时间维度看，历史是由前后相继、连绵不断的许许多多"生活世界"构成的；从空间维度看，"生活世界"是无限宇宙中由无数的主要以语言为中介的现实的个人之间相互交往构成的那部分世界。"生活世界"的核心问题乃是交往行动，交往行动与社会实践两者同构同质。身处交往实践中的现实的个人具有自主性、创造性。[②] 可以说，生活世界是人在一定的时间与空间范围内自主和创造的交往行动。美国社会学家埃尔德构筑了生命历程理论，对 1920 年初出生于不同家庭环境的儿童进行了长期的纵向追踪研究，总结出了在重大社会变迁中影响个体生命历程发展轨迹的四大要素：历史中的时空、生活中的时机、生活中的关联和个人的主体性。[③] 其他研究也发现，教师教育经历、地方性知识和个人信念等是影响教师文化适切性教学能力发展的重要因素。例如，有的职前教师通过在农村社区实习时文化环境的熏陶发展了文化意识和文化回应的教学能力[④]，高质量的、跨文化双语

① 舒茨 . 社会世界的意义构成 [M]. 游淙祺，译 . 北京：商务印书馆，2017：24, 27, 31, 37-39.

② 陈咸瑜 . 生活世界·交往行动·人 [J]. 理论探讨，2004(4)：35-38.

③ 埃尔德 . 大萧条的孩子们 [M]. 田禾，马春华，译 . 南京：译林出版社，2002：11, 425.

④ Knotts J D, Keesey S. Friendship with Old Order Mennonite Teachers Develops Cultural Responsiveness in Preservice Special Education Teachers[J]. Rural Special Education Quarterly, 2016(4): 10-17.

教育培训机会提高少数民族学校教师在语言和交际相关科目上的教学技能[1]，地方性知识丰富的美国农村教师在与少数民族学生的互动中具有敏感回应的技巧。[2] 澳大利亚的一项民族志研究也发现，了解社区有助于提高课堂教学效率。[3] 教师精神生活受到早期职业生涯经历和生活情境的影响[4]，受国家政策的影响[5]，或可以看到政治逻辑、专业逻辑和市场逻辑的共同影响。[6] 笔者发现，农村教师精神生活的变迁是国家制度、社区空间、社交圈和自我等各因素多维互动的结果，为了行文方便，本章分别对各影响因素进行论述。具体结论详见前言第五部分"研究发现之四"。

一、制度的历史变迁

"一花一世界，一叶一菩提"，每一位农村幼儿园教师都有着自己别样的人生，他们的人生经历都打上了时代的印记。历史时代是人生活的大环境，新中国成立 70 年来，农村幼儿园教师的精神生活随着"大跃进""上山下乡""文革""改革开放"等不同阶段的教育制度与政策的变迁而发展变化，尤其是国家农村教师政策的历史变迁决定了农村幼儿园教师精神生活变迁的方向。农村教师政策经历了以服务革命为目标、以服务工农大众为目标、以依法治教为目标、以均衡发展为目标和以底部攻坚为目标五个阶段。[7] 我国农村教师教育政策的演变体现出政策价值取向由重效率走向重内涵，更加重视个

---

[1] De La Garza K. Pedagogical Mentorship as an In-Service Training Resource: Perspectives from Teachers in Guatemalan Rural and Indigenous Schools[J]. Global Education Review, 2016(1): 45-65.

[2] Mcdiarmid G W, Kleinfeld J, Parrett W H.The Inventive Mind: Portraits of Rural Alaska Teachers[M]. Alaska: University of Alaska Fairbanks, Center for Cross-Cultural Studies, 1988: 1-183.

[3] Somerville M, et al. New Teachers Learning in Rural and Regional Australia[J]. Asia-Pacific Journal of Teacher Education, 2010(1): 39-55.

[4] Hardy I, Edwards-Groves C. Historicising Teachers'Learning: A Case Study of Productive Professional Practice[J]. Teachers and Teaching: theory and practice, 2016(5): 538-552.

[5] 詹秀娣，郝勇. 教师专业素养视角下国家政策变迁述评——基于 NVivo11 的政策文本分析 [J]. 中国电化教育，2018(10)：76-83.

[6] 范昕，李敏谊. 幼儿园教师到底是什么？——从替代母亲到专业人到研究者的发展历程 [J]. 教师教育研究，2018(4)：94-100.

[7] 张妍，曲铁华. 中国共产党百年农村教师政策回眸与前瞻 [J]. 现代教育管理，2021(6)：10-17.

人全面发展的社会价值，公平取向越来越强，越来越重视教师职业幸福感的提升；政策目标由增加教师数量走向提高教师质量、促进教育均衡发展[1]，这是三代农村幼儿园教师的文化生活的质量总体逐步提升的根本原因。

（一）制度变迁对文化生活变迁的影响

1.对职前教育生活变迁的影响

（1）政策是农村幼儿园教师职前教育质量先升后降的主因

初级幼儿师范时期，农村幼儿园教师（教养员）[2]的培养重数量而轻质量。1951年10月1日颁布的《关于改革学制的决定》[3]规定师范学校和初级师范学校均要附设幼儿师范科。1952年《师范教育暂行规程（草案）》规定，在幼儿园教师特别缺乏的地方，初级师范学校要附设幼儿师范科，招收年龄较长的高小毕业生或具有同等学力者，学制3～4年。[4] 1953—1956年，国家发布了四个关于学前教育师资队伍建设的文件，希望加快建设初级专业化教师队伍。[5]1955年以后，教育部将幼儿园教师培养的任务交给地方设立的幼儿师范学校。全国范围内大量增设中级和初级幼儿师范学校，幼儿师范学校快速发展。[6]1956年6月教育部颁布了《初级幼儿师范学校的教学计划》，同时《教育部关于大力培养小学教师和幼儿园教养员的指示》指出："各地应更多地举办初级幼儿师范学校，作为过渡办法，以培养较为合乎规格的教养员。"[7] 至此，我国已经初步形成了以幼儿师范学校为主，师范学校幼儿师范科、初级师范学校幼儿师范科、高等师范学前教育系和短期幼儿师范班为辅的幼儿师资培养体系。1962年1月，我国发布了《教育部党组关于全国师范教育会议的报告》，明确指出"三年制的幼儿师范，主要是培养大中城市重点幼儿园的

---

① 段伟丽，汪安冉.回顾与展望：新中国成立70年来乡村教师教育政策变迁[J].中国成人教育，2020(5)：90-96.

② 新中国成立初期，幼儿园教师被称为教养员。

③ 中国学前教育研究会.中华人民共和国幼儿教育重要文献汇编[M].北京：北京师范大学出版社，1999：46.

④ 中国学前教育研究会.百年中国幼教[M].北京：教育科学出版社，2003：93-96.

⑤ 田景正，龙金林，周端云.新中国70年我国学前教育政策发展考察[J].贵州大学学报(社会科学版)，2019(3)：90-99.

⑥ 郝朝霞.改革开放40年我国幼儿教师培养政策变迁研究[D].临汾：山西师范大学，2019.

⑦ 中华人民共和国教育部发布指示，大力培养小学教师和幼儿园教养员[J].教师报，1956(3)：1.

教养员，目前不能多办"，要重视农村幼儿园师资培养，即"应该多办初级幼儿师范，招收相当于高小毕业程度的青年，培养成为城镇和农村幼儿园的教养员，学习时间的长短，可因地制宜"。① 但是自 1963 年起，全国已不再招收初级师范生。1963—1965 年，全国中级幼儿师范学校稳定在 19 所，培养幼儿园教师的主要基地由初级幼儿师范学校转为中级幼儿师范学校。与教育相关的其他政策也影响了教师职前教育的内容。例如，1958 年《关于教育工作的指示》中"党的教育工作方针，是教育为无产阶级的政治服务，教育与生产劳动相结合"的精神与黄老师的劳动生活密切相关。

中等幼儿师范时期，农村幼儿园教师的职前教育生活内容全面且高质量。1978 年，教育部《关于加强和发展师范教育的意见》指出要积极办好幼儿师范学校。1979 年，独立幼师恢复到 22 所。同年《全国托幼工作会议纪要》指出幼儿师范要逐步地为农村社队托儿所、幼儿园代培幼教骨干。此后教育部又在一系列文件中多次强调要加强中等幼儿师范学校的建设，到 2000 年全国独立幼师发展到 55 所。又如，内地西藏幼师班政策为西藏农村幼儿园教师职前教育生活质量的提升提供了条件。1983 年，《关于发展农村幼儿教育的几点意见》指出"可举办不包分配的职业幼师班"。20 世纪 80 年代，根据西藏人才紧缺、教育基础相对薄弱的实际，国家做出了在内地举办西藏班（校）的决策。1985 年 9 月，首批西藏小学毕业生到内地学习，开启了西藏教育新模式；1989 年，内地西藏高中班创办；2010 年，内地西藏中职班开始举办。政府为了保证农牧民子女也有机会到内地求学，坚持西藏班招生向农牧区、边境县、高寒高海拔地区、区内人口较少民族等倾斜，招生计划的 70% 用于招收农牧民子女考生。② 内地西藏幼师班是西藏农村幼儿园教师成长的摇篮。

高等教育大众化时期，政策提升了新生代农村教师学历，但降低了其职前教育生活质量。1999 年，国家开始实施高等教育大众化政策，普通高校比前一年增招 47.4%。③ 同年，教育部发布了《关于师范院校布局结构调整的几

---

① 庞丽娟，洪秀敏. 中国学前教育发展报告——农村学前教育 [M]. 北京：北京师范大学出版社，2012：6.
② 钟慧笑. 内地西藏班：一个伟大的创举——教育部民族教育司司长毛力提·满苏尔谈内地西藏班办学 [J]. 中国民族教育，2015(Z1)：19-20.
③ 潘懋元. 现代高等教育思想的演变——从 20 世纪至 21 世纪初 [M]. 广州：广东高等教育出版社，2008：183.

点意见》，提出三级师范向二级师范过渡，中等师范学校可升格为高等师范学校，可并入高等师范学校或改为其他学校。大量幼儿师范学校升格为职业学院，承担了以学前和托育教师培养为主要方向的教师教育任务。2002年，《关于"十五"期间教师教育改革与发展的意见》颁布后，幼儿园教师培养开始向专科、本科层次发展。2018年，《中共中央、国务院关于全面深化新时代教师队伍建设改革的意见》和《中共中央、国务院关于学前教育深化改革规范发展的若干意见》都指出要创新幼儿园教师培养模式，前移培养起点，大力培养初中毕业起点的五年制专科层次幼儿园教师。在这种背景下，大量初中毕业生开始五年制专科的求学生活。新生代农村幼儿园教师大多赶上了高等教育大众化的潮流。但是，高等教育大众化以及三级师范向二级师范过渡过程中也导致了任意扩招产生的生源质量降低和培养机构不具备招生资质等问题，从而导致培养质量降低。比如，技校毕业就能同时拿到大专文凭就说明了大专文凭水分多。2005年，《教育部关于规范小学和幼儿园教师培养工作的通知》就曾指出"有的地方在不具备条件的学校培养小学和幼儿园教师"的问题。

（2）教师教育课程设置决定了教师职前教育生活内容重视技能的特点

1956年颁发的《幼儿师范学校计划》，大致有"三学"（幼儿教育学、幼儿心理学、幼儿卫生学）、"五法"（语言教学法、自然教学法、体育教学法、音乐教学法、美术教学法）。1980年10月，教育部重新制定颁发了全国统一的《幼儿师范学校教学计划试行草案》，1985年修订后，三年制幼师各类课程的比重分别为：文化类课程约占总时数的48%，教育类课程约占19%，艺体类课程约占33%；四年制幼师的文化类课程约占49%，教育类课程约占16%，艺体类课程约占35%。1995年原国家教委制定了新的《三年制中等幼儿师范学校教学方案（试行）》，培养规格涉及思想品德，知识、技能及基本能力，身心素质三大方面。课程结构包括必修课、选修课、教育实践和课外活动四部分，各部分课程的比例分别为65%、15%、10%和10%，传统的教育类课程"三学六法"改成了幼儿卫生保育教程、幼儿心理学、幼儿教育概论和幼儿园教育活动的设计与指导四门课程。总体来说，艺体类课程的比例过高。2011年，国家颁布了《教师教育课程标准（试行）》，其中幼儿园职前教育课程目标强调正确的儿童观、教师观和教育观，强调理解幼儿、教育幼儿、自我发展的知识和能力；课程设置分为儿童发展与学习，幼儿教育基础，幼儿活动与指导，幼儿园与家庭、社会，职业道德与专业发展，教育实践 6 个学习领域，音乐技能、舞蹈技能和美术技能仅仅是专业发展领域的一部分课程，但是农村幼儿教师回忆大学生活时，似乎对艺术技能以外的其他课程领域没有深刻印象，说明对艺术类课程的兴趣与爱好对师范生的学习产生了重要影响。

但有时候政治制度会影响教育制度的落实。例如，"大跃进"时期，由于国家发展工农业生产的需要，初级幼师生曾于修业期间大量投入生产劳动。一些教保员培训也因"保粮保钢运动"而停止，全体同学投入农业除虫开荒工作。[①]

2. 对教学生活变迁的影响

（1）课程政策决定了农村幼儿园的教学内容从分科走向综合的变迁方向

分科教学时期。1951 年，教育部颁发的《幼儿园暂行规程（草案）》规定，"幼儿活动项目有：体育、语言、认识环境、图画、手工、音乐、计算。幼儿园不进行识字教育，不举行测验"。1952 年教育部印发了《幼儿园暂行教学纲要（草案）》，内容包括幼儿园体育教学纲要、幼儿园语言教学纲要、幼儿园认识环境教学纲要、幼儿园图画手工教学纲要、幼儿园音乐教学纲要和幼儿园计算教学纲要。1956 年，教育部《关于幼儿园幼儿的作息制度和各项活动规定》指出，每日作业（上课）小班每天一节，时间为 10～15 分钟，中班每天两节，时间为 15～20 分钟，大班每天两节，每节 20～25 分钟。其他时间主要安排户外活动、游戏和生活活动。[②]石美幼儿园教师回忆的教学内容基本包含这些方面，但美珍回忆的上课的节数更多。1981 年，教育部颁发了《幼儿园教育纲要》（试行草案）并委托上海市教育局编写幼儿园体育、语言、常识、计算、音乐、美术、游戏 7 种 9 册教材，在 1983 年发行[③]，为教师的教学

---

① 淄博市淄川区人民委员会. 淄川区文教科关于举办教养员短期训练班学习情况总结 [A]. 淄博市档案馆藏，全宗号 2，目录号 1，卷宗号 170，1960.

② 《中国教育年鉴》编辑部. 中国教育年鉴（1949—1981）[M]. 北京：中国大百科全书出版社，1984：115-117.

③ 《中国教育年鉴》编辑部. 中国教育年鉴（1949—1981）[M]. 北京：中国大百科全书出版社，1984：118.

提供了直接的内容参考，对 20 世纪八九十年代入职的第二代农村幼儿园教师的教学起到重要作用。

课程整合时期。21 世纪以来，我国的幼儿园课程政策开始注重内容的渗透与整合，它引导着农村幼儿园的主题活动课程和区域活动课程的全面开展。2001 年，《幼儿园教育指导纲要（试行）》规定："幼儿园的教育内容是全面的、启蒙性的，可以相对划分为健康、语言、社会、科学、艺术等五个领域，也可作其它不同的划分。各领域的内容相互渗透，从不同的角度促进幼儿情感、态度、能力、知识、技能等方面的发展。"2012 年，教育部颁发的《3 ～ 6 岁儿童学习与发展指南》指出："儿童的发展是一个整体，要注重领域之间、目标之间的相互渗透和整合，促进幼儿身心全面协调发展，而不应片面追求某一方面或几方面的发展。"1989 年颁布的《幼儿园工作规程（试行）》则规定："游戏是对幼儿进行全面发展教育的重要形式。应根据幼儿的年龄特点选择和指导游戏。"

（2）示范幼儿园评估政策是农村教师教学生活质量提升的现实推动力

1989 年，教育部颁发的《幼儿园管理条例》首次以法规的形式提出各级教育行政部门要开展关于学前教育的各项评估工作。2003 年，教育部等十部委联合出台的《关于幼儿教育改革与发展的指导意见》明确指出，地方各级人民政府要有计划地推动示范性幼儿园建设，带动本地区幼儿教育事业的整体发展和教育质量的提高。据此，福建省制定了相应的文件，对幼儿园的教育杂志、保教书籍的数量、课程设置多元化、班级活动区角、教师的课题研究等都作了明确的规定。评估制度推动了农村学前教育的规范发展，成为农村幼儿教育发展的直接动力，提升了农村幼儿园教师的专业文化生活质量。

（3）政策对农村幼儿园教师的教学生活的影响也可能是双刃剑

西藏学前教育发展是通过政府直接投资、实行免费计划和专项保障计划等手段实现的，属于行政驱动的发展模式。[①] 从 2010 年《国务院关于当前发展学前教育的若干意见》发布后才开始大力建设，经过十年左右，农村幼儿园的

---

① 李姗泽，蔡红梅 . 西藏学前教育综合发展水平研究 [J]. 教育评论，2016(2)：89-91.

数量从个位数一下发展到 1900 多所，这样的发展速度导致幼儿园教师的培养速度跟不上。2012—2017 年，西藏拉萨市为了满足大量增加的幼儿园的师资需求，招录的专业与非专业教师的累计招录比为 22：78，非专业教师远远超过专业教师[①]，导致学前教育小学化严重。

3. 对职后培训生活变迁的影响

（1）政策决定了农村幼儿园教师职后培训生活质量持续提升的趋势

我国教师教育政策变迁的轨迹是 20 世纪 50—70 年代保证教师数量，80—90 年代对教师最基本的学历、资格和质量要求并重，21 世纪以来持续关注教师的质量，从政治价值取向、经济价值取向向"教师本位"价值回归。[②]如，1956 年《关于大力培养小学教员和幼儿园教养员的指示》使举办短期培训班的职前教育成为主要形式。改革开放以来，我国中小学教师培训政策的变迁历程可以分为以"过关"和"学历"为目标、以"法治"与"规范"为导向和以"全员"与"专业"为指向三个阶段。[③]各阶段教师培训课程的价值取向整体上呈现出由知识中心、能力中心、专业发展向综合素养取向变迁的趋势。[④]1988 年，《关于加强幼儿教育工作的意见》强调对在职幼儿园教师中不具备合格条件的进行专业合格证书培训；已具备合格条件的进行骨干提高培训等。2010 年，《国务院关于当前发展学前教育的若干意见》对提高农村幼儿园教师素质作出了规定，农村幼儿园教师专业培训的机会也迅速增加。2016 年，教育部研究制定了《送教下乡培训指南》《乡村教师网络研修与校本研修整合培训指南》《乡村教师工作坊研修指南》《乡村教师培训团队置换脱产研修指南》等乡村教师培训指南，培训方式在传统的院校式讲座或脱产培训的基础上更多强调送教下乡、网络研修等新型培训方式。

① 姜盛祥. 西藏地区学前教育发展路径选择的困境与出路 [J]. 西藏大学学报（社会科学版），2018(1)：200-206.

② 谭净，卢小陶. 中国教师教育政策 70 年演进历程及理性反思——基于价值取向与工具选择的双重视角 [J]. 教师教育学报，2020(1)：63-69.

③ 彭昊，杨婕，唐智松. 改革开放以来我国中小学教师培训政策的变迁逻辑——基于历史制度主义的视角 [J]. 中国成人教育，2021(18)：12-17.

④ 程明喜. 改革开放以来我国中小学教师培训课程价值取向研究 [D]. 长春：东北师范大学，2019.

（2）政策本身也是培训的内容

2001 年，《教育部关于印发〈幼儿园教育指导纲要（试行）〉的通知》指出，要认真组织幼儿园园长和教师学习和理解《幼儿园教育指导纲要》。2010—2011 年，《国家中长期教育改革和发展规划纲要（2010—2020 年）》《国务院关于当前发展学前教育的若干意见》《教育部财政部关于实施幼儿园教师国家级培训计划的通知》等文件都对加强农村幼儿园园长和骨干教师培训、提高农村幼儿园教师素质作出了规定。2012 年，《3～6 岁儿童学习与发展指南》的通知指出"开展全员培训""要特别重视指南在农村幼儿园的贯彻落实工作"。新生代个案教师均认为 2010 年是培训机会明显增加的转折点，《幼儿园教育指导纲要》和《3～6 岁儿童学习与发展指南》的培训与落实是他们文化生活的主要内容。[①]

4. 对休闲文化生活变迁的影响

政策决定了农村教师休闲文化生活从宣传性向娱乐性变迁的方向。乡村公共文化空间从内生性繁荣到行政化、均质化发展再到多元化发展[②]，乡村文艺经历了从为政治服务（1976 年前）到为经济建设服务（1978—1992 年）的变迁。以经济建设为中心时期，社会进入一个"无主题""弱政治"的时代，精英文化式微，主流文化受市场经济的影响"变异"，娱乐性的大众文化逐步成为主流。[③] 这直接影响了农村幼儿园教师文艺生活从宣传性到娱乐性的变迁。不管文艺为什么服务，农村的文艺宣传队客观上提升了教师的休闲生活质量。2018 年，《中共中央、国务院关于全面深化新时代教师队伍建设改革的意见》指出，要"为乡村教师配备相应设施，丰富精神文化生活"。从实地调研结果来看，这一精神还未能完全实现，当前乡镇的文化设施建设还不能满足农村幼儿园教师休闲文化生活的需求。

① 杨小峻，陈长庚. 西藏学前教师队伍存在问题的原因分析及对策研究 [J]. 西藏民族学院学报（哲学社会科学版），2014(4)：35-40.

② 侯雪言. 文化场景视域下乡村公共文化空间优化研究 [D]. 武汉：武汉大学，2019.

③ 贺绍俊，等. 共和国 60 年文化发展 [M]. 北京：中国大百科全书出版社，2009：3, 122, 587.

（二）制度变迁对职业认同变迁的影响

国家制度是影响农村教师职业认同的核心要素之一，早年的制度更多影响教师的价值认同和目标确信，后来的政策开始关注为乡村教师身份认同提供必要的法规政策保障，从道义要求到提供保障的政策变迁影响了教师的投入意愿，决定了职业认同的情感归属从感恩和奉献工作到喜欢和享受工作的变迁。我国的教师培训政策目标由增加教师数量转变为提高教师质量、促进教育均衡发展，从而使教师的素质沿着非专业化到半专业化再到专业化的道路不断发展，教师专业水平的提升也就意味着胜任效能感的提升。

1. 道义要求的政策下教师更具有奉献精神

新中国成立后的 17 年，强调政治思想和集体利益的国家文化深入农村社区和乡村民众的日常生活，文化的道义性取向相当明显，责任意识、奉献精神弥漫于文化生活之中。[1] 这种时代精神，奠定了那个时代的人们无私奉献、乐观向上的精神底蕴。有人认为，"十七年教育培养了这代青年许多很好的品格和素质，如：使命感、政治意识、开阔的视野和愿为有价值的目标而献身的勇气等等，这些东西如果同正确的理论和路线结合在一起，这些品格和素质便会成为一种对社会的推动力和创造力"[2]。1979 年，《全国托幼工作会议纪要》提出"农村社队园所保教人员的待遇，应相当于同等劳动力的报酬。经过培训考核或工作成绩突出的保教人员，其报酬可高于同等劳动力"。这一时期开始关注农村幼儿园教师的经济地位的保障，之后的教师政策日益体现对教师的人文关怀取向。

2. 提供保障的政策下教师因为稳定的工作而更有幸福感

2015 年，《乡村教师支持计划（2015—2020 年）》对于乡村教师的待遇、编制、职称、培训等都作了规定，保障更加具体全面，还有"国培计划"、师范生公费教育政策等，有利于促进乡村教师安心从教。尤其是编制，它是毕业生愿意去乡镇任教的主要推动力，本科和专科学历的优秀毕业生都愿意为

---

① 黄树民．林村的故事：一九四九年后的中国农村变革 [M]．北京：生活·读书·新知三联书店，2002：19.

② 唐灿，米鹤都，陆建华，等．思考一代的自我反思——一项关于红卫兵及其同代人的思想轨迹的研究 [J]．青年研究，1986(11)：21-25.

了编制而去乡镇工作并为了评职称而继续学习提高。例如，YA 说："女生选择教师，主要是图个稳定。图个稳定就是他们有编制……没有物质基础，怎么来精神追求？"ML 说："有编制的会有寒暑假带薪休假，而且还有绩效、十三薪。"XC 说："你有编制的话，你就能评职称，你就会不断去学习，不断去提升自己。""本科的文凭的话，到时候，就是那个什么二级教师，评职称提得比较快嘛。"提供保障的政策下教师因为稳定的工作而更有幸福感，但新生代教师投入意愿不足，重要原因在于他们认为"幼师的工作量跟他的待遇不相符"，提供的保障达不到预期，所以一般不希望把工作带到家里。调查发现，2019 年，编内教师的工资大概在 2300～3000 元（H 说他的工资大概在 4500 元），编外在 800～2300 元，其中闽西连城县的临时教师不到 1000 元，临聘教师 1200 元，闽中的代课教师 1750 元，志愿教师 2000 元，闽南的劳务派遣教师 2300 元（劳务派遣，政府拨款为人均 6 万元，年终还会有绩效奖励）。[1] 总之，编内教师和劳务派遣的教师税后收入还是偏低的，一些临时和临聘教师更是过低。

二、生活空间的变迁

生活空间指个人生活的地域及社区情境，是个人生活时空的交汇，是个人所直接浸润的文化环境。文化在不同的时代和地域具有不同的表现形式，体现出文化的独特性和多样性。生活空间决定农村教师精神生活的具体内容与形式，就如同"泡菜的味道是由泡菜汤决定的"一样。幼儿园所在的省、市、县、乡镇和其所附属的小学是老师们生活的空间，对其个人精神生活产生更为直接的影响。

（一）生活空间变迁对文化生活变迁的影响

1. 对职前教育生活变迁的影响

不同省份农村幼儿园教师职前教育机会和办学质量不同。1986 年，福建

---

[1] 数据均为笔者 2019 年调查时收集。

省颁布了《关于搞好当前幼儿教育工作的几点意见》，强调要把福州、泉州幼儿师范学校和厦门师范幼师班办好，并办好职业幼师班（当年有 152 班，在校生 6837 人），为农村和厂矿、机关、企事业单位幼儿园培养更多人才。这一政策使福建省第二代农村幼儿园教师的培养机构提升到中等幼师学校的层次。但是西藏学前教师教育机构起步较晚。截至 2012 年底，仅有五所学校可以培养幼儿园教师，分别是西藏民族学院、西藏大学、拉萨师范高等专科学校、日喀则职业技术学校及山南职业技术学校，且这些学校的实践课程都没有很好地落实。内地职业院校的西藏中职班或高职班的办学也存在一些问题。例如，培养方案与学生的需求不一致，内地西藏班的课程、教学、实习场所等都与西藏的文化情境相脱离等。[①]

2. 对教学生活变迁的影响

（1）童年经历和学校教育影响农村幼儿园教师的教学态度和信念

对三位来自不同种族和民族背景（亚裔美国人、非裔美国人和阿巴拉契亚）的农村职前教师的研究表明，早期生活经历中形成的种族和民族认同影响他们对科学教学的看法。[②] 学校教育影响农村幼儿园教师的性别文化观。调查表明，农村幼儿园女教师对于男女生的期望重点亦存在差异，希望女孩乖巧懂事，行为举止不大出格，能力强且可成为教师小帮手；希望男孩聪明主动。幼儿师范学校也往往以传统女性的形象来规训女学生，使一些"假小子"回归"淑女"的角色形象。"身体本身是被文化塑造的"[③]，教师的潜在性别意识影响教学行为，进而通过课堂机会的差异给予，再次强化了男女生既有的性格性别差异[④]，对传统的性别文化的再生产起到十分关键的作用。

---

① 李洋.内地西藏中职幼师生职业认同的归因分析及对策——以湖南民族职业学院为例 [J]. 西藏教育，2017(3)：52-55.

② Brand B R, Glasson G E.Crossing Cultural Borders into Science Teaching: Early Life Experiences, Racial and Ethnic Identities, and Beliefs about Diversity [J]. Journal of Research in Science Teaching, 2004(2): 119-141.

③ 沈奕斐.被建构的女性：当代社会性别理论 [M].上海：上海人民出版社，2005：150-151.

④ 张丹，德特黑.教育公平视角下的教师性别意识及认知差异——以上海市小学课堂为例 [J]. 全球教育展望，2018(8)：69-81.

（2）不同县域生活空间课程与教学特点不同

例如，20世纪70年代，长泰的红儿班知青教师基本上是教学自主，20世纪80年代，南靖则有较多教育现场会。那时候均以分科课程和集体教学为主。"文革"期间国家没有颁布有关幼儿教育的文件，"文革"初期也没有教师培训，但"文革"后期我国农村出现了大量各类幼儿园和红儿班，农村学前教育得到较快发展。那时，国家主要关心农业的发展，办红儿班的首要目的是"解放妇女劳动力，促进'农业学大寨'大干快上"[1]，对教育管理权限全面下放、实行民办公助的办学体制等政策，农村普及教育没有专业人员管理。[2] 正如林老师所说，那时候的教学"全部是在自己两只手上"。据有关文献，"福建省从1983年起每年都举行一次全省农村小学教育工作会议，有重点地组织参观、交流经验、研究讨论问题"[3]。从黄老师的回忆来看，南靖的汤坑村小学20世纪80年代开过现场会，汤坑村幼儿园也多次接待过参观、开过公开课，还曾经得到市妇联表彰。目前以区域活动为代表的活动课程和小组教学已在福建省的农村幼儿园得到普及，对幼儿学习行为观察记录与分析已受到重视。但是西藏的幼教管理更重视技能"优秀"及与小学衔接，忽视对幼儿的参与热情、成长轨迹的关注[4]，教师的教学也更重视读、写、算和幼儿技能的学习。

（3）乡镇资源条件和乡镇教育管理体制影响教学生活

第一，乡镇文化与经济发展制约教学条件和内容。不同乡镇经济发展不一，教学条件有别，各乡镇的幼儿园在课程与教学内容方面也会体现不同的乡土文化特点。调查的幼儿园位于福建省东部、西部、南部、北部和中部的八个乡镇。其中两所是闽东福安市的幼儿园，福安市是宁德市的下辖市，素有"中国中小电机之都""全国科技工作先进市"等称号，是闽东地区的重要经济中心。但两个乡镇的发展不平衡，一个镇以农业经济为主，一个以造船

---

① 龙海县紫泥公社妇联，教改组努力办好幼儿教育 . 为农业学大寨服务 [A]. 龙海市档案馆，全宗号214，卷宗号203，1975：122.

② 王慧，梁雯娟."文革"时期农村普及教育的发展及其历史认识 [J]. 内蒙古师范大学学报 (教育科学版)，2014(12)：1-4.

③ 傅宗弼 . 福建省农村教育整体改革的基本思路 [J]. 教育评论，1988(4)：38-43.

④ 姜盛祥 . 西藏地区学前教育发展路径选择的困境与出路 [J]. 西藏大学学报（社会科学版），2018(1)：200-206.

工业经济为主。闽西有"客家祖地"之称，客家文化氛围浓厚，本次主要到访连城县的乡镇幼儿园。调研教师所在镇是省级历史文化名乡，民风淳朴，客家文化氛围浓厚，镇上尚保留许多传统文化节日，如"二月二""采摘节"等，这些节日多有进入幼儿园的课程与教学。闽南主要到访漳州长泰县和泉州永春县的乡镇幼儿园，闽中主要到访三明市清流县的幼儿园。闽北到访南平市的农村幼儿园，其中一个教学点在采访后一年已并入镇中心园，乡村教学点班级和人数呈减少的趋势。

第二，城乡教学条件有别，乡镇小学的管理限制教师发展机会。调查所到的乡镇中心幼儿园 90% 以上都是新建，但是一些新建园的建设还是比较粗糙，达不到应有的标准。ML 说："班级里面只有电视……根本用不了 PPT。"YA 说："农村的话，就是有些是设备方面的问题……你想提高你的教学质量，跟城区那边的学校……这个首先起步点就不一样了。"另外，她也谈到幼儿园附属于小学，没有管理自主权，受制于小学。教师读书室、图书馆只有小学有，幼儿园需要的教学条件往往不被小学领导所理解。

3. 对职后培训生活变迁的影响

不同省份职后培训的内容与形式不一。例如，北京市 1958 年计划为农村教养员办"教养员之友"刊物和幼儿教育广播讲座，内容包括国内外大事、专业思想教育、幼儿园教材教法、设备和教具制作、卫生保健工作、先进人物和事迹等。[①] 同年，北京市还普遍为农村教养员开展了巡回辅导工作，内容包括培养重点幼儿园和举办短期培训班等。[②] 1960 年北京市为农村社队教养员计划了多样化的培训方式，如几天到半个月的短期培训班、3—6 个月的轮训班、业余学习的夜校和讲座，夜校的科目有社会主义教育、汉语拼音和教育教学方法。[③] 又如，山东省淄博市 1958 年的工读师范初级幼儿师范班为社队教养员计划的半工半读修业时间为三个月，课程设有共产主义教育、语文、

① 北京市教育局党组.市委、市人委关于举办"教养员之友"和幼儿教育广播讲座的批示 [Z].北京市档案馆藏，全宗号 153，目录号 4，卷宗号 2502，1958.

② 幼儿教育巡回辅导专卷（门头沟区和顺义区工作总结）[A].北京市档案馆藏，全宗号 153，目录号 4，卷宗号 2508，1958.

③ 延庆县文教局.关于农村幼儿园教养员培训意见 [A].北京市档案馆藏，全宗号 153，目录号 4，卷宗号 2531，1960.

算术、幼儿教育基础知识、工农业基础知识、体育和音乐七门课。[①]1960 年的短训班培训内容包括国际形势报告、发展幼儿教育适应工农业生产持续业绩的需要的报告、教学改革和幼儿（教育）基础知识。[②] 相比较而言，北京市职后培训的内容专业性更强，形式也更为多样。

　　生活空间也影响培训机会。从档案文件[③] 来看，20 世纪 80 年代，龙海县有比较健全的乡镇和村一级的组织机构来领导或指导农村幼儿园教师的发展。如角美镇"镇一级由学区行政领导、镇妇联会、幼儿教育辅导站成员组成领导小组"，"据点分五大片，由中心校长、据点所在地（村）妇联主任、学校幼教股、各幼儿园园长具体抓工作"。当时据点每逢双周进行教研听课活动，每学期一次互检，定期开展园际交流。培训对象有镇骨干教师、家教骨干等。当时石码人民公社还实现了民办园和公办园教师的城乡交流学习。[④] 尤其是石美幼儿园在 20 世纪 60—80 年代可以称得上是当地民办幼儿园教师培养的摇篮。同一个时期，长泰和南靖的农村幼儿园教师的职后培训机会则很少。

　　4. 对休闲文化生活变迁的影响

　　（1）地方文化事业、文化产业的发展为农村教师的休闲文化生活提供了可能

　　蔡老师和黄荷花老师在 20 世纪 60 年代有着大为不同的文化生活经历，这种差异与两村的地方文化不无关系，石美村文艺人才多，迎合了那个时代重视文艺的需求，幼儿文艺宣传队的成功促进了幼儿园的整体发展。据不完全统计，1969 年，龙海县 14 个公社有各种形式的毛泽东思想文艺宣传队 380 队，8371 人，有大队建立的、自然村建立的、小队建立的，有贫下中农毛泽东思想文艺宣传队、下乡上山知识青年毛泽东思想文艺宣传队。机关、学校、工厂建立的有 135 队，2825 人。当年元月 5—13 日参加会演的有 33 队，812

---

① 淄博市淄川区人民委员会. 淄博市淄川区关于举办区工读师范的工作计划（草案）[A]. 淄博市档案馆藏，全宗号 2，目录号 1，卷宗号 93，1958.

② 淄博市淄川区人民委员会. 淄川区文教科关于举办教养员短期训练班学习情况总结 [A]. 淄博市档案馆藏，全宗号 2，目录号 1，卷宗号 170，1960.

③ 角美镇幼儿教育辅导站 1986 年工作总结 [A]. 龙海市档案馆，全宗号 220，卷宗号 410，1987：131.

④ 石码人民公社关于更改幼儿园名称和调整公民办幼儿园教养员的报告 [A]. 龙海市档案馆，全宗号 222，卷宗号 263，1966：87.

人，演出节目 320 个，其中自编节目 170 个。① 当时石美大队毛泽东思想文艺宣传队也非常有名，石美幼儿园宣传队的老师和孩子也常常与大队宣传队合作演出，节目的形式有小型剧目、歌舞、演唱、曲艺（快板、对口词、锣鼓词、三句半）等各种类型，内容为工农民服务，为社会主义服务，强调"生产劳动不忘宣传毛泽东思想，宣传毛泽东思想促进生产劳动"，排练和演出"不占用劳动时间、不拿工分补贴"。② 这些表演在客观上提升了农村教师的文学艺术修养，但也增加了农村教师的工作负担，减少了他们的个人休闲时间以及与家人团聚的时间。又如，西藏自治区昌都市丁青县为热巴舞之乡，昌都市边坝县为边坝格萨尔说唱之乡，昌都市江达县为岗托藏戏之乡。《昌都市国民经济和社会发展第十四个五年规划和二○三五年远景目标纲要》中提出：落实"美丽西藏、可爱家乡"优秀文化产品乡村供给工程，强化"丁青热巴""昌都锅庄""芒康弦子""岗托藏戏"等非物质文化遗产保护和传承等。③ 这促进了优秀民间文化艺术进入农村幼儿园师生的生活。

（2）主题文化活动与节庆活动丰富了农村幼儿园教师的文化生活

例如，昌都市的文化科技卫生"三下乡"活动在俄洛镇小学举行，内容包括文艺会演、书法宣传、健康义诊、科普大篷车下乡宣传等。④ 边坝县每年举行新时代文明实践活动"庆祝 3·28 西藏百万农奴解放纪念日"文艺演出，⑤ 每个乡镇中心小学都举办相应的文艺会演庆祝活动，还组织学生参加感党恩、跟党走，红领巾心向党活动，加强学生爱国主义教育、民族团结教育和感恩教育。

---

① 关于举办毛泽东思想文艺宣传队会演的补充通知 [A]. 龙海市档案馆，全宗号 149，卷宗号 47，1968：33.

② 一支战斗在农村三大革命运动中的文艺尖兵——龙海县角美公社石美大队毛泽东思想文艺宣传队 [A]. 龙海市档案馆，全宗号 149，卷宗号 52，1970：34.

③ 昌都市国民经济和社会发展第十四个五年规划和二○三五年远景目标纲要 [EB/OL].(2021-08-26)[2022-07-15] http://www.changdu.gov.cn/cdrmzf/c100355/202108/c56bbd34b5f24425bc68ff5bd53a9e27.shtml#_Toc1746528587.

④ 文化科技卫生"三下乡"集中示范活动 [EB/OL].(2022-02-26)[2022-07-15]https://new.qq.com/rain/a/20220226A048ZY00.

⑤ 边坝县新时代文明实践活动之"庆祝 3·28 西藏百万农奴解放纪念日"文艺演出 [EB/OL].(2021-03-29) [2022-07-15]http://bianba.changdu.gov.cn/bbxrmzf/c105702/202103/d567a2519eed4ba39f4a4d9f464217b6.shtml.

（3）不同地区和不同级别的幼儿园文化环境差异较大

调查发现，幼儿园文化建设在同一个省份内有很大差别，幼儿园级别越高，文化建设越完善。例如，闽南地区的 XY 老师的幼儿园是市级示范性幼儿园，订有《学前教育研究》《幼儿教育》等十余种专业刊物，每种订 18 本，按照市级示范性幼儿园评估的要求，每个班级和办公室都有。但是有的幼儿园图书室里没有教师可以看的书刊，教师想要找专业期刊却求之不得。闽北的 QY 老师所在的村小附设学前班则没有相关的条件，她说："有时候……要写论文，不知道去哪里找相关的那种期刊。"

（二）生活空间变迁对职业认同变迁的影响

1. 规范的教师教育尤其是实习经历促进职业认同

职前职后农村教师教育与农村教师的核心素质形成密切相关。调查发现，新生代教师的专业实习经历促进了他们的职业认同。内地西藏幼师班的同学通过在幼儿园的教育实习体会到了作为一名幼儿园教师的自豪感、责任感和奉献精神，增强了职业认同，他们非常乐意陪同幼儿一起活动。[1] 但是内地职业院校的西藏班教师不懂双语教学，影响了学生的学习效果，阻碍了学生专业素养的全面发展和正确的职业认同的形成。[2] 从对农村幼儿园教师的访谈来看，他们谈及的课程都是专业技能技巧课，县幼儿园组织的教师的比赛也仅仅是手工制作。可见，他们对幼儿园教师角色的任务理解是不全面的。从西藏大学学前教育大专班毕业的一位男教师谈到他的实习经历时说，实习学校安排他教小学的课程，他毕业后也想做小学教师。虽然教师招考。他只能考学前教育，但如果考过了，他要做小学教师。因为是在小学实习的，他完全没有形成幼儿园教师的职业认同。

2. 乡村文化是农村教师们乡土情怀、集体精神滋养的土壤

地方的文化凝结着一定地域的人们的生活方式和集体人格。"每一个地方

---

① 彭妹.顶岗实习对内地西藏幼师生专业素质的影响——以湖南民族职业学院为例 [J].科教导刊（电子版），2019(22)：28-29.

② 李洋.内地西藏中职幼师生职业认同的归因分析及对策——以湖南民族职业学院为例 [J].西藏教育，2017(3)：52-55.

代表的是一整套的文化。它不仅表明你住在哪儿，你来自何方，而且说明你是谁。"①良好的乡村文化为乡村教师营造尊师重教的氛围，推动乡村教师社会地位的提升，可以成为他们乡土情怀、集体精神滋养的土壤，它对乡村教师职业认同的影响往往强于个人内部心理因素。1956年，在全国第一届人大第三次会议通过的《高级农业生产合作社示范章程》第一次提出了"建设社会主义新农村"的奋斗目标以后，党和国家一直号召为实现这一目标而奋斗，但不同时期建设社会主义新农村的政策导向不一样。1976年以前注重集体化建设，改革开放后倡导发展小城镇工业，1990年后开始全面建设小康村。2005年，党的十六届五中全会提出以"生产发展、生活宽裕、乡风文明、村容整洁、管理民主"为主要内容的新农村建设思想。因此，农村文化主题也经历了政治文化、市场文化、多元文化三个阶段，农村的传统文化从繁荣走向衰落到如今又开始复兴，三代教师的职业认同也经历了从坚定到动摇再到安心的变化。三代教师中，生长于乡村、家里的长辈或配偶是农民、浸润在乡村文化之中，被礼仪、互助、为公、爱劳动的乡土文化所滋养的教师，往往成长为农村的优秀教师，持续承诺较强，能够体验到乡村生活空间良好的社会心理环境和优势，能看到"农村的广阔天地"就是幼儿园得天独厚的资源（在笔者的一次问卷调查中，至少有117位教师对开放题的回答符合这一论断）。他们认为：农村幼儿园的"人际关系宽松和谐""同事相处融洽"；自然环境和谐宁静、山清水秀，"有新鲜的农家菜"；可以"与孩子同乐，利用本土资源，共同沉浸在乡村教学"；农村家长"更淳朴善良""通情达理"；孩子们"更懂事""不娇惯"，因而"与他们相处容易获得幸福感"，有的说："看着孩子们一天天、一年年健康地成长，曾经的挫折、委屈、苦累和辛苦都会化作浓浓的自豪和幸福。"其他研究也发现，乡土情怀，乡村学校稳定的事业编制和作为乡村教师带来的职业幸福感，吸引着新生代乡村教师坚守岗位。②

3. 合作的教师文化促进乡村幼儿园教师职业认同

幼儿园的组织文化是教师职业认同的重要影响因素。第一次访谈Z老师

---

① 克朗. 文化地理学 [M]. 杨淑华，等，译. 南京：南京大学出版社，2003：5.
② 李甜甜. 新生代乡村教师离职研究 [D]. 武汉：武汉理工大学，2020.

时，F园管理松散，她认为，"有时很不能接受现状"，"自己的潜能发挥不出来……不管你做得好，做不好，没有人陪你，引领你……有时候感觉挺吃力的"。因此如果有机会，她希望改行。但第二次访谈时她的态度意外地有了180度的转弯，愿意"静下心来与孩子一起慢慢成长"，"打算继续深造学前教育本科学历"。她说："这学期我们幼儿园的老师都拧成一股绳，每天中午都在加班，大家聚在一起边谈心边工作。"老师从单干变得配合默契，园长由"很少出现"变成"积极带头"。她把这种变化归结于"书"，她说："读书，真的可以影响一个人，甚至一群人。今年看了很多书，思想上都有很大的触动。"这些读书活动是由"上面"推动的。原来的"松散"状态是由于新成立的"高新区"组织机构不完备，无人管理。现在，幼儿园重新划归原来的区，区教育局组织了读书活动，平时也有指导。镇政府组织了首届读书活动，请名师做报告"做一名有影响力的教师"，大家共读一本书《阅读，让教师遇见更好的自己》……可以看出，有组织、有意义的专业生活大大增强了教师的职业认同。而小型学校常因只有一位教师而阻碍职业认同。国外研究发现阻碍农村学校教师的身份认同的因素包括小型学校专业学习机会少、资源不足、情感上的孤立感、职前教育准备缺乏等。澳大利亚吉布斯（Walker-Gibbs）等对两所小型乡村学校的三名初任教师的个案研究发现，农村初任教师的职业认同受到专业学习机会、资源获取、社区内的孤立和被关注度、职前教育经验等因素的影响。[1]南非和澳大利亚的研究也发现农村教师因学校只有一两位教师而感到专业孤立[2]或"课程孤独"（curriculum loneliness），以及城乡资源分配不公、所教非所学、没有被倾听和尊重等问题[3]，美国得克萨斯州农村低流动率地区的教师感受到更多的组织支持，有更强的组织承诺。小学附属幼儿园园长和教师也常常体验到幼儿园的"弱势地位"，找不到归属感。

[1]　Walker-Gibbs B, Ludecke M, Kline J. Pedagogy of the Rural as a Lens for Understanding Beginning Teachers'Identity and Positionings in Rural Schools(Article)[J]. Pedagogy, Culture and Society, 2018(2): 301-314.

[2]　Taole M J. Multi-grade Teaching: A Daunting Challenge for Rural Teachers[J]. Studies of Tribes and Tribals, 2014(1): 95-102.

[3]　Hernán C. Enlarging the Social Justice Agenda in Education: An Analysis of Rural Teachers'Narratives Beyond the Distributive Dimension[J]. Asia-Pacific Journal of Teacher Education, 2012(2): 83-95.

4.物质环境尤其是经济地位影响教师的职业幸福感和持续承诺

龙海县在 20 世纪 60 年代就提出"对于教养员的工资或工分待遇的评定，应不低于或稍高于当地一般劳力的标准"[①]。福安县教师经济地位在宁德市各区县中是最高的，县里的造船业从 2000 年开始"辉煌"，为该县的发展提供了良好的物质基础。2008 年，新县长很重视教育，连续给教师加了两次工资，F 老师的工资"从 700 多元加到 1600 多元"，增强了她的职业幸福感。娟子老师也说，近几年她的收入已比县城的同龄同级别的教师多出 1000 元。不过，福建省经济发展好的乡镇居民的收入仍超过乡镇老师。程猛对安徽北部、三县交界的一个偏僻村庄的研究发现，三代农村教师的工资收入的提升速度赶不上同一个村青壮年农民的收入的提升速度，第一代教师 1958 年年收入为农民的 9 倍，第二代教师 1988 年年收入为农民的 1.5 倍，第三代教师 2017 年年收入为农民工的 1.06 倍。

三、社交圈的人际互动

社会性是人的本质属性，涉及个人所处的群体和人际状况，包括现实生活的人际交往，也包括在网络世界中的人际互动。农村幼儿园教师的社交圈决定了其精神生活的实现渠道和可能水平。根据农村社会关系[②]相关研究，与农村幼儿园教师精神生活相关的人际圈主要为地缘、血缘、学缘、业缘四种，这些人际圈的影响往往体现为关键他人的影响。

（一）社交圈对文化生活变迁的影响

1. 对职前教育生活变迁的影响

学前教育专业毕业的农村公办园教师因学缘关系而在职前教育阶段有了更高质量的专业文化生活。闽南的白老师认为读幼师时对她影响最大的是班主任。班主任对她严格又关爱，在琴法方法上很严格，生活上很关爱。闽西

---

① 龙海县人民委员会关于幼儿教育巩固发展的几点通知 [A]. 龙海市档案馆，全宗号 190，卷宗号 91，1963：30.
② 赵文杰 . 治理现代化视阈下的农村社会关系分类研究 [J]. 山东农业大学学报（社会科学版），2018(2)：1-8.

的 XQ 说对她影响最大的是读职高时的英语老师。因为 XQ 要靠自己打工赚学费，她的英语老师便在周末义务给她补习。而闽中的 XC 说对自己影响最大的是初中数学老师。数学老师对学生很温柔，后来建议她考幼师专业。闽南的 WJ 认为读师范时的一个专业老师对她影响最大，让她认识到人生要积极乐观，要做一些未来规划，要坚持学习等，那个老师后来考上研究生调走了。闽东的 YA 认为大学对自己影响最大的是钢琴老师，自己在钢琴课上投入的精力比较多。其次是教法课老师，结合教学技能对 YA 进行了详细的面试指导。对男教师 H 影响最大的则是大学的男教师，包括儿童心理学教师。老师们鼓励他自己创业办园等。其次是见习时的实践指导教师，对 H 职业认同的形成非常关键。

2. 对教学生活变迁的影响

从业缘关系来看，在"人民教育人民办"的年代，优秀辅导员对农村幼儿教育的普及与发展起到了重要作用。调查发现，闽中永安市的一些乡镇中心幼儿园仍然小学化严重；同是闽南地区的龙海市（现改为区），有些乡镇到 20 世纪 90 年代仍然是小学化的教学，每天像小学一样上几节课，而石美幼儿园 20 世纪 80 年代末期开始做区域，"语言区、数学区、商店、医院、娃娃家都有"，"也在尝试综合教育"。可以说，石美幼儿园能成为农村示范性幼儿园，获得比其他园更多的文化生活资源，一个重要的原因在于蔡美君老师的努力。她指导老师编排文艺宣传节目、制作教玩具，她带领幼儿园教师进行综合教育改革，亲自开公开课等，对全园教师的教学生活产生深刻影响，也引来国内外如潮的参观者和学习者，使石美幼儿园成了当时当地农村幼儿园教师的重要培训基地，也获得了各级领导的关注与肯定。美珍老师和春华老师至今仍然崇拜蔡老师。

荷花老师说对自己影响最大的人是老园长。1961 年，荷花老师刚工作时，老园长教了她非常多。20 世纪 80 年代，她在教学上被下乡蹲点干部表扬，蹲点干部还带着小学校长去听课，这对荷花老师后来有机会在教育现场会上进行公开课展示有直接影响。1949 年，新中国成立后，就开始下派工作队或干部到农村基层，去领导和指导农村工作，促进乡村的发展。自 1986 年开始，干部下乡的主要任务是党建扶贫。[①] "文革"结束后的一段时间，南靖县委派局级领导带工作队进驻汤坑村，镇党委书记兼任汤坑村支部书记。[②] 下乡干部的肯定、乡镇书记和各级妇联的关心也增强了荷花的工作热情和感恩之心。

对于第三代教师而言，影响教学生活的关键人物可能是跟岗培训时的师傅，也可能是下乡支教的师傅等。闽西的 XF 说，对她影响最大的一件事是跟岗时学会了如何制作安全的教玩具，比如矿泉水瓶的边用透明胶裹一层，而她以前完全没有这样的安全意识。闽北的 QY 说市里每一届下乡支教的教师对她的"影响都挺大"，老师"都很好"，常给她点评，有个老师还送了她很多专业书籍。闽南的 H 园长的游戏课程化改革也几乎完全依赖下乡支教教师的指导。

3. 对职后培训生活变迁的影响

农村优秀教师、社队干部、农村学区管理者等都影响农村幼儿园教师的职后培训生活。1961—1981 年，为配合"农业学大寨、工业学大庆"运动，各级妇联参与了对"文革"初期受到冲击的城乡托幼组织的恢复和整建工作。[③] 在这期间，国家几乎没有发布关于学前教育的文件，农村学前教育的发展主要借力于国家的政治和经济方面的政策的推动。这一时期农村幼儿园的优秀教师主动承担了培训任务，园本培训十分盛行，对于那个时候普遍非专业出身的农村幼儿园教师的入门起到关键作用。此外，林老师说："我的命运也是不错的，关键的时候总是有贵人相助。"知青时期她生病大约半年后，生产队和大队都推荐她去龙溪师范培训。第二代被访园长普遍反映农村学区管理体制对乡镇中心幼儿园教师专业成长的不作为，地缘组织阻碍了农村幼儿园教师的专业培训机会的获得。民办园教师对参加"三科"（学前儿童教育学、心理学和卫生学）培训时的老师印象很深。艾老师说对自己考上民师班影响最大的是她的爱人，是他把泉州幼师面向农村招生的消息告诉她。

---

① 朱晓瑜. 干部下乡：打通政策执行最后一公里 [D]. 武汉：华中师范大学，2018.

② 杨亚文. 牢记党的宗旨 密切党群关系——南靖县汤坑村党支部的历史经验 [J]. 福建党史月刊，1990(10)：11-13.

③ 李乾坤. 妇联参与社会治理的历史进程及经验研究 [D]. 长春：东北师范大学，2019.

4. 对休闲文化生活变迁的影响

第一代农村幼儿教师中，美珍老师认为她的小学老师蔡美君对她影响最大，无论是在教师素质还是文艺素质的提升上。在她小时候，蔡老师亲自上门动员她妈妈允许她背着弟弟上小学。后来蔡老师组织石美小学文艺宣传队，在 20 世纪 60 年代开排文艺节目，美珍老师是重要队员；70 年代，蔡老师再组织幼儿文艺宣传队，美珍成为蔡老师的同事，两人合作排节目，美珍负责舞蹈动作编排，蔡老师负责感情的润色。美珍老师说："我出架子，整个节目给她……她就去细教。"美珍老师文艺生活中的另一个关键人物是黄老师，现为漳州市舞蹈家协会主席。美珍老师与黄老师于 1976 年去省里表演节目时相识，当时黄老师负责带队，给舞蹈代表队排了一个高山族的舞蹈。在福州的一个月，美珍老师与她同住。美珍老师回忆自己排节目的过程："好像我要排一个节目，她就帮我创造这个节目要怎么出台，你这个歌词是表演什么的，要什么动作才好，基本动作要几个。我们慢慢地切磋，我把要求说给她听，我们两个合作……排一个《草原小姐妹》，我去了好多次。如果我自己想不出来的话就去请教她，她会帮助我设计……先自己学好了，还要跳给蔡老师看，她说可以才可以去教小朋友，她说'不行！不行！这个动作不好，再想'，那你还要自己再去琢磨。"

第三代教师中，闽南的 J 作为年轻的园长尝试把专业培训结合到老师的娱乐生活当中，把"三大游戏"培训与教师的旅游结合，组织教师业余时间学习书法、音乐游戏和插花技能等，丰富了全园教师的休闲文化生活。闽中的 XC 在入编前就回到家乡的幼儿园代课，在园长的指导下考入编制。园长对她影响很大，无论是专业文化生活，还是休闲文化生活。2018 年，园长带领教师取得了县广场舞比赛第一名，并被推荐参加市里的比赛；2019 年，教育局又点名他们幼儿园教师参赛。XC 说园长"很厉害""会排舞"，镇政府的活动也是邀请她负责编排舞蹈节目和健身操等节目。暑假举行采摘节，幼儿园教师也参加了表演，并穿上民族服装担任礼仪小姐。应该说一个有能力的园长对全园教师的休闲文化的质量提升非常关键。

（二）社交圈对职业认同变迁的影响

人际环境是精神环境的重要组成部分。对于幼儿园教师来说，他们需要与其他隶属于该场域的工作者合作、交流、分享，只有感到被该群体包容才会使个体减少失落感和孤离感[①]。河南省 20 世纪 80 年代入职的崔秀珍老师在访谈中几次提到了领导的认可。"只要问校长，对我评价都可高。哪个校长都是。"自豪感溢于言表。她得到的奖状摞起来有"几尺厚"。学生家长的认可和亲近更让她成就感满满。XY、J 则更多感恩父辈、祖辈的影响，她们的长辈在当地都比较有名望，小时候她们家里也有一定的文化氛围，XY 的父母都希望她们把工作干好，J 说祖父的为人处世对她影响很大，包括尊老爱幼、孝心、乐善好施等。第三代被访教师们还不约而同地提到了园内精神环境的重要性。多数教师都因拥有融洽、和谐的同事关系，而在工作中保持轻松、愉快的状态。尤其是 XC，多次提到了园长对她的影响。XC 入编选岗时是有机会留在县城幼儿园的，但她还是选择回到原来代课的乡镇幼儿园，关键的原因是该园园长曾在多方面帮助她、指导她，因而她是"奔着园长回来的"。

但是 P 和 XJ 同时提到了工作很"心累"。P 老师是三年来唯一一个进入该园的新教师，她时常感觉自己无法融进既有的集体；在她询问工作问题时，老教师总顾左右而言他，不置可否。这是导致 P 老师胜任效能感低的一个重要影响因素。XJ 老师也感受到园内有着明显的新老教师群体划分，且新教师需要独自承担大部分班级工作。她们无法融入集体，得不到专业上的提升，感到茫然和挫败，情感归属、投入意愿、持续承诺的得分都比较低。

四、自我的主体能动性

自我是精神生活品质的最直接决定者。生命哲学主张精神自治是生命存在的样式，只有用主体性和精神性来定义生命才能揭示其存在的真谛。格林认为，当人们感觉到自己受限于个人过去的历史、以往的生活时，都会寻求

---

① 刘胜男，赵新亮 . 新生代乡村教师缘何离职——组织嵌入理论视角的阐释 [J]. 教育发展研究，2017(Z2)：78-83.

自我超越。① 笔者发现，在同样的大环境中，自我的主观能动性、个性倾向性、文化程度等是农村幼儿园教师整体精神生活品质的最终决定因素，高质量、丰富的文化生活就在教师自己的手中。

（一）主体能动性等对文化生活变迁的影响

1. 对职前教育生活变迁的影响

主观能动性是职前教育生活质量的直接决定因素。第一代教师中的蔡老师是主动由小学教师转为幼儿园教师的，学前教育的专业素养都靠自学养成，黄老师的专业知识也主要靠自学。第二代教师中的白老师是自己向家长努力争取而获得上学机会的。第三代教师中的 XQ 的父母没有能力支持她读书，她自己利用寒暑假的时间打工赚取读技校的学费和生活费。

此外，个人文化基础也影响中专或大专阶段专业学习的质量。调查发现，西藏义务教育阶段的学生存在非连续就学的问题。有一段时间西藏在招录职高生时，无论其是否接受义务教育都可以直接入学。笔者访谈的 10 位乡镇幼儿园教师中没有受过完整义务教育的公益教师占了 50%。他们因文化基础较弱，在职高阶段的学习效果是比较差的，有的对普通的汉语儿歌的理解都有困难。好在 2009 年，西藏全区 74 个县全部实现了"普九"，青壮年文盲率降低到 1.8%。②

2. 对教学生活变迁的影响

黄荷花老师的一生让我们看到，个体的能动性发挥着相当重要的作用。她在没有被安排的情况下主动请求做幼儿园教师，没有条件她创造条件，在没有场地、桌椅、教材的情况下办起了幼儿园（班）。祠堂、戏台、家里、放牛的地方都可以当学校，她边教学边争取条件完善。她认为"只要有责任心不管有多难、不管难到什么程度，都能成功"。对崔秀珍老师来说，耐心、爱心、开朗豁达等性格特点也是她能够辛苦而开心地做一辈子低年级民办农村教师的重要原因。

---

① 张玉敏. 对一则 BBS 帖的研究——幼儿园教师职业倦怠成因分析 [J]. 学前教育研究，2004(4)：59.

② 世界屋脊上竖起举世瞩目的教育丰碑——西藏自治区"两基"攻坚综述 [J]. 西藏教育，2011(1)：46-49.

3.对职后培训生活变迁的影响

一个主动的人也能够提升自己职后培训生活的质量。第三代教师中，XY老师喜欢做一个有目标、有准备的人，一直向前走，不会在原地停止不前。她在工作、家庭和个人方面均有规划，平时爱研究写作。2011年，到武夷山参加学前教育研究会社会领域研讨会的机会就是她平时积极准备的结果。她积极投稿参加会议论文评比并获得优秀奖，教育局的领导说："既然全漳浦就你一个人得奖，那你去吧。"她的主动研究为她融入农村社区、赢得家长赞誉、参加全国学术会议，从而获得高品质的文化生活创造了机遇，也为担任园长做好了准备。

4.对休闲文化生活变迁的影响

农村幼儿园教师主动参与乡村文化创造提升了自身的休闲文化生活质量。20世纪六七十年代的文化生活内容比八九十年代及以后的要贫乏许多，20世纪八九十年代的文化生活内容又比21世纪的文化生活内容贫乏。但教师的精神生活质量不是与乡村或乡镇本身文化活动内容的多寡成正比，而在于农村幼儿园教师是否能够主动参与到乡村文化的创造中。20世纪90年代前，乡村幼儿园教师自身的文化生活内容虽然贫乏，但她们是乡村文化的重要参与者与建设者。如蔡老师指导、美珍老师参与的石美大队的文艺宣传队创编的节目名动一时，黄老师带领幼儿表演的节目成为每年大队春节文化娱乐活动的重要内容。她们都能够从无到有，创造新的文化生活。对乡镇和乡村文化活动的主动参与带给乡村幼儿园教师极大的成就感和满足感，扩大了她们在当地的影响力，使她们赢得更多家长的尊重与认同，提升了她们在当地的社会地位，从而提升了她们的精神生活质量。她们在后来社会娱乐化的大潮中也未改变自己，闲暇时间仍然坚持工作或学习，保持了国家主流文化所倡导的奉献精神和责任感。

（二）个人特质与经历对职业认同变迁的影响

1.专业性向是影响持续承诺的决定性因素

喜欢幼儿的农村幼儿园教师更能体会到工作的快乐与幸福感。英语中

"性向"叫 aptitude，意思是自然倾向、天资、能力倾向、癖性、爱好等。心理学理论表明，对某种职业的特殊潜在能力叫特殊性向[①]，这种特殊性向表现在职业中被称为专业性向或职业性向。"教师专业性向是适合教育工作的人格特征和成功从事教育工作的基本能力，包括心灵的敏感性，爱的品质，交流、沟通的意愿，对教育工作的兴趣等人格特征和语言表达能力、交流沟通能力、逻辑思维能力等基本能力在内的职业品质。"[②] 霍兰德（Holland）人格类型理论认为个人的兴趣组型即是人格组型，当兴趣指向与职业有关的活动时，就称为职业兴趣。人们倾向于选择与自我兴趣性向相匹配的职业。[③] 笔者在一次问卷调查中也发现"对幼教职业的喜爱程度"对农村幼儿园教师继续从教意愿具有主导作用。[④] 国内对中小学教师留教意愿的量化研究较少关注人格特质的影响，只有个别对新教师的访谈研究发现是否喜欢教师行业是影响其从教态度的重要内因。[⑤] 例如，蔡老师的职业认同源于对专业的热爱。作为有编制的正式小学教师，蔡老师主动要求办幼儿园，当一名幼儿园教师，她更喜欢天使般的幼儿，坚信"哪里有可爱的孩子，哪里就有她的事业"，"不管是平静的岁月，还是十年动乱时期"，蔡美君老师始终坚持在农村幼儿园教育的田地上耕耘，可见她具有从事学前教育的专业性向。从蔡老师所取得的多方面成就来看，她也同样具有比较全面的人文与艺术素养以及专业能力。笔者前期的问卷调查也证实了专业性向对继续从教意愿的影响。当问到"您为什么选择成为一名幼儿园教师"时，回答最多的是"喜欢孩子""喜欢和孩子们玩耍""喜欢看孩子们纯真的笑脸""喜欢听孩子们的童言无忌"……；其次是"喜欢幼儿园教师的职业""成为一名幼师是从小的梦想"，也有的"一开始是想着先就业再择业，教着教着喜欢上了"；或因为"从小喜欢文艺""喜欢唱歌跳舞""喜欢手工画画弹琴""有耐心、爱心、责任心"等而选择了幼师职业。这些人都认为"自己比较适合这个职业"，而且也认为幼儿园教师是"崇高的职业""光

①　朱智贤.心理学大词典 [M]. 北京：北京师范大学出版社，1989：802.

②　吴秋芬.教师专业性向的内涵及其特征 [J]. 中国教育学刊，2008(2)：37-40.

③　Holland N N.Holland's Guide to Psychoanalytic Psychology and Literature-and-Psychology[M]. New York: Oxford University Press, 1994: 62-63.

④　李云淑.农村幼儿园教师继续从教意愿及其影响因素 [J]. 学前教育研究，2018(1)：36-48.

⑤　刘瑞霞.新入职教师从教意愿之质化研究 [D]. 兰州：西北师范大学，2013.

荣的职业""有活力的职业"。这些回答可以看出职业认同感强的教师表现出相应的教师专业性向，他们具备对孩子的敏感性，爱的品质，与孩子交流、沟通的意愿，专业技能突出等特点。而职业适应性较差的教师常感如履薄冰，职业认同感也较弱。

德国一项最新调查研究也发现"成功的教师的关键因素是拥有合适的人格特质"[1]。被访新生代教师中，有的相信命运与个人的性格及自己是否努力相关。有的把命运归因于客观因素，认为命运和家庭、运气、外貌、婚姻等有关，没有看到自身努力的作用。有学者将教师职业价值观由低到高划分为生存型教师、享受型教师和发展型教师三个层次。[2]但这三个层次并非稳定地循序渐进，有的教师可能会停留在某一层次不再前进，而有的教师则会随着个人的成长逐渐发展到更高的层次。

2.心理弹性是留住教师的关键因素

农村幼儿园教师心理资本、情绪调节、自我效能感与工作投入均呈显著正相关[3]，心理弹性（resilience）是帮助农村教师有效应对各种挑战从而留住教师的关键因素[4]，农村教师心理弹性具有八个主题或特征：坚定承诺、享受变化、乐观倾向、灵活的控制点、控制事件的能力（自主）、道德和精神支持（或宗教信仰）、积极的关系、重视教育。[5]坚定承诺意味着愿意一直致力于从事农村幼教工作，它需要真正喜欢这个行业的人才有可能做到；享受变化和控制事件的能力等则是优秀农村教师所需的其他心理倾向，道德和精神支持意味着要有信仰，乐观倾向和积极的关系则总体表现为成就感或效能

① 段晓明.国际教师专业标准改革的新趋势 [J].教育发展研究，2011(2)：81-83.

② 张凤琴.教师职业价值观——教师职业发展的内在动因 [J].内蒙古师范大学学报（教育科学版），2004(3)：64-66.

③ 刘锦涛，周爱保.心理资本对农村幼儿园教师工作投入的影响：情绪调节自我效能感的中介作用 [J].中国临床心理学杂志，2016(6)：1069-1073.

④ Taylor J L. The Teaching Experiences of African American Women Before, During, and After Desegregation in the Rural South: A Narrative Inquiry Through the Lens of Resilience and Black Feminist Theory[D]. Sam Houston State University, 2009; Castro A J, Kelly J, Shih M. Resilience Strategies for New Teachers in High-Needs Areas[J]. Teaching and Teacher Education, 2010(3): 622-629.

⑤ Polidore E, Edmonson S L, Slate J R. Teaching Experiences of African American Educators in the Rural South[J]. Qualitative Report, 2010(3): 568-599.

感等。

此外，转岗教师职业承诺更低。国外的研究发现，有 17 所农村学校转岗教师占近半，他们的教师资格证与所教学科不一致（out-of-field teachers），这些教师离职可能性更大。[①] 农村教师通过"文化适切的教学"则可以获得成功体验，加强身份认同。

[①]　Sharplin E D. Reconceptualising Out-of-Field Teaching: Experiences of Rural Teachers in Western Australia[J]. Educational Research, 2014(1): 97-110.

第十二章　对当前农村幼儿园教师精神生活质量
　　　　　提升路径的思考

　　农村教师精神生活的变迁是国家制度、社区空间、社交圈和自我各因素多维互动的结果。制度的历史变迁决定教师精神生活变迁的方向，生活空间地方文化的变迁调节着教师精神生活的内容与方式，社交圈尤其是管理者是教师精神生活的重要支持条件，自我是文化生活品质的最直接决定者。农村幼儿园教师的成功主要有两种决定性因素：一是个人的人格特质，二是环境的支持，如家人的支持、单位的支持、社区的支持、国家政策的支持等。例如，制度为乡村教师身份认同提供政策保障，乡村文化为乡村教师营造良好的尊师重教氛围，学校管理为乡村教师提供充满幸福感的工作环境，乡村教师自身提升乡村责任感与归属感及综合利用乡村教育多种资源全面育人的能力。[①]因此，农村教师的精神生活质量的提升需要国家和地方政府、教师教育机构、幼儿园、社会力量和农村教师个人等各方因素的共同努力。我们需要关注如何提升农村幼儿园教师生活的整体幸福感、培养农村幼儿园教师农村从教的核心素质、讲好农村幼儿园教师的故事。从提升农村幼儿园女教师精神生活质量的视角来看，应在入学机会和教育过程中实现男女公平竞争，提升女教师的经济地位，关注女教师尤其是单亲女教师的双重负担问题，关注多元气质农村女教师的培养，加强两性平等教育，增强农村幼儿园和农村社区双向互动，实现学前教育质量与新农村建设的双赢。从提升男教师的精神生活质量的视角来看，应关注男幼师职业兴趣研究，促进个人与环境的双向良性互

---

① 赵鑫，谢小蓉.从"在乡村从教"到"为乡村而教"：我国乡村教师身份认同研究的进展及走向 [J].当代教育与文化，2020(1)：83-89.

动，外部环境的支持应与男教师职业兴趣相匹配，并能化解其心理危机。此外，提高民族地区农村幼儿园教师精神生活质量需要在民族地区实现编内幼儿园教师和编外幼儿园教师"同工同酬"，完善职前教师教育人才培养模式及课程体系。

一、农村幼儿园教师精神生活质量提升路径的思考

应树立提升农村教师生活整体幸福感的教师队伍建设理念。通过选拔、职前培养、职后培训一体化实现农村教师乡土情怀、乡村教学价值观或信念、"文化适切的教学"知识与能力等核心素质的培养。关注农村优秀教师的研究和宣传。包括运用叙事研究提升研究者和教师自我成长的能力；通过农村教师研究为农村教师教育改革提供决策服务；讲好优秀农村幼儿园教师的成长故事，为当代师范生尤其是免费师范生和农村幼儿园教师提供人生榜样，促进职前教师和在职教师的职业认同。

（一）教师队伍建设理念：提升农村教师生活的整体幸福感

应帮助农村教师在物质与精神两方面创造条件过上"优雅的生活"，在工作、家庭与个人发展的平衡中实现"三美"人生，在专业文化生活与休闲文化生活交融中增进整体幸福感。

1. 在物质与精神两方面创造条件让乡村教师过上"优雅的生活"

（1）关注物质需求与精神需求的同等满足

在一个价值多元的时代，需要打破传统的义利二元对立且片面强调义务伦理的思维模式，因为"这种伦理在本质上是与自由、平等、幸福等这些人类的基本理想相悖的"[①]。我们需要考虑道德义务与道德主体基本权利之间的平衡。既不片面强调精神的追求，也不反对适当的世俗化需求，而提倡一种二者平衡的优雅生活。"只有物质和精神上都富有，才能协调好人与人、人与自

---

① 夏洁.我国道德生活领域"知行分裂"现象解读 [J]. 兰州学刊，2004(6)：79-83.

然、身与心之间的关系，有利于个人与社会的全面发展。"[1] 因此，对于教师的道德要求不能过于神圣化、崇高化、英雄化，当今教师形象不应该总是吃苦在前、享乐在后，甘于奉献的形象，乡村教师在奉献事业的同时也需要过上体面的个人生活。教师主观体验到社会与家长的尊重以及社会的公平等有助于促进职业承诺。[2] 笔者发现，农村幼儿园教师的经济收入已经远远低于经济较发达地区的乡镇居民，影响了教师的社会地位。国家政策应保障乡村教师的经济收入不低于当地居民的平均水平，从物质和精神环境两方面创造条件让乡村教师尽可能地拥有一个优雅美好的人生，尤其要提高乡村公办园的临聘岗位或同工同酬岗位教师的待遇，落实非编教师职称评聘制度。

（2）加强合作的教师文化建设

合作的教师文化能为教师的工作实践提供某种意义支持和专业身份认同。第一，要建立反思性学习环境，使教师养成批判反思性的态度，并尽力向他者敞开自我。第二，不断营造合作型教师专业文化氛围，促使教师获得专业归属感和安全感，使教师拥有个人自我表达的现实空间。例如，针对农村幼儿园新教师被排斥的现象，应加强对新教师的人文关怀，通过新老教师合作结对，密切新老教师之间的交往，增强新教师的集体归属感。

2. 在工作、家庭与个人发展的平衡中实现"三美"人生

主体人在生活中的情感体验及情感生活的质量将会直接影响人的生命的质量，情感顺畅了，精神生活也就和谐了，才能形成关爱型的师生关系、关爱型的亲子关系、民主型的上下级关系，培育出有丰富情感、有爱的能力、能够与他人和谐共处的儿童和子女，激励出热爱工作的教师。道德生活的支撑性情感包括依恋感、安全感、归属感和自尊感等。[3] 工作、家庭与个人三者是相辅相成的关系，幸福的家庭生活和体面的个人生活是教师情感满足的源泉，也将成为个体事业追求的重要支撑，从而为乡村教师的终身幸福奠定基础。因此，要帮助乡村教师求得这三者的平衡。时代新人的"美"至少包括自

---

[1] 宋景堂 . 文化的力量——《文化生活》解读 [M]. 哈尔滨：黑龙江教育出版社，2007：62.

[2] Parker D. Sustaining Teaching Careers: Perceptions of Veteran Teachers in a Rural Mid-Atlantic School Division[D]. Hampton: Proquest Ltc, Hampton University, 2016.

[3] 钟芳芳，朱小蔓 . 论当代教师道德生活的困境与自主创造 [J]. 教育理论与实践，2017(16)：46-50.

身的美和整个人生的美，以及奉献于社会的美。① 我们应激励乡村教师追求"美的人""美的人生""美的社会"的统一。

3. 在专业文化生活与休闲文化生活交融中增进教师的整体幸福感

文化财富是人生幸福的真正来源，文化生活质量的提高是人的全面发展的基本标志之一。但是我国在走向现代化的进程中，乡村文化遭受了严重冲击并开始衰落，尤其是 20 世纪 90 年代末以来的乡村小学的撤点并校运动更加速了乡村社会文化的荒芜化②，使乡村孩子失去天然庇佑的精神家园。很多乡村只剩下老人和幼儿，作为留守儿童的乡村幼儿的文化滋养越来越依赖乡村幼儿园教师，因而其文化生活质量就显得尤为重要。调查表明，农村幼儿园的教学资源还是比较缺乏的，尤其是图书报刊室。近几年国家对农村幼儿教育的投入主要用于硬件建设，但有些新建幼儿园房舍离国家标准还有差距，农村幼儿园办园条件的改善问题仍然不可忽视。有的新建园仅有三间教室，没有任何配套房舍。农村幼儿园应配备教师阅览室、健身室、休息室等，或者鼓励教师充分利用乡镇文化站、县级图书馆乡村分馆或基层服务点、农家书屋③ 丰富自己的休闲文化生活，希望农村教师无论任何性别都能在休闲中"放松、消遣、发展、创造以及感觉超越"④，使专业文化生活与休闲文化生活相辅相成。这也要求教师教育不能只有片面的专业教育课程，还应增加闲暇教育课程，让教师能够自我设计专业文化生活与休闲文化生活平衡的终身自我发展规划，推动农村教师由"专业人"向"整体人"转型，提升其整体生活幸福感。

---

① 蒋林. 新时代学校美育应回归初心再出发 [J]. 中国教育学刊，2018(6)：74-77.

② 蔡志良，孔令新. 撤点并校运动背景下乡村教育的困境与出路 [J]. 清华大学教育研究，2014(2)：114-119；唐开福. 城镇化进程中乡村文化的传承困境与学校策略 [J]. 湖南师范大学教育科学学报，2014(2)：107-110.

③ 农家书屋是为满足乡村民众文化需求，建立在行政村且存有一定数量的报刊图书、音像制品并由农民自主管理、自我服务的乡村公益性文化场所。2017 年 11 月《公共图书馆法》的通过，为农家书屋的繁荣发展奠定了重要的法治基础。

④ 亨德森，等. 女性休闲：女性主义的视角 [M]. 刘耳，季斌，马岚，译. 昆明：云南人民出版社，2000：194.

（二）选拔、职前培养、职后培训一体化：实现农村教师核心素质的培养

当前我国乡村教师队伍仍然存在很大缺口，并且新生代教师流失现象普遍。其中很大的原因在于很多农村教师未能具备适应农村教育的核心素质。因此提出如下建议：建立长效机制，完善招生与定向培养政策支持；规范办学，教师教育课程关注乡土情怀、专业性向和心理弹性；提高专业水平，在课程开发和课程评价方面获得成就感。从而通过职前教育、新教师入职教育和职后培训一体化实现高素质农村教师的培养，促进乡土情怀、乡村教学信念、"文化适切的教学"知识与能力等农村教师所需核心素质的发展。

1.建立长效机制，完善招生与定向培养政策支持

应在招生与培养方面建立农村教师培养长效机制，保障政策落地落实。目前国家相关部门颁布的农村教师政策以"项目""工程""计划"形式为主的支持性政策居多，均有明确的时间限制，缺乏长效机制。应出台专门的"农村教师教育法"，建立完整的农村教师教育政策体系，制定时间较为长久的"规划"，加强农村教师教育的一体化建设，并在制定过程中充分调查，多聆听农村教师的声音。（1）改革师范院校招生政策，选拔具有专业性向和心理弹性的学生。个人专业性向和个人对所处的生活状况的主观评价对农村幼儿园教师持续承诺影响巨大。[①] 一般认为，教师专业性向是教师从教的基本素养，是一种基础性、普遍性的素质，是教师专业发展的心理前提与素质基础，具有先天性，也具有生成性，因此人们也很关注教师教育中的专业性向教育。在职前阶段选拔和培养具有合适心理特质的师范生，如爱孩子、爱教育、能享受幼儿教育的工作、喜欢（至少能接受）农村的生活、在贫瘠的环境中能够创造新的文化生活、遇到困难不言弃等，这样可以大大提升职前阶段的培养的质量，这样的师范生从教后专业成长也更快，可以减轻职后培训的压力。探索师范招生考试中的专业性向测试，给予实践的机会进一步确认专业性向。因此，选拔和培养农村幼儿园教师时要把教师个人专业性向、心理弹性等方

---

① 李云淑.农村幼儿园教师继续从教意愿及其影响因素 [J].学前教育研究，2018(1)：36-48.

面的特质作为依据，让真正喜欢与适合农村幼教职业的人成为农村幼儿园教师队伍的主体，让农村幼儿园真正成为孩子们成长的家园与乐园。（2）完善定向培养政策，实现职前职后教育一体化。有学者认为从本地选拔乡村教师补充任用的办法值得借用，它造就了一批热爱教育、热爱乡村、师德高尚、锐意进取的乡村教师队伍。[①]2018 年，《关于全面深化新时代教师队伍建设改革的意见》明确提出，加强教师培养供给侧改革，鼓励地方师范院校采取定向招生、定向培养等方式，为农村学校及教学点培养"一专多能"教师。但是笔者发现，未婚教师不管来源于本地还是来源于外地，都是希望向城市流动的。因此，定向培养需要职前职后一体化，考虑如何留住教师的问题，要培养职前教师的乡土情怀，改善在职教师生活的文化环境，还要关心幼儿园教师的婚恋问题。

2. 规范办学，教师教育课程关注乡土情怀、专业性向和心理弹性

（1）教师教育机构规范办学，提高大专和本科学前教育专业学生培养质量

当前一些不具备条件的本专科院校办学前教育专业的问题比较突出。2005 年，《教育部关于规范小学和幼儿园教师培养工作的通知》提出："培养专科以上学历小学和幼儿园教师，要遵循《高等教育法》关于'高等教育由高等学校和其他高等教育机构实施'的规定，执行《普通高等学校高职高专教育专业设置管理办法（试行）》（2004）关于'教育类专业（分类代码6602）一般限于师范高等专科学校中设置'的要求，举办学校应达到《普通高等学校基本办学条件指标（试行）》中确定的师范类院校的合格标准"，具备"举办教师教育的基本条件"。

（2）优化教师教育课程，关注乡土情怀、专业性向和心理弹性培养

2001 年，教育部颁布实施《基础教育课程改革纲要（试行）》，国家开始推行校本课程，但乡镇教师往往缺乏开发传承地方文化的校本（园本）课程的动力与能力。因此，教师教育课程目标方面，应继承老一辈教师讲奉献的

---

① 胡艳，郑新蓉 .1949—1976 年中国乡村教师的补充任用——基于口述史的研究 [J]. 北京师范大学学报（社会科学版），2018(4)：15-25.

优良传统，加强对教师的理想信念和社会责任感的教育，培养职前职后教师浓浓的乡土情怀、教育情怀和强烈的时代使命感。在课程内容方面融入乡土性元素，增设农村社区调查、乡土文化、人类学研究等课程，发挥教师教育在乡土情怀、乡土文化课程开发、文化适切教学能力培养上的作用，以帮助农村教师较快地融入农村社会，成为留得住的农村教师。目前南非的高等教育也重新关注土著知识和非洲化的课程，他们的农村教师教育重视地方文化课程的设计，以培养新一代国民对本土文化的自豪感。[1] 还可以重视人格本位的师范教育[2]，设置教师专业性向培育课程，国际上也注重把教师专业性向作为教师专业发展的新领域。[3] 注重为新教师配备优秀导师，初任教师导师制有助于心理弹性的发展。[4]

3. 提高专业水平，在课程开发和课程评价方面获得成就感

1945 年至今，美国幼儿园教师职业角色定位从知识传播者和社区服务者、儿童发展助理和多元文化的理解者、反思实践者和文化回应者发展到专业人员、支持者和领导者。[5] 可以通过提升教师作为专业人员的专业水平来增强职业认同。一方面，通过办园特色提升社会职业认同。调研中发现一些乡镇中心园成了当地农村幼教的招牌，很受家长欢迎，幼儿园教师认为自己在家长中的社会地位比当地的中小学教师还高，去家访时家长都拿出最好的茶来招待。她们充分利用乡土资源，积极参与到园本课程发展之中，走出了一条专业化的特色办园之路。另一方面，通过儿童的发展提升自我职业认同。教师也可以通过讲儿童的"学习故事"理解儿童，发现儿童非智力因素发展的最近发展区，然后通过创设适合当地儿童和当地社会文化的学习情境，让儿童可以在其中进行项目活动式的深度学习，实现儿童的持续成长。儿童的成

---

① Louw W. Africanisation: The Community Becomes Responsible for Its Own Education Development[J]. Commonwealth Youth and Development, 2007(2): 21-31.

② 黄光雄. 能力本位师范教育 [M]. 高雄：复文图书出版社，1984：23.

③ 昆萨炳. 教师特征中的价值与态度维度：走向教师教育改革 [C].// 周南照. 教师教育改革与教师专业发展：国际视野与本土实践. 上海：华东师范大学出版社，2007：175.

④ Brianne M, Kathryn L, et al. Building Beginning Teacher Resilience: Exploring the Relationship between Mentoring and Contextual Acceptance[J]. Educational Forum, 2020(1): 48-62.

⑤ 李媛媛. 二战后美国幼儿园教师职业角色定位变迁研究 [D]. 长春：东北师范大学，2021.

长是幼儿园教师生活幸福感的重要来源，也有助于提升教师在家长中的专业地位。重视在互动中的心理发展是社会建构主义的重要思想。目前很多幼儿园的课程评价重点仍然是对集体教学的"磨课"。只有从传统的"磨课"转向以学习故事为载体的观儿童—写故事—读故事—识儿童—做计划的新型教研活动，同时结合行动研究，请专家参与，并把研究的过程记录下来形成教学故事，使两种故事互为促进，才有可能真正实现儿童、教师和家长的共同发展。

（三）关注农村优秀教师的研究和宣传，为教师教育服务

近年来，国外乡村教师身份认同研究的话语体系从宏观政治社会学话语体系转向微观的、后结构的、日常性的话语体系，注重身份认同的情境性与建构性，体现出对教师作为乡村"主体人"的关注。[①] 叶澜认为，"职业生活的质量不仅与职业性质、社会发展水平相关，还与每个人的职业自我意识与价值追求相关"[②]。研究发现，内在的奖励和自我驱动的教学是农村教师扎根乡村的关键。[③] 对历届《感动中国》《寻找最美乡村教师》中的 49 名教师进行分析发现，教师观念是乡村教师行为动机及自我实现的前提和基础，对二者起着决定性的作用。[④] 因此，应重视乡村教师本体性反思能力的培养和主体性的发挥。

1. 运用叙事研究，提升研究者和教师自我成长的能力

质的研究可以在自然情境下对个人的"生活世界"以及社会组织的日常运作进行探究，提倡研究者对研究情境的参与，直面实事，与研究对象共情，对他们的生活故事和意义建构做出"解释性理解"，对事物的复杂性和过程性进行长期、深入、细致的考察。[⑤] 有学者从知识角度论述了教师专业身份认同的形成过程，即教师身份认同的重构是可以通过说故事等叙事方式使个人知

① 裴丽，李琼. 2000—2016 年我国教师身份认同研究的国际化进展：分布特征及研究主题 [J]. 外国中小学教育，2017(10)：47-57.

② 上海市教育委员会. 今天我们怎样做老师——上海教育名师讲坛报告集 [M]. 上海：上海教育出版社，2000：117.

③ Parker D. Sustaining Teaching Careers: Perceptions of Veteran Teachers in a Rural Mid-Atlantic School Division[M]. Proquest Ltc, 2016.

④ 邱德峰. 论乡村教师的教育信念——基于《感动中国》《寻找最美乡村教师》等素材的质性研究 [J]. 当代教育科学，2018(2)：22-28.

⑤ 陈向明. 质的研究方法与社会科学研究 [M]. 北京：教育科学出版社，2000：7.

识公开化，再通过参与公开的、集体的研讨，使个人的、私有的知识成为共享的知识，从而实现新的身份认同。[①] 加拿大学者认为叙事探究"怀有理解他人和自我以及改变现状的旨趣"，关注从传记的角度理解教师。[②] 一些从农村走出来的研究者在关注农村教师生命故事的同时也关注对自我精神生活的探究。例如，加拿大学者迈克尔·科比特（Michael Corbett）对自己 1983 年以来的从教生涯进行了叙事研究，回忆自己把教学与学生的文化背景结合起来取得成功的历程。[③] 这些专业成长故事不仅是故事述说者的"精神的家园"，促进其建构自己对成长的理解、对职业的认同，研究者往往有意识地把这些故事讲给师范生听，有助于吸引年轻人对农村教师职业的关注。

2. 重视农村教师研究，为农村教师教育改革服务

有学者认为，美国各研究机构以及高校学者在乡村教师研究方面产生了丰富的研究成果，这些研究成果往往为农村教师队伍建设的相关决策服务。[④] 笔者也发现，众多农村教师的研究者往往都会根据研究结果提出教师教育改革的建议。这些建议多集中于两个方面，一方面，教师教育要帮助教师发展积累社会资本的能力，包括与学生的良性互动、与同事的合作、与家庭和社区的融洽关系等。如，福格尔（Fogle）建议外语教师与主流的英语教师建立良好的关系，并与农村社区和农村学校内部建立联系，同时也倡导在语言教师职前培养中对外语教师和英语教师进行联合培养，组织他们共同参与社区服务学习项目，从而发展两个群体的跨文化教学能力；伯顿（Burton）提出身份和关系存在协同作用，初任教师对学生及其家庭社会关系网络的熟悉有助于身份认同，从而愿意留任。他进而提出教师教育工作者必须愿意与农村社区的教师和学校建立关系。[⑤] 另一方面，教师教育要有地方意识，帮助可能在农村就职的职前教师"做好社区准备"，因为每一个特定的农村地方都具有社

---

① Jansz J. Person, Self, and Moral Demands[M]. Leiden University: DSWO Press., 1991.

② 克兰迪宁，康纳利. 叙事探究：质的研究中的经验和故事 [M]. 张园，译. 北京：北京大学出版社，2008：3.

③ Corbett M. Backing the Right Horse: Teacher Education, Sociocultural Analysis and Literacy in Rural Education[J]. Teaching and Teacher Education, 2010(1): 82-86.

④ 戴斌荣. 乡村卓越教师的培养 [M]. 北京：北京师范大学出版社，2018：58-60.

⑤ Burton M, Johnson A S. "Where Else Would We Teach?": Portraits of Two Teachers in the Rural South[J]. Journal of Teacher Education, 2010(4): 376-386.

会、空间、文化和历史的多重复杂情境，农村教师教育不仅为任何地方准备教师，更是为特定的学校和社区准备教师。[①] 如，地方教育学关注在地方中的具身体验（the experiencing body-in-place），关注教师如何在其工作的地方获得成长，从而希望教师教育能够更好地支持教师成为引导特定农村社区可持续发展的人。又如，科比特（Michael Corbett）认为，"所有教师最终都会发现自己身处一个特殊的地方"，因此，"初任教师必须是一位人类学家，而且是一位优秀的后现代人类学家，他也有能力将自己视为一种文化建构"，从而努力了解自己在哪里，以及打算教谁，要像人类学家那样谦虚地寻求对当地文化的理解。[②] 因此，应持续完善高校—中小学校/幼儿园—地方政府三位一体合作模式，高校学者加强对农村幼儿园教师的研究，并以研究结果指导教师教育改革，同时加强与县、乡镇等基层地方政府和乡镇中心幼儿园的联系，落实师范生的实习支教及职前职后教师农村社区文化田野调查的素质培养，从而提升农村幼儿园教师在农村从教的核心素质。

3. 讲好当代农村幼儿园教师的真实故事，为教师教育提供身边的榜样

国外已有较多人文主义取向的农村教师研究成果，运用的研究方法在概念上呈现多元化，如定性研究、生活史研究、自传叙事研究、叙事肖像、人类学的田野研究、民族志研究、个案研究等，其中叙事研究概念使用频率较高，往往生动地呈现出农村教师专业成长过程的多样化的"故事"和"肖像"，关注人的主体能动性在成长过程中的作用，同时多元的理论基础又使得每一个成长故事都散发出独特的魅力。如澳大利亚吉布斯（Walker-Gibbs）通过生命故事呈现农村教师真实生活追求，分析复杂的农村社会空间（space）和地方（place）如何影响教师的职业认同，展现出农村教师在专业成长中的主体能动性。又如美国伯顿（Burton）的叙事"肖像"（portraiture）旨在生动地捕捉和解释生活和经验不断变化的复杂性，以至于可以把这件事想象成一幅

① Reagan E M, Hambacher E, Schroom T, et al. Place Matters: Review of the Literature on Rural Teacher Education.[J]. Teaching & Teacher Education, 2019(1): 83-93.

② Corbett M.Backing the Right Horse: Teacher Education, Sociocultural Analysis and Literacy in Rural Education[J]. Teaching and Teacher Education, 2010(1): 82-86.

画。[①] 澳大利亚萨默维尔（Somerville）的地方教育学也关注故事要素，注重倾听农村教师讲故事，并用故事情节分析策略整理数据，了解新教师在职场中主体性的形成过程。我国对农村教师的研究以量化研究和思辨研究为主，缺少运用叙事研究等方法来讲述的真实的农村教师故事。当前媒体关于乡村教师的形象往往极端化、简单化，要么是神圣的，要么是负面的。研究也表明师范毕业生存在不愿意去农村从教的倾向，即使是农村生源或国家政策规定毕业后要去农村从教的免费师范生农村从教意愿也很低[②]。因此国内研究者有必要借鉴多元化的人文主义研究方法，深入实地，深入农村教师的真实、复杂的内心世界，让人们看到他们如何由失败走向成功，如何从彷徨走向坚定，如何在单调的物质环境中构筑丰富的精神生活，从而让年轻人看到农村教师职业的希望。

4. 讲好老教师的专业成长故事，为教师教育提供过去的榜样

可以对不同历史时期的农村幼儿园教师进行传记研究。例如，加强对老一辈知青教师的传记研究。知青对农村的影响不仅在于农村的基础建设，在文化、观念等方面对农村也起到潜移默化的推动作用，因为"当地村民喜欢和知青聊城市里各种各样的生活，孩子们开始关注和思考他们的现在与未来，也常常跟着知青们回城里看新鲜事物长见识……知青上山下乡，像一股文明之风，冲击着穷乡僻壤的愚昧和旧习，推动了边远农村的文明进程"[③]，带去了"新风尚"。1979 年，胡耀邦同志在接见下乡知青的先进代表时说："我们要宣传知识青年上山下乡，要在中国的历史上、在中国青年运动史上写上一笔，用来教育我们的后代。"[④] 据统计，截至 1978 年，龙溪专区在队知青中担任民办教师的有 970 人，占在队知青总数的 3.34%。[⑤] 他们在推动乡村教育事业的发展中做出不可磨灭的贡献。从林老师的回忆来看，知青至少带来长泰农村

① Lawrence-Lightfoo S, Davis J H. The Art and Science of Portraiture[M]. San Francisco, CA: Jossey-Bass, 1997：4.

② 付卫东，付义朝. 地方师范生享受免费教育及农村从教意愿的影响因素——基于全国 30 所地方院校的调查 [J]. 河北师范大学学报 (教育科学版)，2015(1)：114-120.

③ 郑智鸿. 岁月知青：泉州知青上山德化 45 周年纪念文集 [M]. 北京：九州出版社，2014：51，67，69，103.

④ 顾洪章. 中国知识青年上山下乡始末 [M]. 北京：人民日报出版社，2009：204.

⑤ 龙溪地区关于老知青问题的调查报告 [A]. 漳州市档案馆，档号 52-2-12.

幼教的创立与短时期内的普及。但关于他们的研究很少，尤其是关于知青幼儿园教师的研究更是几乎没有。

二、农村幼儿园女教师精神生活质量提升路径的思考

前文关于农村幼儿园教师精神生活质量提升路径思考也包含了女教师和男教师，但并未关照到不同性别的特殊境遇。因此本部分引入性别视角，期待能更好地满足不同性别教师的特殊需求。

从提升女教师精神生活质量的视角来看，应在入学机会和教育过程中真正落实男女平等，实现公平竞争；提升农村幼儿园女教师的经济地位，为其精神生活奠定物质基础；关注农村女教师尤其是单亲女教师的双重负担问题，提升其生活质量；增强双向互动，实现学前教育质量与新农村建设的双赢；关注多元气质农村女教师的培养，促进农村教师队伍的稳定性；加强两性平等教育，让两性都能够自由发展。

（一）应在入学机会和教育过程中真正落实男女平等，实现公平竞争

陈鹤琴先生曾经给一位男士回信说："男同志也照样能当幼儿园教师，能研究幼儿教育"，男子"有志于幼教事业"，"同样应得到鼓励和支持"。[1] 目前幼儿园男教师的职业优势也日益受到国家、社会及各方人士的关注。学者们认为：幼儿园男教师能弥补当前学前教育单一性别影响[2]，弥补幼儿"父亲教育"的缺失[3]，帮助儿童直观地感受到性别平等[4]，对幼儿性别社会化起着积极的平衡作用，提高幼儿教育整体质量。但实现这些价值需要真正高素质的且有志于幼教事业的男性。

---

① 陈秀云，陈一飞.陈鹤琴全集（第六卷）[M].南京：江苏凤凰教育出版社，2018：359.
② 肖兴政，刘燕，王露梅.改善幼教师资性别配置研究 [J].山西财经大学学报，2011(S2)：167-168.
③ 卢清，曾彬.对当前子女教育中"父亲缺位"现象的思考 [J].西华大学学报（哲学社会科学版），2004：12.
④ 程妍涛.丹麦男幼儿园教师培养示范性项目研究 [J].比较教育研究，2019(5)：91-97.

（二）提升农村幼儿园女教师的经济地位，为其精神生活奠定物质基础

经济地位是衡量妇女社会地位最重要的指标之一，是影响和决定妇女总体社会地位的基础性因素之一，也是其精神生活质量提升的物质基础。被访女教师谈到家庭中如果女人有自己的一份工作，有经济收入，她与配偶就比较平等；而"当农村家长认为自己的生活状态比教师要好时，内心里对教师就不会敬佩与尊敬"。第二、第三代教师都亲历了经济收入与乡镇居民收入差距拉大而被家长看不起的无奈。如果任由农村女教师和配偶的收入差距拉大，传统的"男主外，女主内"的观念就会进一步强化，影响家庭生活的幸福指数，降低她们的职业认同感，影响队伍的稳定性。因此，经济地位有助于提高农村女教师的家庭地位和社会地位，也有助于个体幸福、"女性主体意识"觉醒和职业认同感的提升。只有农村女教师的总体地位提升，她们才能够自由、幸福地在乡村大地上做"留得住、教得好"的教师。建议经济发展水平高的乡镇的税收以一定比例用于增加农村教师的地方补贴，缩小农村幼儿园教师与乡民及乡镇企业工人收入的差距。此外，每个农村幼儿园教师也需要通过持续的自身努力提升自我的精神生活品质。新中国为妇女解放扫清了许多社会障碍，但真正的解放必须靠自己努力，每个女人都要从自己做起。①

（三）关注农村女教师尤其是单亲女教师的双重负担问题，提升其生活质量

现代优秀女性普遍面临着"双重负担"或"双重标准"的问题，女性除了做好自己的社会工作还要做贤妻良母。第三代女教师更是面临着如何在工作、家庭与发展个人兴趣之间取得平衡的挑战，女性一般是放弃自己的阅读、兴趣爱好、锻炼与独处等活动来工作或做家务。国外的女性也面临同样的问题。②单亲职业女性的双重负担问题则更为严重。2010年调查表明，60%～80%的女性一生中最重要的事情首先是拥有一个幸福的家庭。而男人

① 李小江. 女性乌托邦：中国女性/性别研究二十讲 [M]. 北京：社会科学文献出版社，2016：19.
② 亨德森，等. 女性休闲：女性主义的视角 [M]. 刘耳，季斌，马岚，译. 昆明：云南人民出版社，2000：234，270.

最重要的事情还是拥有一个成功的人生。近十年的调查呈现出一种矛盾：一方面是女性的自主意识在逐年提高，另一方面是传统思想始终占领家庭领域。[①]做一个家庭与事业都成功的女性往往需要以透支健康为代价。虽然说"把私人的家务劳动变成一种公共的行业"，有助于实现男女真正平等。[②]但现在家务劳动（育儿服务、家政服务、接送服务）日益市场化，而因为劳动的工资需要私人支付，只有个别收入较高的家庭可以请保姆承担一些家务劳动，"女性的家庭劳动和社会劳动的双重负担还是无法得到真正的解决"[③]。此外，农村幼儿园教师作为育儿的专业人员被人们认为是自己家庭孩子的理所当然的抚育者，依然是家务劳动的主要承担者。因此要特别考虑如何解决农村女教师"双重负担"问题，让女教师拥有更多的文化休闲时间。它关系到包含幼儿园教师在内的整个农村教师队伍的精神生活质量问题。虽然说妇女参与社会的生产劳动有助于妇女的解放以及妇女同男子的平等，[④]但是"妇女职业化和社会解放并不必然给职业妇女带来自主、快乐、健康和高品质的生活。"[⑤]它需要国家采取措施提升整体社会文明程度。例如，改变对男女两性角色的性别刻板模式所造成的双重社会认同尺度和双重道德标准，延长带薪产假的时间，增加养育假；为单亲女教师提供个性化服务与帮助等。农村幼儿园教师在工作上应该更多地得到乡镇学区的支持，减少女教师业余时间加班的任务等，使她们有更多机会获得专业文化生活上的成就感；"男女平等的家务劳动分工模式是妇女解放的必由之路"，应改变家庭内部责任的分配[⑥]；需要关注农村幼儿园女教师整体生活质量的提升，包括专业生活、家庭生活与休闲生活。

（四）关注多元气质农村女教师的培养，促进农村教师队伍的稳定性

当今人们开始认识到要超越女性从属于男性或两性的对立或认为女性比

① 张红萍．女性：从传统到现代 [M]．北京：北京时代华文书局，2016：156-158，226．

② 中华全国妇女联合会．马克思、恩格斯、列宁、斯大林论妇女 [M]．北京：中国妇女出版社，1987：156，320．

③ 石红梅．家务劳动的历史变迁及当代挑战 [M]．// 詹心丽．妇女性别研究（第4辑）．厦门：厦门大学出版社，2017：57-67．

④ 马克思，恩格斯．马克思恩格斯选集（第四卷）[M]．北京：人民出版社，1972：158．

⑤ 李小江．女性乌托邦：中国女性／性别研究二十讲 [M]．北京：社会科学文献出版社，2016：98．

⑥ 李银河．性别问题 [M]．青岛：青岛出版社，2007：83．

男性更具主体性等观点，应消灭性别歧视和性别统治，强调二者的独立与合作及互为主体。因此国际上主张"无性别教育（ nonsexism education ）"[1]"消除教育中的性别刻板模式"[2]"培养学生双性化人格"的全新教育思想。[3]我国也有学者倡导不论是男孩还是女孩，都应在发挥自己性别优势的基础上，注意向异性学习，也就是女孩在保持温柔、细心的优势的同时增强独立自主，男孩在保持独立意识的同时增强温柔和细心，实现尊重自然性别特征前提下的男女平等发展。因为在一个民主和平的社会里，每一个公民都要在公共领域和私人领域中穿梭，都需要具备在这两个世界成功的素质和能力。[4]有研究者竭力倡导实施双性化教育的途径，例如，鼓励积极的跨性别交流、管理儿童既要"因性施教"又要注意不要"因性有别"。[5]双性性格的农村女教师可能具有更好的心理弹性以适应农村的生活环境，也具有更强的能力在农村的环境中争取男女平等。新中国成立后学前教师教育课程以室内静坐的教育或艺术类课程为主，适合培养学生文静、灵巧和柔美的女性特质。例如，在 1980 年的《幼儿师范学校教育计划试行草案》中，三年制、四年制艺术类课程分别占25.87% 和 27.12%。[6]陈鹤琴先生创办的江西实验幼稚师范学校的课程除了当今的幼儿师范教育一般的文化课程、教育类课程和艺体课程，还有农艺、工艺和时事研究，学生需要学习种菜、种花、木工、竹工，以及走入社会做研究等[7]，引导女生关心国家大事，培养研究素养、独立生活能力、强健的体魄及坚韧的品格等男性气质。应改革学前教师教育课程，培养女教师的双性气质，而不是降低要求让素质较低的男性进入学前教育的队伍。

---

[1] McCune S D, Matthews M. Eliminating Sexism: Teacher Education and Change[J]. Journal of Teacher Education, 1975(4): 294-300.

[2] Kofke C L. Eliminating Sex Bias in Textbooks and Educational Materials[M]. Denver: Institute for Equality in Education, 1978: 1-43; Clark S L, Dyar C, Inman E M, Maung N, London B. Women's Career Confidence in a Fixed, Sexist STEM Environment[J]. International Journal of STEM Education, 2021(1): 1-10.

[3] 逄伟. 青少年中性化述评 [J]. 中国青年研究，2009(9)：5-9.

[4] 肖巍. 女性主义教育观及其实践 [M]. 北京：中国人民大学出版社，2007：176.

[5] 胡江霞. 论"因性施教"及其实施策略 [J]. 华中师范大学学报，1996(5)：103-109.

[6] 《中国教育年鉴》编辑部. 中国教育年鉴（1949—1981）[M]. 北京：中国大百科全书出版社，1984：764-765.

[7] 陈秀云，陈一飞. 陈鹤琴全集（第五卷）[M]. 南京：江苏凤凰教育出版社，2018：11-14.

（五）加强两性平等教育，让两性都能够自由发展

促进性别平等不仅有助于满足个人的需求和权利，也可以改善经济增长和人类安康的前景。一项以 89 个国家的数据为基础的研究表明，当妇女地位较高时，一国总体生活质量也较高；当她们的地位较低时，所有人的生活质量也较低。[①] 学校是人的性别社会化的重要场所，在人的性别社会化过程中扮演着重要的角色。从幼儿园到大学、研究生的教育以及职后培训，尤其是职前职后教师教育[②]，都应加强两性平等教育，使人们普遍形成先进的性别理念，让两性都能够自由发展。正如有学者认为，妇女劳动的自由才是真正的解放，即想劳动就劳动，想做家庭主妇就做家庭主妇，而不会受到社会的指责或歧视。因为女性的性格是多元的，她们的生活选择也应该是多元的。[③] 反之，男性也应该有劳动的自由。如果他们有能力强的妻子，也可以体面地做家庭主夫。进步男性已有这方面的共识，他们鼓励男性公开宣称他们拒绝男性气质的传统规则，转而分享温柔的感觉，表达更慈爱、更关怀、较少竞争性和攻击性的男性气质。[④]

（六）增强双向互动，实现学前教育质量与新农村建设的双赢

有研究发现，在政府、学校、乡村和社会四个支持主体中，乡村和社会两个主体的支持力度明显不足，据此提出要不断加强处于网络中"结构洞"位置的重要人士的作用。[⑤] 笔者认为，中心校校长对乡镇幼儿园教师是重要人物，应增强幼儿园与农村社区的双向互动，实现学前教育质量与新农村建设的双赢。

---

① 艾斯勒. 国家的真正财富：创建关怀经济学 [M]. 高铦，等，译. 北京：社会科学文献出版社，2009.

② 从 20 世纪 70 年代起，西方开始以女性主义价值观和方法论审视传统的教育观、教育理论和实践，关注课程内容和教学法中的性别歧视，并进行了较大规模的课程实践，产生了许多具有代表性的成果，如贝尔·胡克斯（Bell Hooks）《论女性主义教学法和女性高等教育》。肖巍. 女性主义教育观及其实践 [M]. 北京：中国人民大学出版社，2007：14-15. 目前国内在教师中小学继续教育职后培训中也有相关尝试。见荒林. 中国女性主义 9[M]. 桂林：广西师范大学出版社，2007：143.

③ 张文灿. 解放的限界：中国共产党的妇女运动（1921—1949）[M]. 北京：中国政法大学出版社，2019：322-323；潘光旦. 潘光旦文集（第 10 卷）[M]. 北京：北京大学出版社，2000：7.

④ 李银河. 女性主义 [M]. 济南：山东人民出版社，2005：170.

⑤ 王飞，李金荣. 基于代际差异的乡村教师支持网络构建 [J]. 当代教育科学，2018(2)：29-33.

第一，提升中心校的学前教育管理水平。乡村幼儿园教师要拥有免于被管理主义压迫的自由才能获得更好的专业成长。中心校管理层应懂学前教育，能够有效支持幼儿园教师的专业成长。职前教育方面，可以鼓励师范院校小学教育专业的人同时修习学前教育的第二学历，为培养同时懂两个专业的后备管理人才做准备，这有利于小学低年级教师做好小幼衔接，而不能只要求幼儿园教师与小学衔接，同时这也有利于他们今后更好地胜任父母的职责。职后培训方面，需要管理幼儿园的中心校管理者和承担小幼衔接工作的小学低年级教师定期参加学前教育的专业培训。多年来，幼儿园教师往往与中小学教师一起参加继续教育，培训的内容都与中小学教育有关，却从来没有让中小学教师参与学前教育的培训。

第二，可鼓励农村幼儿园教师参与新农村建设，增强其归属感。2005 年发布的《中共中央、国务院关于推进社会主义新农村建设的若干意见》强调了农村教师队伍建设的重要性、必要性，提出"加大城镇教师支援农村教育的力度"，"整合农村各种教育资源，发展农村职业教育和成人教育"，"树立先进的思想观念和良好的道德风尚，提倡科学健康的生活方式，在农村形成文明向上的社会风貌"。郑新蓉认为，乡村公共学校"孤岛化"是乡村学校和乡村社会缺乏活力的主要表征，应鼓励教师代表参与乡村管理事务，例如土地流转和管理，参与乡村扶贫和绿色经济建设等。[1] 乡村幼儿园教师也可以通过参与新农村建设增强自身活力与归属感。例如，调查显示，12.5% 的农村妇女想学习家庭教育知识[2]，农村幼儿园教师可以在农村妇女的家庭教育知识指导方面发挥作用。[3] 还可发挥农村幼儿园教师的艺术技能特长，在农村社区环境美化和节庆期间的社区文艺宣传活动中起指导和参与作用，或者参与"文化下

---

① 郑新蓉，姚岩，武晓伟. 重塑社会活力：性别图景中的乡村教师和学校 [J]. 妇女研究论丛，2017(1)：5-20.

② 甄砚. 中国农村妇女状况调查 [M]. 社会科学文献出版社，2008：82.

③ 抗战时期，金陵女子大学曾在四川仁寿县设立乡村服务处，每年寒暑假都有学生来此实习服务三周左右。服务处为农村妇女提供孕检、接生、注射疫苗、宣传育儿知识等服务，指导农村妇女纺织和挑花、引进推广国外优质鸡种，还举办免费的农忙托儿所、幼儿班等。同学们在服务的同时还做家访、搞社会调查，写下不少对农村社会组织有较深切观察和有质量的调研报告。抗战期间先后有 10 位教师在乡村服务站工作过，其中多位是海外留学归来。她们常年驻扎在偏远乡村，把自己最好的年华献给了服务站。金一虹. 抗日烽火中的知识女性——以"金女大人"为例 [J]. 妇女研究论丛，2015(4)：60-73.

乡"①慰问演出活动。

三、农村幼儿园男教师和民族地区幼师职业认同支持策略

外部环境的支持应与男教师职业兴趣相匹配，并能化解其心理危机；关注男幼师职业兴趣研究，促进个人与环境的双向互动，包括运用职业兴趣量表或传记研究了解职业兴趣，在男幼师成长的职前职后阶段充分发挥职业兴趣的作用。在民族地区实现编内幼儿园教师和编外幼儿园教师"同工同酬"。无论是西藏的幼师班还是内地西藏幼师班，都要完善人才培养模式及课程体系。

（一）男幼师职业认同支持策略

1. 关注男幼师职业兴趣研究，促进个人与环境的双向互动

（1）运用职业兴趣量表或传记研究了解职业兴趣

霍兰德认为，个人通过与环境之间的双向互动可以获得更好的环境。一个人可能有多个兴趣类型，一种职业兴趣类型也往往会引发对相邻的职业的兴趣，拥有多重兴趣的人可以更加稳定地在其所存在的职业环境中生存，从而实现自己的价值。可以使用职业兴趣量表直接测试出个人兴趣，还可以用质性的方法，对其兴趣进行观察，倾听其内心诉求。1973年，霍兰德开发的职业自我探索分类量表（self-directed search，简称 SDS）是一种具有实用性质的职业指导自助工具手册，可以检验人格类型与职业类型的一致性、差异性和适配性，帮助人们更加清晰地认识自我，从而使他们做出与人格类型相匹配的职业选择，使人格类型与生活或工作环境相匹配。如果个人的个性特点与职业要求相匹配，就能最大限度发挥个人的优势，达到职业发展的顶峰。1985年，霍兰德将身份结构（identity construct）纳入量表中，修订形成了第一个完整的职业认同量表，认为它"具有理想的心理测量特性"，是职业干预

---

① 2011年10月，十七届六中全会通过的《中共中央关于深化文化体制改革，推动社会主义文化大发展大繁荣若干重大问题的决定》，明确指出：深入开展全民阅读、全民健身活动，推动文化科技卫生"三下乡"、科教文体法律卫生"四进社区"、"送欢乐下基层"等活动经常化，支持演艺团体深入基层和乡村演出。

评估的一种有用的结果测量方法。[①] 同年霍兰德进一步提出学习可以促进兴趣的发展，即兴趣也是可以在外部环境中培养的。[②] 笔者发现通过传记研究有助于深入了解男幼师的职业兴趣和心理危机，希望类似的传记研究受到更多学者的关注，以提高外部支持策略的针对性。例如，国外学者在《教幼儿的男人：一种国际视角》中呈现了六位男幼师的职业认同故事，是我们了解世界各国男幼师的职业兴趣的资源。[③] 也可鼓励男幼师进行自传研究或通过职业自我探索分类量表探索自我职业兴趣，帮助自己做出正确的职业选择，激发内在的成长动力和职业憧憬，促进自己的职业发展。例如，一位美国男幼师通过自传研究向把男幼师视为女性化、软弱的传统观念发起挑战，呼吁社会变革，打破对男性和男孩的霸权期望，允许男性和男孩发展关怀品质，让男幼师体验到更多的归属感。[④] 丹麦政府也发起并资助了多项有关幼儿园男教师的研究项目，来探寻促使男性参与并留任幼儿教育教学工作的措施与方法。[⑤]

（2）在男幼师成长的职前职后阶段充分发挥职业兴趣的作用

霍兰德认为职业自我探索分类量表对未来职业预测的准确度"达到75%～80%"[⑥]。例如，学生可以在没有帮助的情况下运用职业自我探索分类量表进行职业兴趣探索，也可以依据学生的职业兴趣对学生进行专业选择指导，如在初中毕业分流阶段、在高中毕业填报志愿前，"教师可以使用学生当前的职业选择、选择历史或兴趣清单分数来指导学生找到适当的职业指导资源并鼓励他们阅读"[⑦]；还可以运用男性气质—女性气质领域量表（对应社会型和艺术型人格）（masculinity-femininity，简称 Mf）用来测量学生对传统男性职

① Kivlighan D M, Shapiro R M. Holland Type as a Predictor of Benefit From Self-Help Career Counseling[J]. Journal of Counseling Psychology, 1987(34): 326-329.

② 张丹宁. 兴趣与职业：约翰·霍兰德职业指导思想研究 [D]. 上海：华东师范大学，2020.

③ Brody D. Men Who Teach Young Children: An International Perspective[M]. London: Institute of Education Press, 2014: 172.

④ Wright T. Contesting hegemony: Re-imagining masculinities for early childhood education[J]. Contemporary Issues in Early Childhood, 2018(2): 117-130.

⑤ 程妍涛. 丹麦男幼儿园教师培养机制建构的经验及启示 [J]. 教育导刊（下半月），2018(8)：89.

⑥ Weinrach S G. Have Hexagon Will Travel: An Interview with John Holland[J]. The Personnel and Guidance Journal, 1980(6): 406-414.

⑦ Holland J L. An Empirical Occupational Classification Derived From a Theory of Personality and Intended for Practice and Research[R]. ACT Res Rep, 1969.

业和女性职业的认同度①，让学生可以较为精准地预见未来职业发展方向，做出更适合自己的职业规划，尽量保证具有幼儿园教师职业兴趣的人选择职高、高职和本科的学前教育专业。再进一步，高职或本科教师教育机构可以指导已具备幼儿园教师职业兴趣的男生依据自己的个人特质，发掘适合自己的幼教工作岗位，譬如园长、体智能教师及科学领域教师等。政府部门、教师教育机构和幼儿园也可以运用职业认同测量表评估职前教育、新入职教育的干预效果，以确定进一步的政府支持和组织支持策略，为男幼师提供更合适的外部成长环境。

2. 外部环境的支持应与个体职业兴趣相匹配，并能化解心理危机

（1）外部环境的支持应与男教师职业兴趣相匹配

研究表明，政府支持、组织支持和胜任力直接影响幼儿园教师职业认同，并进而影响职业幸福感。② 教师职业认同的关键在于教师认为所从事的教育职业有收获、有价值，获得感实际上是教师职业认同的时代建构的关键。③ 笔者发现外部的支持包括政府政策支持、教师教育机构和幼儿园的组织支持必须与个人的职业兴趣和需求一致，才能有效增强其获得感，成为职业认同的促进因素。职业教育的前提是了解受指导者的职业兴趣，并进一步培养学生的职业兴趣，在入职初期提供与其兴趣和需求一致的岗位，让男幼师承担符合男性特质的课程，尊重男女性的不同行事风格，增强职业获得感。H 个案中，男幼师 H 的主要职业兴趣是做幼儿园的管理者，并在民办园的管理中显露出管理才能，因此，他入职公办园仅两年就被任命为园长，他也继续取得成功，使其职业认同不断发展和增强，入职十年已成为能够坚守学前教育的乡村园长。挪威作为世界上幼儿园男性教师比例最高的国家之一，其政府和组织支持也重视男幼师的职业兴趣和需求满足。④

---

① 张丹宁. 兴趣与职业：约翰·霍兰德职业指导思想研究 [D]. 上海：华东师范大学，2020.

② 王钢，范勇，黄旭，等. 幼儿园教师政府支持、组织支持和胜任力对职业幸福感的影响：职业认同的中介作用 [J]. 心理与行为研究，2018(6)：801-809.

③ 栗波. 获得感：教师职业认同的时代建构 [J]. 教育理论与实践，2018(29)：36-38.

④ 索长清，王元. 突破幼儿园教师性别结构"女性化"的藩篱——挪威鼓励更多男性从事幼教工作的策略探析 [J]. 比较教育学报，2021(2)：134-149.

（2）外部环境的支持应有助于化解男教师的心理危机

研究发现，男教师流失的深层次原因主要是"性别刻板印象"导致的社会认同度低、个人价值得不到体现。[1]男幼师本人有时同刻板观念斗争，有时会是同谋。[2]本书中个案男幼师的主要心理危机是认同社会的性别刻板印象，认为男人做幼儿园教师没有前途，以及组织评价以优秀女教师为标准导致的失败感。这些心理危机如果得不到解决就会导致很多男师范生毕业即转行或入职三年内即离职。因此，政府支持和组织支持要有助于化解男幼师的心理危机。心理危机能否化解，决定了他毕业后能否选择学前教育行业以及入职后能否留在这个行业。针对这一心理危机，要让男幼师看得到前途，在职前教育阶段可重点帮助男幼师树立信心，培养其职业胜任能力。例如，在入学适应期，可通过讲述历史上有名的男幼师的故事、把活跃在一线的优秀男毕业生请回学校与在校生座谈、与男幼师谈心、组织性别平等的讨论等，帮助其树立正确的职业价值观，通过差异化评价、男女搭配的小组合作学习切实帮助男幼师树立信心，全面提升专业素养。在入职阶段，组织机构要提供到优质园跟岗学习机会、安排优秀教师结对指导、实施"男女有别"的评价标准等帮助男幼师渡过每一个难关，促进其实现自我价值。

（二）民族地区农村幼儿园教师精神生活质量提升建议

1. 实现编内幼儿园教师和编外幼儿园教师"同工同酬"

目前西藏的农村幼儿园教师有三种主要类型，第一类是编内的非专业教师，一般为大专学历通过考公务员进入；第二类是编外的非专业教师，大多为职高非幼师专业或高中学历；第三类是编外的专业教师，大多为职高或大专幼师班学历，大专学历者正在努力考编。目前第一类教师的工资在 6800 元以上，而第二类和第三类则统一为 1800 元。应该减少第二类教师，限制没有接

---

① 黄琦. 幼儿园男教师入职与适应问题研究 [D]. 南京：南京师范大学，2007；李冬. 幼儿园男教师缺失影响因素及对策分析 [D]. 呼和浩特：内蒙古师范大学，2013；席东. 幼儿园男教师职业发展困境与对策的个案研究 [D]. 天水：天水师范学院，2018.

② Warin J. Heavy-Metal Humpty Dumpty: Dissonant Masculinities Within the Context of the Nursery[J]. Gender and Education, 2006(5): 523-537.

受义务教育、没有教师资格证的职高生进入幼儿园教师的行列，严格把关幼儿园教师的准入资格，审定、聘用、考评和奖惩等管理流程，严格实行持证上岗制度，规范幼儿园的管理。应加大对幼儿园教师的资金投入，提高第三类幼儿园教师的工资待遇，尽可能实现编内幼儿园教师和编外持证上岗的幼儿园教师"同工同酬"。

2. 提升各学前教师教育院校的培养质量

（1）完善"内地学前教育西藏班"培养的计划。增进学前教育的地域及文化适宜性。"内地西藏班是中国民族教育史上的一个创举，也是新时期中国民族教育改革与发展的重要成果。"[①] 但是要提高内地西藏班中职班和高职班的培养质量，培养内地西藏班双语教学人才。2015 年，教育部民族教育司司长毛力提·满苏尔指出："深化教育教学改革是办好西藏班的重要基础。各办班学校坚持从西藏学生实际和特点出发，因材施教，分层教学，大班教学与个别强化辅导相结合，课程内容难易得当、教学进度快慢适度，确保了实现预期培养目标。"[②]

（2）完善西藏大中专院校幼师班人才培养模式及课程体系。开足开全学前教育专业的全部课程；根据学生的基础设置由易到难或分层的课程体系；开发西藏民族文化特色的课程资源与教材，农村生源在学习五大领域教育教材教法时可以使用西藏的双语教材作为主要资源，使学生提前熟悉今后要使用的教材；保证实践课程的质量，根据西藏幼儿园教师岗位的实际需求设置课程。如笔者发现，西藏的幼儿园对孩子的生活习惯、卫生习惯、双语教学等方面特别重视，而孩子们十分喜欢运动、唱歌和跳舞，应该在中职或高职学习阶段根据西藏学生的实际需求改革课程与教材，提升学生进行健康教育、双语教育的能力。

---

① 同心架起人才"天路"——内地西藏班办学 30 年纪实 [EB/OL]. (2015-08-24) [2022-07-15]http://www.moe.gov.cn/jyb_xwfb/xw_zt/moe_357/jyzt_2015nztzl/2015_zt07/15zt07_fzcj/201508/t20150824_202307.html.

② 钟慧笑 . 内地西藏班：一个伟大的创举——教育部民族教育司司长毛力提·满苏尔谈内地西藏班办学 [J]. 中国民族教育，2015(Z1)：19-20.

参考文献

中文文献

埃尔德.大萧条的孩子们 [M].田禾，马春华，译.南京：译林出版社，2002.

艾斯勒.国家的真正财富：创建关怀经济学 [M].高铦，等，译.北京：社会科学文献出版社，2009.

宝森.中国妇女与农村发展：云南禄村六十年的变迁 [M].胡玉坤，译.南京：江苏人民出版社，2005.

鲍伊.宗教人类学导论 [M].金泽，何其敏，译.北京：中国人民大学出版社，2004.

曹淳亮.知青故事 [M].广州：花城出版社，1998.

车丽娜.空间嵌入视野下乡村教师社会生活的变迁 [J].西北师范大学学报（社会科学版），2020(2)：78–84.

陈向明.质的研究方法与社会科学研究 [M].北京：教育科学出版社，2000.

陈秀云，陈一飞.陈鹤琴全集 [M].南京：江苏凤凰教育出版社，2018.

程猛.从"一村之师"到"一校之师"——H村三代农村教师口述史 [J].上海教育科研，2016(4)：30–33.

程妍涛.丹麦男幼儿园教师培养示范性项目研究 [J].比较教育研究，2019(5):91–97.

戴斌荣.乡村卓越教师的培养 [M].北京：北京师范大学出版社，2018.

戴自俺.教师生活速写 [M].上海：亚东图书馆，1934.

丁钢.声音与经验：教育叙事探究 [M].北京：教育科学出版社，2008.

段碧花.贫困地区幼儿园教师职业认同现状与提升建议[J].学前教育研究，2021(2)：71-74.

范昕，李敏谊.幼儿园教师到底是什么？——从替代母亲到专业人到研究者的发展历程[J].教师教育研究，2018(4)：94-100.

弗里克.质性研究导引[M].孙进，译.重庆：重庆大学出版社，2011.

福建省地方志编纂委员会.福建省志：教育志[M].北京：方志出版社，1998.

盖笑松，焦小燕.当前村屯学前教育发展的难点与对策[J].学前教育研究，2015(5)：3-9.

古德森.教师生活与工作的质性研究[M].蔡碧莲，葛丽莎，译.北京：教育科学出版社，2013.

顾洪章.中国知识青年上山下乡始末[M].北京：人民日报出版社，2009.

郭福昌.中国农村教育改革一百年[M].北京：红旗出版社，1988.

韩晓莉.从农忙托儿所到模范幼儿园——20世纪50年代山西省农村的幼儿托管组织[J].当代中国史研究，2013(3)：95-102.

何东昌.中华人民共和国重要教育文献（1976—1990）[M].海口：海南出版社，1998.

何晓夏.简明中国学前教育史[M].北京：北京师范大学出版社，1990.

贺绍俊，等.共和国60年文化发展[M].北京：中国大百科全书出版社，2009.

亨德森，等.女性休闲：女性主义的视角[M].刘耳，季斌，马岚，译.昆明：云南人民出版社，2000.

侯杰，王凤.从传统到近代：民间年画与中国女性生活——以杨柳青年画为中心的考察[J].妇女研究论丛，2016(5)：108-118.

胡金平."本科化"抑或"被本科化"：中国大陆小学教师学历升格历程的回顾[J].江苏教育研究，2015(10):7-12.

胡艳，郑新蓉.1949—1976年中国乡村教师的补充任用——基于口述史的研究[J].北京师范大学学报（社会科学版），2018(4):15-25.

黄光雄.能力本位师范教育[M].高雄：复文图书出版社，1984.

黄际影，杜鹏．乡村美育与非遗舞蹈：艺术乡建的"校园美育"路径 [J].北京舞蹈学院学报，2021(4)：103–113.

黄建春，陈幸军．湖南省学前教育发展的现状与建议 [J].学前教育研究，2011(2)：46–51.

黄楠森．人学原理 [M].南宁：广西人民出版社，2000.

黄树民．林村的故事：一九四九年后的中国农村变革 [M].北京：生活·读书·新知三联书店，2002.

黄晓彬．农村民办幼儿教育：如何走出困境 [J].教育发展研究，2006(24)：37–40.

吉林师范大学教育系编．农村幼儿园工作手册 [M].长春：吉林人民出版社，1958.

江涛．人类学视野中的乡村教化 (1949—2014)[D].长春：东北师范大学，2015.

姜朝晖．民国乡村教师社会角色研究 [M].北京：人民出版社，2016.

姜勇，何敏，张云亮．国家级贫困县农村幼儿园教师精神状况考察——物质的匮乏与心灵的充盈 [J].学前教育研究 .2016(7)：90–99.

教育部师范学校课程标准编订委员会．简易师范学校课程标准 [M].南京：正中书局，1944.

金一虹．抗日烽火中的知识女性——以"金女大人"为例 [J].妇女研究论丛，2015(4).

金一虹．女性叙事与记忆 [M].北京：九州出版社，2007.

金兹堡．微观史与世界史 [C].// 陈恒，王刘纯．新史学（第十八辑 卡罗·金兹堡的论说——微观史、细节、边缘）.郑州：大象出版社，2017.

进一步解放妇女劳动力，为多快好省地建设社会主义服务 [J].新华月刊，1958(12)：37–39.

阚常秋．城市化特征对新生代乡村教师工作压力的影响及缓解对策 [J].中国农村教育，2019(22)：15–16.

克兰迪宁，康纳利．叙事探究：质的研究中的经验和故事 [M].张园，译 .北京：北京大学出版社，2008.

克朗．文化地理学 [M]．杨淑华，等，译．南京：南京大学出版社，2003．

昆萨炳．教师特征中的价值与态度维度：走向教师教育改革 [C]．// 周南照．教师教育改革与教师专业发展：国际视野与本土实践．上海：华东师范大学出版社，2007．

雷家军．二十世纪中国乡村文化中坚力量变迁问题论纲 [J]．文化学刊，2015(2)：58-68．

李斌辉，李诗慧．新生代优秀乡村教师主动入职动因与启示——基于全国"最美乡村教师"事迹的质性研究 [J]．教育发展研究，2018(20)：25-33．

李伯玲．群体身份与个体认同 [M]．长春：东北师范大学出版社，2014．

李福长．20 世纪历史学科通论 [M]．济南：齐鲁书社，2012．

李默，刘肖．100 个基层教师的口述 [M]．天津：天津社会科学院出版社，2004．

李士彪，祝晓燕．幼儿园男教师专业发展共同体的构建 [J]．学前教育研究，2018(6)：67-69．

李威．安阳地区男性幼儿园教师职业认同现状分析 [J]．长江丛刊，2017(18)：260．

李小江．50 年，我们走到了哪里？——中国妇女解放与发展历程回顾 [J]．浙江学刊，2000(1)：59-65．

李小江．从一个小山村看中国妇女世纪变迁和 30 年农村改革 [J]．山西师范大学学报（社会科学版），2008(6)：1-3．

李小江．女性乌托邦：中国女性 / 性别研究二十讲 [M]．北京：社会科学文献出版社，2016．

李艳红．社会变迁中的已婚东乡族女教师工作家庭冲突研究 [J]．西北民族研究，2009(1)：200-207．

李银河．女性主义 [M]．济南：山东人民出版社，2005．

李银河．性别问题 [M]．青岛：青岛出版社，2007．

李云淑．福建省老区农村幼儿教师精神生活状况研究 [J]．教育研究与实验，2018(1)：71-77．

李云淑．农村幼儿园教师继续从教意愿及其影响因素 [J]．学前教育研究，

2018(1):36–48.

李云淑.农村幼儿园教师文化生活历史变迁及其启示[J].学前教育研究，2020(4)：21–36.

李长吉，沈晓燕.农村教师拥有怎样的实践性知识——关于农村教师实践性知识的调查[J].教育科学，2015(2)：52–58.

利布里奇，图沃－玛沙奇，奇尔波.叙事研究：阅读、分析和诠释[M].王红艳，译.重庆：重庆大学出版社，2019.

林谦能.不老的爱心——记全国先进儿童教育工作者蔡美君[J].幼儿教育，1997(Z1)：50–51.

蔺海沣，谢敏敏.新生代乡村教师形象及其塑造路径[J].湖南师范大学教育科学学报，2019(6)：60–69.

蔺海沣，赵敏，杨柳.新生代乡村教师角色认同危机及其消解路径[J].中国教育学刊，2019(2)：70–75.

刘海红，陈胜兵，刘玉红.西藏和平解放70年学前教育发展：历史回顾、动力分析与未来展望[J].西藏民族大学学报（哲学社会科学版），2021(5)：8–14.

刘佳，方兴.新生代乡村教师的离职意向与政策改进[J].教师教育学报，2020(2):81–88.

刘良华.叙事教育学[M].上海：华东师范大学出版社，2011.

刘宁，刘晓丽.从妇女研究到性别研究——李小江教授访谈录[M].王金玲.中国妇女发展报告5：妇女／社会性别学科建设与发展.北京：社会科学文献出版社，2014.

刘胜男，赵新亮.新生代乡村教师缘何离职——组织嵌入理论视角的阐释[J].教育发展研究，2017(Z2)：78–83.

刘苏.伴随幼儿教育30年的历程[J].学前教育研究，2003(1)：25–26.

刘亚秋.知青苦难与乡村城市间关系研究[J].清华大学学报（哲学社会科学版），2008(2)：135–148.

刘焱，涂玥，史瑾.我国农村学前一年班级教育环境质量研究[J].教育发展研究，2015(12)：16–22.

龙海县角美公社石美大队党支部.重视人才投资，抓好幼儿教育[A].漳州市档案馆，全宗号 40，目录号 2，卷宗号 258，1982.

罗伯逊．社会学（上）[M]. 黄育馥，译．北京：商务印书馆，1990.

麦克法夸尔，费正清．剑桥中华人民共和国史（下卷）：中国革命内部的革命 1966—1982 年 [M]. 俞金戈，等，译．北京：中国社会科学出版社，1992.

孟宪范．女性的生存状况和社会心态 [M]. 北京：中国社会科学出版社，2010.

南靖县教育工作会议材料．热爱党的教育事业，积极办好幼儿教育 [A]. 漳州市档案馆藏，全宗号 40，目录号 2，卷宗号 261，1982.

倪鸣香．童年的蜕变：以生命史观看幼师角色的形成 [J]. 教育研究集刊，2004(4)：17–44.

帕默尔．教学勇气：漫步教师心灵 [M]. 吴国珍，等，译．上海：华东师范大学出版社，2005.

派纳，雷诺兹，斯莱特里，等．理解课程 [M]. 张华，赵慧，李树培，等，译．北京：教育科学出版社，2003.

潘光旦．潘光旦文集（第 10 卷）[M]. 北京：北京大学出版社，2000.

潘懋元．现代高等教育思想的演变——从 20 世纪至 21 世纪初 [M]. 广州：广东高教出版社，2008.

庞丽娟，洪秀敏．中国学前教育发展报告——农村学前教育 [M]. 北京：北京师范大学出版社，2012.

裴丽，李琼．2000—2016 年我国教师身份认同研究的国际化进展：分布特征及研究主题——基于 69 篇 SSCI 期刊文献的分析 [J]. 外国中小学教育，2017(10)：47–57.

戚海燕，吴长法．源自城市的乡村教师文化认同研究 [J]. 教育发展研究，2018(4)：16–23.

秦奕．幼儿园教师职业认同结构要素与关键主题研究 [D]. 南京：南京师范大学，2008.

沈奕斐．被建构的女性当代社会性别理论 [M]. 上海：上海人民出版社，2005.

盛啸黎．一个乡村教师的努力记 [M]. 香港：国光书局，1939.

石红梅.家务劳动的历史.变迁及当代挑战 [A].// 詹心丽.妇女性别研究（第 4 辑）[M].厦门：厦门大学出版社，2017.

史慧中.中华人民共和国幼儿教育 50 年大事记（三）[J].幼儿教育，1999(12)：13-15.

舒茨.社会世界的意义构成 [M].游淙祺，译.北京：商务印书馆，2017.

宋景堂.文化的力量——《文化生活》解读 [M].哈尔滨：黑龙江教育出版社，2007.

索长清，王元.突破幼儿园教师性别结构"女性化"的藩篱——挪威鼓励更多男性从事幼教工作的策略探析 [J].比较教育学报，2021(2)：134-149.

谭净，卢小陶.中国教师教育政策 70 年演进历程及理性反思——基于价值取向与工具选择的双重视角 [J].教师教育学报，2020(1)：63-69.

唐开福.城镇化进程中乡村文化的传承困境与学校策略 [J].湖南师范大学教育科学学报，2014(2)：107-110.

唐淑，何晓夏.学前教育史 [M].大连：辽宁师范大学出版社，2001.

陶行知.信条 [M].北京：中国文史出版社，2017.

田景正，等.新中国学前教育 70 年 [M].长沙：湖南大学出版社，2020.

童世骏.当代中国人精神生活研究 [M].北京：经济科学出版社，2009.

王飞.改革开放以来我国中小学教师形象的历史变迁——基于《中国教育报》典型中小学教师事迹的报道 [J].教师发展研究，2019(3)：81-87.

王卉，许红.新中国成立初期北京市托儿所、幼儿园的改革与发展 [J].北京党史，2011(2)：47-49.

王金玲，姜佳将，叶菊英.变迁与发展：福建妇女社会地位研究（1990—2000）[M].北京：社会科学文献出版社，2016.

王蕾.媒介·权力·性别：新中国女性媒介形象变迁与性别平等 [M].上海：上海交通大学出版社，2018.

王鑫，刘茗.社会主义新农村建设中教育改革与发展研究 [M].北京：学苑出版社，2010.

王艳玲，陈向明.从"又红又专"到全面素养：新中国"好教师"标准的政策变迁 [J].教育学报，2022(2)：113-123.

王艳玲，陈向明．回归乡土：我国乡村教师队伍建设的路径选择 [J]．教育发展研究，2019(20)：29-36．

韦吉飞，刘达．多元城镇化中新生代乡村教师"经济杠杆"激励效应研究 [J]．教师教育研究，2018(6)：67-74．

邬志辉，秦玉友．中国农村教育发展报 2013—2014[M]．北京：北京师范大学出版社，2015．

吴国韬．雨打芭蕉：一个乡村民办教师的回忆录（1958—1980）[M]．北京：语文出版社，2013．

吴秋芬．教师专业性向的内涵及其特征 [J]．中国教育学刊，2008(2)：37-40．

吴小英．家庭与性别评论（第 3 辑）[M]．北京：社会科学文献出版社，2011．

武晓伟．中国乡村女教师代际研究 [J]．贵州师范大学学报（社会科学版），2016(3)：128-136．

肖巍．飞往自由的心灵：性别与哲学的女性主义探索 [M]．北京：北京师范大学出版社，2014．

肖巍．女性主义教育观及其实践 [M]．北京：中国人民大学出版社，2007．

新华社福建分社，新华社吉林分社．八闽英模录 [M]．北京：新华出版社，1992．

邢占军，等．公共政策导向的生活质量评价研究 [M]．济南：山东大学出版社，2011．

熊卫民．如何提升口述史的可信度 [J]．社会科学论坛，2016(10)：101-111．

徐今雅，赵思．社会性别视角下农村女教师专业发展的实证研究——以浙江省为例 [J]．教师教育研究，2015(1):33-38．

许琪．中国人性别观念的变迁趋势、来源和异质性——以"男主外，女主内"和"干得好不如嫁得好"两个指标为例 [J]．妇女研究论丛，2016(3)：33-43．

杨娟，高曼．教育扩张对农民收入的影响——以"文革"期间的农村教育扩张政策为例 [J]．北京师范大学学报（社会科学版），2015(6)：48-58．

姚岩，郑新蓉．走向文化自觉：新生代乡村教师的离农化困境及其应对

[J]. 中小学管理，2019(2)：12-15.

叶澜，等. 教师角色与教师发展新探 [M]. 北京：教育科学出版社，2001.

于洋. 全球视野下的陶行知研究（第七卷）[M]. 北京：北京师范大学出版社，2015.

禹旭才. 高校女教师生存状态的历史变迁——基于历史与社会性别的双重视角 [J]. 湖南科技大学学报（社会科学版），2013(6)：116-120.

翟菁. 集体化下的童年："大跃进"时期农村幼儿园研究 [J]. 妇女研究论丛，2017(2)：36-49.

张红萍. 女性：从传统到现代 [M]. 北京：北京时代华文书局，2016.

张济洲."乡野"与"庙堂"之间：社会变迁中的乡村教师 [M]. 北京：中国社会科学出版社，2013.

张李玺. 追寻她们的人生 [M]. 北京：中国妇女出版社，2014.

张妮妮. 在耕耘中守望 [M]. 长春：东北师范大学出版社，2014.

张文灿. 解放的限界：中国共产党的妇女运动（1921—1949）[M]. 北京：中国政法大学出版社，2013.

张妍，曲铁华. 中国共产党百年农村教师政策回眸与前瞻 [J]. 现代教育管理，2021(6)：10-17.

张正明. 年鉴学派史学范式研究 [M]. 哈尔滨：黑龙江大学出版社，2011.

赵颖，姜勇，张云亮. 近 10 年摘帽贫困县幼儿园教师精神生活变迁考察 [J]. 教师发展研究，2022(1)：90-99.

甄砚. 中国农村妇女状况调查 [M]. 北京：社会科学文献出版社，2008.

郑丹丹. 女性主义研究方法解析 [M]. 北京：社会科学文献出版社，2011.

郑剑虹，黄希庭. 国际心理传记学研究述评 [J]. 心理科学，2013(6)：1491-1497.

郑金洲. 教育文化学 [M]. 北京：人民教育出版社，2000.

郑新蓉，姚岩，武晓伟. 重塑社会活力：性别图景中的乡村教师和学校 [J]. 妇女研究论丛，2017(1)：5-20.

郑亚鸿. 岁月知青：泉州知青上山德化 45 周年纪念文集 [M]. 北京：九州出版社，2014.

《中国教育年鉴》编辑部.中国教育年鉴（1949—1981）[M].北京：中国大百科全书出版社，1984.

中国学前教育研究会.百年中国幼教 [M].北京：教育科学出版社，2003.

中国学前教育研究会.中华人民共和国幼儿教育重要文献汇编 [M].北京：北京师范大学出版社，1999.

中华人民共和国教育部发布指示，大力培养小学教师和幼儿园教养员 [J].教师报，1956(3)：1.

钟芳芳，朱小蔓.论当代教师道德生活的困境与自主创造 [J].教育理论与实践，2017(16)：46–50.

钟云华，张维.民族农村地区新生代特岗教师职业压力来源的叙事分析 [J].教师教育研究，2020(1)：103–108.

周洪宇，刘训华.多样的世界：教育生活史研究引论 [M].福州：福建教育出版社，2014.

朱家雄.幼儿园教育活动设计与实施 [M].北京：高等教育出版社，2019.

朱家雄.幼儿园课程 [M].上海：华东师范大学出版社，2011.

朱旭东，胡艳.中国教育改革开放 40 年·教师教育卷 [M].北京：北京师范大学出版社，2019.

英文文献

Adriana R V. Cultural and Ethical Positioning: A Teacher and His Mazahua Students Reinvent the National Curriculum in a Mexican Rural School[J]. Procedia - Social and Behavioral Sciences, 2010(2): 3861-3865.

Annobil C N, Thompson M. Unpacking Activities-Based Learning in Kinder-garten Classrooms: Insights From Teachers Perspectives[J]. Education. Research and Reviews, 2018(1): 21-31.

Antonek J L, McCormick D E, Donato R. The Student Teacher Portfolioas Autobiography: Developing a Professional Identity[J]. Modern Language Journal, 1997(1): 5-27.

Beijaard D. Teachers' Prior Experiences and Actual Perceptions of Professional Identity[J]. Teachers and Teaching: Theory and Practice, 1995(2): 281-294.

Brand B R, Glasson G E. Crossing Cultural Borders into Science Teaching: Early Life Experiences, Racial and Ethnic Identities, and Beliefs About Diversity[J]. Journal of Research in Science Teaching, 2004(2): 119-141.

Brianne M, Kathryn L, et al. Building Beginning Teacher Resilience: Exploring the Relationship between Mentoring and Contextual Acceptance[J]. Educational Forum, 2020(1): 48-62.

Brody D. Men Who Teach Young Children: An International Perspective[M]. Nottingham: Trentham Books, 2014.

Bryan B. Rural Teachers' Experiences: Lessons for Today[J]. Rural Educator, 1986(3): 1-15.

Burton M, Johnson A S. "Where Else Would We Teach?": Portraits of Two Teachers in the Rural South[J]. Journal of Teacher Education, 2010(4): 376-386.

Castro A J, Kelly J, Shih M. Resilience strategies for New Teachers in High-needs Areas[J]. Teaching and Teacher Education, 2010(3): 622-629.

Charles H W. An Investigation of the Life Experiences and Beliefs of Teachers Exhibiting Effective Classroom Management Behaviors in Diverse Rural Schools[D]. Beaumont: Lamar U, 2008.

Clark S L, Dyar C, Inman E M, Maung N, London B. Women's Career Confidence in a Fixed, Sexist STEM Environment[J]. International Journal of STEM Education, 2021(1): 1-10.

Coetzee S, Ebersohn L, Ferreira R, et al. Disquiet Voices Foretelling Hope: Rural Teachers' Resilience Experiences of Past and Present Chronic Adversity[J]. Journal of Asian & African Studies, 2015(2): 201-216.

Cole K, Plaisir J, Reich-Shapiro M, Freitas A. Building a Gender-Balanced Workforce: Supporting Male Teachers[J]. YC Young Children, 2019(4): 39-45.

Corbett K T. "No Flies on Bill": The Story of an Uncontrollable Old Woman, My Grandmother, Ethel "Billie" Gammonby Darcy Wakefield[J]. The Oral History

Review, 2008(1): 81-82.

Corbett M. Backing the Right Horse: Teacher Education, Sociocultural Analysis and Literacy in Rural Education[J]. Teaching and Teacher Education, 2010(1): 82-86.

Coultas C, Broaddus E, Campbell C, et al. Implications of Teacher Life–Work Histories for Conceptualisations of "Care": Narratives from Rural Zimbabwe[J]. Journal of Community & Applied Social Psychology, 2016(4): 323-339.

De La Garza K. Pedagogical Mentorship as an In-Service Training Resource: Perspectives from Teachers in Guatemalan Rural and Indigenous Schools. [J]. Global Education Review, 2016(1): 45-65.

Donnachie I. "We Must Give Them an Education, Large, Liberal and Comprehensive". Catherine Vale Whitwell: Teacher, Artist, Author, Feminist and OwenIte Communitarian[J]. Women's History Review, 2019(4): 552-565.

Droit E. Headteachers or How to Assert Authority in the East Berlin Schools in the 1950s[J]. Paedagogica Historica, 2012(4): 615-633.

Fogle L W, Moser K. Language Teacher Identities in the Southern United States: Transforming Rural Schools[J]. Journal of Language, Identity and Education, 2017(2): 65-69.

Goodson I F, Cole A L. Exploring the Teacher's Professional Knowledge: Constructing Identify and Community[J]. Teacher Education Quarterly, 1994(1): 85-105.

Hardy I, Edwards-Groves C. Historicising Teachers' Learning: A Case Study of Productive Professional Practice[J]. Teachers and Teaching: theory and practice, 2016(5): 538-552.

Hernán C. Enlarging the Social Justice Agenda in Education: An Analysis of Rural Teachers' Narratives Beyond the Distributive Dimension[J]. Asia-Pacific Journal of Teacher Education, 2012(2): 83-95.

Holland J L, et al. The Vocational Identity Scale: A Diagnostic and Treatment Tool[J]. Journal of Career Assessment, 1993(1): 1-12.

Holland J L. Vocational Preference Inventory[M]. Lutz, FL: Psychological Assessment Resources, Inc. VPI Introductory Kit, 1985.

Holland N N. Holland's Guide to Psychoanalytic Psychology and Litera-ture-and-Psychology[M]. New York:Oxford University Press, 1994.

Jansz J. Person, Self, and Moral Demands[M]. Leiden: Leiden University, DSWO press, 1991.

Jermolajeva J, et al. Professionalism as Viewed by Urban and Rural Teachers in Latvia and Russia: Analysis of Structural Components of Teacher Professional Identity[C]. Proceedings of the International Scientific Conference 'Rural Environ-ment, Education, Personality', 2019(12): 57-62.

Kipnis A, Gao M C F. Gao Village: Rural Life in Modern China[J]. China Journal, 2007(43): 181.

Kivlighan D M, Shapiro R M. Holland Type as a Predictor of Benefit From Self-Help Career Counseling[J]. Journal of Counseling Psychology, 1987(34): 326-329.

Knotts J D, Keesey, S. Friendship With Old Order Mennonite Teachers De-velops Cultural Responsiveness in Preservice Special Education Teachers[J]. Rural Special Education Quarterly, 2016(4): 10-17.

Korthagen F A. In search of the Essence of a Good Teacher:Towards a More Holistic Approach in Teacher Education[J]. Teaching and Teacher Education, 2004(1): 77-97.

Ladio A H, Molares S. Evaluating Traditional Wild Edible Plant Knowledge Among Teachers of Patagonia: Patterns and prospects[J]. Learning & Individual Differences, 2013(27): 241-249.

Lewis S. Qualitative Inquiry and Research Design: Choosing Among Five Ap-proaches[J]. Health Promotion Practice, 2015(4): 473-475.

Gabdrafikova L R. Mugallima: Tatar Women's New Social and Professional Role in the Early 20th Century[J]. RUDN Journal of Russian History, 2019(2): 302-319.

Linares R E. Guided by Care: Teacher Decision-Making in a Rural Intercultur-al Bilingual Classroom in Peru[J]. Intercultural Education, 2017(7): 1-15.

Lloyd K M, Auld C J. The Role of Leisure in Determining Quality of Life: Issues of Content and Measurement[J]. Social Indicators Research, 2002(1): 43-71.

López O. Women Teachers of Post-Revolutionary Mexico: Feminisation and Everyday Resistance[J]. Paedagogica Historica, 2013(1): 56-69.

Louw W. Africanisation: The Community Becomes Responsible for Its Own Education Development[J]. Commonwealth Youth and Development, 2007(2): 21-31.

McCune S D, Matthews M. Eliminating Sexism: Teacher Education and Change[J]. Journal of Teacher Education, 1975(4): 294-300.

Mcdiarmid G W, Kleinfeld J, Parrett W H. The Inventive Mind: Portraits of Rural Alaska Teachers[M]. Alaska: University of Alaska Fairbanks, Center for Cross-Cultural Studies, 1988.

McMahon B. Seeing Strengths in a Rural School: Educators' Conceptions of Individual and Environmental Resilience Factors[J]. Journal for Critical Education Policy Studies, 2015(1): 238-267.

Melvin Z. A Wonderful, Gentle, Teacher: The Professional and Personal Life of a Dedicated Rural Wisconsin Educator[M]. Bloomington Author House, 2010.

Heikkilä M, Hellman A. Male Preschool Teacher Students Negotiating Masculinities: A Qualitative Study with Men Who are Studying to Become Preschool Teachers[J]. Early Child Development and Care, 2017(7): 1208-1220.

Miller J L. Sounds of Silence Breaking: Woman, Autobiography, Curriculum [M]. New York: Peter Lang Publishing, 1983.

Moore M. Holfrnan J E. Professional Identity in Instimtions of Higher Learning in Israel[J]. Higher Education, 1988(1): 69-79.

Munro. Subject to Fiction: Woman Teachers' Life History Narratives and the Cultural Politics of Resistance[M]. London: Buckingham, Open University Press, 1998.

Neena S. Professional Commitment Among Secondary School Teachers in Relation to Location of Their School[J]. Global Journal For Research Analysis, 2015(9): 238-239.

O'Brien L M. Teacher Values and Classroom Culture: Teaching and Learning in a Rural, Appalachian Head Start Program[J]. Early Education & Development, 1993(1): 5-19.

Owens K. Ethnomathematics in Resettled Indigenous Communities Whose Language and Children were Once Alienated[J]. Revista Latinoamericana de Etnomatemática, 2013(3): 67-77.

Parker D J. Sustaining Teaching Careers: Perceptions of Veteran Teachers in a Rural Mid-Atlantic School Division[D]. Hampton: Proquest Ltc, Hampton University, 2016.

Polidore, E, Edmonson S L, Slate J R. Teaching Experiences of African American Educators in the Rural South[J]. Qualitative Report, 2010(3): 568-599.

Reagan E M, et al. Place Matters: Review of the Literature on Rural Teacher Education[J]. Teaching & Teacher Education, 2019(1): 83-93.

Seltenreich Y. The Solitude of Rural Teachers: Hebrew Teachers in Galilee Moshavot at the Beginning of the Twentieth Century[J]. Paedagogica Historica International Journal of the History of Education, 2015(5): 1-16.

Selwyn N. "Micro" Politics: Mapping the Origins of Schools Computing as a Field of Education Policy[J]. History of Education, 2013(5): 638-658.

Sharplin E D. Reconceptualising Out-of-Field Teaching: Experiences of Rural Teachers in Western Australia[J]. Educational Research, 2014(1): 97-110.

Somerville M, et al. New Teachers Learning in Rural and Regional Australia[J]. Asia-Pacific Journal of Teacher Education, 2010(1): 39-55.

Taole M J. Multi-grade Teaching: A Daunting Challenge for Rural Teachers[J]. Studies of Tribes and Tribals, 2014(1): 95-102.

Tilborg D V. Weaving into One Meaningful Piece: The Construction of Teacher-Self Identity in the Personal and Professional Histories of a Family of Women Educators[J]. Dissertation Abstracts International. Section A: Humanities and Social Sciences, 2005(9): 3310.

Tomlinson C A. One to Grow On/The Road Not Yet Taken[J]. Educational Leadership, 2016(3): 91-92.

Walker-Gibbs B, Ludecke M, Kline J. Pedagogy of the Rural as a Lens for Understanding Beginning Teachers' Identity and Positionings in Rural Schools(Article)[J]. Pedagogy, Culture and Society, 2018(2): 301-314.

Walsh B. "I Never Heard the Word Methodology": Personal Accounts of Teacher Training in Ireland 1943-1980[J]. History of Education, 2017(3): 366-383.

Watson C. Narratives of Practice and the Construction of Identity in Teaching[J]. Teachers & Teaching, 2006(5): 509-526.

Wright T. Contesting Hegemony: Re-Imagining Masculinities for Early Childhood Education[J]. Contemporary Issues in Early Childhood, 2018(2): 117-130.

后 记

本书为 2019 年度教育部人文社会科学研究规划基金项目"我国农村幼儿园教师精神生活变迁及启示研究（1950—2019）"（项目批号：19YJA880028）的研究成果。本书也是闽南师范大学幼儿园教师发展研究所的研究成果。

丁钢教授所倡导的"教育叙事研究"思想、周洪宇教授所倡导的教育生活史研究和李小江教授所倡导的性别分析方法为本书提供了重要的方法论视角。

刘春梅教授和她的学生完成了第四章崔老师的个案研究初稿，周寒完成了第四章吴老师的个案研究初稿，姚子睿参与了第七章男教师的职业认同研究；戴佳坪参与了新生代农村幼儿园教师的访谈资料收集，孙润雯协助查询了山东省淄博市档案馆的相关资料，林洁琼协助查询了福建省档案馆的相关资料，北京市档案馆、漳州市档案馆和龙海市档案馆的工作人员为我查询相关资料提供了优质的服务；陈乔婧、林洁琼、周悦、孙润雯、薛凤清、洪菊、冉景等同学参与了访谈录音的转录，在读研究生陈惠超、兰文静、陈欣怡参与了录音转录和稿件的校对。漳州市机关幼儿园何毅娟老师多次不辞辛劳地开车陪同我去乡镇实地调研。

南靖县教师进修学校的陆莹老师介绍我认识黄荷花老师，漳州市长泰区实验幼儿园马阿芬园长介绍我认识曾是下乡知青的林老师，福建省第八批援藏工作队成员、原边坝县教育局副局长潘川顺为我进藏调研创造了良好的条件。

金百玲、陈美珍、春华（化名）、黄荷花、林志红、崔秀珍、娟子（化名）、吴小莲、次仁朗吉、益西（化名）等教师，还有福建省 6 位第二代教师和 14 位第三代教师接受了采访，他们真诚地与研究者分享自己或亲人的生命故事。

我的研究生导师吴刚平教授是我学术研究的启蒙人，没有在华东师范大学三年跟吴老师做课题、做项目的经验积累，就不可能有本书的出版。华南师范大学的杨宁教授也为我的研究提出了中肯的建议。本书的出版也离不开浙江大学出版社的吴伟伟编辑和刘婧雯编辑的用心审校。一并感谢！

家是我深沉的依恋，爱人齐宇歆博士做的湘菜是家的味道，女儿敏芝多次陪我调研，做我的小助手，有他们与我同行，我将一如既往地劳作，在生命所有的季节播种，在劳作的过程中收获喜悦。正如叶嘉莹先生所说："无论遭遇什么苦难都要完成自己。"希望未来我的身体能够承载我丰富的精神生活。

李云淑

2022 年 11 月 30 日

漳州·九龙江畔闽南师范大学